깨닫고 싶으냐 그러면 읽어라

깨닫고 싶으냐 그러면 읽어라

1판1쇄 2016년 06월 24일

지은이 칠통 조규일
펴낸곳 좋은도반
펴낸이 자등명선원

주소 (150-859) 서울시 관악구 조원중앙로 1길 15 (신림동, 성호빌딩 401호)
전화 02- 835-4210

출판등록 2008년 6월 10일
등록번호 113-90-73251

ⓒ 조규일, 2016, printed in korea.
ISBN 978-89-961263-7-9 03220 : ₩24,000

이 도서의 국립중앙도서관 출판예정도서목록(CIP)은 서지정보유통지
원시스템 홈페이지(http://seoji.nl.go.kr)와 국가자료공동목록시스템
(http://www.nl.go.kr/kolisnet)에서 이용하실 수 있습니다.
(CIP제어번호: CIP2016012700)

깨닫고 싶으냐
그러면 읽어라

칠통 조규일 지음

좋은도반

<< 머리말 >>

수행하는 사람들이 깨달음을 증득하고, 지구에 사는 사람들어 절반
이상이 깨달음을 증득하기를 바라는 마음과 깨달음을 증득하고 자
등명 세계로 올라와서 자등명인간계로 올라왔으면 싶은 생각에 이
책을 출간할 생각을 하고, 또다시 새롭게 깨달음에 관한 글을 쓰
고, 그 동안 써온 깨달음에 관련된 글과 수행 정진하여 올라온 세
계를 순서대로 정리하고 자등명인간계에 대해서 써놓은 글들을 제
작년 11월에 선별해놓았으니 벌써 2년이 지났다. 책을 출간하기
위해서 원고를 대충 정리해 놓고 보니 수행하며 위 세계를 올라오
는 것이 너무 재미있고 흥미로워서 책을 출간하기 위해 준비해 놓
고도 원고 정리를 못하고 수행에 빠져서는 수행의 재미와 흥미에
빠져 수행하다보니 며칠이면 될 책 출간 원고 교정할 시간이 없고
바쁘다는 핑계로 교정 및 편집을 하지 못하고 지금까지 지나왔다.
56단계－자등명인간계－신수신인간계－수인간　신계－최초　인간계
－환조선인간계－호경　세계－초(1.698)인류 세계－1종～ 9종 세계
를 빠져나와 천지광명, 천지광명을 빠져나와 광(光) 세계에 들어
서면서부터 광의 세계 신들과 실랑이를 벌이고 이제 겨우 광의 세
계를 빠져나와 초인류인류인류 인간계－초(9.624)인류(4)신(6.428)
인간계－우리 모두의 고향－우리 모두의 본향을 빠져나오면서 신
들과 벌였던 실랑이가 수그러졌다. 지금도 에너지를 빼가기 위해
서 실랑이를 벌이기는 하지만 그래도 이제는 시간이 여유가 있어
책을 출간할 생각을 하고 머리말을 쓰고 있다.
지금까지 수행하는 많은 사람들이 깨달음을 얻으면 모든 것이 끝
난다고 생각하는데 그렇지 않다는 것을 알았으면 싶고, 깨달음을
얻고 수행 정진하면 자기 자신 안에서 빛을 보게 되고 그 빛이 그
어느 것에도 의탁 의지하지 아니하고 스스로 빛을 발하며 존재하

고 있다는 것을 알았으면 싶고, 나는 이 빛을 자등명(自燈明)이라고 했는데, 각기 저마다의 내 안에 나라고 할 수 있는 이 빛이 있으니 이 빛은 작은 것이고 더 큰 부모격인 자등명이란 빛이 있을 거란 생각에 내 안의 빛과 내 밖의 빛이 확철대오의 깨달음과 같이 하나가 되고자 수행 정진하여 올라오며 빛을 보고 빛에 들어서니 빛의 세계가 아니라 빛덩어리로 계속해서 들어오게 되었고, 그러다가 빛덩어리를 뚫고 빠져나와 수행하는 중에 출신(出神)을 하여 올라오다가 빛을 보고는 본성의 빛 자등명이라 했고, 마주한 본성의 빛 자등명에 들어와서는 또다시 빠져나오게 되었다. 이와 같이 내 안의 빛과 하나되기 위해서 올라오다 보니 자등명인간계도 만나고 환 세계도 만나고, 그렇게 올라와서는 인간도 완성체가 필요하다는 것도 알게 되고, 위 세계로 빨리 올라오게 하는 근본명도 받아가면서 근본명이 있다는 것도 밝혀 드러내며 이것들을 이용하면서 그렇게 올라오다가 신자신인간계-수인간 신계-최초인간계-환조선 인간계-호경 세계-초(1.698) 인류 세계-신들만 있는 광(光) 세계 -초인류인류인류 인간계-초(9.624)인류(4)신(6.428)인간계-성인간계-성신계-성천신계-모두의 고향-모두의 본향 순서로 올라온다. 또다시 천지광명을 지나 황광 세계-천지화통 세계-화천 세계-화천 인간계-화천 신계-화천천신계-황천 세계-황천 영계-황천 인간계-황천 신계-환천 천신계-황천 요단강세계-황천 요단강 인간계-황천 요단강 신계-황천 요단강 천신계…. 오늘도 하루에 소화할 수 있는 만큼 올라왔다.

깨달음은 자등명인간계로 올라오기 위한 시작에 불과하다는 사실, 깨달음이라는 것이 도깨비방망이를 쥐는 것과 같지 않다는 사실, 우리 인간 및 신이 깃들어 있는 모든 존재들은 자등명인간계에서 왔다는 사실을 알려주고 자등명인간계에서 양식, 에너지를 구하러 왔다는 사실을 알려주고 또 지구에서 에너지를 구해서는 자등명인간계에 있는 가족들에게 전달해 주어야 한다는 사실을 알려주기 위해서 이 책을 내기로 했었다.

이 책을 통해서 깨달음에 대해서 무엇인지 확실하게 알고 깨달음을 증득했으면 좋겠고 깨달음을 증득하고 깨달음을 잊어버리지 않았으면 좋겠다. 깨달음을 증득해도 잊어버리면 깨달음은 허사가 되고 망상이 된다. 또 수행했다가 그만 두면 자칫 잘못하면 더 나쁜 것들을 끌어안게 된다. 그러기 때문에 수행할 때 또는 수행했을 때의 깨어있던 의식으로 살아야지 아니고서는 자꾸만 더 많은 때를 묻히게 되거나 더 많은 것들을 자기 자신도 모르게 끌어당기면서 살게 된다. 그런고로 현실에 몸을 담고 있는 만큼 몸의 유지 및 지탱하기 위해서, 현실의 가족을 위해서 일을 하며 사회활동을 하며 돈을 벌어야 하고, 반면에 영(靈)적인 부분에 있어서 자등명인간계에서 식량을 구하러 지구에 온 만큼 수행 역시도 게으르게 해서는 아니 된다.

본인이 광(光)의 세계에 올라와서 신들과 실랑이를 한 것 역시도 에너지 때문이다. 영적 존재들에게는 에너지가 식량이다. 어느 세계이든 영적 존재들에게는 에너지 식량이 충분하지 않은 것 같다. 그런고로 생명체로 태어나게 해서 생명체로 태어난 이들로부터 에너지를 받으면서 생활을 하는 것 같다. 신들도 자급자족을 하지만 그것으로는 부족하다보니 더 많은 에너지를 얻기 위해서 동분서주하고 또 수행이 되어 에너지가 있다싶으면 뺏어 가기에 바빠서 자칫 수행한다고 에너지가 필요한 영적 존재나 신들로부터 휘둘리게 되고 자칫 잘못하다가는 그들의 노예가 되기가 십상인 만큼 조심해야 한다. 조심한다고 되는 것이 아니라 자기 자신의 뜻과 의지가 굳건해야 한다. 수행하고 있는 뜻과 의지가 분명해야 하고 팔정도(八正道)에 어긋남 없이 바라야 한다. 그렇지 않으면 언제 어디서나 영적 존재 내지는 신이라고 하는 분들로부터 휘둘리게 되고 그들의 노예가 되기가 쉬운 것 같다. 그 만큼 수행이 쉽고도 어려운 것 아닌가 싶다.

그럼에도 사람으로 태어났다면 수행을 해야 하고 수행을 해서 자등명인간계의 가족에게 에너지 식량을 보내주어야 한다. 식량인 에너지를 보내주지 않으면 자등명인간계의 가족 내지는 식구들이 가난하게 사는 듯싶다. 자등명인간계에 왔으면서도 자등명인간계에서 온 사실을 모르고 자등명인간계에 에너지 식량을 보내주지 않아서 자등명인간계에 살고 있는 가족들이 상거지처럼 사는 분들이 허다한 듯싶다. 이러한 사실을 알았으면 좋겠다.

이 책을 통해서 지구에 대부분의 사람들이 깨달음을 증득했으면 좋겠고, 깨달음을 증득하고 깨달음을 잊어버리지 말고 수행 정진해서 자등명 세계에 올라 와서 자등명인간계에 올라왔으면 싶다. 그러면서 우리들은 자등명인간계에서 왔고 자등명인간계로 돌아가야 한다는 사실을 너 나 없이 알았으면 좋겠다.

무엇보다 깨달음의 허상에서 벗어나고 깨달음이란 것이 별거 아니라는 사실과 깨달음은 윤회의 끝이 아니라는 사실과 깨달음은 새로운 시작에 불과하다는 사실을 알았으면 좋겠다.

이 책을 통해 깨달음을 증득하는 사람들이 많아서 각기 저마다는 언제나 즐겁고 행복하고, 즐겁고 행복한 가운데 가까이 있는 분들이 즐겁고 행복하고 그러므로 사회와 국가가 지구가 평화로웠으면 좋겠고 태평성대가 이루어졌으면 좋겠다.

바래본다. 깨달음의 세계가 이 책을 통해서 수행하는 사람들을 시작으로 더 많은 사람들에게 펼쳐지고 이 책을 읽는 사람들을 시작으로 식구와 가족, 이웃과 주변, 사회와 국가, 지구가 좋아지고 태평성대가 이루어지기를 소원한다.

확철 칠통 명철

<<차례>>

머리말

제 1 부 깨달음을 보여주다

제 2 부 깨달음 이후 올라온 수행 단계

제 3부 자등명 인간계

제 4부 뗏목을 버리듯 부처도 버려야한다

제 5 부 140, 141번째 모임 동영상에서 발취한

맺는말

제1부 깨달음을 보여주다

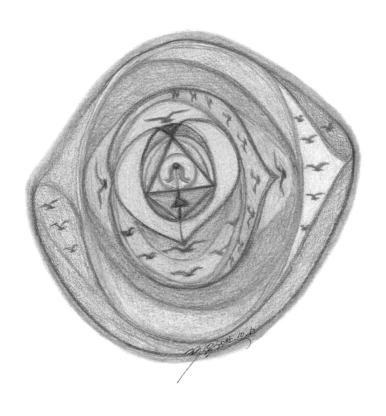

깨달음을 보여주다

수행하는 많은 사람들이 깨달음을 증득하기 위해서 수행하고 영안(靈眼)을 열기 위해서 수행을 한다. 깨달음을 증득하고자 하는 사람들은 깨달음을 증득하면 마치 도깨비방망이를 얻은 듯 무엇이든 할 수 있을 거란 생각을 갖거나, 신통(神通)이 생길 거란 생각이나 믿음을 갖고 수행을 하고, 영안을 열고자 하는 사람들은 영안을 열어서 무엇인가를 하려고 하는 목적을 가지고 수행을 한다.

수행을 해서 직접 깨달음을 증득하고 확철대오를 하면 알 수 있는 일이지만 깨달음을 증득한다고 도깨비방망이가 생기는 것처럼 되지 않을 뿐만 아니라 신통이 생기거나 영안이 열리거나 하는 것은 아니다. 깨달음을 증득하면 의식이 변하고 바뀔 뿐이다.

자아의식에서 수행이 되면 될수록 의식이 깨어나면서 수행의 경지가 높아지면 범 우주적으로 넓어져가고 높아져 가다가 깨달음을 증득함으로 우주의식이 된다. 확철대오의 깨달음을 증득하면 우주와 하나 되는 경험과 체험을 하여 의식이 자아의식에서 우주의식으로 바뀔 뿐 현실적 생활이나 육체적으로 크게 달라지는 것은 아무것도 없다.

이러한 사실을 모르는 수행하는 많은 사람들이 수행하여 영안을 열려고 하거나 신통을 얻고자 하다 보니 자연스럽게 귀신놀음하기 일쑤다.

영안이 열렸다는 사람들을 보면 하나같이 영적 존재들이 몸속에 있어서 몸속에 있는 영적 존재가 보는 것을 통하여 보는 것을 마치 자기 자신이 수행이 되어 영안이 열린 것으로 착각하여 보거나 또는 영적 존재를 통하여 본다는 사실을 알면서도 숨기며 수행이 된 것처럼 귀신놀음 하는 사람들이 대부분이었다.

여러 수행자들로부터 수행이 많이 되었다고 들었다며 수행 점검받고 싶다고 찾아오는 사람 거의 다 하나같이 귀신놀음을 하고 있었다. 하나같이 거의 모든 분들이 영적 존재들과 함께 하며 귀신놀음에 빠져 있었다. 처음은 아닌 척하며 별별 이야기를 다하고 이름 있는 사람들을 거론하며 그들로부터 어느 경지라고 인가(認可)도 받았다며 떠들던 사람들, 몸속에 있는 영적 존재나 몸속에 들락거리는 영적 존재를 말하면 꼬리 내리고 실토하고 그 다음에는 모습을 찾아보기 어렵다.

이렇듯 수행이 되었다는 대부분의 사람들이 영적 존재들에게 시달리거나 영적 존재들로부터 시달리며 영적 존재들이 보는 것을 통하여 보면서 마치 영안이 열린 것처럼 행세하는 경우들이 대부분이다. 아니 영안이 열렸다는 거의 모든 분들이 그렇다.

영안은 바르게 마음공부가 되어 있지 않으면 열리지 않으며 열려도 탈이 없을 수행자에게만 열린다. 문제가 생길 것 같거나 영안을 열어서 사리사욕이나 그 이외의 어떤 것을 위해서 열고자 하는 사람에게는 절대로 열리지 않는다. 다만 영적 존재들이 득실거리며 영적 존재들이 들락거리며 영적 존재들로부터 보는 것을 마치 자기 자신이 영안이 열려서 보는 것처럼 할 뿐 귀신놀음하고 있다고 보면 틀림없다.

이글을 읽고 있는 영안이 열렸다고 말하는 그대 스스로를 생각해 보라. 영안이 열렸는가? 귀신놀음하고 있는가? 남들을 다 속여도 자기 자신은 속일 수 없는 일 아니겠는가?

어떤 능력이 있다고 하는 사람들, 수행자들, 신통이 있다고 말하지만 신통이 아니라 영적 존재들이 몸을 빌려 행하는 것들이다. 그럼에도 대부분의 많은 사람들이 영적 존재들을 보지 못하니 마치 자기 자신이 신통이 있어 행하는 것처럼 행세한다. 개중에는 트릭을 쓰는 사람도 있고, 몇몇이 짜고 속이는 경우도 있고 척하면서 마치 신통이 있는 듯 말하고 신통이 있는 것처럼 행하고 또 그렇게 행세한다. 이 역시 영적 존재들에게 놀아나고 있는 것이다. 몸통에 기운덩어리가 연결되어 있어 연결된 기운덩어리에서 영적 존재들이 몸통 안을 들락거리며 마치 신통이 있는 것처럼 행하게 하는 경우들이 다반사다. 정말로 수행이 되어서 행하는 경우 그것은 신통이 아니라 그저 신(神)처럼 행할 뿐이고 허공처럼 행할 뿐이다. 허공처럼 행하고 신처럼 행하는 속에서 이루어질 뿐 신통이 아니다.

그럼 어떻게 수행된 사람이 허공처럼 행하고 신처럼 행하게 되는가? 그것은 수행된 만큼 허공을 닮게 되어서 허공처럼 행하게 되고 또 허공을 닮게 됨으로 허공의 자비와 사랑이 있음으로 허공의 사랑과 자비를 행하다보니 신처럼 행하게 되는 것이다. 행했을 때 이루어지고 이루어지지 않고는 문제가 되지 않는다. 다만 행할 뿐이다. 허공과 같이 사랑과 자비를 베풀되 베푸는 것이 마치 신처럼 행하게 되는 것이다. 이것을 신통이라고 한다면 신통일 수 있으나 절대로 이를 신통이라고 할 수 없다. 다만 아는 만큼 행할 뿐이고 공부된 만큼 행할 뿐, 행하는 속에서 이루어질 뿐이지. 이것을 신통이라고 할 수 없다.

신통을 얻었다고 말하는 사람 100이면 100 귀신놀음하고 있다고 보면 되고 영안이 열렸다는 사람 100이면 100 귀신놀음하고 있다고 보면 거의 틀림이 없다.

신통이 생기길 바라며 수행을 하거나 영안을 열려고 수행하는 사람이 의외로 많다. 이들이 말하는 깨달음은 본인이 말하는 깨달음과 다르고 또 본인이 말하는 깨달음은 깨달음이 아니라고 할 수 있다. 직접 체험하고 경험하면 알 수 있겠지만 그러기 전에는 본인이 말하는 깨달음은 깨달음이 아니라 할 수도 있고 또 믿지 않을 수도 있다.

너무 오랜 동안, 공부되었다는 많은 선지식이란 분들이 너무 많은 사람들을 너무 오랫동안 속여 왔기 때문에, 귀신놀음으로 신통이 생기고 귀신놀음에 영안이 열리고, 여러 잘못된 정보들을 마치 진리인 것처럼 말하고, 그것을 진리인 것처럼 받아들이고, 그렇게 잘못된 정보를 참된 진리로 받아들인 사람들에게는 스스로 체험하고 경험하기 전에는 그들이 알았던 잘못된 정보의 진리를 쉽게 허물지 못하고 바른 정보의 진리를 받아들이지 못한다. 이런 경우 잘못 안 잘못된 진리를 마치 바른 진리로 알고 바른 진리를 오히려 외면하거나 받아들이지 않거나 배척한다.

그 만큼 잘못된 정보로 바른 진리라고 속여 오며 선지식 노릇했던 조사, 선사… 잘못된 정보로 바른 정보라고 속이며 가르쳐 온 많은 사람들의 죄업이 크다. 이는 자기 자신도 속아서 그럴 수 있고, 또 알면서도 자기 자신의 영달이나 자만, 아만 때문에 그럴 수 있었을 것이다.

그러면서도, 이런 속에서도 본성으로 회귀하려고 하고 참 자아를 찾으려고 수행하는 사람들이 의외로 많다. 이런 사람들을 위하여 어떻게 하면 쉽게 깨달음을 증득하게 할 수 없을까?

깨달음은 자등명 세계로 올라오는 첫걸음에 불과하고, 자등명(自燈明) 세계에서 보면 깨달음을 증득함은 이제 막 자등명 세계로 올라오기 위해서 눈을 뜬 것에 불과하고, 가난아이가 걸음마를 배운 것과 같은데, 수행하는 사람들은 깨달음을 증득하기 위해서 평생을 수행한다. 그래도 깨달음을 증득하지 못하니 어떻게 하면 쉽게 깨달음을 증득하고 자등명 세계로 올라오게 할까? 깨달음을 증득한 사람이 적어서는 자등명 세계로 올라오는 사람이 있을 수 없다. 거의 모든 사람들이 깨달음을 증득해야 그 속에서 자등명 세계로 올라오는 사람이 하나 둘… 생길 거란 생각이 들었다.

어떻게 하면 깨달음을 손바닥 뒤집듯 쉽게 증득하게 해서 깨달음을 일반 보편화 시킬 것인가?

어떻게 하면 많은 사람들이 깨달음을 증득할 수 있을까? 생각하다가 모임에서 깨달음을 보여준다고 깨달음을 보여주며 이야기를 하였고, 또 이와 같은 글을 쓰게 되었다.

지구가 속한 우주가 아니라 다중우주 속에 있는 행성 중에는 깨달음이 보편화되어서 거의 모든 사람들이 깨달음을 증득하고 많은 사람들이 확철대오의 깨달음을 증득하고 자등명 세계로 올라오는 것 같은데, 지구는 아직도 깨달음을 증득하고자 하는데 평생을 바친다. 평생을 받쳐서도 깨달음을 증득하는 사람이 극소수다. 다중우주 속에 있는 영적으로 깨어난 행성처럼 지구에도 깨달음이 보편화되고 확철대오의 깨달음을 증득하는 사람들이 많이 생겨서 깨달음을 증득하고 빛덩어리로 올라오고, 빛덩어리로 올라와서 빛속에 들고 빛 속에 들어와 빛덩어리 뚫고 나와서 지구가 속한 우주를 빠져나와 지구가 속한 우주란 56단계의 우물 속에서 나와 다중우주로 나왔으면 싶다. 다중우주로 나와서 자등명 세계로 성큼성큼 올라와서 깨달음을 증득하면 윤회가 끊어진다는 정보가 거짓이고 잘못된 것임을 정말로 바르게 알아서 자등명 세계에 올라오고 자등명 세계에 올라와서 자등명인간계에 올라오고, 자등명인간계로 올라와서는 지구에서 사는 것과 같이 자등명인간계에도 자식이 있고 배우자가 있으며 부모와 조상님들이 있는지를 알고, 자등명인간계에 인연 있는 분들을 만나 해후하고, 신화(神化)세계에 올라옴으로 윤회를 벗어난다는 사실도 알고, 이 또한 하나의 우물이고 이 우물도 벗어나 대신영(大神靈) 세계, 명신영(明神靈) 세계, 신명(神明) 세계, 열반명명신 세계, 류명열반신 나 세계, 나류열반신 묘 세계, 나(6)세계, 류(3)나(2)신(3) 세계, 오직하나 맨 위 하나만 있는 세계 응(應:10)세계, 응(應:20)세계로 올라오고, 올라와서는 지금까지 올라온 세계의 꼭지점에 해당하는 환(還)세계에 올라오고, 환세계에 올라와서는 (환)신(神)세계, 휴(休)세계, 후(后)세계, 류근본(流根本)세계를 올라와서는 자꾸만 더 큰 우물, 더 큰 우물로 빠져나오게 되는 우물을 다 빠져나온 류보신(流寶神)태초세계로 올라오고, 올라와서는 류호신(流護神)세계, 보류신(寶流神)세계, 존류신(尊流神)세계, 훈(勳)세계를 빠져나와 손오여식장(孫悟如識杖)도 받고, 받아서는 손오여식장(孫悟如識杖)으로 더 빨리 수행이 이루어져서는 올라오는 세계의 끝, 손영윤(孫營倫)세계로 올라오고 올라와서는 올라온 세계를 전체를 하나로 또다시 시작되는 손영나(孫營我)세계 위 세계로 계속해서 올라왔으면 싶다. 확철대오의 깨달음은 56단계란 우물 안으로 11단계에 불과하다.

깨달음을 증득하고자 하는 많은 사람들이 깨달음이 무엇인지 모르기 때문에 이것이 맞나? 저것이 맞나? 왔다갔다 우왕좌왕하게 되고 이쪽으로 갔다가 저쪽으로 갔다가 길을 헤매게 되는 것이다. 수행의 목적지가 깨달음이 분명하다면 깨달음이 무엇인지 알고 그 목적지에 도달하면 깨달음을 증득하게 되는 것이다.
깨달음이란 무엇인가?
우주와 하나 되는 것이다. 그래서 자아의식을 버리고 우주의식이 되는 것이다.

우주와 하나 되기 위해서는 우주가 무엇인지 알아야 한다.

우주란 무엇인가? 가늠할 수 없는 텅 빈 허공을 우주라 한다.

고로 우주란 크게는 가늠할 수 없는 텅 빈 허공이지만 작게 보면 허공이 곧 우주다.

눈앞에 펼쳐져 있는 허공이 바로 우주다. 허공이란 공간이 우주고 틈이 우주다. 공간이 작고 크고를 떠나서 미세한 공간 아니 몇 천억 배의 현미경으로 보았을 때 공간이 있다면 허공이 있으면 있는 그 자체로 우주다.

우주는 있는 그대로 깨달아 있고 우주는 우주의식을 가지고 있다. 허공은 있는 그대로 깨달아 있고 허공은 우주의식 즉 허공의식을 가지고 있다. 다만 저마다의 자기 자신이 허공 안에서 자아의식을 갖고 허공의식, 즉 우주의식이 되지 못했을 뿐이다.

자아의식을 버리고 우주의식, 허공의식이 되는 것이 깨달음이다. 깨달음의 증득이란 저마다 나라고 하는 나, 나라고 하는 자성경계를 허물고 허공과 하나 되었을 때 허공과 같이 되었을 때 깨달음을 증득한 것이 된다.

저마다의 나는 나라고 하는 자성경계를 가지고 텅 빈 허공에 있는 것이다. 자기 자신 밖에서 자기 자신을 보면 자기 자신은 허공 속에 있고 우주 속에 있다. 허공 속에 있고 우주 속에 있으니 있는 그대로 허공이고 우주다. 허공이란 우주에서 보면 그렇다. 이미 있는 그대로 저마다의 나는 허공이고 우주다.

물고기 물을 떠나 살 수 없는 것과 같이 허공을 벗어나 살 수 없으며 우주를 벗어나 살 수 없다. 허공 속에 있고 우주 속에 있다. 허공에서 보면 허공이고 우주에서 보면 우주다. 저마다 자기 자신에서 보니 저마다의 자기 자신이 있고 각기 저마다의 자기 자신이 있을 뿐 우주에서 보면 우주고 허공에서 보면 허공이다. 단 한 번도 허공을 벗어난 적이 없고 우주를 벗어난 적이 없다.

우주는 있는 그대로 깨달아 있고 우주란 허공 역시도 있는 그대로 깨달아 있다. 저마다 나라고 하는 각기 저마다의 내가 우주에 허공에 있으면서 나라고 하는 자성경계를 갖고 우주와 허공과 나를 분별하고 구분하며 저마다의 나에서 허공을 보고 우주를 보고 깨달음을 보기 때문에 깨달음을 증득하기 어려운 것이다.

우주의 허공에 저마다 각기 나라고 하는 자성경계 안에서 나라고 할 수 없는 것들을 하나하나 버리며 진정한 나를 찾아가며 다 비워질 때까지 비우고 또 비우고, 그렇게 다 비우고 나서는 그럼에도 안팎이 있는 주객이 있는 자성경계의 일원상을 깨고 나옴으로 깨달음을 증득하지만, 우주란 허공에서 보면 자성경계의 일원상이 있든 없던 허공 안에 있을 뿐 허공이고 우주로 깨달아 있는 것이다. 허공이란 우주는 있는 그대로 우주의식을 가지고 깨달아 있다. 다만 저마다 각기 나라고 하는 나만이 자기 자신 안에서 밖을 보기 때문에 깨닫지 못했을 뿐이다. 허공에서 보면 이미 허공으로 우주로 깨달아 있는 것이다.

나라고 하는 자성경계, 그 안 자기 자신에서 밖을 보니 깨닫지 못한 자기 자신이 있고 밖에 깨달음이 있는 것이다. 자기 자신 이외의 모든 것들은 깨달아 있다. 있는 그대로 깨달아 있다.

자신만이 깨닫지 못한 것이다. 자기 자신이 깨닫지 못하고 진리를 증득하지 못한 것이다, 진리는 허공을 벗어나 있지 않고 우주를 벗어나 있지 않다. 우주가 움직이고 허공이 움직인다.

우주가 움직이고 허공이 움직이는 것은 우주를 이루고 있고 허공을 이루고 있는 성품 즉 허공의 성품이 움직이고 우주의 성품이 움직이는 것이다. 우주를 이루고 있는 것이 가늠할 수 없는 허공이고 가늠할 수 없는 허공을 이루는 것이 허공의 성품이다.

우리들은 허공을 볼 때 허공이란 공의 성품을 통하여 본다. 그러면서 공의 성품을 보지 못하는 것이다. 허공의 성품을 통하지 않고는 볼 수 있는 것이 하나도 없다. 공의 성품을 통해서만 볼 수 있다. 저마다의 자기 자신에서 다른 것을 본다고 볼 때 허공이 없다면 한 몸이어서 볼 수가 없다. 반드시 허공이 있어야 허공에서 떨어져 있을 수 있고 떨어져 있는 만큼 허공이 있고 허공이 있는 만큼 허공의 성품이 있다. 이 있는 성품을 통하여 떨어져 있는 것을 보는 것이다. 그러니 볼 때는 성품을 떠나 따로 보는 것이 아니라 볼 때는 늘 성품을 통하여 본다.

이와 같이 늘 성품을 보면서 성품을 찾고 있는 것이다. 보면서 알지 못하는 성품을 따로 보여줄 것이 없다. 그런 관계로 깨달음을 따로 보여줄 수가 없다. 다만 성품을 보고 있는 것을 알아차리게 해서 허공에서 성품을 보고 성품을 보면서 깨달아 있다는 사실을 알게 하고 그러므로 깨닫게 할 수 있을 뿐이다. 그렇게 해서 성품을 보게 하고 깨닫게 하는 것이다. 이는 지금까지 보았던 보아왔던 시선을 뒤바꿔 봄으로 깨닫게 하는 것이다.

보는 시선을 바꾸면 깨닫는다.

보는 시선을 자기 자신이 나라고 하는 나에서 세상을 보지 말고 허공이 되어서 허공에 있는 자기 자신 '나'를 보라. 허공에 있는 나는 누구인가? 나만 보면 나지만 허공에서 보면 나도 허공이다. 우주란 허공에서 보면 우주란 허공 안에 있는 모든 만물은 허공이다. 허공 아닌 것이 없다.

시선을 바꾸고 생각을 바꾸고 의식을 바꾸면서 깨닫는다.

물질계에 있는 모든 물질의 본성은 허공이다. 허공이란 공(空)이다. 어찌 물질계 모든 물질의 본성이 허공이란 공인가? 허공에서 생겨났기 때문이다. 물질계에 있는 모든 물질, 그 어느 물질이 되었던 공이란 허공에서 생겨나지 않은 것 없이 모두 다 허공에서 생겨났다. 그뿐인가? 허공에서 생겨났다가 허공으로 사라진다. 그러므로 물질계의 모든 물질의 본성은 허공이란 공이고 성품은 허공이란 공의 성품을 가지고 태어났으니 태어나 있는 모든 물질의 성품은 공의 성품이다. 공의 성품으로 이루어지지 않은 것 없이 모두 다 공의 성품으로 이루어져 있다.

우주란 가늠할 수 없는 허공 안을 가득 채우고 있는 것은 허공이 되도록 하고 있는 허공의 성품, 즉 공의 성품이다. 우주란 가늠할 수 없는 허공이란 상(相)의 이름이 우주고, 허공이란 공의 성품으로 이루어진 상의 이름이 허공이다.

물질계의 모든 물질은 허공이란 공에서 생겨났고 허공이란 공의 상(空相)을 이루고 있는 공의 성품으로 생겨났다. 그러므로 물질계의 모든 물질의 본성은 공이고 모든 물질의 성품은 공의 성품이다. 공의 성품으로 이루어지지 않은 것 없이 모두 다 공의 성품으로 이루어져 있다.

허공은 공의 성품으로 가득 차 있다. 가늠할 수 없는 허공이란 우주도 상의 이름이 우주일 뿐 우주란 상 안에는 공의 성품으로 가득 차 있다. 빈틈없이 공의 성품으로 가득 차 있다.

우주란 상 안에서 공의 성품만 보면 우주란 상 안에는 성품만이 가득 차 있고, 가득 차 있는 공의 성품은 우주란 상 안에서 보면 옴짝달싹할 틈 없이 부동(不動)이다.

우주란 상 안에 공의 성품은 하나다. 우주 전체로 하나다. 삼라만상 모든 물질의 뿌리는 허공에서 나왔고 허공이란 공의 성품에서 나왔으니 그 본성은 허공이란 공이고 그 뿌리(根)는 공을 이루고 있는 공의 성품이다. 만물은 한 뿌리에서 나왔고 한 뿌리로 돌아간다. 만물은 허공에서 나와서 허공으로 돌아간다.

우주 삼라만상이 하나로 꿰어져 있는데 우주 만물이 하나로 꿰어져 있는 것은 바로 공이 아닌 공의 성품으로 꿰어져 있는 것이다. 우주라고 하는 일체(一切)가 하나고 하나하나가 우주란 일체로 모두 다 같다. 본성으로 성품으로 하나다. 허공이란 본성으로 하나고 성품으로 하나다.

물질계의 모든 물질은 늦고 빠르고의 차이가 있을 뿐 모두 다 공으로 돌아가고 공의 성품으로 돌아간다. 공으로 돌아가지 않고 공의 성품으로 돌아가지 않는 것이 없이 모두 다 돌아간다, 허공이란 공으로 돌아가고 공을 이루고 있는 성품으로 돌아간다.

허공으로 돌아가고 공의 성품으로 돌아가지 않는 것 없이 모두 다 돌아간다. 물질계에 존재하는 모든 것들에게는 허공으로 돌아가게 되어 있고 공의 성품으로 돌아가는 것이 예정되어 있다. 다만 늦고 빠르고의 차이일 뿐 모두 다 돌아간다. 깨달음은 모든 사람에게 존재하는 모든 것들에게 일어나기로 예정되어 있다. 물질계에 존재하는 모든 존재는 깨달음을 향해 나아가고 있다.

깨달음이 무엇인가?

공이란 허공이 되는데 있다. 공의 성품이 되는데 있다. 이미 허공 안에 있고 공의 성품 안에 있다. 허공에서 보면 이미 허공이고 공의 성품에서 보면 이미 공의 성품이다. 다만 이러한 사실을 모를 뿐이다.

깨달음을 증득하는 것이란 무엇인가?

본성이 공이고 본성의 성품이 공의 성품인 것을 체험하고 경험하고 그러한 사실을 인식하고 인지하는 것이 바로 깨달음을 증득한 것이다.

깨달음을 증득하기 위해서 수행이란 것을 하며 나를 버린다. 허공이 될 때까지 공의 성품이 될 때까지 자기 자신을 놓고 또 놓는다. 그러다가 안팎이 다르지 않음을 알게 되고, 안팎이 다른 것은 바로 나라고 하는 자성경계의 일원상이 안팎을 다르게 하고 있다는 사실을 알게 되고, 그러다 어느 순간 나라고 하는 자성경계의 일원상을 깨고 허공과 하나가 되어 허공이 되고 공의 성품이 되어 깨달음의 순간을 체험하고 경험하고 자기 자신이 허공이고 공의 성품이란 사실을 체험하고 경험한 것을 인식하고 인지하고는 깨달음을 증득했다고 한다.

《영적 구조와 선수행의 원리》란 책 제3부에서 깨달음이란 무엇인가? 대해서 이야기한 것과 같이 자기 자신 안에서 자기 자신을 보며 진정한 나 아닌 것을 버리고 놓고 또 버리고 놓고 더 이상 놓을 것이 없는 상황에서 나라고 하는 자성경계까지도 놓아서 깨고 공의 성품으로 하나 되고 허공으로 하나 되고서는 깨달음을 증득했다 한다.

이는 마치 다음과 같다.

우주란 허공이란 진리의 바다 물에서 나라고 하는 자성경계의 일원상이란 하나의 물방울이 허공이란 우주란 진리의 바닷물에 닿아서 나라고 하는 자성경계의 일원상이란 물방울이 터져서 허공이란 우주란 진리의 바닷물이 되는 것이다.

자! 이것을 역으로 보자. 허공에서 보고 공의 성품에서 보자.

이미 허공 안에 있고 공의 성품 안에 있다. 이미 허공 안에 있고 공의 성품 안에 있으니 깨달아 있다. 다만 그러한 사실을 모르고 있을 뿐이다. 자기 자신에서 보니 깨닫지 못한 것이고 자기 자신을 놓고 허공에서 허공이 되어서 보고 공의 성품에서 공의 성품이 되어서 보면 이미 공이고 공의 성품이다. 이미 공이고 공의 성품인데 뭘 더 깨달을 것이 있는가? 이미 공이고 공의 성품으로 깨달아 있는데 무엇을 깨닫는단 말인가? 이미 깨달음이 자기 자신 안에 있다. 우주의 성품으로 공의 성품으로 자기 자신 안팎으로 있다. 다만 자기 자신이 깨달음을 증득한지를 모르고 알지 못할 뿐 이미 깨달아 있는 것이다.

깨달아 있는 사실을 알기만 하면 되는데 보면서도 그것을 알지 못하고 있는 것이다. 깨달아 있다는 사실을 알기 위해서는 시선을 바꾸면 된다. 시선을 바꿔서 보고 본 것을 의식하고 인식하며 인지하고 한 생각 깨어나면 되고 한 생각 돌이키면 된다. 한 생각 깨어나고 한 생각 돌이키는 것이 어찌 손바닥 뒤집는 것보다 어렵고 코만지는 것보다 어렵겠는가? 손바닥 뒤집는 것보다 쉽고 코만지는 것보다 쉽다. 시선을 바꿔 보고 한 생각 깨어나면 되고 한 생각 돌이키면 된다.

어디서 보느냐에 따라서 어디서 보고 의식하고 인식하며 인지하느냐에 따라서 다를 뿐이다.

자기 자신에서 보면 무명에 덮인 것이고 업이 있음으로 업으로 인한 걸림과 장애를 가지고 있고 업으로 막힌 것이지만 허공에서 보면 업이 있고 없고 무명이 있고 없고를 떠나서 걸림 없고 막힘없이 통(通)하여 있는 것이고 대 자유를 얻은 깨달음이다.

깨달음은 그대가 알아채기를 기다리며 항상 그대와 함께 더불어 같이 있다. 단 한 번도 그대를 떠난 일 없이 항상 함께 더불어 있으면서 알아채기만을 기다리고 있고 알기만을 기다리고 있다.

허공은 그대를 떠난 적 없고 그대와 함께 늘 함께 있으며 공의 성품 역시도 그대를 떠난 적 없고 그대와 늘 함께 더불어 있다. 바닷물고기 바다를 떠난 적 없이 바다에 있는 것과 같이 그대 역시도 진리라고 하는 진리의 바다 허공에 있고 진리의 물이란 허공의 성품 속에 있다. 떨어지려고 해도 떨어질 수 없이 함께 있다. 다만 이를 모를 뿐이고 알아채지 못할 뿐이지 늘 항상 함께 있다.

깨달음에 있다. 깨달아 있다.

눈앞에 있고 코앞에 있고 함께 더불어 있다. 깨달아 알아채기를 기다리며 항상 함께 있다. 눈앞에 있으니 눈을 뜨고 보기만 하면 되고 코앞에 있으니 보는 시각을 바꿔서 보기만 하면 된다. 보고 생각을 바꾸면 된다. 보고 의식하면 되고 보고 인식하면 되고 보고 인지하면 된다.

깨달음이 눈앞에 코앞에 있는데 함께 더불어 있는데 모른다. 보고도 모른다. 어찌 이를 전할 수 있을까? 더 이상 어떻게 보여주겠는가? 다만 보도록 할 뿐이다.

그대는 지금 이 글을 읽고 있다. 글과 그대의 눈과 거리에는 허공이 있다. 만약에 허공이 없다면 허공이 없는 만큼 붙어서 붙은 만큼 글을 볼 수 없고 글을 읽을 수 없을 것이다. 일정한도 떨어져야 글을 보고 읽을 수 있다. 일정하게 떨어진 사이에는 허공이 있고 허공에는 허공을 이루고 있는 공의 성품이 있다. 이 공의 성품을 통하여 글을 보고 글을 읽고 있다. 이와 같이 공의 성품을 통해서 글을 읽으면서 공의 성품을 보지 못하고 있는 것이다. 글을 볼 때 글을 보는 공의 성품을 통하여 공의 성품을 볼 때 견성(見性)했다 할 것이다. 이 공의 성품을 보는 것이 견성이고 공의 성품을 보고 자기 자신이 허공이 되는 것이 깨달음이다. 그대가 그대 안에서 보면 무명이고 그대가 허공이 되어 공의 성품과 하나되어 보면 깨달음을 증득한 것이다.

그대는 지금 그대에서 허공을 보는가? 허공에서 그대를 보는가?

허공에서 공의 성품을 통하여 그대를 보면 그대는 깨달은 것이다. 다만 업을 가지고 내려놓지 못했을 뿐이다. 업이 있고 없고 깨달은 것이다. 깨달은 다음에 닦아간다. 허공이 되도록 한다. 이미 허공인지 알면 그리고 허공이란 사실에 흔들림이 없다면 그대는 이미 깨달음을 증득한 것이다. 이미 허공이니 허공처럼 걸림 없이 여여(如如)하게 모든 것들을 인연법에 맡겨두고 업이 있고 없고 떠나 공의 성품으로 살아간다면 살아가는 자체가 반야의 행이고 반야바라밀다의 행이다.

허공인지 알면서도 허공으로 공의 성품으로 살지 못하고 흔들린다면 업을 가지고 있어서 업과 습, 습벽과 고정관념을 가지고 살아가고 삼독심(三毒心)으로 살아가며 이것을 놓지 못했을 뿐 깨달은 것이다. 깨달은 다음에 닦아가며 내려놓으면 된다.

단박에 깨달은 것이 있다면 그것은 변함이 없어야 한다. 그리고 허공으로 공의 성품으로 깨달음을 증득했다면 깨달음을 잃어버려서는 아니 된다. 깨달음을 잃어버리지 않는 것은 허공의 성품으로 반야의 행으로 하며 반야바라밀의 행을 하며 자비바라밀을 행하며 살아가는 것이다. 그것은 바로 공이란 사실이고 공의 성품이란 사실이다. 그대가 공의 성품인지 확연히 알고 공의 성품이란 사실에 흔들림이 없다면 그대는 깨달은 것이다.

이 사실을 잊지 않고 매사에 행하면서 업이 있고 없고 깨달은 것이다. 그리고 그대가 가지고 있는 것이나 걸림이나 장애를 놓으려고 한다면 분명 깨달은 것이다. 다만 업을 삼독심을 놓지 못했을 뿐이다.

삼독심을 놓지 못하고 업을 놓지 못해서 허공의 마음을 갖지 못하고 허공처럼 생각하지 못하고 허공의 의식을 가지지 못할 뿐, 업과 삼독심을 놓는 만큼 허공의 마음이 되고 허공의 의식이 된다.

허공인지 알면서도 업과 삼독심에 빠져 산다면 깨달음을 얻고도 깨달음을 잊어버린 것이 될 것이다. 깨달음을 잃고 업과 삼독심, 무명으로 살아가는 것이다.

깨달음의 의식이 무엇인가? 우주의식이다.

우주의식이란 무엇인가? 바로 허공의식이다.

허공의식이란 무엇인가? 자아의식을 갖고 있는 것과 같이 허공이 갖고 있는 의식이 허공의식이다. 허공이 되지 않고서는 허공의식이 될 수 없다. 허공의식을 갖기 위해서는 의식적으로 허공을 의식하고 인식하고 인지해서는 허공이 되어 허공이 갖고 있는 의식을 가지고 있는 것이 바로 허공의식이다.

허공의식을 갖는 것은 스스로 허공이 되는데 있고 우주의식이 되는데 역시도 스스로 허공이 되는 데에 있다. 스스로 허공이 되지 않고서는 허공의식을 가질 수 없고 우주의식을 가질 수 없다.

이와 같이 물질은 공으로 돌아갔고 허공으로 돌아갔음에도 나는 있다. 물질의 내가 아닌 비물질의 내가 있다. 물질의 나만 본다면 나란 물질이 사라지면 허공에 흩어져 자취의 흔적도 없이 허공이 되어야 한다. 그럼에도 비물질의 내가 있으니 이는 영혼으로서 나다. 영혼이 없다고 생각하는 사람은 죽으면 허공에 흩어져 사라지고 없다고 할 것이나 분명 영혼은 있다. 육체를 가지고 살아 있는 모든 생명체는 죽으면 육체로부터 영혼이 빠져나와 육체를 가지고 있을 때와 똑같이 살아있게 되고, 살아가게 된다. 살아 있을 때의 모습으로 영적 존재가 되어 살아간다. 이 부분을 더 명확하게 알기 위해서는 《영적구조와 선수행의 원리》란 책을 읽어보기를 권한다.

진리란 무엇인가?

참된 이치를 진리라 한다. 참된 이치가 드러나는 진리는 우주의 근원적 원리다. 우주의 근원적 원리는 허공에서 허공을 이루고 있는 공의 성품으로부터 공의 성품을 통하여 나온다. 진리의 물이란 공의 성품을 말하는 것이다. 공의 성품은 허공 안에 가득 차 있다. 허공 안에 가득 차 있는 공의 성품은 있는 그대로 진리의 바다다. 이미 허공에 있고 공의 성품 안에 내가 있다. 나는 단 한 번도 허공을 떠나 있은 적 없고 공의 성품을 떠나 있지 않다. 허공에 살고 있고 공의 성품 속에서 살고 있다. 허공을 떠나 공의 성품을 떠나 살 수 없다. 이와 같이 이미 내 안에 공이 있고 공의 성품이 있으니 이미 진리는 내 안에 있다. 다만 내 안에서 진리를 보지 못했을 뿐이다.

우주의 근원적 원리란 진리는 허공에서 허공을 이루고 있는 공의 성품으로부터 공의 성품을 통하여 나온다. 공의 성품 속 빛의 알갱이 자등명으로부터 나온다. 허공의 공의 성품 속에 있는 이것이 저마다의 생명체를 이루고 있는 본 성품이다. 허공 속에 있는 자등명이란 빛의 본 성품이 진공묘유를 일으키는데, 진실허공 속 자등명이란 빛이 있는지를 모르는 이들이 진실된 허공 속 공의 성품에서 작용이 일어나 드러나되 그것이 무엇인지 모르니 허공에서 묘한 작용에 의하여 드러난다고 해서 진공묘유(眞空妙有)라 하지만, 이는 허공 속에 있는 허공의 성품이 드러나도록 했던 자등명이란 빛이 있음으로 이 자등명이란 빛이 그 어느 것에도 의탁 의지하지 아니하고 스스로 존재하며 움직이다보니 이 움직임에 따라 공의 성품이 움직이고, 이 움직임에 공의 성품이 움직이는 것을 진실된 허공에 묘한 작용이 있다고 말하며 진공묘유를 말한다. 공의 성품에 아무것도 없는데 공의 성품에서 작용이 일어나는 것이 아니다. 공의 성품 속에 자등명이란 빛이 그 어느 것에도 의탁 의지하지 않고 스스로 존재하는 빛이 있어 이것이 공의 성품 속에서 움직임으로 우주가 성주괴공하고 우주가 성주괴공하는 가운데 성주괴공하는 허공의 여(如)와 여(如) 사이를 통하여 우주의 근원적 원리란 법과 진리가 나왔다 들어갔다 한다. 즉 법과 진리가 생멸한다. 이와 같아 여(如)를 통하여 진공묘유를 일으키며 법이 생멸한다. 진리가 들어나는 진공묘유(眞空妙有)에 대해서도 《영적구조와 선수행의 원리》란 책이 수록되었기에 이정도 만 언급한다.

깨달음을 보여줄 수도 전할 수도 없는 것은 이미 허공을 통하여 보고 있고, 공의 성품을 통하여 보고 있으면서 보고 있는 허공의 공의 성품을 보지 못하기 때문에 달리 보여줄 것이 없다. 그뿐인가? 깨달음은 우주의식이 되는 것, 허공의 공의 성품이 되는데 깨달음이 있는데, 우주에 존재하는 유정 무정의 모든 것들은 우주란 허공 안에 있고 허공을 떠나 있지 않으며 허공은 공의 성품으로 이루어져 있고 공의 성품은 우주를 이루고 있는 우주란 허공을 떠나 있지 않으니 우주는 있는 그대로 우주의식을 가지고 있고 우주의식은 깨달음의 의식이니 우주에서 보면 우주 안에 있는 모든 것들은 우주이되 저마다 각기 자기 자신에서 보면 우주가 있고 자기 자신이 있을 뿐이로되 우주에서 보면 우주에 있고 허공에서 보면 허공에 있으며 우주를 이루고 있는 공의 성품에서 보면 성품 안에 있으며 공의 성품을 단 한순간도 떠난 일없이 성품 속에 있고 허공에 있으며 우주에 있다. 이미 성품에서 보면 성품이고 우주의식에서 보면 우주의식이다. 이를 보고 알면 깨달음을 증득한 것으로되, 우주와 하나로 있되 우주와 하나로 있는지 모르고 공의 성품 속에 성품으로 있되, 이를 알지 못하고 자기 자신 안에서 보고 생각하나 자기 자신이라고 하는 자아의식을 가지고 바라보고 생각하니 자기 자신 안에 갇혀 보지 못할 뿐, 한 생각 돌이키고 우주에서 보거나 허공에서 공의 성품에서 보면 보는 순간 있는 자체로 성품이고 우주로 우주의식을 갖고 있고 있는 자체로 있는 그대로 우주에 있는 모든 것들은 깨달아 있으니 한 생각 바꿔 자아의식이 아닌 우주의식이 되거나, 눈을 뜨고 우주에서 허공에서 공의 성품에서 자기 자신을 보면 보는 순간 깨달아 있으니 스스로 눈을 뜨고 생각을 바뀌기 전에는 보여줄 수도 전할 수도 없는 것이다.

허공과 허공을 이루고 있는 공의 성품은 전에도 있었고 지금도 있으며 앞으로도 있을 것이다.

허공은 전체가 하나로 있다. 우주 일체라고 하는 상(相)으로 있다. 우주 일체라고 하는 상은 공의 성품으로 가득 차 있고 공의 성품은 우주 일체를 이루고 있다.

깨달은 자 부처라 하고 부처를 이루는 것을 불성(佛性)이라고 한다. 깨달은 자 부처는 우주 일체란 상(相)을 말하고 부처를 있게 하는 불성은 우주 일체를 이루고 있는 공의 성품을 불성이라고 하는 것이다.

우주 일체가 부처이니 우주 일체 안에 있는 모든 것들은 부처 아닌 것이 없고 우주 일체를 이루고 있는 것이 공의 성품이니 우주 일체 안에 있는 모든 것들은 불성을 가지고 있지 않은 것들이 하나도 없이 모두 다 불성을 가지고 있고 모두 다 부처다. 부처는 상(相)이고 불성은 성품이다. 그러므로 부처를 물으면 상으로 드러내면 되고 불성을 물으면 성품을 드러내면 된다. 상이 부처고 성품이 불성이기 때문이다.

"모두 다 같다."라고 할 때 불성으로 같고 공의 성품으로 같고 허공으로 같고 우주 일체로 같은 것이다. 그럼에도 다른 것은 각기 저마다 업을 가지고 업으로 인한 자아의식을 갖고 있기 때문에 업으로 인한 자아의식으로 다를 뿐이다.

모두 다 하나라고 할 때 하나는 우주 일체를 하나라고 하는 데서 모두 다 하나라 하는 것이다. 우주 일체의 하나라고 할 때 우주 일체의 하나는 허공의 공의 성품으로 하나란 것이다. 한 입에 삼킨다는 것과 한 그릇에 담는다는 것 역시도 우주 일체를 하나로 보고 가늠할 수 없는 허공을 하나로 보고 그 안에 공의 성품을 하나로 보고 이야기하는 것이다.

나를 밖에서 보라고 하는 것은 시각을 바꿔서 보라는 것이다. 깨달음이 공이고 깨달음이 공의 성품에 있는 만큼 자기 자신에서 허공을 보지 말고 허공이란 공에서 자기 자신을 보고 자기 자신이 깨달음이란 허공 안에 있고 허공이란 공의 성품이 자기 자신 안에 있다는 것을 보라는 것이다. 이는 영안이나 심안으로 보는 것이 아니다. 보는 시각을 바꿔서 보라는 것이다. 지금까지는 저마다 각기 나라고 하는 자기 자신인 나에서 밖을 보아왔지만 이를 역으로 밖에서 자기 자신을 보라는 것이다. 밖은 이미 깨달아 있으니 깨달음에서 자기 자신을 보라고 하는 것이다.

깨달음이 무엇인가?

허공으로 같아지는 것이다. 허공이 되는 것이다. 깨달음을 증득하기 위해서는 지금까지는 자기 자신 안에서부터 하나하나 내려놓으며 허공이 되도록 수행 정진해 왔고, 텅 비었음에도 자기 자신 안과 밖이 다른 주객이 있다가 나라고 하는 자성경계의 일원상을 깨치고 안팎이 하나 없이 허공과 하나 되는 것이 깨달음을 증득하는 것이다.

지금까지의 수행 방법이 자기 자신을 통하여 수행하며 자기 자신이 가지고 있는 업식(業識)을 하나하나 내려놓고 더 이상 내려놓을 것이 없는 허공이 되고, 허공으로 안과 밖이 서로 다르게 자성경계를 가지고 있다가 이 자성경계 마저 깨고 허공과 하나 되었을 때 허공과 하나 되는 순간이 깨달음을 증득하는 순간이었다면 밖에서 자기 자신을 보는 것은 보는 시각을 바꿔서 깨달음에서 자기 자신을 보는 것이다. 보는 시각을 바꿔서 자기 자신 안에서 깨달음을 증득하려고 할 것이 아니라 깨달음이 허공이 되는 것이니 허공에서 자기 자신을 보고 자기 자신이 허공에 있는 것임을 확연히 알고 이미 자기 자신이 깨달아 있되 자기 자신이 가지고 있는 업식 때문에 깨달음의 상태가 되지 못함을 알아, 허공이 곧 깨달음인지를 알고 허공을 보면서 자기 자신이 깨달아 있음을 인식 인지하고 허공이 곧 깨달음이란 앎을 통하여 깨달음을 증득하고 깨달음에서 즉 허공에서 자기 자신을 보고 자기 자신을 이루고 있는 업식을 내려놓으며 점수(漸修)하라는 것이다. 그리고 허공을 이루고 있는 것이 공의 성품이듯 깨달음을 증득한 자기 자신 역시도 공의 성품으로 이루어져 있음을 알아, 허공에서 보는 공의 성품과 허공에서 본 자기 자신을 이루고 있는 근본 성품이 공의 성품인지를 알고, 허공을 이루고는 공의 성품과 자기 자신을 이루고 있는 공의 성품과 다르지 않다는 것을 확연히 알아 자기 자신의 성품이 공의 성품이고 깨달음이 곧 허공이 되는 것이라는 것을 알아, 자기 자신은 태어나면서부터 허공에 있었고 태어난 이후에 단 한 번도 허공을 벗어난 일 없이 깨달아 있음을 알고, 자기 자신은 태어나면서부터 공의 성품으로 이루어져 있었고 태어난 이후에도 단한 번도 공의 성품이 아닌 적이 없고, 자기 자신은 공의 성품으로 이루어져 있음을 확연히 알아 공의 성품에서 허공이 되라는 것이다. 그러므로 자기 자신의 성품이 공의 성품이 바로 허공이란 공이란 사실을 확연히 알아 깨달음을 증득하란 말이다.

깨달음이란 무엇인가? 저마다 각기 나라고 하는 내가 허공과 하나되는 것을 깨달음이라 한다. 한 마디로 말하면 허공이 되는 것이 깨달음이다.

깨달음을 증득했다는 것은 나라고 하는 자기 자신이 허공이란 사실을 확연히 알았다는 것이다.

확철대오의 깨달음을 증득했다는 것은 자기 자신이 나라고 하는 자성경계란 알을 깨고 허공과 하나가 되었다는 것이다.

우주는 허공으로 이루어진 바다다. 허공은 공의 성품으로 이루어진 바다다. 허공이란 공의 성품은 진리의 바다다. 우주는 공의 성품의 바다다.

진리(眞理)란 무엇인가? 참된 이치를 진리라 한다. 참된 이치가 드러나는 진리는 우주의 근원적 원리다. 우주의 근원적 원리는 허공에서 허공을 이루고 있는 공의 성품을 통하여 나온다,

이러한 관계로 허공을 있는 그대로 진리의 바다라고 한다.

진리의 바다란 허공에 하나의 물방울(자성경계의 일원상)로 내가있다. 이 나라고 하는 자성경계를 이루고 있는 물방울(자성경계)이

바닷물(허공)에 떨어져 물방울(자성경계란 알)이 사라지고 바다(허공)가 되었을 때 깨달음을 증득했다고 한다.

깨달음을 증득하며 우주의식이 된다고 하는데 이는 자아의식을 여의고 우주의식 즉 허공의식이 되었다는 말이다. 우주의식이라고 하니 뭐 거창한 것 같은데 거창할 것 하나도 없다.

우주란 가늠할 수 없는 허공을 우주라고 하는 것이니 허공의식이 되었다는 말이다.

깨달음이라고 하면 뭔가 대단한 것이 있을 거란 생각들을 하는데 깨달음이란 별거 없다. 깨달음이란 허공이 되어 허공의식을 갖는 것이 깨달음이다. 자기 자신 이외에 모든 것들은 허공에 있음으로 허공으로 깨달아 있다. 자기 자신만 내가 있어 허공이 되지 못해 깨달아 있지 않을 뿐이다. 눈을 뜨지 못해서 그렇지 눈을 뜨고 보면 허공에 있지 않은 것이 없다. 즉 허공이란 깨달음에 있지 않는 것이 없다. 깨닫지 못한 이가 하나도 없이 모두 다 깨달아 있다. 즉 물질계에 모든 만물은 허공 안에 있다 허공을 벗어나 있지 않고 모두 다 허공 안에 있다. 허공에서 보니 모두 다 허공으로 깨달아 있는 것이다.

허공에 모두 다 있는 것뿐만 아니라 허공 안에 있으니 공의 성품으로 모두 다 같다. 허공의 공의 성품으로 모두 다 하나다. 허공의 공의 성품으로 하나인 이것을 두고 불성이라고 하고 일체의 하나 유일신 하나라고 하는 것이며 우주 일체를 하나로 꿴 것이라고 하고 있는 것이다. 허공으로 보나 우주로 보나 공의 성품으로 하나다. 허공 속에 있는 모든 것들은 그 어느 것 하나 공의 성품으로 있지 않은 것 없이 모두 다 공의 성품으로 있다. 다만 모양이 다르고 생김새가 다르고 하고 있는 상(相)이 다르고 각기 저마다의 업이 다름에 따라 다를 뿐, 모두 다르면서도 모두 다 같은 것은 허공 안에 있다는 사실이고 허공 안에 있는 공의 성품으로 이루어져 있고 공의 성품을 모두 다 머금고 있고 공의 성품을 떠나있지 않으며 하나같이 공의 성품 속에 있다는 사실이다.

허공 안에 공의 성품은 물과 같이 흘러간다. 물과 같이 흘러가는 허공의 공의 성품을 보고 세월이 흘러간다고 한다. 잠시도 멈춰 있는 일 없이 흘러가며 스며들지 않은 곳 없이 스며들고 있다. 마치 물과 같이 허공 안에 있는 모든 것들에 스며들어 움직이며 흘러가고 있다. 이 속에 저마다의 내가 있는 것이다.

저마다의 내가 허공이 되지 못함으로 허공에서 자기 자신을 보지 못함으로 깨닫지 못하고, 허공에서 자기 자신을 봄으로 자기 자신이 허공임을 알고 깨닫는 것이고, 공의 성품과 다르지 않음을 보지 못함으로 깨닫지 못하고 있는 것이다. 허공에서 보고 자기 자신이 공의 성품과 다름이 없다는 것을 보고 자기 자신이 곧 허공임을 보는 순간 깨달음을 얻게 되는 것이다.

견성(見性)이란 성품을 본 것을 견성이라고 하는데. 어떤 성품을 본 것을 말하는가? 하니 그것은 본 성품을 본 것을 말하는 것으로 물질계에 모든 만물이 공의 성품에 생겨났음으로 그 근본 성품은 공의 성품에 있는 만큼 공의 성품을 본 것을 견성했다고 하는 것이다.

봉사가 아닌 이상 눈을 뜨고 허공을 보지 않는 사람이 없고 허공을 보면서 허공을 이루고 있는 성품을 보고 있지 않은 사람이 없다. 다만 보면서 알아차리지 못할 뿐이다. 눈을 뜨고 볼 때 허공이란 공의 성품을 통하여 보고 있는 것이다. 공의 성품, 본 성품을 보고 있으면서 본 성품으로 통하여 보면서도 본 성품을 알지 못하고 본 성품을 보지 못하고 있을 뿐, 본다고 할 때 누구나 성품을 통하여 본다. 성품을 통하여 보면서 성품을 알지 못하고 보지 못하고 있을 뿐 눈을 뜨면 보는 것이 바로 공의 성품이다.

허공에서 성품을 보면서 성품을 찾고 있는 것이다. 보고 있는 허공을 통해서 성품을 알면 되는데 그것을 모르고 있는 것이다. 허공에서 허공을 이루고 있는 성품을 보고 자기 자신 또한 허공의 성품으로 이루어졌음을 알아차린 것을 견성이라 한다.

우주란 가늠할 수 없는 허공을 우주라 한다. 이름이 우주라고 해서 그렇지 우주는 허공을 우주라 하고 있는 것이다. 깨달음을 증득하면 우주의식이 된다고 하는데 이는 허공의식이 된다는 것이다. 허공의식이란 무엇인가? 저마다 나는 자아의식이 있는 것과 같이 우주는 우주의식이 있는데 이 우주의식이 바로 허공의식이다. 자아의식이란 무엇인가? 타인과 구별되어 자기 자신만이 가지고 있는 의식이 자아의식이다. 허공의식이란 허공이 갖고 있는 의식이다.

자기 자신이 내 생각, 내 마음, 내 의식이라고 하는 것과 같이 허공이 허공의 생각 허공의 마음 허공의 의식을 갖고 있는 것이 허공의식이고 우주의식이다.

우주의식이 되어 깨달음을 증득하면 공의 성품이 되어 법념처에 머물러 여여(如如)하게 반야(般若)의 행을 하여야 한다고 한다. 아니다. 법념처(法念處)가 어디인가? 부동(不動)의 공의 성품이 성주괴공하며 여(如)하고 여(如)한 가운데 법이 생멸하는 성주괴공에 있는 것을 말한다.

법운지(法雲地)가 어디인가? 법이 구름처럼 있는 곳 성주괴공하는 반야를 말한다. 반야(般若)란 무엇인가? 모든 사물의 본래의 양상을 이해하고 불법의 진실된 모습을 파악하는 지성의 작용을 이해하고 아는 공의 성품이 바로 반야다. 고로 반야바라밀의 행을 하라는 것은 허공이 되어서 공의 성품의 행을 하라는 것이다.

법념처에 머물러 반야바라밀의 행을 하라는 것은 진실허공이란 공의 성품에 머물러 공의 성품의 행을 하라는 것이다. 즉 허공에서 공의 성품으로 놀라는 말이다. 쉽게 말하면 공(空)놀이하라는 것이다. 성주괴공하는 것이 있고 진공묘유를 일으키는 것(자등명이란 빛)이 있는데 공의 성품인 법념처에 머물러 공의 성품의 행 반야바라밀의 행을 하며 공놀이하며 반야바라밀의 길을 걸으라는 말인데, 본인이 살펴본바 반야바라밀의 길은 19단계가 끝이다. 길이 막혀 있다. 더 이상 올라올 수 없고 그래서 법념처에 머물러 반야의 행을 하며 반야바라밀의 길을 걸으면 천상계 신계까지는 올라올 수 있지만 그 이상은 올라올 수가 없다. 반야바라밀의 길은 그 끝이 막혀 있기 때문이다. 끝이 막혀 있으니 더 이상 위가 없다. 법념처에 머물러 반야바라밀행을 실천하는 것은 신행 근본의 길로 자비바라밀행 대광(大光)으로 올라오는 길과는 다르다.

(19단계가 끝이고 막혀 있는 반야바라밀의 길도 이제는 자등명 세계로 올라오도록 길을 뚫어놓았다. 뒷부분에서 뚫어놓게 된 과정의 글이 있다.)

법념처에 머물러 반야바라밀행을 실천하는 신행 근본의 길은 깨달음을 증득하고 반야의 행을 하고 자비의 행을 하며 올라와서는 15단계에 이르러서 반야바라밀행 신행근본의 길과 자비바라밀행 대광(大光)의 길이 갈린다. 일직선으로 올라오는 길은 자비바라밀행 대광의 길이라면 반야바라밀행 신행근본의 길은 올라오면서 좌측으로 빠지는 길이다. 자비바라밀행 대광의 길은 곧바로 올라오는 길이라면 반야바라밀행 신행근본의 길은 옆길로 빠져서는 영영 자등명 길로 올라올 수 없는 길이다. 막다른 길에 올라올 길이 있겠는가? 없다. 자등명 길로 올라오기 위해서는 자비바라밀행 대광의 길로 올라와야 한다.

이 길로 올라오는 길은 법념처에 머물러서는 아니 되고 법념처 위에 빛의 세계가 있고 그 빛의 세계 대광념처(大光念處)가 있는지를 알고 반야바라밀의 행과 자비바라밀의 행을 하며 올라가야 한다고 생각하고 수행 정진해야 한다.

많은 사람들이 공의 성품 속에 성품 위에 빛이 있는지 알고 빛의 세계가 있는지 알고 있다. 그러면서 수행하는 많은 수행자들이 빛의 세계 대광념처로 올라오려고 하지 않는다. 법념처를 말하고 반야바라밀행만 말하고 행할 뿐, 대광념처는 말하지 않고 빛의 세계로 올라올 생각을 하지 않는다. 위에 빛의 세계가 있고 자기 자신의 본성이 드러날 때 자기 자신 안에서 빛이 드러난다는 사실을 알면서도 왜들 그런지 법념처만 말하고, 자기 자신 안에 있는 빛에 대해서는 알려고 하지 않고, 또 그것과 하나 되는 것에 대하여 관심조차도 없는지. 깨달음을 말하며 법념처 반야바라밀행을 말할 뿐 대광념처로 올라오는 것에 대해서는 말들이 없다. 빛의 세계로 올라오는 것에는 관심이 없고 자기 자신 안에서 빛이 드러나는 것이 왜 인지? 그것이 무엇인지에 관심이 없다. 본인은 아주 오래 전, 십수 년 전에 4념처에 머물면 아니 되고 4념처 위에 대광념처를 넣어 5념처를 말하며 대광념처로 올라가야 한다고 말했었다.

법념처 위에 대광념처가 있는지 말한 본인은 확철대오의 깨달음을 증득하고 지속적으로 수행정진하며 대광념처로 올라간다고 생각하며 수행 정진했다. 그런 과정에서 내 안에 진정한 나라고 할 수 있는 그 어느 것에도 의지 의탁하지 않고 스스로 존재하는 빛, 자등명(自燈明)이란 것을 보게 되었고, 자등명이란 빛을 보게 되어서는 공의 성품으로 하나 되어 깨달음을 증득하는 것과 같이 자등명이란 빛이 반드시 위에 있는 것으로 알고 자등명이란 빛으로 하나가 되어야 한다고 생각하며 수행 정진했다.

그러다가 위 세계에서 빛덩어리를 보게 되었고 빛덩어리를 보고는 빛덩어리와 하나 되기 위해서 빛덩어리 속에 들어왔고 빛덩어리 속에 들어와 하나가 될 때까지 빛덩어리 속 중앙 중심으로 들어오다가 빛덩어리를 빠져나와 56단계 밖으로 나오게 되었다. (이와 같은 과정을 《기회로도 도감》 뒷부분에 서술되어 있다.)

56단계를 빠져나왔음에도 내 안의 빛 내 밖의 빛이 하나 되지 않았기 때문에 내 안의 빛과 내 밖의 빛이 하나 되기 위해서 수행 정진하다가 출신(出神)을 하게 되었다. 출신했을 당시 글들을 모아서 《나의 참자아는 빛 자등명이다》 란 책을 출간했었다.

출신하여 올라와서 빛을 또다시 만났을 때 그 빛을 본성의 빛 자등명이라 이름했다. 그 빛이 본인의 빛과 하나인지 알고 들어갔다가 또 빠져나와 자등명 세계에 올라오게 되었다. 이와 같이 본인 안의 빛과 밖의 빛이 확철대오의 깨달음을 증득하고 허공과 하나가 되었을 때와 같이 안팎이 하나가 될 때까지 지속적으로 올라오다보니 지금 여기까지 올라오게 되었고 말로 형용할 수 없는 기억할 수도 없는 많은 세계를 올라왔고 근자에는 올라오던 세계의 끝, 손영윤(孫營倫) 세계를 뚫고 올라왔다.

이와 같이 올라와서 보니 어디서 왔고 어디로 가는지 알 수 없는 것이 아니라 모르니 알 수 없는 거지 알고 보니 자등명 인간계에서 왔고 자등명인간계로 돌아가야 한다는 사실을 알았다.

56단계-자등명 세계의 영신영 세계-미비령 세계-42출 세계-최종지 처음부터-자등명 인간계에 올라와 10만 위의 최종지-1926번출 위의 최종지와 근본도(根本圖)의 세계-신화(神化:윤회를 벗어나는 세계)-참자아-자신(自神)의 세계-회귀 본능의 세계-원시반본의 세계-주(主)의 세계-종종(宗終)-종종종종(終宗終終) 세계-대신영(大神靈) 세계-명신영(明神靈)…. 이 모든 세계가 신명(神明)세계로 이 전체를 하나로 시작으로 또다시 거대한 세계가 드러난다.

거대한 세계는 또다시 더 거대한 세계의 하나로 시작되어 또 시작되고 또 시작되고 또 시작되고… 그렇게 류명열반신(流明涅槃神)나 세계에 올라왔고, 여기서 또 하나로 시작해 거대한 세계로 또 거대한 세계의 하나로 또 시작되고 또 시작되고, 이와 같이 해서 신 류 열반 신(神 流 涅槃 神) 나(我) 본명(本明) 세계, 나(6)세계, 류(3)나(2)신(3)세계, 오직하나 맨 위 하나만 있는 세계 응(應:10)세계, 응(應:20) 세계로 올라오고, 올라와서는 지금까지 올라온 세계의 꼭지점에 해당하는 환(還)세계에 올라오고, 환 세계에 올라와서는 (환)신(神) 세계, 휴(休) 세계, 후(后) 세계, 류근본(流根本) 세계를 올라와서는 자꾸만 더 큰 우물, 더 큰 우물로 빠져나오게 되는 우물을 다 빠져나온 류보신 태초 세계로 올라오고, 올라와서는 류호신(流護神) 세계, 보류신(寶流神) 세계, 존류신(尊流神) 세계 위로 계속해서 밝혀 올라왔다.

지금 올라온 세계에서 보면 어느 세계에서 보느냐에 따라서 큰 세계가 작은 하나의 세계가 되고 작은 하나의 세계가 큰 세계로 전부인 듯하고, 전부인 듯 세계가 아주 작은 세계에 불과하기도 하다. 이는 마치 인간에서 보는 세계와 동물, 작은 생물, 미생물… 등등에서 보는 세계와 저마다 처해 있는 세계에서 보고 의식하고 인식하느냐에 따라서 크고 작은 세계, 또 볼 수 있는 세계와 보지 못하는 세계, 가늠조차 할 수 없는 세계들이 있을 뿐, 무수히 많은 가늠조차 할 수 없는 세계들이 있다. 직접 수행 정진해 올라와 보니 그렇다. 이를 믿고 믿지 않고는 각기 저마다의 사고 문제이지만 실재한다는 사실이다. 직접 체험하고 경험해 보면 알 수 있는 일이다.

직접 체험하고 경험하기 이전에 부정부터 하지 마라. 스스로 경험해 보면 알 수 있는 일을 가지고 자기 자신의 시각이나 소견이 전부인 것처럼 자기 자신이 가지고 있는 소견 속에 들어가지 않는다고 하여 틀렸다 이상하다 자기 자신의 틀 속에 넣지 못해 자기 자신이 가지고 있는 틀 속에 들어가지 않는다 하여 잘못되었다 하지 말고, 좁은 자기 자신의 시각과 의식을 자각하라. 그리고 깨어나라. 그리고 보라.

지금까지 밝혀 올라온 세계도 그렇거나와 앞으로 올라가며 밝히는 모든 세계들은 어디까지나 진정한 나를 찾기 위하여 올라가고 있는 것이다. 이와 같이 올라와서 보니 깨달음은 이 세계에서 보면 티끌 먼지만도 못한 일인데, 그 티끌먼지만도 못한 깨달음 때문에 자등명 세계를 이야기해 줘도 깨달음이 먼저라 생각하기에 그리고 깨달음을 증득하기 위해서 평생을 허비하고 있는 것을 보니 답답하여 깨달음을 보여준다고 모임 때 깨달음을 알고 더 이상 깨달음에 얽매이지 말고 올라오라고 깨달음에 대하여 이야기해주었다. (이때 깨달음에 대하여 이야기한 것을 녹취하여 부록에 〈깨달음을 보여주다〉란 제목으로 녹취록을 넣었다.) 깨달음을 이야기하고 나니 이와 관련해서 더 많은 분들이 깨달음을 증득했으면 하는 마음에서 이 글을 쓰고 있는 것이다. 지금보다 더 쉽게 깨달음을 알고 깨달음을 증득했으면 하는 마음에서 이글을 쓰고 있는 것이다.

깨달음을 어떻게 허공과 하나 되는 것이라고 단정해서 말하는가? 의심하는 분들이 많을 것으로 안다. 그것은 본인이 확철대오하고 체험과 경험을 했을 뿐더러 다른 사람을 출신시켰을 때 몸통 안에서 머리속에 있는 신(神)과 가슴부분 즉 마음 부분에서 업식덩어리가 나오고 기운덩어리가 빠져나와서는 자등명이란 빛에 업식이 달라붙어 있던 것이 11단계에 올라오면서 자등명에 달라붙어 업식덩어리를 이루었던 업식이 떨어져 몸통 안 마음자리로 떨어지고 올라오던 기운덩어리가 11단계에서 허공과 하나 되어 즉 허공에 공의 성품과 하나 되어 사라지고, 신과 자등명이란 빛이 하나 되어 신자명(神自明)이 본성의 빛 자등명으로 올라오는 것을 보고 더욱 확연히 알 수 있었다. 《나의 참 자아는 빛 자등명이다》란 책에 소상히 밝혀져 있는 관계로 여기서는 이쯤에서 접는다. 이 부분에 대해서 궁금한 분들은 《나의 참 자아는 빛 자등명이다》이란 책을 읽어보기를 권한다.

깨달음을 증득하고 법념처에 머물러 반야바라밀행을 하는 것은 공에서 공의 성품에서의 일이다. 공의 성품 속에서의 일은 자등명이란 빛의 일이다. 자등명이란 빛에서 허공이 드러났고 빅뱅은 본성의 빛 자등명에서 일어났으며 본성의 빛 자등명에서의 빅뱅으로 인하여 다중우주가 있게 되고 다중우주 속 지구가 속한 우주가 있는 것이다.

우리는 다중우주 속 지구가 속한 우주에 있고 우주란 지구 속에서 살면서 본성이 즉 물질의 본성이 공의 성품인지를 아는 깨달음을 증득하기 위해서 수행 정진하고 있다.

단순히 깨달음이란 공의 성품 공에서 보면 영혼이 있는가? 묻는다면 있다고 할 수도 없고 없다고 할 수도 없다. 대답을 할 수가 없다. 왜 허공 속 공의 성품 속 일이니 진공묘유 속에 처넣을 수밖에 없기 때문에 진공묘유에 드러나면 있는 것이로되 드러나지 않으면 없는 것이니 이러지도 저러지도 대답할 수 없는 것이다. 그러나 공의 성품 이전의 빛, 자등명이란 빛을 알면 진실허공 속 공의 성품 속에서 왜 진공묘유가 일어나고 진공묘유가 왜 일어나게 되는지 알게 된다. 그리고 자등명이란 빛을 앎으로 공의 성품 속 영혼도 영혼의 빛도 말할 수 있고, 각기 저마다의 본성의 성품이 빛이란 사실도 알 수 있으며 자등명이란 빛으로 그 어느 것에도 의탁 의지하지 않고 스스로 존재한다는 사실도 알 수 있다.

깨달음을 증득하면 식(識)이 없어야 하는데 깨달음을 증득해도 식이 있으니 그 식을 유식학(唯識學)이란 이름에 묶어 넣었으나 이 또한 그럴싸하되 자등명이란 빛이 있음으로 식(識)이 있다는 사실을 모르니 올바르지는 않다고 하겠다.

본인의 깨달음에 대한 이야기로 밖에서 보아 깨달아 있고 깨달았는데 자기 자신 안으로 들어가면 복잡하다한 것이 있는데 이것은 업 때문인데, 이를 어떻게 놓을 것인가? 혼란기를 걸쳐 안정기에 접어든 것과 같이 자기 자신 안에서 정리가 될 때까지 혼란하게 되는데, 이것을 바르게 빨리 정리하는 것은 확연하게 인연법을 아는데 있다. 인연법을 알고 복잡한 것들을 인연에 맡겨 놓고 행하면 복잡하던 것들이 하나 둘 정리가 되어 안정기에 접어드는 것과 편하게 된다.

깨달음을 증득하는 순간이 안에서 하든 밖에서 하든 돈오(頓悟)다. 돈오를 했음에도 남아 있는 업과 습을 놓는 것은 점수(漸修)다. 자기 자신 안에서 하나씩 놓으며 허공과 하나가 된 것은 점수(漸修) 돈오(頓悟)라 한다면 밖에서 보고 깨닫고 점차적으로 놓는 것은 돈오(頓悟) 점수(漸修)라 할 것이며 점수(漸修) 돈오(頓悟)한 다음에 더 이상 놓을 것이 없는 상태가 된 것을 점수(漸修) 돈오(頓悟) 돈수(頓修)라 할 것이고, 밖에서 보고 깨닫고 점차적으로 놓아 더 이상 놓을 것이 없는 상태가 된 것을 돈오(頓悟) 점수(漸修) 돈수(頓修)라 할 것이다.

가장 빨리 깨어나고 가장 빨리 자각하기 위해서는 이와 같이 해야 한다.

가장 빨리 깨어나고 가장 빨리 자각하기 위해서는 무엇보다 먼저 깨어나는 것이 무엇인지? 자각이 무엇인지? 어떤 것이 깨어남인지? 어떤 것이 자각인지를 알아야 한다. 그리고 어떻게 했을 때 깨어나게 되는지? 어떻게 했을 때 자각하게 되는지에 대해서 자세하게 알아야 한다.

깨어남과 자각에 대해서 자세하고도 분명하게 알고 자각이 일어나는 상황의 상태와 자각으로 인하여 깨어나게 되는 상황의 상태를 명확하게 알았을 때 자각하고 깨어나게 되는 방법을 안다고 할 것이다. 자각하고 깨어나는 방법을 분명하고도 명확하게 알면서 자각하고 깨어나려고 하는 사람과 단순히 자각하고 깨어나려고 하는 사람과는 차이가 많을 것이다.

무엇이든 방법을 모를 때는 어떻게 해야 할지를 몰라 헤매게 되고, 어떻게 할지 몰라서 어렵기만 하지만 방법을 알고 방법대로 할 수 있다면 이보다 더 쉽게 어떤 것을 해낼 수 있는 것은 없을 것이다. 모든 것에 있어서 방법대로 하는 것보다 쉬운 것이 없고 아는 길을 가는 것보다 빠른 길이 없다. 모든 것에는 방법이 있고 길이 있다. 다만 그 방법을 모르고 길을 모를 뿐이다. 방법을 모르고 길을 모르니 헤매며 빨리 가지 못하는 것이다.

깨어남과 자각이란 말이 추상적인 말 같지만 깨어났을 때의 그 상황의 상태가 있고 자각 역시도 자각의 상황의 상태가 있다. 이 글을 읽는 그대는 지금까지 살아오면서 자각했었을 때가 있었고 자각하고 깨어났었을 때가 있었을 것이다. 한 번 이상씩은 그럼에도 그 방법과 길을 모른다. 왜 모를까? 자각이나 깨어남의 상황의 상태를 살펴보지 않았기 때문이다. 그리고 자각하게 된 원인, 즉 자각의 길과 깨어나게 된 원인, 즉 깨어나는 길에 대해서 깊게 살펴보지 않았기 때문이다. 이것만 명확하게 살펴보았다면 아마 그대는 자각이나 깨어남에 대해서 쉽게 생각하고 누구보다 가장 쉽게 깨어나고 가장 쉽게 자각했을 것이다.

자각의 방법과 길, 깨어남의 방법과 길을 찾아가 보자. 자각의 방법과 길, 깨어남의 방법과 길을 찾기 위해서는 자각이 일어났을 때의 그 상황의 상태와 어떻게 해서 자각이 일어나게 되었는가? 그 상황의 상태를 생각하며 명확하고 분명하게 관찰해 봐야하고, 깨어났을 때 역시도 어떻게 해서 깨어나게 되었는가? 깨어났을 때의 그 상황의 상태를 분명하고도 명확하게 성찰해 봐야 한다.

자각이라고 하면 자기 자신이 의식하는 상태를 말하기도 하고, 현실을 판단하여 자기의 입장이나 능력 따위를 아는 것을 말하기도 하고, 또는 자기가 알아 품고 있는 지식 내용의 진실성이나 자기가 진실한 것으로 생각한 언행이나 진실하다고 생각하고 있는 의식하여 알고 있는 것에 대하여 그것이 참으로 진리성과 성실성이 있는가에 대하여 자기를 반성하는 것을 말하기도 하지만, 여기서 말하고자 하는 자각은 자각함으로 깨어남, 깨어나도록 하는 자각, 자각함으로 깨닫게 되는 것을 말하고자 한다.

자각하게 되는 순간을 생각해 보라. '아!' '아! 이것이구나.' '아! 이것이었구나.' 즉 모르는 것을 알게 된 상황의 상태다. 무엇을 알게 된 상황의 상태인가? 모르는 것을 알게 된 상황의 상태이다. 단순히 모르는 것에 대한 것을 아는 상황의 상태인가? 아니다. 모름으로 답답하고 갑갑한 침묵 깊은 어둠 속을 뚫고 마치 한줄기 밝은 빛이 길을 안내하듯 답답하고 갑갑한 무명의 어둠을 비추어 밝아져서 환히 밝아져 분명하고도 또렷하게 알게 되는 상황의 상태를 자각이라고 말한다. 무명을 밝혀 알게 되는 것을 자각이라고 한다. 그리고 무명을 밝혀 알게 된 사실을 바탕으로 깨어나서 행하게 되는 것을 두고 깨어남이라고 한다.

'아!' '아! 이것이구나.' '아! 이것이었구나.'하고 자각하게 되는 순간이 언제, 어떨 때, 무엇으로부터 자각하게 되었는가? 생각해 보라. 그것은 보거나, 듣거나, 느끼거나, 생각하거나 의식했을 때 자각이 일어났을 것이다. 자각은 가만히 있는데 일어나지 않는다. 자각은 자기 자신이 궁금해 하거나 알고 싶었던 것이 있거나 할 때, 그와 관련된 것을 보거나 듣거나 느끼거나 생각하거나 의식했을 때, 보거나 듣거나 느끼거나 생각하거나 의식한 것으로 한 대 맞는 것과 같이 현재의식을 탁! 칠 때, 한 생각이 번쩍하면서 번쩍한 한 생각을 의식하며 '아!' '아! 이것이구나.' '아! 이것이었구나.'하고 자각하게 된다.

이렇게 자각할 때 무엇을 보거나 듣거나 느끼거나 생각하거나 의식했을 때 자각하게 되었는가? 그것은 자기 자신이 알지 못한 세계와 세상이고 법과 진리이며, 자기 자신이 알고자 했던 세계나 세상, 알고자 했던 법과 진리에 대하여 알았을 때이다. 자기 자신이 알고 있는 것은 하나의 자성경계를 갖고 하나의 경계는 하나의 세계와 하나의 세상을 갖는다. 이와 같이 자기 자신이 알고 있는 모든 것들은 자성경계가 되어 있음으로 자기 자신만의 세계와 세상을 갖고, 자기 자신이 갖고 있는 세계와 세상은 자기 자신이 알고 있는 법과 진리에 의하여 존재하고, 또한 자기 자신이 알고 있는 법과 진리 안에서 자기 자신의 세계와 세상은 굴러가고 흘러간다. 이렇게 자기 자신의 법과 진리에 의하여 굴러가고 흘러가는 세계와 세상을 '아!' '아! 이것이구나.' '아! 이것이었구나.'하고 자각하게 되는 세계의 세상은 자기 자신이 알고 있는 법과 진리를 벗어나 더 높고 더 넓은 세계의 세상으로 자기 자신이 알고 있는 법과 진리를 포함하고 포용하고 있는 세계의 세상으로 깨어나는 것이다. 이것이 자각이다.

더 쉽게 표현한다면 이렇다. 전혀 위를 볼 수 없고 계단이 있다고 했을 때, 지금 현재 자기 자신이 몇 번째 계단이 있든 자기 자신이 있는 계단 아래쪽은 환히 내려보여서 다 알 수 있지만 위 단계의 계단에 전혀 모른다. 이때 자기 자신이 있는 계단에서 위를 볼 때 한치 앞도 볼 수 없으니 무명에 덮여 있는 것이로되, 아래로 볼 때는 환히 알 수 있으니 걸릴 것 없이 다 알고 있으니 아래 계단에 있어서는 자기 자신이 알고 있는 계단의 세계 그 세계의 세상 법과 진리는 아래 단계 모두를 다 통달하고, 또 품으며 법과 진리 안에서 굴러가고 흘러가게 되지만 위 단계에 포함되는 부분들에 있어서는 알 수 없는 일이 있게 된다. 그러나 위 단계에 올라서면 올라선 만큼 위에서 아래를 환히 보아 알 수 있다. 그래서 위 단계에서는 아래 단계를 환히 알 수 있고 환히 안다. 위 단계에서는 아래 단계를 환히 알지만 아래 단계에서는 위 단계를 전혀 모른다. 위 단계가 가린 만큼 무명에 가려서 알지를 못한다. 그러다가 위 단계를 올라서거나 위 단계를 보거나 듣거나 생각하거나 의식함으로 해서 아래 단계를 환히 알게 되면서 위 단계의 법과 진리 안에 아래 단계가 포함되고 포괄되어 있다는 사실을 알 때 아래 단계를 버리고 위 단계 것을 취하게 된다. 이와 같이 자기 자신이 가지고 있는 의식이란 세계의 세상이 위 단계 세계의 세상을 알고 위 단계가 아래 단계를 포함하고 포괄하고 있으면서 귀속되어 있다는 사실을 알게 되었을 때. 이러한 사실에 자기 자신이 가지고 있는 경계의 세계 그 세계의 세상 위에 단계로 한 대 맞은 듯 번쩍할 때 자기 자신이 가지고 있는 기존의 경계 세계의 세상은 부서지고 새로운 세계의 세상을 맞이하게 되는 이 순간이 바로 자각의 순간이다.

이렇게 자각하여 새롭게 알게 된 세계의 세상으로 나아왔을 때 이를 두고 깨어났다고 하고 또는 깨달았다고 말한다. 이렇듯 자각하고서는 이제는 깨달았다고 한다. 이때 무엇으로부터의 자각이고 무엇으로부터의 깨달음이겠는가? 그것은 무명에 가려서 몰랐던 것으로부터 자각이고 몰랐던 것을 알게 된 깨달음이다. 몰랐던 것으로부터의 자각은 자기가 알고 있는 지식 내용의 진실성과 진리라고 하는 법으로 알고 있는 진실한 것으로 생각한 언행이나 진실하다고 생각하고 인식한 의식으로 알고 있는 것에 대하여, 자기가 의식 속에서 인식하여 알고 있는 지식 내용의 진실성 내지는 진리라고 하는 법이 바르지 않고 잘못 알고 있다는 사실을 새롭게 알게 됨으로 확연하고도 분명하게 알았을 때 자각했다고 하거나 또는 깨달았다고 말을 한다.

여기서 볼 때 자각은 깨달음이다. 무엇으로부터의 깨달음인가? 무명으로부터의 깨달음이다. 어떤 무명으로부터의 깨달음인가? 자기 자신이 알고 있는 지식과 진리라고 하는 법에 대하여 더 폭넓게 새로이 알게 된 사실에 대한 깨달음이다. 달리 표현한다면 자기 자신이 알고 있는 지식이나 진리, 법이 자기 자신이 새롭게 알게 된 사실 범위 안에 들어가고, 새롭게 알게 된 사실이 알고 있었던 모든 것을 다 포함하고 포괄적으로 품고 있을 때 마치 위에서 아래를 내려다보는 것과 같이 밑에서는 위를 볼 수 없되 위에서는 아래를 보는 것과 같은 이치로 밑에서 위로 올라섬이다.

이렇듯 자각은 자기 자신이 알고 있는 경계 세계의 세상보다 낮은 곳에서 일어나는 것이 아니라 자기 자신이 알고 있는 경계의 세계 세상으로부터 일어나는 것이다. 즉 아래 단계에서 일어나는 것이 아니라 위 단계에서 일어난다. 법과 진리에서 아래 단계의 법과 진리가 아니라 위 단계의 법과 진리 안에서 일어나는 것이다. 이러한 관계로 자각하기 위해서는 법과 진리가 있어야 하고, 자기 자신이 알고 있는 세계의 세상보다 더 열려 있는 세계의 세상이어야 한다. 자기 자신이 알고 있는 법과 진리보다 더 위 단계의 법과 진리로서 자기 자신이 알고 있는 법과 진리를 포용하고 포괄하여 품으면서도 더 높고 더 넓은 세계의 세상으로 법과 진리를 가지고 있어야 한다.

이러한 관계로 자각하기 위해서 법과 진리가 있는 글이나 의식적으로 깨어있는 글을 보거나 소리를 들어야 한다. 법과 진리를 내

포하지 않거나 깨어 있는 글이 아닌 경우에는 아무리 보았거나 들어도 깨어나지 못하고 자각하지 못한다. 흔하지 않지만 자각은 법과 진리에 의한 글을 보거나 소리를 듣고, 현재의식에 닿아 현재의식이 터치를 받을 때 한 생각 깨어나도록 하거나 의식이 높고 넓게 확장되는 것에서부터 일어난다. 그러므로 자각은 자기 자신이 알고 있는 것보다 더 차원 높은 곳으로부터 오게 된다.

그리고 그렇게 알게 된 사실을 토대로 생각이 바뀌고 의식이 바뀌어서 새롭게 알게 된 사실을 토대로 생각하고 의식하며 언행(言行)하는 것을 두고 깨어났다고 한다. 이러한 깨어남이란 잠에서 깨어나듯 일어섬이다. 무엇으로부터의 일어섬인가? 그것은 모르는 것에서 알게 된 사실로 일어섬이고 자기 자신이 있는 단계에서 더 높은 차원의 단계로 올라섬이다. 이렇듯 깨어남이란 현재 자기 자신이 가지고 있는 세계나 세상, 즉 인식하고 있는 생각이나 의식 상태에서 새로운 생각이나 의식 상태를 갖게 되는 것으로 지금 자기 자신이 생각하고 의식하고 인식하고 있는 세계의 세상을 벗어나 더 넓은 세상의 세계로 나아가서는 기존의 자기 자신이 가지고 있던 생각이나 의식, 세계의 세상을 버리고, 새로이 알게 된 더 높고 넓은 세계의 세상을 인식하고 기존의 생각과 의식을 버리고 새롭게 알게 된 더 높고 더 넓은 세계의 세상에서 살아가게 되는 것을 두고 깨어남이라고 한다. 차원으로 말한다면 기존 자기 자신이 살고 있는 차원에서 더 높은 차원으로 올라가서 살게 되는 것을 두고 깨어남이라고 한다.

이러한 고로 자각 없이 깨어남 없고 깨어남 없이 자각이 있을 수 없다. 자각이 곧 깨어남이고 깨어남이 곧 자각이며 자각이 곧 깨달음이다. 이때의 깨달음은 확철대오의 깨달음이 아니라 모르는 것을 알게 된 자각으로 더 높은 차원의 단계로 올라섬의 깨달음이다. 그런 고로 크고 작은 잦은 자각의 깨달음을 통하여 큰 깨달음을 얻으면서 확철대오의 깨달음을 증득하게 되는 것이다.

이제 여기서 찾아보자. 자각하는 방법은 무엇이고 자각하는 길은 무엇이며, 깨어남의 방법은 무엇이고 깨어남의 길은 무엇인가? 그대는 무엇이라고 생각하는가?

자각하는 방법은 자기 자신이 알고 있는 세계의 세상보다 더 높은 위 단계의 법과 진리를 아는 것이며 자각하는 길은 자기 자신이 알고 있는 세계의 세상에서 위 단계, 위 차원의 새로운 세계의 세상으로 올라오는 것이다. 깨어남의 방법은 지금 자기 자신이 알고 있는 세계의 세상을 깨부수어 버리고 위 단계 위 차원 세계의 세상의 법과 진리를 알고 받아들이는 데에 있고, 깨어남의 길은 새로운 세계의 세상의 법과 진리를 받아들여서는 새로이 알게 된 사실을 있는 그대로 행하는데 있다.

그러므로 빨리 자각하기 위해서는 자기 자신이 알고 있는 법과 진리를 굴리고 있는 세계의 세상을 더 높은 차원의 진실한 법과 진리를 받아들여서는 자기의 세계와 세상을 깨부수고 더 높은 차원의 세계, 세상으로 올라와야 하고, 빨리 깨어나기 위해서는 자기 자신이 알고 있는 것을 위 단계, 위 차원의 진실한 법과 진리를 받아들이고 행해야 한다. 더 높은 차원의 진실한 법과 진리를 받아들이며 행하는 것보다 더 빨리 자각하고 더 빨리 올라오는 길은 없다. 이런 것으로 볼 때 자각으로의 깨어남은 자기 자신이 알고 있는 하위법(下位法)으로 자각이 일어나지 않으며 또한 하위법으로 깨어나지 않는다. 자각하고 깨어나게 하는 것은 자기 자신이 알고 있는 것보다 더 상위법이어야 한다. 하위법으로는 깨어날 수 없고 상위법(上位法)으로밖에 깨어날 수 없는 만큼 하위법을 보지 말고 상위법을 보아야 한다.

자각하고 깨어나려고 하는 것은 본성의 빛 자등명에 올라오기 위해서 하는 것이다. 그 이외에 다른 무엇이 있어서 자각하고 깨어나려고 하는 것이 아니다. 본성의 빛 자등명에 올라올 때까지 자각하고 깨어나야 하는 것이다. 잠재의식 무의식 현재의식이 깨지면서 올라와야 한다.

더 쉽게 설명하자면 이렇다. 본인이 수행 경지의 단계를 숫자로 표기해 이야기해 왔다. 이야기 숫자로 볼 때 인간이 3단계 3차원에서부터 본성 빛 자등명 135단계까지 물론 본성의 빛 자등명에도 단계가 있지만 여기서는 인간이 있는 3단계에서 135단계까지를 두고 이야기 하고자 한다.

3-135단계는 곧 계단과 같고 각기 서로 다른 단계의 계단은 각기 서로 다른 세계의 세상이다. 그러면서 아래 단계의 계단은 위 단계를 알 수 없을 뿐만 아니라 위 단계를 포용하거나 포괄하여 품지 못하지만, 위 단계에서는 아래 단계의 계단을 환히 알고 볼 수 있을 뿐만 아니라 아래를 포용하고 포괄하며 품고 있으면서 더 높이 더 넓게 확장되어 있다.

이런 관계 속에서 3번째 계단의 단계에서의 자각은 4번째 계단의 단계 이상에서 법과 진리로 이루어진 세계와 세상의 일을 앎으로 해서 안 사실로 인하여 3번째 계단의 단계에서 가지고 있던 세계의 세상이 무너지고 4번째 이상 계단의 단계인 세계의 세상을 받아들임으로 자각하고, 자각한 3번째 단계의 계단 이상으로 올라섬으로 인하여 깨어나는 것이다.

이와 같이 자각하고 깨어나는 것은 지금 현재 자기 자신이 의식하고 있는 의식 세계의 단계에서 위 단계에서 벌어지고 있는 법과 진리를 받아들임으로 해서 지금 현재의식이 깨지는 것을 자각이라 하고 현재의식이 깨지면서 위 단계의 법과 진리를 받아들여서 위 단계에 맞게 언행(言行)하는 것을 깨어남이라 한다.

더 쉽게 설명하자면 3번째 계단에 있으면서 3번째 계단에 맞게 생각하고 의식하고 3번째 계단에 맞는 법과 진리에 맞추어 살다가, 4번째 이상의 계단을 보고 3번째 계단이 전부가 아니라 4번째 계단이 있고 더 높은 계단들이 있는지를 알고, 3번째 계단을 벗어나 4번째 5번째 계단에 올라와서 올라온 4번째 5번째 계단에 맞게 살게 되는 것을 자각과 깨어남이라고 하는 것이다. 이와 같이 자각과 깨어남은 3번째 계단에 있으면서 2번째, 1번째 계단, 즉 하위법에서 생기는 것이 아니라 4번째, 5번째 계단, 즉 상위법으로 자각하게 되고 깨어나게 되는 것이다.

이렇듯 자각과 깨어남은 자기 자신 안에 있는 현재의식 잠재의식 무의식에서 일어나는 일로 아래 단계의 계단에서 위 단계의 계단으로 올라가게 되는 상황의 상태의 변화를 아는 것을 두고 자각과 깨어남이라고 말하는 것일 뿐, 단순하게 본다면 자각과 깨어남은 자기 자신이 있는 단계의 계단을 버리고 위 단계의 계단을 올라서서 위 단계의 세계의 세상을 받아들이고 위 단계 세계의 세상에 살면서 행하는 것에 지나지 않는다.

이렇게 볼 때 지금 현재 자기 자신이 처하여 있는 단계의 계단에서 위 단계의 계단에 일들을 스스로 보거나 듣고 현재의식이나 잠재의식 무의식 그 어느 부분이 깨지면서 올라서게 되는 것이 바로 자각하고 깨어나는 것이다. 이러함에도 많은 사람들이 자각하고 깨어남이라고 하면 잠재의식 무의식은 접어 두고 현재의식에서 이러한 사실을 확연히 안 것만을 두고 자각을 하고 깨어났다고 하는 것이다. 사실은 잠재의식 무의식이 깨지면서 위 단계로 올라서게 되는 것 역시 자각이고 깨어남인데도 말이다. 그러면서 체험과 경험을 이야기한다.

체험과 경험을 이야기하면서 자기는 현재의식이 자각하고 깨어났다고 말하는 사람들이 있는데, 그 사람들의 경우를 보면 언행은 바뀌지를 않고 전과 다름없이 언행을 하는 것을 보게 되는데. 이는 그 사람이 체험과 경험을 통하여 알게 되었다고 할지라도 그것은 잠재의식 무의식에서 보거나 느끼거나 했을 때 현재의식에는 전혀 영향을 주지 못한 것에 지나지 않다보니 현재의식은 전혀 바뀌지 않아서 체험하고 경험했다고 해도 똑같은 것이다. 체험하고 경험했으니 체험하고 경험한 만큼 잠재의식 무의식 속에서는 체험하고 경험한 만큼 깨어져 있을지 모르지만 현재의식부분에서는 변화가 없는 것을 보면 이는 현재의식은 전혀 깨지지 않았다는 것을 반증하는 것이다.

자기 자신 스스로 체험하거나 경험을 통하여 알아진 사실에, 자각이나 깨어남이 현재의식에서는 없는데 잠재의식 무의식에서는 얼마나 잠재의식 무의식 층이 깨졌겠는가? 스스로 체험하고 경험한 것으로 현재의식이 변화하지 않고 바뀌지 않았는데, 잠재의식 무의식이 얼마만큼 변하고 바뀌어 있을까? 현재의식이 자각하고 깨어나야 잠재의식 무의식 층에서 함께 더불어 깨어나는 것이다. 그렇지 않고 잠재의식이나 무의식이 깨어나는 경우에는 자기 스스로의 수행력이라기보다는 법력(法力) 있는 사람으로부터의 깨어남이 훨씬 더 많다고 보면 틀리지 않을 것이다.

잠재의식 무의식의 깨어남은 자기 자신이 스스로 하지 않을지라도 누군가 법력이 있는 사람이 무엇인가를 행할 때 무의식 잠재의식이 깨지게 되고, 잠재의식 무의식이 깨지면서 바뀌게 되어 의식의 단계가 올라가도 현재의식 부분은 전혀 바뀌지 않는 경우들이 허다한 것과 같이, 스스로 경험하고 체험했다고 말하는 것 역시도 현재의식이 바뀌지 않고 체험하고 경험한 것은 잠재의식 무의식이 변화되었음으로 해서 의식의 단계가 올라간 것에 지나지 않는다. 이런 경우 백날 이야기해 봐야 현재의식은 변화가 없으니 잠재의식 무의식이 변화한 것일 뿐 누군가 법력이 있는 사람이 현재의식에서 알지 못한다할지라도 잠재의식 무의식 층을 깨준 것과 다를 바가 없다. 다만 다른 것이 있다면 현재의식에서 알지 못하고 잠재의식 무의식 층이 변화가 있는 경우에는 현재의식에서 이러한 사실이 확연하지 않으니 겸손하게 되고 하심하게 되는가 하면 자기 자신이 부족하다고 생각하게 되는데 반하여, 체험하고 경험하고서도 현재의식이 체험하고 경험한 대로 변화하지 않고 바뀌지 않고, 다만 잠재의식 무의식이 변화된 경우에는 현재의식은 변화하거나 바뀌지 않은 채, 자기 스스로 체험하고 경험하게 되었다는 아만과 자만만을 갖게 되어서는 바뀌지 않은 현재의식으로 경험과 체험을 강조하며 우쭐해하기가 쉬우니 조심할 일이고 이를 경계해야 한다. 흔히 의식의 단계를 테스트 할 때 의식의 단계는 현재의식 잠재의식 무의식을 다 포함해서 드러나는 의식을 테스트한 것이 의식단계이다. 본인의 회상에 본인과 함께 수행 정진하는 분들을 대상으로 테스트해 보면(이미 다들 해 보셨겠지만) 여느 수행 단체보다 높게 나올 것이다. 그럼에도 현재의식에서 의식하고 인식하고 있는 법과 진리에 대해서는 여느 수행 단체에 있는 분들보다 못한 경우들이 많다. 왜 그러한가? 그것은 본인으로 인하여 잠재의식 무의식 층이 많은 부분 녹아내렸기 때문에 비록 현재의식에서는 그러한 사실을 모른다 해도 잠재의식 무의식에서 그만큼 깨어있고 또 업이 그만큼 녹아 있기 때문이고, 여느 수행 단체에서 단계가 낮음에도 법과 진리에 대해서 잘 아는 것은 현재의식 부분에서 본인의 회상에서 수행 정진하는 사람들보다 깨어있기 때문이다. 다만 단계가 낮은 것은 현재의식으로 해서 깨지게 되는 잠재의식 무의식이 녹아내리거나 깨지지 않았기 때문이고 반대로 본인의 회상에서는 본인으로 하여금 잠재의식 무의식이란 업이 녹아내린 만큼 비록 현재의식에서는 모를지라도 의식의 단계는 높게 테스트되어 나오는 것이다.

이 부분에 있어서 자세하고 명확하게 알고 싶다면 테스트 할 줄 아는 사람은 테스트를 통해서 살펴보면 쉽게 알 수 있다. 본인의 회상에서 수행 정진하는 사람을 대상으로 테스트해 보라. A란 분, B란 분, C란 분, D란 분, E란 분, F란 분, G란 분, H란 분, ….. 테스트 방법은 이렇게 하면 된다. A란 분을 예를 들어본다. A란 분의 의식은 몇 단계인가? 현재의식의 단계는 몇 단계인가? 잠재의식 무의식 단계는 몇 단계인가? 현재의식 부분과 잠재의식 무의식 업(業)부분을 분류해서 테스트해보면 쉬이 알 수 있을 것이다. 자기 자신도 테스트해 보라. 현재의식의 단계는 몇 단계이고 잠재의식 무의식의 단계는 몇 단계인가? 그러면 본인과 함께하는 회상에 일들을 대강 짐작할 수 있지 않을까 싶다.

의식의 단계는 높을지라도 잠재의식 무의식 부분이 많이 녹아내려서 높고 현재의식 부분에서는 스스로 자각하고 깨어나지 못함으로 낮은 경우에는 비록 의식이 높게 테스트 되어 나타났다 할지라도 현재의식 부분의 단계가 낮음으로 현실에서 드러나는 언행은 현재의식으로 행하는 만큼 현재의식의 단계에 맞는 언행을 하는 만큼 의식의 단계와 상관없이 현실에서 행하는 언행에 대해서 많은 사람한테서 좋은 소리를 못 듣게 된다. 몇 단계라면서 뭐했다면서… 언행은 거기에 못 미치게 된다. 왜 현재의식에서는 자각하지 못했고 또 깨어나지 못했기 때문이다. 다만 잠재의식 무의식이 녹아졌을 뿐, 반면에 의식의 단계는 낮을지라도 잠재의식 무의식 부분이 적게 녹아지고 현재의식 부분이 많이 자각되어 깨어있는 경우 이때 현재의식의 단계는 높게 나타날 것이며 반대로 잠재의식 무의식의 단계는 낮게 나타날 것이다. 이런 경우 실생활에서 드러나는 현재의식이 높은 만큼 비록 전체적인 의식의 단계는 낮을지라도 현재의식이 높은 만큼 현실적 언행에서는 모범이 된다. 그런 만큼 어떤 사람에 대해서 명확하고 분명하게 알기 위해서는 현재의식과 잠재의식 무의식의 단계를 분류해서 테스트해 봐야 바르게 알 수 있는 것 아닌가 싶다. 개중에는 잠재의식 무의식 부분이 어느 정도 녹아내림으로 자기 자신이 녹이지 않았음에도 지식적으로 알게 된 사실을 바탕으로 수행되었다고 남들에게 보이기 위해서 체험이나 경험을 하지 않고서도 체험이나 경험을 들어온 것을 바탕으로 해서 했다고 이야기하는 경우들이 많다. 그러면서 자기 자신은 체험과 경험으로 현재의식이 자각하고 깨어나고 있다고 말하는 이들이 간혹 있기 때문에 이런 부류에게 속지 않기 위해서 이 부분도 바르게 살펴볼 필요성이 있다.

일반 수행자들의 의식을 테스트해 보되 현재의식의 단계는 몇이고 잠재의식 무의식의 단계는 몇인지도 테스트해 보라. 거의 다 현재의식이 잠재의식이나 무의식보다 1, 2단계 높게 테스트될 것이다. 그러나 본인의 회상에서 수행하는 분들은 누구라고 할 것 없이 모두 다 하나같이 현재의식보다 잠재의식 무의식의 단계가 높을 것이다. 그것도 생각 이상으로 높을 것이다.

일반적 수행자가 천도하는 경우 보통은 수행 경지의 단계가 7단계는 넘어서야 가능하다. 그래야 영가를 현재의식으로 공부를 시켜서 7단계에 보낼 수 있게 된다. 그냥 의식을 테스트했을 때 높게 나오는데 현재의식이 7단계에 미치지 못한다고 할 때 이때 이 분이 천도하는 경우에는 천도하는 분의 현재의식으로 천도하는 것이 아니라 잠재의식 무의식을 녹여서 잠재의식 무의식의 단계를 높게 하여 주신 분의 법력으로 천도하는 것이 아니겠는가? 현재의식이 7단계도 되지 않는데 천도시킨다고 천도되겠는가? 한 번 곰곰이 생각해 보라.

이렇게 살피다 보니 수행은 하지 않고 본인에게 와서는 시술 받거나 기운나누기 및 몸통 청소를 한 경우는 어떤지 살펴보는 것도 재미있는 일이 아닌가 싶다. 두 달에 한 번씩 본인을 찾아와서 본인이 몸통 청소하며 제거해 주고 좋아지도록 이것저것 살펴봐 주는 분이 있다. 이 분의 현재의식은 몇 단계일까? 이 분의 잠재의식 무의식은 몇 단계일까?

육체를 버리고 갈 때 현재의식으로 가게 되는가? 잠재의식 무의식으로 가게 되는가? 현재의식으로 간다고 한다면 본인의 회상에서 수행 정진하는 분들은 그냥 의식을 테스트해서 단계를 살펴보면 아니 되고, 잠재의식 무의식을 제외한 현재의식을 테스트해 보고 현재의식의 단계로 가늠해 봐야 할 것이다. 현재의식과 상관없이 잠재의식 무의식으로 간다면 잠재의식 무의식이 녹아진 만큼 높은 단계에 가게 될 것이다. 이렇게 볼 때 수행을 하지 않을지라도 어떤 식으로든 잠재의식 무의식이 녹아내려서 업이 가볍게 된다면 그래서 잠재의식 무의식의 단계가 높다면 높은 단계의 세계로 가게 되는 것 아닌가? 수행은 하지 않는데 본인에게 와서 이것저것 시술을 받는 분의 잠재의식 무의식을 보면 깨달음의 단계를 휠 넘어선 분이 있는데 이런 분은 죽어서 어디로 갈까? 만약에 잠재의식 무의식의 단계로 간다면 그분은 본인에게 와서 잠재의식 무의식의 업을 녹이고 생전 예수재(生前 預修齋)를 한 것이 되는 것은 아닐까? 이런 부분을 테스트해 보며 명확하게 살펴보는 것도 공부하는데 있어서 중요하지 않은가 싶다.

현재의식이 자각하고 깨어남은 기존에 가지고 있는 현재의식이 자각한 것을 알고 현재의식이 자각한 것으로 변하고 바뀌는 것을 현재의식이 자각되었고 현재의식이 깨어났다고 할 것이다. 체험하고 경험했다 할지라도 현재의식이 변하지 않고 바뀌지 않았다면 이는 현재의식이 깨어난 것이 아니라 잠재의식 무의식이 변화하고 바뀐 것이다. 이렇듯 현재의식이 자각하고 깨어남은 현재의식이 자각한 것으로 변화하고 바뀌어서 변화하고 바뀐 것으로 행하는 행을 통하여 깨어났다고 하는 것이다. 이와 같이 현재의식이 자각하고 깨어남이란 현재의식이 깨지면서 변화하고 새롭게 알게 된 사실로 바뀌고 바뀌게 된 사실을 행함으로 깨어나게 되는 것이다. 단순하게 생각한다면 자기 자신이 처하여 있는 단계의 계단에서 위 단계의 계단에 있을 것을 새로이 알고 알게 된 사실을 바탕으로 현재의식이 변하고 바뀌고, 바뀌고 변한 위 단계의 계단에 맞게 행동하는 것이 바로 현재의식이 자각하고 깨어남이다. 단순하게 이러한 시각으로 볼 때 자각을 통해 깨어남을 아는 것이 중요하고 행으로 실천하는 것이 중요하다. 무엇을 아는 것이 중요하고 무엇을 실천하는 행이 중요하겠는가?

그것은 바로 자기 자신이 알고 있는 법과 진리보다 더 높은 단계의 법과 진리를 아는 것이 중요하고, 자기 자신이 알고 행하고 있는 언행을 더 높은 단계의 법과 진리를 알게 된 사실을 토대로 언행하는 것이 중요하지 않겠는가? 그러므로 상위법을 아는 것이 중요하고 알게 된 상위법을 실천하는 것이 중요하다.

글을 읽으며 이미 어떻게 하면 가장 빨리 깨어나고 가장 빨리 자각할 수 있는지에 대한 방법을 터득한 사람이 있을지도 모르겠다. 가장 빨리 깨어나고 가장 빨리 자각하기 위해서는 자기 자신의 단계보다 높은 단계의 법과 진리를 보거나 또는 듣고 그대로 받아들여서 그대로 행하는 것이다. 이 보다 더 빠른 방법은 없다.

먼저 가면서 줄줄이 밝혀놓은 길을 따라가면서 길목 어귀마다 놓아놓은 물을 마시는 것보다 더 빨리 올 수 있는 방법은 없다. 물을 마시며 길을 걸어오되 언행이 실천되어야 한다. 몸 따라 마음 따로 생각 따로 해봐야 더딜 뿐이다. 이는 마치 이와 같다. 암벽을 타고 오를 때 먼저 오른 사람이 뒤따라오는 사람이 쉬이 올라오도록 밧줄을 내려놓는 것과 같다. 뒤 따라 올라가는 사람은 밧줄을 잡고 올라가면 된다. 그리고 올라간 만큼 그곳에 맞게 언행하면 된다. 먼저 올라간 사람이 내려놓은 밧줄을 잡지 않고 따로 길을 만들며 올라갈 수도 있다. 그러나 빨리 안전하게 올라가려면 내려놓은 밧줄을 잡고 올라가는 것보다 쉽게 빨리 올라오는 방법은 없다. 밧줄을 잡고 올라오면서 어느 정도 올라왔는데 밑에서 있는 것과 행동한다면 위험할 뿐이다. 이와 같이 지식적으로 알고 실천하지 않을 경우 약이 되는 것이 아니라 병이 될 뿐이다. 이는 자기 자신을 악의 구렁텅이로 떨어지게 하는 것이나 다름없다.

이렇게 자기 자신보다 위 단계를 받아들이며 위 단계의 법과 진리를 실천함에 있어서 잘못된 정보를 바른 정보인양 받아들여서 의식하게 되면 그 다음에 이 잘못된 정보를 바르게 인식하게 되기까지 너무 오랜 시간이 걸리고, 잘못된 정보를 바르게 받아들이기 위해서는 자기 자신이 직접 체험하거나 경험해 보지 않고는 알 수 없는 만큼 위 단계를 받아들이고 행함에 있어서 이것이 잘못된 정보인지 바른 정보인지 바르게 알아야 바르게 똑바로 올라올 수 있다. 아니고서는 어느 단계까지는 올라 올 수 있을지 모르지만 그 이상은 올라올 수가 없다. 잘못된 정보로 인하여 올 수 있는 만큼은 오는데 더 이상 올라오는 길이 없게 되니 당연히 거기서 멈추게 되고 멈추어서는 전에 사람이 길을 놓으며 했던 말을 되풀이하며 바른 길이 있음에도 바른 길을 받아들이지 못하고, 오히려 바른 길을 잘못되었다 할 수 있는 만큼 받아들이고 행함에 있어서도 조심스럽다. 2011. 07. 22. 12:07

확철대오의 깨달음은 끝이 아니라
새로운 시작이다

동서고금을 통틀어서 보면 확철대오는 수행의 끝처럼 이야기해 놓았고, 또 확철대오의 깨달음을 증득하면 안 되는 것 없고 못하는 것 없을 정도로 확철대오의 깨달음에 대하여 환상을 이야기를 해놓았다. 수행정진해서 확철대오의 깨달음을 증득하기 어렵다 보니 자꾸만 환상을 가미하게 되고, 환상과 환상이 모여서 터무니없는 환상이 되어 이야기되고 있는 현실이다. 그렇듯 환상과 여러 신통을 말하며 확철대오의 깨달음을 증득하면 만사가 다 해결된다는 듯 전해져 내려오고 있다. 그렇게 확철대오의 깨달음에 대하여 환상에 환상을 전하다 보니 많은 수행하는 사람들이 확철대오의 깨달음만 증득하면 모든 일들이 다 해결되고 자기 자신이 마음먹은 대로 신통을 부려서 무엇이든 다 할 수 있다고 생각한다.
그러다 보니 수행하는 많은 사람들이 확철대오의 깨달음이라는 환상을 가지고 수행을 시작하고 확철대오의 깨달음을 증득하려고 무진 애를 쓴다. 심지어는 일을 하면서 사회생활을 하면서 수행하면 확철대오의 깨달음을 증득할 수 없다는 말을 하면서 확철대오의 깨달음을 증득하려고 무진 애를 쓴다.

본인이 보건데 확철대오의 깨달음을 증득하지 못하니 확철대오의 깨달음을 증득하라고 인간이 가지고 있는 오감을 자극하고 삼독심을 자극하며 확철대오의 깨달음에 대한 환상을 심어놓은 것이 아닌가 하는 생각이 들기도 한다.

본인이 수행 정진해 온 바에 따르면 확철대오의 깨달음은 끝이며 시작이다. 수행 정진해서 올라오는 길목에서 보게 되는 하나의 경치에 불과한 것이지 수행의 끝이 아니다. 그런데도 많은 사람들은 수행의 끝이라고 생각하고 그렇게 인식들을 하고 있는 듯싶다. 수행의 끝이라고 생각하는 사람들은 스스로 확철대오의 깨달음을 증득하지 못하고 전해들은 것만으로 이야기를 하다 보니 그런 것이 아닌가 싶고, 또 스스로 확철대오의 깨달음을 증득하지 못하다 보니 확철대오의 깨달음을 수행의 끝으로 이야기한 것이 아닌가 하는 생각이 든다.

본인이 보건데 확철대오의 깨달음은 수행의 끝이 아니라 새로운 시작인 자등명 세계로 들어오는 초입에 들어섰을 뿐 끝이 아니다. 그리고 확철대오의 깨달음을 증득한다고 환상처럼 전해 내려오는 이야기처럼 그렇지 않다. 다만 의식만 변화되어 있을 뿐 변화되는 것은 아무것도 없다. 그럼에도 수행하는 많은 사람들은 확철대오의 깨달음에 대하여 들어온 것이 있는지라 머릿속에 확철대오의 깨달음의 환상을 가지고 수행 정진하다 보니 확철대오의 깨달음을 증득하고 나서 달라진 것은 아무것도 없고 그저 의식만 변화될 뿐이란 말을 전혀 믿지 못하는 듯싶다. 아니면 그런가 보다할 뿐이면서 자기 자신 안에서는 그럼에도 확철대오의 깨달음을 증득하면 무엇인가 달라진 것으로 알고, 또 많은 무엇인가를 하거나 이루어질 것으로 알고 있는 듯싶다.

확철대오의 깨달음은 수행 정진해 가는 하나의 길목이고 또 수행 정진하여 올라가는 길목에 경치일 뿐, 끝이 아니어서 확철대오의 깨달음을 증득하고 나서도 수행 정진 빛의 세계 자등명 세계로 올라와야 한다. 이와 같이 확철대오의 깨달음을 증득해도 법념처에 머물지 말고 대광념처로 와야 하고 대광념처로 와서는 자등명 세계로 올라와야 한다.

확철대오의 깨달음을 증득하고 법념처에 머무르지 않고 대광념처를 향하여 와야 하고 자등명 세계로 올라와야 하는 과정 선상에 있어서 확철대오의 깨달음은 현재의식에서 확철대오의 깨달음을 증득했음을 아는 것도 중요하지만 그것보다 더 중요한 것은 확철대오 깨달음을 증득했을 때의 잠재의식 무의식을 갖는 것이 더 중요하다. 수행 정진해 올라오면서 경치는 못 볼 수 있고 보지 않을 수도 있다. 그러나 확철대오의 깨달음의 상황의 상태는 되어야 한다. 그래야 확철대오 깨달음의 경치를 현재의식에서는 보지 못했을지라도 잠재의식과 무의식에서는 확철대오의 깨달음을 증득한 상황의 상태는 되어야 그 다음 목적지를 향하여 올라갈 수 있기 때문이다.

물론 현재의식에서 확철대오의 깨달음을 증득한 사실을 모르고 잠재의식 무의식에서 확철대오의 깨달음을 증득한 것과 같은 상황의 상태가 되었다 할지라도 스스로 알지 못하니 자꾸만 아래를 보게 됨으로 해서, 확철대오의 깨달음을 증득하여 업이 있고 없고 떠나 있다가 다시 집착함으로 업이 달라붙는 것과 같은 현상이 모임에 참석하는 분들에게 일어나는 것은 아닌가? 하는 생각이 들기도 한다.

자주 비유하는 것이지만 지금 있는 곳에서 출발해서 목적지에 도착하고자 할 때 목적지를 행하여 가는 길목을 지나지 않고서는 목적지에 도착할 수가 없다. 수행도 마찬가지다. 확철대오의 깨달음을 증득하고자 하는 사람은 확철대오의 깨달음만 증득하면 된다. 그러나 자등명 세계로 오고자 하는 사람은 확철대오의 깨달음을 증득하고 현재의식에서 인식하거나 의식하지 못할지라도 확철대오의 깨달음의 상황의 상태가 되어야 올라올 수 있다. 즉 자등명 세계로 올라오는 길의 선상에 있는 확철대오의 깨달음이란 통과지점을 지나와야 자등명 세계로 올라올 수 있다. 확철대오의 깨달음의 지점을 통과하지 못하고는 자등명 세계로 한 발짝 옮겨놓을 수가 없다. 스스로도 그러하고 또한 누군가 자기 자신을 자등명 세계로 옮겨주었다거나 또는 실어다 주었다할지라도 확철대오 깨달음의 길목을 지나지 않고서는 자등명 세계로 옮겨줄 수 없고 또 그 지점을 지나지 않고서는 실어다줄 수가 없다.

자기 자신이 자등명 세계에 있다면 아니 확철대오의 깨달음을 11단계로 이야기했으니 11단계 이상에 있다면 자기 자신이 현재의 식에서 알든 모르든 자기 자신의 무의식 잠재의식에서는 이미 확철대오의 깨달음 11단계 상황의 상태를 지나온 것이다. 다만 현재의식을 통하여 경치를 보지 못했을 뿐 확철대오의 깨달음 상황의 상태를 지나온 것이다. 그렇지 않고서는 자등명 세계에 올 수 없는 만큼 당연히 안으로부터 확철대오의 깨달음의 상황의 상태를 지나온 것이다.

본인이 모임에서 시술을 해주고 의식이 높게 테스트된다고 이야기한 적이 여러 번 있다. 그리고 업식덩어리에서 업이 떨어져나가서 자등명이 빛이 난다는 이야기도 여러 차례에 걸쳐서 이야기한 적이 있다. 자등명이 빛이 난다는 말은 업식덩어리에서 업이 있고 없고 업이 떨어져 나간 상태로 확철대오의 깨달음을 증득했을 때 상황의 상태가 된 상태를 말한 것이다. 물론 이것은 어디까지나 본인의 영안으로 보았을 때 그렇다는 말이었다. 그러나 정작 모임에 참석했던 분들 저마다 현재의식에서 확철대오의 깨달음을 증득한 사실을 경험이나 체험한 사람은 아무도 없다.(편집하는 지금은 모임에서 깨달음을 보여준 이후 스스로 깨달았다는 사실은 알고 있는 사람도 있고 또 그 이후에 깨달음을 증득하고 잃어버린 사람도 있다.) 인간의 의식 수준을 빛의 밝기인 럭스(lux)로 측정할 때 현재의식의 에너지 수치가 150~200임을 이야기했을 때 역시도 이미 11단계는 넘어서 온 것이다. 그렇다면 확철대오의 깨달음의 길목은 지나온 것이 될 것이다. 그럼에도 모임에 참석했던 분들 중에 현재의식에서 확철대오의 깨달음을 증득한 사실을 경험이나 체험한 사람은 아무도 없다.

현재의식에서 확철대오의 깨달음을 증득한 사실을 경험이나 체험을 하지 못하고 잠재의식 무의식에서는 확철대오의 깨달음을 증득한 상황의 상태와 같았음에도 이를 알지 못하다보니 현재의식으로 살아가는 삶에 있어서 현재의식에 확철대오의 깨달음을 증득한 체

험이나 경험이 없는 관계로 마음은 비록 편안하다할지라도 현재의
식으로 집착하고 삼독심과 오욕락(五慾樂)을 버리지 못하고 탐닉
하다보니 업이 있고 없고 떠나 있게 된 확철대오의 깨달음의 상황
의 상태에서도 현재의식의 집착과 삼독심과 오욕락으로 주변에 것
들을 끌어당기게 되니 자연 놓아졌던 업도 다시 업을 달라붙게 되
는 현상이 일어나는 것이 아닌가 싶다.

이쯤에서 모임에 참석했던 분들은 스스로 테스트해 보라.

현재의식으로 확철대오의 깨달음 증득한 사실을 체험이나 경험하
지 못했지만 잠재의식이나 무의식에서는 확철대오의 깨달음의 상
황의 상태가 된 일이 있는가?

현재의식에서 체험이나 경험하지 못하지만 모임에 몇 번 참석하면
확철대오의 깨달음을 증득한 상황의 상태가 되는가?

모임에 몇 번 참석하여 시술을 받으면 자등명 세계에 올라가는가?

모임에 몇 번 참석하면 잠재의식이나 무의식이 자등명 세계에 올
라가 있게 되는가?

지금 저마다의 '나는 자등명 세계는 있는가?'

자등명 세계에 있다면 확철대오의 깨달음의 길목은 지나온 것일진
데 확철대의 깨달음의 길목을 지나왔는가?

확철대오 깨달음의 길목을 지나왔는데 현재의식에서 체험이나 경
험하지 못했다 하여 확철대오 깨달음의 증득하려고 할 필요가 있
는가?

잠재의식 무의식이 자등명 세계에 올라와 있고 확철대오의 깨달음
의 길목을 지나왔다고 하여 현재의식이 집착과 삼독심을 행한다면
확철대오의 깨달음을 증득한 상황의 상태가 되었던 자등명 빛에
업이 달라붙어 업식덩어리를 도로 갖게 되니 원상태가 되는가? 아
니면 확철대오 깨달음을 증득한 상황의 상태로 있는가?

확철대오 깨달음 상황의 상태 길목을 지나온 사실이 있다면 그 길
목을 되돌아 내려갈 것이 아니라 위로 올라와야 하는데, 어찌하면
올라온 길목을 다시 내려가지 않고 위로 지속적으로 올라올 수 있
겠는가?

모임에 열심히 참석하시는 분들… '나는 확철대오 깨달음 상황의

상태를 지나와 있는가?' '나는 지금 확철대오 깨달음 상황의 상태를 지나 그 위 단계에 있는가?'

'나는 자등명 세계에 들어와 있는가?'

확철대오의 깨달음 상황의 상태를 지나왔다면,

비록 자등명 세계에 들어와 있지 않지만 확철대오의 깨달음의 길목을 지나와 그 위 단계에 있다면 자등명 세계에 들어와 있다면 확철대오의 깨달음을 증득하려고 할 필요가 있는가?

현재의식으로 체험이나 경험을 하지 못해서 현재의식에서 전혀 알지 못하지만 자등명 세계에 있다면 앞으로 어떻게 해야 하는 것이 옳은 일인가?

살피고 살피며 테스트해 보라.

테스트를 통하여 저마다 바르게 올라올 수 있기를 바란다.

2012. 9. 11. 07: 47

자기 자신으로부터 초월은
이와 같이 이루어진다

많은 사람들이 자기 자신을 초월하고 싶어 한다. 그러면서도 그것이 잘 되지 않으니까 외부로부터 끌어들여서 자기것화 하려고 한다. 그런다고 해서 자기 자신으로부터 초월은 이루어지지 않지만, 그래도 그것만으로도 충족하거나 만족하며 대부분의 사람들은 대리 만족하거나 그렇게 된 듯 착각하며 착각 속에서 살아간다.

자기 자신을 초월한다는 것은 의외로 간단하고 쉽다. 다만 그 실천이 어려울 뿐이다.

자기 자신을 초월하기 위해서는 자기 자신과의 싸움에서 이기고 또 이기면서 자기 자신의 한계에 부딪치고 한계에 부딪쳐서도 이겼을 때 초월은 이루어진다. 지금의 자기 자신을 이기지 못하고서는 그 어떤 초월도 이루어질 수가 없다. 지금의 자기 자신을 이기고 또 이겼을 때 이김으로 벗어나게 된 상태에서 머무르다가 또 자기 자신과의 싸움에서 이겼을 때 미세하게나마 초월은 이루어진다.

지금의 자기 자신이 안일하고 방일하게 되거나 게을러서는 자기 자신을 극복할 수도 없으며 업을 더 쌓고 쌓아갈 뿐, 벗어나기는 어렵고 어렵다할 것이다.

일반적으로 습관이나 습벽은 오랫동안 자기 자신도 모르게 익숙해져 있는 것들이다. 무엇을 하든 익숙한 것이 편안하고 새로운 것을 하기보다는 익숙한 것을 하기를 더 좋아한다.

자기 자신으로부터 벗어나기 위한 행위나, 초월을 하기 위해서 애를 쓰거나, 새로운 것을 하려고 할 때 두려움과 초조함이 수반됨과 함께 망설이게 되고 실천하다가도 중도에서 포기하기 쉽게 된다. 왜 자기 자신에서의 싸움에서 이기지 못하고 지기 때문에 그런 현상이 일어나는 것이다. 어느 정도까지는 한다. 어느 정도까지 할 수 있는 것은 거기까지 견딜 수 있기 때문인데 그 견딜 수 있는 데까지 하고 많은 분들은 포기한다.

할 수 있는 데까지 견딜 수 있는 데까지 해서는 자기 자신으로부터 벗어날 수 없고 초월할 수 없다. 견딜 수 있는 데까지 하고 나서 거기서 또 행함으로 이겨야 하는 것이다.

자기 자신의 한계에 도달했을 때 포기하기보다는 한 발 더 내딛고 한 발 내딛은 데서 머물지 말고 또 나아가야 한다. 그랬을 때 거기에서 벗어나게 되고 초월하게 되고 거기로부터 초월이 이루어지게 된다.

죽을 것 같지만 죽지 않는다. 힘들 때나 더 이상 할 수 없을 것 같을 때, 더하면 큰 일 날 것 같을 때, 거기서 멈추면 원상태로 돌아가게 되지만 거기서 한 발 더 내딛고 행한다면 거기서 벗어나 초월은 이루어지게 된다. 한 번으로 벗어나거나 초월은 이루어지지 않는다.

몇 번이고 위와 같은 상황에서 자기 자신의 싸움에서 이기고 또 이기고 또 이겼을 때 벗어나게 되고 초월하게 된다, 자기 자신과 타협함으로써는 벗어날 수 없고 초월할 수 없다. 타협으로 뛰어넘을 수 없기 때문이다.

타협 없이 극복하고 이겨야 한다. 그랬을 때 자기 자신 안에 있는 생명의 근원인 자등명은 쌓여 있는 업에 묻히지 않고, 묻힌 업에서 벗어나려고 하려다가 뚫지 못하고 업 속에 안주하게 되는 것이 아니라 뚫고 올라오게 되는 것이다.

그렇게 올라옴으로 인하여 처음에는 조금 한 번 더 하면 한 만큼 위로 올라오게 되고 올라오게 됨으로 해서 올라온 것으로 인하여 벗어나게 되고, 초월해 있게 되는 것이다.

이와 같이 자기 자신과 싸우지 않고는 초월은 이루어질 수 없고, 자기 자신을 벗어나지 않고서는 초월할 수 없으며 자기 자신과 부딪치지 않고서는 벗어나거나 초월할 수 없고 자기 자신의 한계에 부딪쳐보지 않고서는 한계를 극복할 수도 벗어날 수도 초월할 수도 없다. 자기 자신을 벗어나고 초월하기 위해서는 자기 자신의 한계에 부딪쳐야 한다.

그 한계는 인간의 몸을 가지고 있기 때문에 몸으로부터 갖게 되고 몸 안에 들어 있는 저마다의 살림살이로부터 갖게 된다. 한계에 부딪치기 위해서는 자기 자신과 싸워야 한다.

늘 자기 자신과 대면해 있어야 한다. 그것이 몸이 되었든 몸 안의 살림살이가 되었든 알고 있어야 하고 알아차리고 있어야 한다.

그렇지 않을 때는 자기 자신이 하고자 하는 것을 행할 때 행함으로 인하여 생기게 되는 것이다. 하고자 하는 것이 바르지 않다면 모를까 옳다면 하고자 하는 것을 행함으로 한계에 부딪치고 한계에 부딪쳐 자기 자신과 싸움에서 이겼을 자기 자신으로부터 벗어나고 초월하게 된다,

자기 자신이 하고 싶은 것을 하면서 자기 자신과 싸워라. 그리고 싸워서 이겨라. 그리고 벗어나고 초월하라. 2013. 07. 16. 12:49

생사불이(生死不二), 영생(永生),
보는 견처(見處)에 따라 다르다

생사에 떨어질 것인가? 영생을 얻을 것인가? 자기 자신이 어느 것을 생각 의식 인식하며 어느 견처를 가지고 살아가느냐에 따라서 생사가 있는 삶을 살 수도 있고 영생을 얻을 수도 있으며 빛 자등명(自燈明)으로 살 수 있다. 이는 자기 자신이 가지고 있는 견처(見處)에 따라서 의식 인식하고 살고 있는 삶에서 결정된다.

"생사불이(生死不二)."

"생사가 있는데 생과 사가 둘이 아니라 하나라고 하고 또 생사가 없다고 말들 한다. 어떻게 하면 생사가 없는지를 알고 생사가 둘이 아니란 사실을 알 수 있을까?"

"어떻게 하면 생과 사로부터 벗어날 수 있을까?"

"어떻게 하면 생과 사에 얽매이지 않을까?"라고 생각하고 또 고민하거나 참구하는 분들이 많은 것이다.

몰라서 그렇지 의외로 간단하다.

보고 생각하는 견처(見處)를 달리하여 의식하고 인식하면 된다.

보는 관점, 생각하고 의식 인식하는 데에 살아가고 있는 의식과 인식 안에서 생과 사가 있고 영생이 있으며 또한 생사를 둘이 아님을 알게 되고 또 생사로부터 벗어날 수 있으며 또한 생사에 얽매이지 않을 수 있는가 하면 자등명(自燈明)이란 빛으로 살 수도 있다.

영혼을 믿는 분들, 자등명 빛을 믿는 분들에게는 간단하고, 자등명이란 빛을 믿지 않고 영혼을 믿지 않는 분들에게 어려운 난제가 아닐 수 없다.

자기 자신이라고 생각하고 있는 의식 인식하고 있는 몸 육체가 전부이기 때문에 육체를 벗어나 생각할 수 없고 육체란 몸, 육체란 몸 나를 떠나 따로 내가 없으니 육체란 몸의 생과 사에 얽매일 수밖에 없다. 육체란 몸 외에 영혼이니 자등명 빛이란 것을 모르거나 알아도 믿지 않는 사람에 있어서는 육체란 몸이 있음으로 자기 자신이 있고 육체란 몸이 사라지면 자기 자신도 따라서 사라진다고 생각하기 때문에 육체란 몸에 집착하고 또 육체란 몸의 유지를 위하여 수단방법을 가리지 않는다. 그러기 때문에 이들에게는 생사를 벗어날 수가 없다.

육체란 몸을 자기 자신이라고 믿고 그와 같이 살아가는 사람에게는 그 어떠한 이야기를 해도 소용없다. 스스로 죽어서 육체를 떠나보기 전에는 알 수가 없다. 죽어보기 전에는 모른다. 아니 죽어서도 모르는 분들이 더 많다. 육체를 떠나 영혼으로 있으면서 살아 있을 때와 똑같이 살아 있으니 살아 있다고 생각하고 평상시 아는 분들에게 붙어 있거나 주변에 있게 되니 말이다. 그렇게 오랜 세월 살다보면 어느 날 육체가 없는지를 알게 되고 비로소 자기 자신이 죽었다는 사실을 알게 되는데 이때는 이미 귀신(중음신)이 되어 있는 상태일 게다.

육체란 몸을 나라고 생각 의식 인식하고 있는 사고와 관념을 가지고 있는 사람은 생사가 둘이다. 이런 부류는 생사를 벗어날 수 없고 생사에 얽매일 수밖에 없고 육체를 벗어나 육체란 몸에 얽매여 살 수밖에 없다. 그러면서 육체란 몸이 어떻게 될까? 육체란 몸을 지탱하지 못할까? 죽으면 어떡하나? 육체란 몸을 생각하며 전전긍긍하게 된다.

육체란 몸은 내가 아니라 내 것이며 나는 육체 안에 있는 영혼이 나라고 믿고 있고 생각이나 의식이 깨어서 영혼으로 살려고 하는 사람에 있어서는 육체에 얽매이지 않을 뿐만 아니라 육체로 살되 영혼의 삶을 살기 때문에 육체로 인한 생사에 걸리지 않는다.

영혼에서 보면 육체는 하나의 옷과 같음으로 육체란 옷을 입었다 벗었다 할 뿐 육체란 몸은 내가 아니라 내 것이며 육체란 몸을 입고 벗는 생사에 얽매이지 않게 되고 또 육체에 집착하는 삶을 살기 보다는 영혼의 삶을 살게 된다. 영혼의 삶으로 보면 영혼은 영생한다. 다만 영혼이 육체란 몸, 육체란 옷을 영혼이 이 몸 저 몸으로 옷을 바꿔 입듯 바꿔 입을 뿐 나 자신의 영혼은 변함이 없다고 생각하게 된다. 마치 육체를 가지고 옷을 갈아입는 것과 영혼이란 몸의 나, 자기 자신이 육체란 옷을 갈아입을 뿐 육체가 내가 아니라는 사실을 알게 된다. 이렇게 되면 육체란 생사에 걸리거나 육체란 몸의 생사에 얽매이지 않되 영혼으로 살면서 육체란 몸을 생각하게 된다.

이와 같이 육체의 삶을 살지 않고 영혼의 삶을 살 경우 유한된 육체의 삶을 사는 것이 아니라 영혼으로 영원히 살게 되는 영생을 얻게 된다.

사실 육체로 살거나 영혼으로 살거나 육체로 보면 생사가 있고 영혼으로만 보면 영생을 한다. 믿고 믿지 않고 떠나서 육체는 길어야 백 년이고 영혼은 수백수천 년을 살며 영혼에 맞는 육체란 옷을 갈아입으며 윤회하며 영생한다. 다만 옷을 갈아입을 때 망각의 강을 건너왔기 때문에 기억하지 못하여 육체가 나라고 생각하고 의식하고 인식하며 육체가 전부인 양 살지만, 영혼을 믿고 자등명 빛을 믿고 자기 자신이 영혼이고 자등명 빛이란 사실을 알고 그렇게 생각 의식 인식하며 살면 영생을 얻을 수 있다.

불교에서의 생사불이(生死不二)란 지금 본인이 표현한 것과는 또 다르다. 어떻게 다른가? 생사불이를 영혼에서 보지 않고 공의 성품에서 본 것이다. 공의 성품이란 무엇인가? 허공을 이루고 있는 성품이다. 모든 물질은 허공에서 생겨났고 허공으로 사라진다. 생겨났다가 사라지는 모든 것들은 허공이란 공의 성품에서 생겨났다가 없어짐으로 없어졌다가 생겨난다. 생겨난 것을 생(生)했다고 없어져 사라진 것을 사(死)했다 한다. 이와 같이 물질이란 육체란 몸은 어버이를 통하여 태어나, 생겨난 생(生)이 있고, 죽음으로 허공이란 허공을 이루고 있는 공의 성품으로 흩어지는 사(死)가 있되, 공의 성품 자체에서 보면 공의 성품 속에서 생겨났다가 사라질 뿐 본질의 공의 성품에서 보면 생겨났다가 없어지는 것이 아니라 공의 성품에서 보면 있고 없을 뿐 생겨났다 사라졌을 뿐, 공의 성품은 있는 그대로 있는 만큼 생과 사는 공의 성품으로 불이(不二) 둘이 아니라 하나라 한다.

석가모니부처님께서 대답하지 않은 열 가지 중에 영혼이 있느냐? 물었을 때 대답을 하지 않았다. 이것으로 볼 때 불가에서 영혼을 믿고 천도를 한다는 자체는 석가모니부처님께서 가르치신 불교가 아니라고 할 수 있다. 그러나 불가에서 천도하는 일은 비일비재하다. 석가모니부처님은 영혼에 대하여 대답하지 않았지만 지금에 불교를 전하는 분들이나 믿는 분들은 영혼을 믿는다. 그리고 또 영혼에 대해서 말들을 한다. 그래서 그런지 불교 공부를 잘 했다는 분들 중에는 석가모니부처님이 어디에 있느냐? 계시냐? 물으면 허공에 흩어져 있다고 한다. 허공에 흩어져 공의 성품으로 있다는 말을 한다. 불교를 가르치고 믿는 분들에게 영혼이 있다고 믿는다면 석가모니부처님 역시 영혼을 가지고 있지 않다면 모를까 영혼으로 있다면 어디에 있을까? 한 번 생각해 본 적이 있는지 모르겠다.

육체와 영혼이 열 개의 챠크라를 통하여 묶여져 하나로 있기 때문에 육체가 나라고 생각 의식 인식하며 살지만 조금만 깨어서 알면 육체가 나가 아니고 육체 안에 영혼이 진정한 나라는 사실을 알 수 있다. 영혼이 나란 사실을 알았다할지라도 육체로 살아가야 하는 현실에서 육체를 여의고 영혼을 인식하며 살기 어렵기 때문에 영혼으로 살려고 하는 삶은 쉽게 육체의 삶으로 육체에 얽매이는 삶을 살게 된다. 그리면서 육체의 삶에 떨어져 생사에 떨어지게 된다. 그만큼 현실이 자기 자신을 지배한다. 현실을 자기 자신이 지배하지 못하고 현실로부터 지배당하기 때문에 현실에 떨어지게 되는 것이다. 현실을 지배할 때 오롯이 자기 자신의 삶을 살 수 있고 깨어난 만큼 살 수 있다.

자문자답해 보라.

과연 나는 현실에 살면서 현실에 지배당하고 있는가?

현실을 지배하고 사는가?

무엇이 생사(生死)이고 무엇이 영생(永生)인가?

그대는 지금 생사에 떨어져 있는가?

영생을 얻었는가?

자등명이란 빛의 삶을 사는가?　2014. 05. 17. 10:23

5공 4해탈에 맞추어 살펴보는
무상 무아 대사일번 확철대오

선정삼매(업)-여(반야)-여여부동(혜인삼매, 무상, 무아)-깨달음(대사일번)-자성경계타파 확철대오-자등명을 5공4해탈에 맞추어 법문하여 주십시오.

5공 4해탈이란 글을 토대로 살펴보겠습니다. 5공4해탈이란 글을 읽어보시기 바랍니다. (영적 구조와 선 수행의 원리》란 책에 있지요.)
선정삼매(업), 선(禪)은 머리가 쉬면서 체험할 수 있고 1공(空), 정(定)은 고요한 마음에 들어가서 체험할 수 있는 2공, 삼매(三昧)에 들어가면서 7식에서 3공, 삼매에 깊게 들어가서 8식에서 4공, 일상적 삼매에 들어감으로 9식에서 5공, 여(如)는 자기 자신 밖에서의 공(空)을 통하여 공을 보고 공에서 여(如)를 체험 할 수도 있고, 자기 자신 안에 들어와 자기 자신의 육체를 물질이 공(空)하다는 것을 체험함으로 해서 공의 체험에서 모두 다 같은 여를 알거나 체험할 수도 있고, 이제부터 본인이 5공을 말한 각각의 공에서 공을 보고 공을 통하여 여를 알거나 여를 체험할 수 있다고 하겠습니다.
여를 알거나 체험함으로 여가 되는 것이 아닌 만큼 스스로 진정한 여가 되기 위해서는 5공에 이르러야 진정한 여에 이르렀다 하지 않을까 싶네요.
반야 역시도 마찬가지라고 하겠습니다.
반야 역시도 공에서 공을 보고 공을 통하여 반야를 알게 되는 만큼 공을 보고 공에서 여를 알거나 체험한다면 여를 알거나 체험한 여를 통하여 반야를 알게 되는 것이 아닌가 합니다.
그러므로 공에서 여를 알고 여를 체험하는 것과 같이 반야 역시도 그럴 수 있되 진정한 반야에 이르렀다고 한다면 5공에 이르러서 공에서 공을 통하여 여를 알고 여를 통하여 반야를 알거나 반야가 되어야 한다고 생각합니다.

반대로 5공에서 공을 통하여 여를 알기보다는 먼저 반야를 알거나 반야가 되어서 여를 알거나 여가 될 수도 있을 수 있지 않나 생각합니다.

어느 것이 먼저라고 할 수 없으되 여를 아는 자 반야를 알고, 반야를 아는 자 여를 알 것이로되 여를 알고 반야를 모른다면 5공에 이르지 못한 것일 것이며 반대로 반야를 알고 여를 모른다면 이 또한 5공에 이르지 못한 것이지 않나 생각합니다.

여와 반야는 한 몸이되 어디서 어떻게 보느냐에 따라서 달리 보게 되는 것 아닌가 합니다.

여는 모든 삼라만상이 하나로 통하는 것이라면 반야는 모든 삼라만상이 하나로 통하는 것을 아는 것이라 하겠으니. 여는 전체가 하나로 통하여 있도록 하는 것이고 반야는 그리하도록 하도록 하는 것(여)의 드러남이니 여를 행이라면 반야는 밝혀봄의 앎이라 해야 하지 않을까 생각합니다.

여와 반야를 아는 것으로 해오(解悟)할 수 있고 여와 반야가 됨으로 혜오(慧悟)할 수 있다고 하겠지요.

질문하고 있는 해인삼매와 무상과 무아는 여여부동 이전의 일로 여와 반야에서의 일이라고 하겠습니다.

해인삼매(海印三昧)란 바다라고 할 수 있는 반야, 반야라고 할 수 있는 여, 여한 바다에서 삼매에 들어서 바다라고 하는 반야라고 하는 여에 들어서 도장을 찍고 오는 즉 반야와 여를 증득하는 것을 해인삼매라 해야 옳지 않은가 생각합니다.

이는 출렁이는 바다의 바닷물 속에서 여여부동한 바닷물에 도장을 찍는 것과 같다고나 할까요.

그러니 해인삼매를 이룸으로 여여부동을 보게 되고 보아서는 가게 되고 그러므로 여여부동이 된다고 하겠습니다.

여여부동을 부처님이라 할 것이며 여여부동을 보는 것을 두고 꽉 들어차 있어서 더 이상 옴짝달싹하지 않고 있는 것이다 하되 이도 자기 자신 밖에서 공에서 공을 통하여 알 수도 있되, 진정한 여여부동은 5공에서 혜오를 하고 견성을 하면서 체험하는 것이 진정한 여여부동이라고 하겠습니다.

이렇듯 해인삼매는 여여부동 이전의 일이고 무아나 무상은 여(如)나 반야 이전의 일이라 하겠습니다.

어찌 그러하고 하니. 모두 다 같다는 진정한 여나 진정한 반야에 들어가기 위해서는 즉 혜오(慧悟)가 되기 위해서는 무아가 되지 않고서는 여가 될 수 없고 반야가 될 수 없으며 또한 무아가 되지 않고서는 무상하게 되지 않는다 하겠습니다.

이것은 자기 자신이 무아인지 알아야 자기 자신의 물질도 무상한지를 알기 때문입니다.

그냥 단순히 말로 무아고 무상을 말한다면 얼마든지 자기 자신 밖에서의 공이든 자기 자신 안의 공이든, 공 어디에서든 무아를 말할 수 있고 또 무상을 말할 수 있지만 스스로 진정한 무아가 되지 않고서는 진정한 무상을 알 수 없으며 진정한 무아가 되어야 진정한 무상을 알아서 열반정적에 들어갈 수 있다 하겠습니다.

무아가 자기 자신 밖의 공이든 자기 자신 안의 어느 공에서든 말하고 있되 스스로 무아가 되기 위해서는 5공에 들어서야 무아가 되지 않나 싶고, 무상 역시도 공을 통하여 밖의 공이든 안의 공이든 어디서든지 무상을 말할 수 있고 또 알 수 있겠지만 스스로 무아가 되고 무상이 되기 위해서는 자기 자신 안에서 5공에 이르러 혜오하고 혜오해야 견성을 하고 견성을 해야 안팎이 같음에도 같지 아니하게 하는 것이 있는지를 알고, 자성경계의 일원상이 있는지를 알고 깨려고 할 것이며 자성경계의 일원상을 깨야 깨달음을 증득했다 하리요.

자성경계의 일원상을 깨지 않고서 깨달았다고 한다면 이는 모두 다 착각 도인이거나 아니면 의식전환으로 말하는 깨달음에 불과하다 하겠습니다.

대사일번이란 나라고 하는 무아에서도 서로 다르지 않고 같음에도 다른 것이 있는지를 알고 백척간두 진일보하고 정말로 스스로 한 번 죽어야 크게 죽음으로 새롭게 태어난다 하겠습니다. 마치 자성경계란 알속에서 죽고 자성경계란 알의 껍질을 깨고 새롭게 태어나야 한다고 하겠습니다.

확철대오의 깨달음을 증득하고 즉 자성경계의 일원상을 깨고 안팎 없이 공의 성품으로 하나가 되었으되 그럼에도 나라고 하는 것이 없는 것이 아니라 나라고 하는 것이 있는데, 대체 이것의 근원은 무엇인가 공의 성품이 된 자기 자신을 찾아 들어가고 들어가 보면 거기에 찬란한 빛이 있는 것을 보게 된다 하겠습니다.

해탈로 말한다면 선정삼매까지는 세 번째 해탈이고 기타 여 반야 무아 무상 해인삼매 자성경계타파 깨달음(대사일번) 확철대오는 네 번째 해탈에서의 일이라 하겠습니다. 그리고 이것까지 해탈하고 나아갔을 때 자등명을 만나게 된다고 하겠습니다.

이 모든 것들을 하나하나 열거하며 해탈을 말한다면 하나하나 벗어날 때마다 하나의 해탈을 이루었다고 하겠으니 수많은 해탈이 있겠으나 크게 구분하여 말한 것이니 본인이 말한 것 정도에서 이해하면 되지 않을 싶습니다. 2010. 7. 17. 12:50

선정삼매(업)-무아, 무상, 해인삼매, 여(반야), 여여부동-자성경계타파(대사일번) 확철대오-자등명

선정삼매는 업식덩어리의 제6 7 8식을 뚫으며 파헤치는 것이라는 것을 다 알 것인데, 문제는 그 다음 해인삼매와 무아, 무상, 여, 반야, 여여부동의 순서라고 하겠지요. 이것들을 순서를 세밀하게 말했어야 하는데 그렇지 않고 이와 같이 이루어진다고 뭉뚱그려 놓으니 헷갈려서 그러지요.

무아, 무상, 해인삼매, 여(반야)-여여부동, 이것들이 행하여짐이 뒤섞여 작용하다니 보니 자연스럽게 뒤섞여 말하게 되는 것이지요. 순서를 바르게 알려고 한다면 이것을 더 세분화해야 세분화한 만큼 바르게 알 수 있다고 하겠습니다.

삼매로 보면 선정삼매에서 해인삼매까지 이루 헤아릴 수 없이 많은 삼매가 있을 수 있으나 삼매를 이루어 가는데 있어서는 해인삼매가 마지막이 아닌가 싶고, 해인삼매를 이루게 되면 그때부터는 일행(일상)삼매가 되어 있는 것 아닌가 합니다. 꼭 삼매에 들려고 하지 않아도 삼매가 이루어져 있는 상태가 되도록 하는 삼매가 해인삼매가 아닌가 합니다. 어느 한 단계에 올라서면 그 단계를 유지하고 있는 것과 같이 해인삼매를 하고 나면 일상(일행)삼매가 이루어져 있게 되는 것 아닌가 합니다. 그래서 해인삼매를 이룸으로 해서 일행(일상)삼매 속 무아가 되고 무상이 되고 반야가 되고 여가 되어 가는 것이다 하겠습니다.

무아, 무상, 해인삼매, 여(반야)-여여부동이 뭉뚱그려지는 것은 무아를 아는 것 무아가 되는 것이 다르고 또 무상을 아는 것과 무상이 되는 것이 다르고 반야를 보는 것과 반야가 되는 것 여를 아는 것과 여가 되는 것 여여부동을 아는 것과 여여부동이 되는 것이 다르기 때문에 보고 알고 되는 것 사이사이에서 서로 엇갈려 이루어지듯 이루어지기 때문에 뭉뚱그려지는 것이라 하겠습니다.

선정삼매를 이루고 나서 무아인지를 알거나 무상이라는 것을 아는 것, 그리고 해인삼매를 이루고 나서 여(如)를 알거나 반야를 짐작하는 것, 그리고 무아가 되거나 무상이 되어서 반야를 알거나 반야를 보는 것을 통하여 여를 알거나 여가 되는 것을 통하여 여가 되어서 여여부동을 아는 것과 여여부동이 되는 것에서의 의식의 깨달음과 인식의 깨달음에서의 자성경계가 있음의 인식과 자성경계의 인식으로 인한 깨달음, 그리고 자성경계를 깨려고 하는 일체가 하나라고 하는 깨달음의 의식에서 자성경계를 깨게 되는 확철대오 깨달음이 이루어지기까지 알고 보고 되는 과정에서 뒤섞여 알고 보고 되다 보니 그 과정들이 이렇게 보면 이런 것 같고 저렇게 보면 저런 것 같게 된다.

이것을 두고 알고 보고 되고의 과정으로 보면 더 쉽게 이해가 되지 않을까 싶다. 전에 설명은 그냥 순서적으로 그렇게 보면 된다는 것을 설명한 것이었는데, 알고 보고 되는 것을 명확하게 말하지 않음으로 두 분이서 여러 이야기를 하게 했네요.

이제는 이해가 되셨는지 모르겠네요. 알고 보고 되고의 과정에서 서로 맞물려 이루어지다보니 아는 것에서 다르고 보는 것에서 다르고 되는 것에서 서로 다르다 보니 그런 것인지를 아시고 어느 쪽에서 이야기하느냐에 따라서 뒤섞여 말하게 된다고 하겠습니다. 그만큼 선정삼매가 완연히 이루어지고 나면 그만큼 중요하다고 하겠지요. 선정 삼매 후에 알고 보고 되는 것에 있어서 여러 변화들이 무상하다 하겠지요. 해인삼매를 포함해서 그런 만큼 선정삼매와 해인삼매는 중요하다 하겠습니다. 2010. 7. 23 11:26

의식 변화의 원리와 깨어남의 원리,
자각의 원리에 대하여

수행이란 것이 행을 닦는 것을 수행이라고 한다. 행을 닦는다는 것은 말의 행, 몸의 행, 생각의 행, 의식의 행, 마음의 행, 보는 행, 듣는 행… 행주좌와 어묵동정 몸으로 행하는 행, 몸 안에서 있는 모든 것들의 행을 닦는 것을 말한다. 팔정도를 근본으로 해서 팔정도의 행이 되도록 닦는 것을 수행이랄 할 것이다.

수행은 단순하게 행만 닦는 것이 아니라 행을 닦으며 무명에서 깨어나는데 있고 낮은 의식에서 높은 의식으로 의식의 상승에 있으며 자각하며 깨어나는데 있다.

수행을 한다고 하면서 행이 바르지 않다면 누구나 수행하는 사람이라고 하지 않을 것이며 또한 무명에서 전혀 깨어나지 않았다고 하면 수행을 했다고 하지 않을 것이며 무명에서 깨어난 만큼 수행이 되었다할 것이다. 무명에서 깨어난 만큼 의식은 높고 의식이 높은 만큼 깨어났다고 할 것이며 수행의 경지가 높다고 할 것이다. 의식이 높아지려면 그냥 닦는 행만으로 되지 않으며 비우는 것만으로 되지 않는다. 자각을 해야만 자각을 통하여 무명에서 벗어나고 의식도 깨어나서 자각한 만큼 의식도 높게 된다.

수행하는 많은 사람들이 수행의 원리에 대해서 잘 모르는 것 같다. 수행을 어떻게 하느냐 물으며 그냥 관하여 보고 관찰하고 성찰해 보며 있는 것을 비운다고 한다. 말은 그럴싸하다. 행을 관함으로 행을 바르게 할 수 있고 또한 행을 바르게 함으로 깨끗해지고 깨끗해짐으로 해서 관하여 성찰할 수 있어서 깨어난다고 생각한다. 그리고 있는 것을 버리고 비우니 넓어진다고 생각하며 넓어진 만큼 의식은 높고 마음은 넓게 된다고 생각한다. 어느 부분에 있어서는 틀렸다고 할 수 없다. 그러나 이런 수행은 한계성이 있다. 이런 수행은 가지고 있는 한계성을 뛰어 넘지 못하고 별반 차이가 없게 된다. 다만 했다고 하는 것과 몇 년 동안 수행했다는 아만과 자만만 남게 되기가 쉽다.

그러한 이유는 이러하다. 자기 자신이 가지고 있는 고정관념 즉 자기 자신이 나라고 하는 '나'란 방을 가지고 있으면서 방 안에 있는 것을 관하여 보고 살펴보고 성찰하며 방을 닦고 방안에 물건을 치우는 등하면서 필요에 따라서 이쪽에서 저쪽으로 옮기고 필요에 따라서 버리고 비우면서 비우고 버렸다한다. 아무리 잘 닦고 비우고 성찰하고 관하여 본들 방안을 벗어날 수가 없다. '나'란 방안을 아무리 잘 관하여보고 성찰해 보고 비우고 깨끗이 해도 그것은 처음부터 끝까지 변화가 없는 방이다. 달라진 것이 있다면 무명에서 밝아질 수 있고 더러운데서 깨끗해질 수 있고 물건이 있는데서 없어질 수 있다. 방안을 그렇게 해서 텅 비울 수도 있다. 그러나 그 방이 커지거나 작아지는 일은 없다. 다만 방에 있는 물건이 없어짐으로 해서 공간이 넓어지고 물건이 많으면서 공간이 좁아서 방안에서 활동하는 활동성에 있어서는 불편과 편안함이 어느 정도 방에 있는 것들이 비워지고 치워지느냐에 따라서 다를 수는 있다. 그러나 이것은 초보에 해당하는 수행이다. 이런 수행을 아무리 잘 해보고 또 숫한 세월 동안 수행한다고 수행해 봐야 방안퉁수다.

'나'란 방안을 벗어나지 못한 그야말로 방안퉁수다. 방안에서 의식 변화해 봐야 고정관념을 깨기가 쉽지 않다. 방안에서 깨어나 봐야 방안의 일이다. 방안에서 자각해 봐야 방안의 일이다. 아무리 수행

해도 방안의 일로 오히려 수행을 하면 할수록 방안에 갇혀 있는 꼴이 되어서는 아만과 자만만 키울 뿐, 정말로 수행의 경지가 높아지며 고정관념의 벽을 허물고 커지는 의식의 변화는 기대하기 어려우며, 또한 정말로 깨어나야 하는 '나'에게서 벗어나 '나'란 방안의 벽을 허물거나 깨부수고 방안 밖으로 나와야 하는 깨어남이 아니라 방안에서 방의 벽을 깨부수지 못하는 깨어남이다. 정말로 수행을 통한 자각은 '나'라고 하는 방안의 벽을 부수고 깨부수고 방안으로부터 나오면 점점 더 키워가는 자각인데, 방안에서 하는 자각이란 자각한다고 해봐야 '나'란 방안에서의 자각이다. '나'란 방안을 벗어나지 못하고 '나'란 방안에서 의식이 변화하고 깨어나고 자각할 뿐이다. 아무리 의식이 변하고 깨어나고 자각해 봐야 '나'란 방안이다. 그러니 수행을 하면 할수록 뭐만 많아지겠는가? '나'란 방안에 아만과 자만 거만만 많아지고 수행했다는 수행 년도만 많아지게 되는 것이다.

그러다 보니 수행을 많이 했다는 사람과 접하며 이야기하다보면 전혀 수행을 하지 않은 일반인보다도 못한 경우가 허다하다. 일반인들보다 못한 경우 위와 같은 수행을 했기 때문에, 또는 하기 때문에 그러한 것이다. 수행하는 사람은 이를 경계해야 한다.

이렇게 되는 것은 수행의 원리나 수행하는 방법을 모르기 때문이다. 그냥 수행하면 된다고 생각하고 또 많은 수행하는 사람들이 그냥 바라만 보면 된다고 하고, 또는 관하여 보면 된다고 하고, 그냥 비우면 된다고 말들을 하다 보니 모르는 사람들은 그렇게 된 것이다. 또한 가르쳐준 사람 역시도 모르니 그렇게 말들 한 것이다. 그러다 보니 깨달은 사람들이 쉬이 나오지 않는 원인이기도 한 것이 아닌가 싶다.

닦으며 가는 것 맞고, 비우며 가는 것 맞고, 관하며 성찰해 가는 것 맞다. 그러나 '나'라는 방안에서만 하는 것이 아니다. '나'란 방안을 시작으로 해서 점점 더 높고 넓은 세계로 나아가며 아래 세계를 비워가고 버리며 가는 것이 수행이다.

의식이 변화해야 한다고 하니 '나'란 방안에 있는 것이 이쪽저쪽으로 옮겨지거나 새로운 것이 들어오고 나가는 것이 의식변화가 아

니다. 단순하게 생각하면 의식의 변화일 수 있지만 엄밀히 말해서
의식변화라고 보기가 어렵고 진정한 의식 변화란 '나'란 방안에서
방 밖으로 나와서 방을 바라보고 방 밖에서 행하는 의식의 변화를
진정한 의식 변화라 할 것이다. 이와 같이 '나'를 인식하고 있는
'나'란 방을 높고 넓게 그 범위를 넓혀가는 것이 진정한 의식 변화
라 할 것이다.

깨어남이란 단순히 생각의 전환으로 모르는 것을 아는 것이 아니
다. '나'란 방안에 있는 것을 보고 아는 것 역시 깨어남임에는 분
명하다. 그러나 진정한 깨어남이란 '나'란 방안에서 방안에 있는
것을 관하며 살펴 아는 것이 아니라 '나'란 방안으로 벗어나 방안
을 포용하고 있는 '나'를 바라보고 그러한 진실된 자기 자신의 진
정한 모습을 찾아가는 것이 깨어남이다.

자각 역시도 단순하게 '나'란 방안에 있는 것에 대하여 모르는 것
을 아는 것을 자각이라고 할 수도 있겠지만 진정한 자각이란 '나'
란 방안에서 방 밖으로 나아가서 방을 바라보며 방에 갇혀 있었음
을 아는 것이 진정한 자각이라 할 것이다.

이와 같이 수행함으로 인하여 의식 변화의 원리나 깨어남의 원리,
자각의 원리는 '나'란 방안에 있는 것이 아니라 '나'란 방안으로 벗
어나 더 넓고 더 높은 세계로 나아가며 자기 자신의 세계가 방안
에만 있는 것이 아니라 그것을 넘어서 더 넓고 높은 세계로 나아
가는 것이 진정한 의식의 변화이고 깨어남이고 자각이라고 할 수
있을 것이다.

맨 처음 자기 자신이 네모란 방이란 육체가 나라고 생각하고 가장
작은 네모 안에서만 육체로만 살다가, 두 번째 크기의 네모란 방
이란 영혼이 있는지 알고 두 번째 네모로 나아가서 두 번째 네모
란 방에서 산다면 첫 번째 네모란 방은 두 번째 네모란 방에 있으
면서도 두 번째 네모란 방에 있게 되어서 두 번째 네모란 방에서
보면 첫 번째 네모란 방은 두 번째 네모란 방에서 보면 사소한 일
이 된다. 첫 번째 네모란 방에서 보았을 때 소중하고 귀한 것은
사소한 것이 된다. 이와 같이 첫 번째, 두 번째, 세 번째, 네 번째
…. 이와 같이 의식이 변화하는 것을 진정한 의식의 변화라고 할

것이며 또한 첫 번째에서 두 번째, 세 번째로 나아가는 것을 깨어났다고 할 것이며 첫 번째, 두 번째, 세 번째가 있는지를 알고 두 번째에서 첫 번째를, 세 번째에서 두 번째, 첫 번째를 의식하고 인식하는 것을 두고 진정하게 자각했다고 할 것이다. 이와 같이 자기 자신이 나라고 하는 나의 세계나 범위를 더욱 더 높게 넓혀가는 것을 진정한 수행이라고 할 것이다.

육체의 나라고 의식 인식하고 살다가 영혼의 나를 의식 인식하고 살면 비록 육체로 살지만 삶의 형태는 육체에서 영혼으로 바뀌게 되고, 이렇게 바뀌게 되는 것은 육체를 나의 전부라고 생각하고 나로 생각 의식 인식하고 살다가 어느 날 육체가 내가 아니라 영혼이 나란 생각을 하게 되고 그러한 생각을 의식하고 인식하게 되면 육체의 나로부터 벗어나게 깨어나게 되고 자각하게 된 것이 되는 것이다. 이와 같이 수행을 통하여 지금 자기 자신이 인식하고 있는 세계를 넘어서 또 다른 하나의 세계로 나아가고 또 다른 하나의 세계를 만나서는 그 아래 단계의 세계를 버리고 비우고 더 높고 넓은 세계로 나아가고 그러면서 자기 자신의 진면목으로 점점 가까이 다가오는 것을 수행이라고 할 것이다.

'나'를 관하고 성찰하고 비우고 생각을 바꾸고 의식을 바꾼다고 하며 '나'란 방안에 갇혀 있어서는 수행을 아무리 많이 오래 해도 의식은 상승하지 못하고 또한 깨어난다고 해도 더 높고 넓은 세계로 나아가지 못하며, '나'란 방안에서 자각한다고 해 봐야 방안의 일이다. 이렇게 바뀌고 깨어나고 자각해서는 더 높고 넓은 세계로 나아가지 못하고 수행했다는 행에 걸려서는 아만과 자만 거만, 고집쟁이만 될 뿐 수행에 진척은 없게 된다.

수행이 빠른 진척이 있기 위해서는 그 변화와 깨어남 자각이 수직적으로 이루어져야 한다. 자기 자신의 참모습을 찾아가는데 있어서 의식하고 인식하며 자기 자신의 본래 면목을 한 세계씩 더 높은 차원의 세계로 나아가야 한다. 지금 어디에 있던 있는 단계의 차원에서부터 한 단계 한 차원씩 높아져 가야 하는 것이다.

쉽게 말하면 자기 자신이 가지고 있는 인식의 세계를 부수고 새로운 세계로 나아가는 것이다. 자기 자신이 가지고 있는 인식의 세계를 넘어 다른 세계로 나아가면서 나아가서는 인식하고 있는 세계를 부수고 새롭게 맞이한 세계를 받아들이고 새로운 세계에 살수 있어야 한다. 아래 세계에서 위 세계로 나아가면 의식 인식하게 되면 위 세계를 인식하면서 아래 단계의 의식은 깨지게 되어있다. 아래 단계의 의식이 깨지면 생각이 바뀌게 되고 의식이 바뀌게 되는 것이다. 자기 자신이 인식하고 있는 세계를 깨지 않고서는 새로운 세계로 나아갈 수 없다.

새로운 세계를 생각한다고 해서 안다고 해서 의식이 바뀌거나 깨어나거나 자각하는 것이 아니다. 새로운 세계를 인식해야 한다. 새로운 세계를 인식하게 되면 그 아래 단계의 세계는 사소하게 된다. 마치 어린 시절에 귀하고 소중했던 것이 성장하면서 보면 아무것도 아닌 것과 같이 그와 같이 된다.

수행자는 이와 같이 '나'라고 하는 자기 자신을 한 차원 한 단계 높은 세계를 의식 인식해야 한다. 그러므로 의식이 변화하고 깨어나게 되고 자각하게 되는 것이다. 그렇게 단계 차원을 높여가야 한다.

56단계 안에서는 3단계에서 56단계까지 하나하나 밟고 올라서며 인식해야 하고, 56단계에서는 자등명 세계로 들어서야 하고 자등명 세계에 들어서서는 더 높고 넓은 자등명 세계로 다가와야 한다. 자기 자신이 가지고 있는 세계. 즉 자기 자신이 가지고 있는 소중하고 귀한 것을 버리지 않고, 그러한 자기 자신을 죽이지 않고서는 새로운 것을 받아들일 수 없다. 새로운 것을 새롭게 더 높고 더 넓은 세계를 받아들이지 않고서는 벗어날 수 없다. 지금 있는 곳에서 벗어나기 위해서는 새로운 것을 받아들이고 새로운 곳으로 옮겨가야 한다. 옮겨가야 한다고 했으나 지금 있는 곳을 떠나 다른 곳으로 가야한다. 이곳에서 저곳으로 간다는 것은 이곳에서는 죽고 저곳에서 새롭게 태어나야 한다는 것이다.

매 순간순간이 이와 같이 이어져 있다. 다만 인생이란 길에서 보기 때문에 어제나 오늘이나 별반 차이가 없지만 어제가 죽어야 오늘이 있는 것과 같다. 어제의 내가 죽어야 오늘의 내가 있는 것이다. 어제가 사라지지 않고 지속적으로 있다면 지금의 나는 없을 것이다. 이와 같이 자기 자신은 이어져 있다.

지금 자기 자신이 가지고 있는 세계를 깨지 않고서는 벗어날 수 없고 자기 자신이 가지고 있는 고정관념을 깨지 않고서는 새로운 의식 변화를 기대할 수 없다. 자기 자신이 깨져야 한다. 자기 자신이 날마다 매순간 죽어야 한다. 가지고 있는 생각 의식 마음 세계가 깨져야 한다. 그러면서 더 크고 넓고 높은 세계로 나와야 한다. 그렇게 자기 자신을 죽이고 자신의 세계를 부수어야 새로운 세계가 다가오며 새로운 세계를 인식할 때 변하고 깨어나고 자각하게 된다. 의식 변화의 원리가 이러하고 깨어남의 원리가 이러하며 자각의 원리가 이러하다.

56단계에서의 3차원에 있는 인간, 본성의 빛 자등명에서의 인간, 근본자등명에서 보는 인간, 자등명군을 보고 근본자등명군을 보면서 인간을 볼 때 그대는 어떠한가? 이것을 인식하지 못하고 인간이란 육체 속에서 육체가 전부라고 생각하고 인식한다면 아마도 이 사람의 세계는 인간 세상이 시작이고 끝일 것이다. 그러지 않고 수행해서 하나하나 새로운 세계로 나아간다면 그리고 나아간 세계를 인식한다면 아마도 아래 단계에서 귀하고 소중한 것들은 사소한 것이 될 것이다.

수행의 원리는 지금 그대가 어디에 있든 있는 곳이 중요한 것이 아니라 있는 곳으로 시작으로 해서 더 높고 더 넓은 세계로 나아가는 것이다. 수행은 단순하게 관하고 성찰하고 비우고 바라보는 것이 아니다. 수행은 더 높은 세계 더 넓은 세계로 나아가는 것이지 낮은 세계의 것을 모두 다 없애고 비우기 위해서 하는 것이 아니다. 없애고 비우는 것은 지금 자기 자신이 있는 곳이 처음이든 중간이든 끝이든 있는 곳을 버리고 비우고 깨고 더 높고 더 넓은 세계로 나아가는 것이다.

'나'를 찾아가는 것 역시도 이 범주를 벗어나지 못한다. 진정한 '나'를 찾아가다보면 지금의 나를 죽이지 않고 버리지 않고서는 진정한 자기 자신을 찾을 수 없다. 나를 버리고 나를 죽이며 진정한 나를 찾아가는 여정이 마치 새로운 세계로 나아가는 것 같지만 그만큼 자기 자신의 본래 모습은 숭고하고 숭고해서 모든 세계를 다 품고도 남음이 있는데, 이를 모르고 한계에 갇혀서 인식할 수 있는 만큼 인식하고 더 나아갈 생각은 않고 포기하고 제한된 자기 자신의 한계에서 세계를 긋고 자기 방식대로 자기 세계 안에서 받아들이고 인식하며 살아가고 있는 것이다. 그런 만큼 누군가 그 사람이 이러이러하다면 그 사람 입장에서 보면 그것이 맞는 것이다. 틀림이 없는 것이다. 그래도 먼저 깬 사람으로 이야기해 주지만 받아들이지 못할 경우 더 이상 이야기해서 알아듣지 못하니 때를 기다릴 수밖에 없는 것이다.

이와 같이 인간의 탈을 쓰고 있지만 그 안에 세계의 세상은 천차만별이다. 수행은 더 높고 넓은 세계로 나아가는 것이 수행이다. 그러므로 수행을 통한 의식 변화, 깨어남, 자각은 단순히 자기 안에서의 일이 아니라 새로운 세계로의 나아가는 것이어야 한다. 이것이 수행의 목적이고 원리라 할 것이다. 2011. 7. 10 09:40

깨닫는 것이
손바닥 뒤집는 것보다 쉽다고 하는 것은

깨닫는 것이 손바닥 뒤집는 것보다 쉽다고 하는 것은 한 생각을 돌이키면 되는 것이기 때문이다.

한 생각을 바꾸면 되는 것이다.

한 생각을 바꾸거나 한 생각을 돌이켜서 지금까지 본 방법이 아닌 새로운 방법, 깨어난 방법, 일체가 하나가 된 자리에서 보는 것이다. 즉 견처를 달리해서 보는 것으로 지금까지 무명에서 보았던 분별망상에서 보았던 견처를 여의고 일체가 하나인 자리에서 바라보는 것이다.

이와 같이 견처를 달리해서 보되 깨달음의 자리 일체가 하나된 자리에서 보면 깨닫지 않은 것이 없게 된다.

지금 보는 견처에서 다른 곳으로 몸을 옮겨서 보는 것이 아니라 몸은 그대로 있되 의식하고 인식하고 있는 그 자리에서 깨어나 한 단계 또는 여러 단계 깨어나서 깨어난 단계에서 보게 되는데, 이때 바뀌는 것은 의식이 바뀌는 것이고 달라지는 것은 아무것도 없다. 다만 의식만이 바뀔 뿐이다,

이와 같이 깨달음은 견처에 있고 견처는 의식에 있다. 그런고로 확철대오의 깨달음은 일체가 하나가 된 자리를 의식 인식하고 의식 인식한 일체가 하나인 자리에서 볼 때 이미 모두 다 깨달아 있는 것이고 그렇게 보고 있는 자기 자신도 깨달아 있게 되는 것이다.

이와 같이 한 생각 바꾸면 그곳에 깨달음이 있고 한 생각 돌이켜 견처를 달리하면 거기에 깨달음이 있는 것이다.

깨달음은 특별한 것이 아니라 깨닫지 못하다보니 특별하게 말하여 왔을 뿐 특별할 것이 없다.

그냥 그러한 사실을 알 뿐이고 의식했을 뿐이고 인식했을 뿐이다. 달라지는 아무것도 없다. 다만 의식과 인식이 달라질 뿐이다.

이와 다르지 않게 자등명 세계, 영신영 세계, 미비령세계, 그 위의 세계에서도 확철대오의 깨달음이 자성경계가 깨지며 의식이 바뀌고 생각이 바뀌고 인식이 바뀌어 보는 견처가 다르게 되는 것과 같이 한 생각 돌이키면, 한 생각 바꾸면 자등명 세계, 영신영 세계 미비령 세계, 출초비, 출출 세계 그 위에서 바라보면 견처를 드러낼 수도 있다.

확철대오의 깨달음이라고 해봐야 56단계, 영미혼(靈迷魂) 대혼(大魂)의 세계란 한 덩어리 우물 안에서 그래봐야 11단계 12단계로 넘어가는 기점에 지나지 않는다. 생각을 바꾸고 의식을 바꾸고 인식을 바꾸어 견처를 자등명 세계, 영신영 세계, 미비령 세계, 출초비 위의 세계, 출출 위의 세계에서 보고 살펴본다면 그리고 위의 세계에서 보는 견처를 드러낸다면 아마도 그대는 이미 위 세계에 올라와 있는 것이 될 것이다.

모를 때는 몰라서 못 올라오지만 이미 밝혀 드러낸 세계는 의식하고 인식하고 견처를 위 세계에서 드러내고 위 세계에서 본다면 그대는 이미 위 세계에 있게 되는 것이다. 보고 드러내는 세계가 위 세계인 만큼 위 세계에 있게 된다. 비록 몸은 이곳에 있다 할지라

도 의식은 보는 견처 드러내는 견처에 있는 것이 되지 않겠는가?
지금 그대는 어디를 의식 인식하고 어디서 보고 드러내고 있는가?
위 세계에 있다고 해서 육체의 탈을 쓰고 있는 그대에게 달라지는
것은 없다. 아무리 탈 안이 바뀌어도 탈은 바뀌지 않는다.

그러나 탈 안은 바뀌게 된다.

겉으로 보기에 달라지는 것이 없을지라도 탈 안에 있는 자기 자신
은 깨어있는 만큼, 의식이 바뀐 만큼 인식이 바뀐 만큼 탈 안에서
바라보는 견처는 다르고 견처가 다른 만큼 드러내는 것 역시 다를
것이다.

이미 많은 세계를 밝혀 드러냈다. 그것을 통하여 생각을 바꾸고
의식을 바꿔서 견처를 달리하기를 바랄 뿐이다. 스스로 변하고 바
뀌어야 하는 것이지 그 누구도 바꿔줄 수 없다. 스스로 한 생각
바꾸고 한 생각 돌이키고 바라봐야 한다. 2013. 06. 06. 14:56

깨달았는지, 깨닫지 못했는지,
여여부동에 들었는지 테스트하는 방법

깨달았는지 깨닫지 못했는지 살펴보는 방법 및 테스트하는 방법은
지금 소개하는 것 외에도 방법을 제시한 적이 있다. 전에 제시한
방법과는 다르게 이번에는 구분선을 그려놓고 살펴보는 방법을 제
시한다.

이제 깨달음을 증득했는지? 깨달음의 물을 마시고 깨달음의 물 속
에 들어왔는지? 깨달았다고 하면서 깨달음을 증득하지 못했는지?
깨달음의 근처에 갔는지? 깨달음의 근처에도 가지 못했는지? 깨달
음을 넘어 자등명 세계에 가까이 갔는지? 자등명 세계를 넘어섰는
지? 그 이상의 세계를 넘어섰는지? 테스트해볼 수 있도록 테스트
방법을 제시한다.

그리고 깨달음을 증득하면 생각이 끊어지고 번뇌가 사라진다고 하는데, 깨달았다고 하면서 정말로 생각이 끊어졌는지? 번뇌가 있는지? 번뇌가 있다면 어느 정도 있는지? 테스트하는 방법 등에 대해서 서술해 본다.

허공이란 백지 위에 공의 성품을 통하여 허공이 드러난 세계와 허공이 드러나기 이전에 공의 성품의 세계와 구분하기 위해서 선을 그려서 구분을 한다. 하나의 구분선을 그려놓고 바깥쪽을 허공이라고 생각하고 안쪽으로 공의 성품 속이라 생각한다.

이와 같이 구분해 놓은 구분선을 놓고 선을 닿음으로 깨달음의 물맛을 본 것으로 보고 선에 닿지 않음을 깨달음을 물맛을 보지 못한 것으로 보고 구분선 안으로 들어와 있는 것을 깨달음의 물맛을 보고 깨달음의 깊이에 들어와 있다고 보아도 된다.

깨달았는지? 깨닫지 못했는지? 깨달아 법(法)과 진리가 들어나는 여(如)에 있는 여여(如如)한지? 여를 통해서 드러나는 법이 구름처럼 있는 법운지(法雲地)에 있는지. 흔들림이 없는 여여부동(如如不動)에 들어 있는지? 하얀 백지란 허공에 하나의 선을 그려놓고 그 그려놓은 구분선을 통하여 살펴보라.

눈을 볼 수 있는 사람은 그려놓은 그림 속에서 어느 사람을 말했을 그 사람이 어디에 있는지 그 사람이 있는 곳을 찾으면 될 것이고, 눈으로 볼 수 없는 사람은 테스트를 통하여 어느 곳에 위치하고 있는지? 테스트를 통해 있는 곳을 찾으면 된다.

한 번으로 잘 되지 않으면 몇 번에 걸쳐서 찾아서 계속해서 똑같은 곳에 있는 것으로 테스트된다면 그곳에 있다고 생각하고 받아들여도 될 것이다.

깨달음을 증득한 분이라면 적어도 허공과 공의 성품의 구분선에 닿아 있어야 하고, 깨달음을 증득하지 못했더라도 혜오(慧悟)나 견성(見性)을 했다면 구분선 가까이 공의 성품 쪽 깨달음의 물 가까이 있어야 한다. 그렇지 않고 멀리 떨어져 있다면 이는 깨달음에 있지도 않고 깨달음에 대해서 전혀 모른다 할 것이며 그럼에도 깨달음에 대해서 말한다면 이는 책이나 글을 통해 또는 깨달음에 대해서 들은 것을 토대로 이야기하고 있거나 사기 치거나 거짓말하고 있다고 해도 틀림없을 것이다.

적어도 깨달음을 증득했고 법운지에 머물러 있다면 허공과 공의 성품을 구분한 구분선 안쪽, 깨달음의 물의 표면과 물 밖으로 구분했다면 물에 들어와 있어야 한다. 적어도 물 속 허공의 성품 속에 들어와 있어야 깨달음을 증득했다 할 수 있으며 물 표면에 있다면 아니라 할 수 있다.

공의 성품 깊이 물 속 깊이 들어와 있을수록 깨달음의 깊이가 깊고 여여부동하며 자등명 세계에 가까이 있다고 하겠다.

자등명 세계에 들어갔는지? 자등명 세계 위에 있는지? 살펴보고 싶다면 공의 성품 더 깊은 곳에 공의 성품과 공의 성품이 드러나게 한 자등명 세계를 구분하는 구분선을 그려놓고 위 방법과 동일한 방법을 살펴보면 알 수 있다.

구분선 안으로 들어가 있으면 그 세계에 들어가 있는 것이고 구분선 밖에 있다면 들어가지 못한 것이고 구분선에 가까이 있으면 근접해 있는 것으로 보면 될 것이다.

이는 깨달음과 자등명 세계뿐만 아니라 그 위 세계 모두에서도 마찬가지로 테스트 방법은 동일하다.

구분선에 맞닥트렸을 때는 구분선을 굵게 면접을 넓게 그려서 어느 쪽에 더 가깝게 있는지 살펴볼 수도 있다.

이는 단순하게 깨달음, 어느 세계에 들어갔는지 들어가지 못했는지에 대한 테스트 방법뿐만 아니라 이외에 이와 같이 유사한 많은 것들 역시도 이와 같은 방법을 통하여 자기 자신이 알고자 하는 것을 테스트해 보고 가늠해 알 수도 있다.

본인을 테스트하고 싶다면 본인이 올라갔다는 세계와 거기에 이르지 못하는 세계와 구분하여 구분선을 그어놓고 그어 놓은 그 세계 안에 있는지 밖에 있는지 살펴봄으로 알 수 있을 것이다. 자기 자신을 살펴봄에도 이와 같은 방법을 통하여 자기 자신을 공부됨을 점검해 볼 수 있으면 자기 자신뿐만 아니라 세계의 영적 스승이라고 하는 분들 역시도 이와 같은 테스트를 통하여 살펴볼 수 있을 것이다. 이름만 영적 스승인지 정말로 영적 스승인지 가늠해 알 수 있을 것이다.

지금까지의 테스트로는 구분선을 그려놓고 구분선을 통해서 살펴보는 것을 이야기했다. 이제는 또 다른 방법으로 살펴보는 것을 서술한다.

깨달음을 증득하면 생각이 끊어지고 번뇌가 없다고 한다고 한다. 그런고로 깨달았다고 하면 생각이 끊어지지 않았다고 해도 생각이 많지 않아야 하고, 번뇌가 끊어지지 않았다고 해도 번뇌가 많지 않아야 깨달았다 할 것이다.

생각이 끊어졌는지 끊어지지 않았는지 생각을 일으키는 머리를 크게 흰 종이 위에 그려놓거나 또는 흰 종이 자체가 머리라 생각하고, 마음속으로 생각이 끊어졌으면 점만 찍고 생각이 끊어지지 않았으면 생각이 일어나는 만큼 움직이며 일어나는 생각의 범위를 그리라고 자기 자신에게 암시한다. 그리고 연필을 쥐고 머리 부분에 갖다놓거나, 흰 종이 위에 얹어놓고, "000 이 사람(분)의 생각은 어느 정도인가?" 하면서 그려본다. 테스트하는 대상이 생각이 끊어졌는지 생각을 일으키는지 어느 정도 생각을 일으키는지 그려지는 범위 내지는 그려지지 않는 것으로 통해서 생각이 끊어졌는지 생각이 있는데 많은지 적은지 가늠해 볼 수 있을 것이다.

어느 정도 테스트가 된 다음부터는 꼭 흰 종이나 연필 없이도 손바닥을 흰 종이 삼아 흰 종이 삼지 않은 다른 손가락을 연필 삼아서 흰 종이라고 생각하는 손바닥과 연필이라고 생각하는 손가락으로 테스트해 보아도 된다.

생각뿐만 아니라 사념(邪念)이 있는지 없는지? 살펴보는 것 역시도 이와 같은 방법을 통해서 가늠해 알 수 있다. 깨달았다면 사념이 없어야 하는데 사념이 많다면 깨달은 사람이 아닐 것이다. 그런 만큼 깨달았다고 하는 사람을 대상으로 이 사람의 사념이 어느 정도 되는지? 많으면 많은 만큼 연필을 움직여 그리게 하고 적으면 적은 만큼 움직임 없고 적게 그리게 하고 사념이 아예 없으면 그리지 말고 멈추라고 자기 자신에게 암시를 한 다음에 "000 이 사람(분)의 사념(邪念)은 어느 정도인가?" 물으며 흰 종이 위에 연필로 그려보거나 손바닥 위에 손가락으로 그려보면 근방 알 수 있을 것이다.

이와 같이 번뇌가 있는지 없는지 테스트해 보는 방법 역시도 이와 다르지 않고 비슷하다. 깨달았다는 어느 사람이나 영적 스승이란 어느 분을 테스트의 대상으로 삼아 테스트할 경우 그 사람이 번뇌를 일으키는 것을 마치 거품이 일어나는 것과 같이 번뇌가 일어나는 만큼 크게 그리도록 하고 번뇌가 없으면 없는 만큼 물거품 같은 것을 작게 그리도록 하고 번뇌가 없으면 물거품을 그리지 말자고 마음속으로 자기 자신에 암시한 다음에 자기 자신이 테스트하려고하는 대상을 의식한 "OOO 이 사람(분)의 번뇌는 어느 정도인가?"라고 하면 그려보면 된다.

깨달음을 얻은 분들은 마음의 문이 닫혀 있지 않고 열려 있다. 마음의 문은 《영적구조와 선수행의 원리》란 책에서 밝힌 것과 같이 3개의 문이 있다. 깨달았다면 3개의 문이 모두 다 열려 있어야 한다. 깨닫지 않았다하더라도 마음의 문이 모두 다 열려 있다면 열려있는 만큼 자기 자신보다 더 위 세계의 있는 사람이나 수행이 더 많이 된 사람, 경지가 높은 사람에게서 에너지가 흘러들어온다. 마치 위에서 아래로 흘러가는 것과 같이 삼투압현상이 일어나는 것과 같이 흘러들어가게 되고 흘러들어오게 된다. 마음의 문이 닫혀 있다면 닫혀 있는 만큼 받을 수 없으며 흘러들어오지 않는다. 수행을 잘하기 위해서는 무엇보다 먼저 마음의 문이 열려야 한다. 3개 다 열려야 한다. 마음의 문이 열려있는 만큼 수행이 잘 된다. 그 다음에는 고정관념이 없어야 한다. 고정관념이 있다 할지라도 적거나 유들유들 부들부들 유연성이 있어야 한다. 딱딱하게 굳어 있거나 돌덩이 쇳덩이처럼 굳어 있어서는 받아들일 수 없고 받아들일 준비가 되어 있지 않는 것과 같이 흘러들어가 봐야 쇳덩이에 부딪치고 돌덩이에 부딪치고, 딱딱하게 굳어 있는 것에 부딪치고, 가지고 있는 고정관념에 부딪쳐서 들어가지 못하고 받아들이지 못하기 때문이다. 마음의 문 역시도 닫혀 있는 만큼 받아들이지 못하고 들어가지 못한다.

새로운 것을 받아들이고 의식하고 인식하는데 그 만큼 받아들일 준비가 되어 있어야 한다, 받아들일 준비가 되어 있기 위해서는 받아들이기 위해서는 마음의 문이 열려야 하고 고정관념이 없어야 한다.

이런 것들이 수행을 원만하게 행하여 감에 있어서는 장애가 된다. 이외에 수행에 방해가 되는 것을 찾아 수행에 방해가 되고 장애가 되는 것을 찾아서 제거하고 벗어나야 한다. 이는 수행뿐만이 아니라 실생활에서의 걸림이나 장애 역시도 찾아서 벗어나는 방법이 있고 해결방법 역시도 해결방법이 무엇인가를 찾아서 해결방법을 통해 해결하는 방법을 찾을 수도 있다.

수행이나 실생활, 어떤 문제 등에 있어서 걸림이나 방해를 찾아 벗어나고 원만하게 해결하는 방법은 이와 같다.

수행이 원만하게 이루어지는데 장애가 되는 것이 있는가? 있다 없다. 있다면 그것이 무엇인가? 무엇인지 모르니 그것은 몇 자인가? 그리고 글자 수에 맞게 글자를 찾는다. 글자를 찾아서 그것으로 해결 방법을 이와 같이 또 찾는다.

한 가지 방법으로 해결되지 않을 것 같으면 몇 가지 방법으로 해결해야 하는가? 그리고 방법을 찾되 순서를 정하며 방법을 찾아 해결해야 하는 경우도 있다.

어떤 것이 방해가 되고 장애나 걸림이 되는지 찾아서는 그것이 맞는지 맞지 않는지 자기 자신을 관조해 본다. 그리고 해결 방법 역시도 위와 같은 방법으로 찾아서 자기 자신이 행하면 벗어나 수 있을 것이다.

현재 상황에서 어떻게 하는 것이 업장을 소멸하고, 고정관념을 정화시키고 한 단계 성숙한 삶을 살 수 있을까 묻는다면 나는 말하리.

현실 생활에 최선을 다하는 가운데, 나를 사랑하고 아내를...자식을 사랑하고, 부모를...조상을 사랑하고, 이웃과 주변...사회동료를 사랑하며 부딪쳐오는 모든 일들에...그것이 좋고 나쁘고...힘들든 수월하든...매사에 업장 소멸됨에 감사하는 생활 속 수행 정진하며 고정관념을 정화시키고 한 단계 수행의 경지가 높아지는 만큼 한 단계 성숙한 삶을 살아야 한다.

선악이 둘이 아니고, 좋고 나쁨이 둘이 아니고, 희로애락이 둘이 아니고 한통속인지를 알고, 한통속에 있으며 평상심 속 여래를 봐야할 것이다.

지금까지의 모든 인생이 업의 화현이고 공업의 화현이니. 업장 소멸에 감사하며 주어진 일, 하는 일에 감사하며 하고자 하는 일, 벌어진 일에 감사하며 주어진, 하는 하고자 벌어진... 일을 피하고자 넘어서려 벗어나려고 물질을 쫓기보다는 처해진 일들에 최선을 다하는 최선을 다하는 가운데 따라 오는 물질에 감사하며 피하기보다는 맞서 대응하여 초월해 가야할 것이다.

일반인들은 탐진치 삼독에 빠져 "나" "내 것"을 위하여 물질을 쫓고 처한 현실이 좋지 않을 경우 피하려 가려하고 돌아가려 하지만 수행자는 탐진치 삼독을 벗어나려 수행하고 가아의 "나" "내 것"을 저버리고 진아를 쫓아 수행해 가되 처한 현실이 좋든 좋지 않든 업의 소멸로 보고 감사해 하며 대응 초월해 가야 한다할 것입니다.

제2부 깨달음 이후

올라온 수행 단계

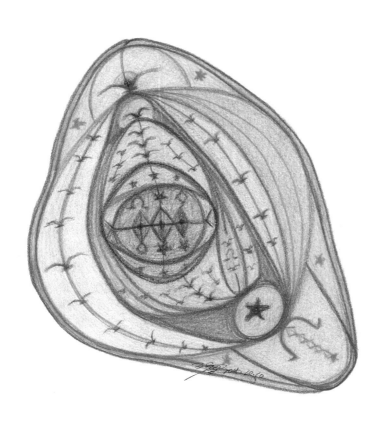

광배(光背)=배광(背光)=원광(圓光)=후광(後光)(1)

*오래 전에 내 안에서 자등명(自燈明)을 처음 보았을 때 섰던 글이다

10월 16일 도반산행에서 오색 빛깔에 대하여 말을 하고 대상과 대상으로 드러남에 대하여 말을 하고, 좌선을 하고 내려오는 길에 열두 색깔과 십이간지 이야기를 들었다. 그래서 그랬을까? 헤어지고 운전하며 집으로 오는 길에 오색(五色)이 나는 인당을 열두 색깔? 하며 살펴보았다.

세 개의 커다란 원안으로 각각 네 가지 색상의 빛이 나고 양 옆 두 개가 겹친 곳으로 하나씩 짙게 색깔이 드러난다. '그러면 전부 합해서 열한 개인데…?' 하고, '그럼 하나는 어디 있지?' '어디서 나오는 거지?' 하고 중앙을 자세하게 관찰해 보니 흰색과 연노랑이 하나인 듯 두 개로 약간 겹쳐 흰색인 양 있는 것이었다.

이렇게 살피고 내려왔다.

10월 26일 저녁 아홉 시경 차를 세우고 집으로 들어가는데 옆집 아주머니와 마주쳐서 인사를 하니. 아주머니께서 말을 건네 왔다. 앞집 아주머니 돌아가신 거 알고 있냐고 물으시며 자기네 집에 사는 사람도 돌아가셨다고 한다. 그러며 하는 말이 요즈음 장례를 병원에서 하니까 말하지 않으면 알 수 없고 나중에야 안다며, 좋은 일은 몰라도 나쁜 일에는 가는 건데…. 며칠 전에도 본 것 같은데, 건강하고 나이도 젊고 이야기를 듣고 들어오면서 평소 두 분을 본 일이 있고 마주치면 인사도 했던 분들이라. 좋은 곳으로 가라고 몸으로 불러서 천도해 가라고 했다.

10월 27일 아침 출근 길 운전하는데 가슴이 너무 아팠다. 아프다 못해 매여오고 매여 오다못해 찢어지는 듯하고 머리는 무거운 듯 경직되고 목의 연결계통은 굳는 듯 딱딱해져 왔다. 그래서 가슴은 가슴대로 아팠고 머리는 머리대로 아팠고 목은 목대로 움직이기조차 어려웠다. 번듯 생각이 스치길 얼마나 맺혔으면…. 얼마나 그동안 스트레스 받았으면…. 이렇게 하고 그동안 어떻게 살았을까? 본인은 너무도 고통스러웠다. 그러면서 둘을 살펴보았더니 아직도

가지 않고 있었다. 그래서 각각을 불러 여러 가지 대화를 상념으로 이야기하고 오고 가는 것에 대하여… 기타 여러 가지를 말하며… 가라고 했지만 가지를 않는다. 운전하며 움직이며 계속 그 분들과 상념의 대화를 했다.

그러는 사이 난 가슴이며 머리, 목, 가슴이 너무 아팠다. 내가 이것을 치료해야 그들도 치료가 될 것으로 알고 치료를 함과 함께 천계의 문을 열었다. 천계의 문을 열어서 천신들에게 '모시고 가라'고, 그리고 그 분들에게는 따라가라고 하였다. 그래서인지 가려고 하는 것 같았는데도 쉽게 가지를 못하고 있는 것이 아닌가. 그래서 관찰해 보니 아래와 탁하게 연결되어 못가는 것 같이 보여서 '나에게 주고 가라'며 탁한 것을 벗기며 맑히니 맑혀지면서도 탁한 것이 아래에 연결 맺혀 있는 것이 아닌가. 그래서 탁하게 맺혀 있는 것을 내 몸으로 끌어당겼다. 한 분을 하니 다른 한 분도 그러한 듯싶어서 두 분 모두의 것을 끌어당겨서 본인의 몸으로 끌어왔다.

몸은 계속 아팠다.

머리, 목, 가슴…. 처음은 내가 몹쓸 병에 걸렸나 싶어서 몸의 기관들을 관찰해 보기까지 했다. 점심을 먹고 나가서도 계속 아팠다. 운전하려면 고개를 돌려야 하는데 고개를 돌리는 것조차 쉽지 않았고 가슴은 너무 아파 숨을 쉬기조차 어려웠다.

도저히 참을 수가 없어서 몰던 차를 한쪽으로 주차하고 나서 운전석에서 반가부좌하고 앉아서 가슴을 바라보았다. 이때가 대략 오후 3시 전후? 얼마나 지났을까 장미꽃이 수없이 꽂혀 있는 검은 덩어리가 가슴을 막고 있는 것이 아닌가. 그래서 그것을 바라보니 사라졌다. 그것이 사라짐과 함께 머리와 목이 조금씩 풀려 가는데 손전화가 왔다.

전화를 받고 거래처로 갔다 가게로 돌아왔다. 아직도 목과 머리 가슴이 상쾌하지 않았다. 그래서 경행을 할 마음으로 걸었더니 좀 나아지는데 손전화가 또 왔다. 내일 아침 일찍 써야 한다고, 그래서 지금 가지요 하고 가면서 운전하면서 이제는 가슴 호흡을 모처럼 해 보았다. 거래처에 갈 때 계속… 거의 다 가서는 가슴에서 빛이 보이기 시작해서 빛이 나기 시작했다. 도착해 차에서 내리기 전에는 태양처럼 찬란한 빛이 드러나 환하게 비추고 있었다.

사무실로 돌아오는 길에 차를 다시 몰고, 이때가 오후 5시 30분이 조금 넘은 시간이었다. 가슴호흡을 하며 태양처럼 환하게 비추는 빛을 바라보며 생각이 일어났다.

'부처님 몸 뒤로부터 비치는 광명(光明), 빛, 광배(光背)는 어떻게 나는 것이었을까?' 라는 생각이 일어났다.

그래서 태양같이 찬란한 빛을 바라보는 것을 앞에서만이 아니라 뒤쪽도 바라보았다. 아! 글쎄 태양같이 찬란히 빛나는 빛 뒤쪽으로 거울 같은 것이 있는 것이 아닌가? 그 거울을 보니 깨끗하다는 생각보다는 어둡다는 생각이 순간적으로 들었고 어둡게 느껴지는 순간 나는 어느새 거울을 닦고 있었고 거울을 닦으며 생각되기를 '거울이 깨끗하고 더럽고 따라서 빛의 밝기는 다르겠지.'라는 생각을 하며 거울을 닦고 거울을 바라보니. 거울에 비춘 빛이 더욱 더 밝게 밖으로 드러나게 하고 있었고 뒤쪽의 거울 앞쪽으로 빛이 환하게 비추는 것이었다.

광배는 이 거울로 인하여 생기는 것이라는 느낌이 들었다.

이 거울은 머리 뒤쪽 위에서 둥그렇고 작게 시작되어 머리 아래로 목을 지나 어깨 약간 아래로 내려오면서 커지고 그 커진 것은 갈비뼈 뒤쪽 척추 닿는 부분까지 넓게 형성되었다가 갈비뼈 뒤쪽에서 좁아지며 아래 꼬리뼈에서 둥그렇고 작게 마무리되어 있는 듯싶었다.

이 거울 앞에서 태양 같은 빛이 찬란히 빛나고 이 찬란하게 빛나는 빛이 거울에 비추고 앞으로는 환히 트여서 비추나 뒤쪽으로는 이 거울로 비추는 빛과 이 거울에 걸려 비추지 못하는 뒤쪽과 비추어지는 뒤쪽이 환하게 밝게 드러나는 것이 마치 후광(後光) 광배(光背)로 드러나는 것 같았다.

아! 광배(光背)는 본성이 밝아서만 나오는 것이 아니라 본성의 빛이 태양같이 찬란히 빛나는 가운데 뒤쪽의 거울마저 맑고 깨끗할 때 태양같이 찬란히 빛나는 빛과 함께 거울에 비추는 빛이 밝게 드러남으로 뒤쪽으로 빛이 드러나고 있었다. 아! 이것이 후광(後光) 광배(光背)로구나 싶었고 그렇게 생각이 들었다. 2005. 10. 28. 11:10

* 광배(光背)＝배광(背光)＝원광(圓光)＝후광(後光)(2)를 나중에 또 썼는데 그것은 《영적구조와 선수행의 원리》 책 211쪽에 상재되어 있으니 궁금하신 분은 책을 읽어보시길 권한다.
*광배(光背)＝배광(背光)＝원광(圓光)＝후광(後光)＝부처의 몸 뒤로부터 비치는 광명(光明)

행하되 심법과 의념으로 행한다

뱀들이 싫어하는 것을 인터넷을 통하여 찾아보았다. 봉숭아, 산초나무, 접시꽃, 백반(명반), 유황… 등이 있단다. 뱀이 싫어하는 것을 몸에 지니고 다니면 어떨까 싶은데 지니고 다녀보세요 하고는 지니고 다니게 할 것이 아니라 몸통에 뱀이 싫어하는 것을 갖다 놓으면 되지 않을까? 이 같은 생각을 하고 의념으로 몸통에 봉숭아, 산초나무, 접시꽃, 백반… 등을 갖다 놓았다. 그러면서 괴롭히지 말고 본인에게 와서 도움 받아서 좋은 곳으로 가라고 했다. 그래서 그럴까?
많은 용을 승천시키고 많은 이무기를 승천시킨 것 같은데도 시시때때로 들어온다. 용이나 이무기가 들어오기 전에 조그마한 것들이 무수히 들어오고 들어와서는 천도되어 가면, 그보다 조금 더 큰 것들이 들어오고 들어와서 천도되어 가고 그러면 조금 더 큰 것이 들어오고 가고 그러다가 용이 들어오고 이무기가 들어온다.
시간 날 때마다 위쪽의 문을 열어서 천도의식을 하지 않으면 머릿속을 기어 다니는 듯 머릿속이 꿈틀거리고 몸통 속에서 꿈틀거린다. 작은 것들을 천도하고 그럼에도 복잡해진 머릿속 무엇인가 모를 것들이 가득 차 있는 듯 한 머릿속을 비운다고 비우면서 머리 위쪽의 하늘을 쳐다볼 수 있는 한 높이 쳐다보며 법비를 내리게 해서 법비를 타고 오르게 한다. 그러면 머리가 좀 맑아지고 상쾌해진다. 그러다가 어느 순간 또 멍해져오고 머릿속이 가득하다.

하루에 수십 차례 천도를 한다. 그리고 때로는 위로부터 용이 승천할 수 있도록 여의주 같은 것을 생각하여 내려오게 하고, 그러면서 이무기가 승천할 수 있도록 이무기를 머금을 구슬 같은 것을 내려오도록 한다. 때로는 뱀의 몸을 벗고 영혼으로 가도록 한다. 영혼의 세계는 인식의 세계이고 의식의 세계이니 만큼 의식하고 인식하며 모습을 바꿀 수 있음을 말하여 줌으로 해서 기존의 몸을 벗고 가도록 하다 보니 벗어놓은 것들이 몸통 가득하다. 어느 순간 본인의 몸통 속을 보면 가득하여 몸통 청소를 하지 않으면 아니 된다. 하루에도 몇 번씩 몸통 청소를 한다. 몸통 청소를 할 때는 움직이며 하는 것보다 좌선하고 가만히 앉아서 해야 하기 때문에 좌선할 시간을 가져야 한다. 좌선을 해야 몸통 청소를 깨끗하게 할 수 있다.

청소하면 또 들어오고 또 청소하고 지금까지 이어지고 있다. 이렇듯 너무 자주 들어오다 보니 순간적으로 짜증도 나고 귀찮기도 할 때도 있다. 이것을 왜 해야 하지? 그러면서도 이것들이 장애가 되고 걸림이 되어 본인을 수행하게 하고 또 앉아 좌선하게 하는구나 싶은 것이 이것도 본인이 해야 할 일인가 싶기도 하다.

중음신들이 수행하는 분들에게 몸통 안에 여러 가지 것들을 갖다 놓는 것을 생각해서 의념으로 그 분의 몸통에 장독대에 무성하게 자란 봉숭아, 야호정 옆에 자라는 접시꽃, 너럭바위로 가다가보면 만나게 되는 산초나무, 백반… 등을 갖다 놓았다. 몸통에 놓아진 그분은 어떤지 모르겠다. 몸통에 의념으로 넣는다고 넣었는데 제대로 몸통 안에 넣어진지도 모르겠다. 그리고 단전에 기운이 없으니 단전에 기운이 축기가 되도록 단전에도 단(丹)을 만들어 놓았다. 만들어 놓은 단(丹)에 의념을 넣어서 스스로 움직이며 단전에 축기가 되고 축기가 되면서 백회로 양 장심으로 양 용천으로 단전으로 명문으로 끌어들여서 뭉쳐지도록 했고, 또 끌어들여 찬 기운은 독맥을 시작으로 임맥, 양팔, 양다리, 인당과 양태양혈을 잘 돌아가도록 했다. (여기서부터는 이 분에게 한 것이 아니라 다른 분에게 한 것이다.) 그리고 중단전 업(식)덩어리에 이르러서는 의념하기를 업을 끌어당기는 힘은 완전히 없어져 업이 놓아지도록 함과 함께 맑고 깨끗한 자등명은 달라붙어 자등명이 더 커지도록 했다. 상단 전에 올라가서는 인당과 백회가 만나는 신(神)의 부분이 무엇인가 모를 것들이 뭉쳐있는 것을 풀어지도록 함과 함께 빛이 드러나도록 심법을 이용하여 의념해 보았고, 인당과 백회가 만나는 지점을 사등분했을 때 (상대방의 얼굴을 좌측을 보도록 하고 상대방 좌측에서 옆에서 보았을 때) 좌측 상단의 중앙으로 뭉쳐져 있는 것을 풀어놓았다. (얼굴을 맞대고 보았을 때) 이것은 가로로 일직선으로 되어 있으며 일직선으로 가로로 선이 있는 듯한 곳, 인당과 후시경이 일직선상으로 있는 중앙으로 뭉쳐져 있었다. 면밀히 살펴보니 이것은 마치 중앙으로 뭉쳐져 있되 우측과 좌측으로 나누어져 각기 서로 다르게 말려 있었다. 이것을 푸는 작업이 학습에 의한 기억력이 아닌가 하는 생각을 해 보았다.

이렇게 저렇게 하고 나서는 본인에게 오도록 했다. 그런데 보내면 오고 보내면 오고. 천도해도 오고 승천시켜도 오고, 괜찮은가 싶으면 어느 새 꿈틀거리고, 꿈틀거리며 머리가 가득하고 욱신거리기도 하고 꿈틀거리기도 하고 스멀거리기도 한다, 그러면 또 의념을 보내어 천도되어 가도록 하고 그래도 아니 되면 몸통을 청소하듯 몸통 안에서부터 밖으로 끌어내어 보내기도 했다.

백회 위쪽으로 여의주라고 할 것 같은 구슬을 내려오게 하면 머금고 승천하는 것이 보여서 여의주 같은 구슬을 용의 것, 이무기 것 따로 따로 때때로 내려오도록 했더니 그래서 그런지 좀 덜한 것 같았다.

토요일에 사무실에 오신 분에게 이런저런 이야기를 했더니 이무기 같은 것은 삼지창으로 벨 수 없어 보통 포기를 한단다. 그리고 이무기 같은 것이 오기 전에 작은 것들이 수도 없이 오고, 즉 보내고 그것들을 어떻게 하는지 멀리서 보고 이무기는 나중에 온다고 들었다는 말을 했다.

보통 이무기 같은 것이면 그래서 포기를 한다고 말했다. 그것도 모르고 본인은 시작을 했으니 어쩌거나 시작했으니 해결해야만 한다. 이제는 그 분의 문제가 아니라 본인의 문제다. 가만히 있으면 머리에서 꿈틀거리고 몸통에서 꿈틀거리고 그냥 두면 한도 없다. 머리도 꽉 들어차고, 자꾸만 보내지 않으면 몸통 속에서 머릿속에서 그러다 머릿속이 꽉 차 멍해지고, 그러니 몸통과 머릿속에 들어온 것들을 어떻게든 보내고 몸통과 머리를 맑고 밝게 할 수밖에 없게 되었다. 그러기 위해서 좌선도 해야 하고 관하여 살펴보기도 해야 한다.

작은 것들은 그래도 보내기가 쉬운 편인데 큰 것들은 쉽게 가지를 않는다. 작은 것을 보내지 않으면 큰 것들은 갈 생각조차 하지 않는다. 언제까지 해야 다 보내고 더 이상 오지 않게 될지 모르겠다. 다만 오는 대로 시간이 주어지는 대로 하고 있을 뿐이다. 본인이 이렇게 해서 그 분이 좋아지고 이것들로 인하여 괴로워하고 있는 많은 사람들이 좋아지기를 바랄 뿐이다.

저 위로부터 여의주 같은 구슬이 떨어지는 것 같으면 여의주 같은 것을 머금고 가기에, 어제는 저 위로부터 몸통에 용이 승천할 수 있도록 여의주 같은 것을 내려오도록 해서 몸통 안에 넣어놓았고 혹여 이무기가 오면 이무기가 승천할 수 있도록 이무기가 물고 갈 구슬 같은 것을 몸통 안에 가슴 부분에 이르도록 넣었다.

오늘 아침에 일어나 몸통 안을 본다고 보니. 구슬 같은 것이 서너 개 보일 뿐 다 없어졌다. 남은 것을 살펴보니 용의 것이 아니라 이무기 것 같은 생각이 일어났다. 오늘만 해도 서너 번은 더 보내고 몸통과 머리를 맑고 밝게 했으며 자등명의 빛도 또한 더 밝게 하도록 했다. 그런 과정에서 생각이 일어나기를 몸통 안에 넣어놓으면 몸통으로 들어올 것이 아닌가 싶어서 몸통에 넣지 않고 머리 위쪽 빠져나가서 머금고 갈 수 있는 곳에 놓아지도록 심법으로 의념했다. 그래서 그런지 기운도 많이 소모되는 것 같다. 그렇게 할 때만 해도 다 나가서 편안하고 좋았다. 그런데 이 글을 쓰는 지금 머릿속에서 꿈틀거리며 꽉 들어차 있고 스멀거리고 몸통 속에 꽉 들어차 있는 느낌이다.

본인의 몸통을 통하여 가고자 하는 보다 싶어서 이 글을 쓰면서 위로부터 백회를 통하여 몸통 안으로 여의주 같은 구슬과 이무기가 머금고 갈 구슬도 들어오도록 의념을 했더니 몸통 속에서 날리다 서로 머금으려고 머금은 것은 올라가고 그렇지 않은 것은 머물러 있어서 지속적으로 의념을 한다. 저 위로부터 용이 필요한 구슬과 이무기가 필요한 구슬이 내려오도록 의념을 한다. 모두 다가고 나면 몸통 청소를 해야 한다.

몸통 청소를 하면서 보면 마치 새똥과 비슷한 것들이 많기도 하다. 그것들을 다 건져내고 몸을 정화해야 맑아지고 밝아진다. 이렇게 맑고 깨끗하게 정화하면 또 들어온다. 기다렸다는 듯 들어오면 또 처음과 같이 반복된다. 지금은 많이 편안해졌다. 좌선을 통하여 청소를 하고 정화를 해야 할 것 같다. 그때가 언제인데 이렇듯 끊임없이 온단 말인가? 하다보면 언젠가 끝이 나겠지만 이것도 쉬운 것이 아닌 것 같다.

본인도 이러할 진데 이것을 어떻게 하지 못하는 분에게 있어서는 얼마나 괴로울까? 하는 생각이 일어났다. 그 분에게 가지 말고 본인에게 와서 천도를 받거나 승천하여 가라고 의념을 한다. 그리고 그 분은 더 이상 이것들로 인하여 고통과 괴로움이 없기를 바란다. 그러면서 그 분 몸통 안에 구슬을 넣어보았고 머리 위쪽에도 놓아보았다. 다만 지금 그 분은 어떤 상태인지 모르지만 본인에게 이것들이 오는 만큼 그 분은 덜할 것이라는 생각뿐이고, 본인에게 더 이상 오지 않게 될 때 그 분뿐만 아니라 이것들과 관련하여 좋지 않은 많은 분들이 좋아지지 않을까 하는 생각이다.

이것들이 들어옴으로 해서 이것들로 인한 걸림과 장애가 본인을 수행하게 하고 있다. 수행을 하지 않으면 아니 되게 되었다, 아니 하면 머리도 몸도 괴롭히니 말이다. 그래서 나름대로 새로운 방법을 모색하며 열심히 수행을 한다. 수행의 재료가 없으니 참 여러 가지가 수행하도록 한다 싶다. 더 이상 오지 않을 때까지 해야 하거나 꼭 본인의 몸을 통하지 않고 스스로 가도록 하는 방법을 찾아 그렇게 해 놓지 않는 한 계속 오게 될 것이다. 그렇다고 오는 것들을 그냥 둘 수도 없는 일, 어쩌거나 보내야 한다. 일 하나 크게 만난 듯싶다.

언제 끝날지 모를 일이지만 시작했으니 끝나리라 생각한다. 모든 것들이 원만하게 성취 이루어져서 모두 다 좋아질 때까지 매진하고 매질할 뿐이다. 전지전능한 자등명의 능력으로 행할 뿐이다. 행하되 심법과 의념으로 행한다. 중음신과는 또 다르다. 달라도 너무 다르다. 2009. 08. 03. 13:18

내자와 우리 아이들에게 심법과 의념으로 단(丹)을 만들어 넣어주고, 업(식)덩어리에다가도 업을 끌어당기는 힘은 없게 하고 자등명을 끌어당기도록 하는 것을 만들어 넣어주었으며, 머리 부분 신(神)에 뭉쳐 있는 것(편집하는 지금은 이것은 류비연(流飛緣)이고, 이것을 녹이고 떨어지게 하는 것(류(流:4)명(明))이 손영윤(孫營倫) 세계(올라가고 있는 세계의 끝) 위 세계에 있는 것을 찾아내다)들은 흩어지게 하여 빛이 나도록 했고, 인당 위쪽으로 해서 인당과 신의 부분의 중간에서 약간 앞쪽에 말려 있는 것들을 풀어놓았지 이것을 어떻게 하는 것이 최상의 방법인지를 몰라서 어떻게 하지 못하고 있다.

알아내고 처음 시술해 본 사람이 가족이고, 그 다음이 토요일(8/1) 경북에서 오신 분들이고, 다음이 환자로 어제(8/2) 병원에 계신 분이다. 가족은 기운나누기가 아닌 심법의 의념으로 해놓고 다음날 아침에 보니 단전이 기운이 뭉쳐져 있는 듯 보였다. 만들어 놓은 단(丹)이 어느 정도 유지가 되고 어느 정도 갈지는 잘 모르겠다. 다만 행하여 놓았을 뿐이다. 결과는 지켜봐야 할 것이다.

경북에서 오신 분의 경우 단(丹)은 느끼지 못하는 듯싶었고 가슴은 시원함을 느꼈다고 말씀하셨다. 일요일 어제(8/2) 아침밥을 먹기 전에 아침 일찍 모르는 번호로 손전화가 왔다. 이른 아침이기에 잘못 걸려온 전화이려니 하고 전화를 받고 보니 아시는 분이었다.

"우리 아저씨가 보고 싶데요."

"할 이야기 있다니 오세요. 여기 00병원입니다."

"어디에 있는 00병원입니까?"

"집 옆에 있는 병원 신관 5층 563호입니다."

"아직 아침 전이라 아침 먹고 가겠습니다."

혼자 생각하기를 '무슨 일인데 아침 일찍 전화해서 보자고 하시고, 할 이야기가 있다 하시나? 공사를 끝냈을 텐데, 공사 때문인가? 가보면 알겠지.'

아침밥을 먹고 서둘러 가 보았다.

병실 입구에서 호실을 확인하고 이름까지 확인하고 들어갔다.

들어가면서 보니 사장님은 누워 주무시고 계셨고 옆 침대에서 사모님께서 주무시고 계셨다.

사장님께 다가가서 왼손바닥을 단전에 얹고 오른손바닥을 가슴에 얹고 단전에 단(丹)을 만들어 놓고 가슴의 업(식)덩어리에 업을 끌어당기는 힘을 없게 하고 자등명은 끌어당기도록 하였다. 그렇게 하면서 단전에 기운을 뭉쳐지고 독맥과 임맥을 돌려주고 양팔과 양다리를 돌려주고 팔과 다리 다리와 팔을 돌려주고 인당과 백회 백회와 양태양혈이 원만하게 돌아가도록 함과 함께 수술한 부분에 집중적으로 생명에너지가 들어가도록 했다.

그런 사이 얼굴을 두 손바닥으로 쓸어 머리 위쪽으로 몇 번 올리고, 좀 있으니 허리 쪽으로 해서 몸통 위쪽으로 몇 번 쓸어 올리셨다. 본인은 그런 것에 아랑곳하지 않고 손을 대고 몇 번을 해 주었는지 모른다. 사장님의 몸에서 손을 떼니 감고 있던 눈을 뜨셨다.

그러면서 말씀하시길…배꼽 밑에다 손을 갔다가 놓으면 무엇인가가 뭉클하게 들어오더니 몸을 가득 채우더란다. 몸을 가득 채우고 나서는 몸에 껍질을 벗기더란다. 그래서 벗겨지는 몸에 껍질을 벗기기 위해서 손바닥으로 얼굴을 쓸어 올리고 몸통을 쓸어 올렸단다. 2-3번 그랬지 하신다. 환자가 무의식중에 몸의 껍질을 벗겨서 그럴까? 본인이 볼 때 맑고 환해 보였다.

병실에 들어가 사장님의 몸에 손바닥을 대고 있을 때 옆 침대에서 주무시고 계시던 사모님께서 일어나셨기에 맑고 환해 보이는 것을 한번 보라고 말했다. 너무 좋아 보이신단다.

사장님께서 깨어나서 하시는 말이 수술 받은 지가 4일 되었는데, 수술 들어가 수술할 때 당신은 술을 먹었단다. 술 먹는 사이에 수술이 끝나고, 술 다 먹고 나오는데 사방에 부처님이 가득한 방을 거쳐서 나오셨단다. 사모님을 수술실 밖에서 보기 전까지 부처님이 가득한 방을 지나고 지나서 나왔단다.

그리고 침대에 누워 있는데 (이 사장님 침대가 창문 쪽에 있었다.) 몇 명인지 모를 귀신들이 오더란다. 문도 없는데 창문으로 막 들어오기에 관세음보살을 해도 들어와서 지장보살을 염송하니 들어오던 걸음을 멈추고 멈칫멈칫하더니 사라지더란다. 그것이 토요일 늦은 밤이었단다. 그런데 갑자기 본인이 보고 싶어지더란다. 그래서 전화하라고 했더니. 늦었으니 내일 아침에 한다고 하더니 아침 일찍 전화했는가 보다고 말씀하셨다.

이외 사고 났을 당시의 이야기 및 수술 이야기, 의사가 한 이야기 등등을 듣고 퇴원하기 전에 시간 날 때 또 오겠습니다 하고는 서둘러 집으로 왔다.

그런 상황에서 어떻게 본인이 보고 싶었는지 모르겠다. 그리고 본인이 손을 갖다 대고 심법과 의념으로 행했을 때 무의식 속에서 몸의 껍질을 벗는 행위를 직접적으로 손으로 행했으니 환자인 그 사장님에게 필요한 것인가? 싶기도 하고, 본인이 하면 그러한데 그것을 환자라 느끼시는 것이고 다른 분들은 의식이 깨어 있어서 모르는 것인가 싶기도 했고, 이것이 인연인가? 싶기도 했다. 이것이 본인이 해야 할 일인가 싶기도 했다.

19단계를 올라올 때 이와 같은 행을 통하여 올라오다 * 행하되 심법과 의념으로 행한 십삼 일간 일어난 일들

2009년 8월 4일 화요일 어제 글을 쓰고 나니 이것들로 인한 많은 부분들이 놓이는 것 같았고 오는 것도 많이 줄어드는 느낌이다. 그래도 지속적으로 오기에 보냈고 몸통을 청소하고 끌어올리고, 뱀과 용 이무기를 잡아먹는 금시조란 새를 생각했다. 그리고 이틀 후에는 금시조를 당분간 몸통에 넣고 그런 다음에는 주변에다가도 놓을 것이니. 금시조에게 먹히기 전에 좋은 곳으로 가라고 할 때 어서들 와서 좋은 곳으로 가라고 그분과 그 분 주변을 향해서 의식하고 생각을 했다. 그리고 잠을 청하기 전에 혹시나 해서 용 것, 이무기 것을 내려 몸통에 담고 잠을 잤다. 아침이 일어나 보니 뱀과 용 이무기가 몸통에 꽈리를 틀고 앉아 있어서 백회를 통하여 위쪽을 바라볼 수 있는 한 최대한 높게 바라보도록 해서 내려오게 해서 승천해 가도록 했다. 그래서 그럴까? 몸이 평상시와 다름이 없는 듯싶었다.

운전을 하며 본인의 몸통으로는 그리하였으며 그러면서 그분의 백회를 의념하며 본인의 몸통에 들어와 있는 것 같은 구슬을 내려오게 하려고 광계(光界:18단계) 위를 볼 수 있는 한 위를 보면서 심법을 행했다. 수시로 했으니 몇 번을 했는지 모른다. 어! 근데 지금까지 이르러 있었던 광계를 벗어나 광계를 바라보고 있는 것이 아닌가? '어! 이곳은 어디지?' 도대체 알 수가 없었다. '여기가 어디지?' 광계를 오르며 광계에 있는 것을 내려 보내려 광계를 오르락내리락 행하다 보니 위로 오르는 힘에 의하여 광계가 뚫리면서 광계를 벗어나게 되어 광계를 벗어나면서 광계가 보인다. 광계를 보고 있는 이곳은 너무도 고요하고 맑고 깨끗해 보인다.
'여기가 어디지?'
그런 사이 고요하고 맑고 깨끗한 그곳이 광계를 뚫고 아래로 일직선상으로 내려오면서 본인의 백회를 통하여 몸통 안으로 연결되어 백회에 닿는다. 백회에 닿음과 함께 그곳의 기운이 본인의 몸통 안으로 들어온다. 그곳으로부터 광계를 뚫고 내려오는 통로는 점점 넓어지고 있는 듯 보였다.
이번 일로 인하여 조금 더 상승된 것 같다. 석가모니부처님이 계신 18단계의 광계가 가장 높은 곳으로 알고 있었는데 광계를 넘어서 이런 곳이 있다니 이곳은 어디일까? 광계를 조금 벗어나 광계를 보고 있을 뿐 광계 전체를 바라보고 있는 것은 아니었다. 그곳에서 바라보는 광계는 밝으면서 흐리다는 생각이 들었다. 광계의 빛을 바라볼 때 그렇게 눈부시도록 찬란하게 빛났던 광계가, 광계에 있으면서 은은한 은백색이었는데 광계를 뚫고 광계를 보니 찬란하다기보다는 밝고 밝다기보다는 하얗고 하얗다기보다는 하얀 구름 같은 생각이 일어나면서 보고 있었다. 이곳까지 올라서 아래를 보고 나니 몸이 평상시와 다름이 없었다. 너무 맑고 깨끗함이 좋았다. 이것이 화요일 12시 전후의 일이다.
화요일 2시가 조금 넘은 시간 어느 새 몸에 또 들어와 있다. 몸통과 머리에서 꿈틀거린다. 그 당시 생각에 어제까지는 몰라도 오늘부터는 금시조를 하나 몸통에 키우고 주변에 키울 생각이었다. 작은 것을 몸통에 큰 것을 몸 주변에…. 이것이 완전히 해결될 때까지, 근데 어제 다 해결된 듯싶다.

8월 5일 수요일 그제 낮에 밤에 두 곳을 조문한 관계로 어제 아침은 버스를 타고 출근을 했다. 출근을 하는데 가슴이 지속적으로 갑갑했다. 그래서 관하여 보니 몸통이 본인의 몸통보다 더 커서 목만 본인의 몸통 속에 넣고 있는 것 같이 보였다. 머리 부분도 조금은 꿈틀거리고 스멀스멀거린다. 아마도 머리 부분은 조금 남아 뒤따라가는 것 같고 가슴 앞에 있는 것은 이제 손 다 털고 갈 모양 같았다. 그래서 광계를 뚫은 위로부터 고요하고 맑고 깨끗한 곳과 백회와 연결된 통로를 통하여 맑고 깨끗한 기운을 백회로 끌고 들어오면서 몸통을 그 위쪽의 기운을 채우고 "몸통에 들어와 가라."고 해도 몸통이 본인의 가슴에 걸려 들어오지 못하여 '목을 빼라.'고 하고 나서 광계 위쪽의 기운을 본인의 몸통보다 큰 것에게 향하도록 하고 가라고 했다. 그러고 얼마나 있었을까? 갔다. 가고 없는지 알고 운전하는데 또 보인다. 크기는 거의 비슷하게 보인다. 마찬가지로 가슴에 머리를 박고 있어서 "몸통의 허물을 벗고 자유자재 몸을 조절하여 몸에 들어와 백회를 통하여 위쪽으로 가라."고 했더니 몸통에서 빠져 나와 작게 해서 몸통 안으로 들어와 길게 해서 백회를 빠져나갔다. 몸은 전체적으로 편안했다. 가끔 머리 부분이 꿈틀 스멀거리는 것을 제외하고는 편안했다. 아마도 끝 무렵이 아닌가 싶었다. 천도되어 올라갈 때 따라가지 못하고 뒤에 쳐진 작은 것들이 아닌가 싶었다.

몸통 청소하고 어떻게 해야 할지 관하여 살펴보게 오후 4시경에 오라고 했다. 의념으로 보았을 때 거의 다 나가고 청소해야 할 것만 남은 것 같아서 그제 어제 오후 4시경에 오라고 했었다. 오후 3시가 넘어 갑자기 물건이 필요하다고 하여 배달을 갔다 오니 4시가 조금 넘었다. 보이지 않아서 오지 않으셨나 했는데 문을 여니 옆에 계시다 나오셨다. 혼자 오신 것이 아니라 진솔이님과 함께 오셨다. 보라매에서 보고 잠시지만 몸 상태가 너무 좋아서 간다고 해서 따라오셨단다.

그 분이 어떤 상태인지 모르니 진솔이님과 기운나누기를 해 보았다. 어허! 이런 것도 있나 싶었다. 백회에서 헬리콥터 헬기 위쪽의 팬과 같은 것이 돌아가고 있는 것이 아닌가. 제거하려고 살펴보니 백회부분에서 돌아가고 몸통 중단전 부분에 몸통으로 해서 잡아주고 있고 단전에 꽂혀서 단전과 연결되어 신나게 돌아가는 것이 아닌가. 그래서 돌아가는 팬에 손을 갖다 넣어 팬이 부서지게 하고 나서 하나하나 제거해 주었다. 제거하고 평상시 기운나누기를 하듯 기운나누기를 하여주었다. 평상시에 기운이 하나도 없다는 이야기를 들어서 그런 것이 보인 것인가? 백회에서 몸통에 있는 단전의 기운을 팬을 돌리며 빼내니 기운이 있을 턱이 없었다. 신기하기도 했다. 몸통에서 헬리콥터 헬기 위쪽의 팬과 같은 것이 잘 돌아가도록 하고 있는 것을 제거하니 그것을 제거함과 함께 몸통에서 검은 것이 쏟아져 나왔다. 그래서 그것을 위쪽의 기운을 끌어다가 정화를 시키면서 일부는 본인의 몸으로 끌고 오면서 정화를 시켰다. 맑아지는 것을 보고 단전에 단(丹)을 만들어 주고 평상시와 다름없는 기운나누기를 하였다. 팬을 제거했으니 아마도 이제는 몸통의 기운 및 단전의 기운이 밖으로 빼내지지 않을 것 같았다. 아마도 축기를 하면 이제 단전에 기운이 찰 것 같았다. 물론 더 지켜봐야 하겠지만 말이다.

조금 쉬었다. 그 분과 기운나누기를 통하여 몸통에 들어갔다. 자루 같은 것이 있는데 자루가 너무 흐느적거린다 마치 내장이 흐느적거리듯 크기는 몸통 전체를 차지하고 있었다. 그리고 자루 안쪽은 비개(지방)와 같은 것이 많이 자루 안쪽으로 달라붙어 있다. 꺼내려 하니 자꾸만 늘어지고 무거워서 들려지지가 않는다. 여러 방법으로 꺼내 보았으나 신통치 않았다. 그래서 '어떻게 꺼내야 할까?' 궁리하다가 위쪽에 도르래를 설치하고 망을 밑에서부터 씌워서 백회쪽으로 묶어서 위로 끌어올려 빼냈다. 그렇게 해서 꺼내는데도 여러 개가 있어서 힘에 겨웠다. 그래서 의념이 행해지도록 하고 본인의 힘도 보충할 겸 그만 하고 잠시 쉬었다.

조금 쉬었다가 다시 기운나누기를 통하여 들어가니 거의 다 제거가 되고 머리 위쪽으로 조금 남아 있는 듯싶었다. 그래서 마무리 작업을 하고 안을 청소하는데 밖에서 무엇인가? 자꾸 걸린다. 그래서 밖으로 나와서 몸을 바라보니 자루 안에 그 분의 몸이 들어가 있는 것이 아닌가. 그래서 그 분의 몸을 담고 있는 자루까지도 제거를 하였다. 제거하고 평상시와 다름없는 기운나누기를 하면서 살펴보니 이제 일반적인 사람들에게 보이는 여러 가지 것들이 하나 둘이 드러나 보인다. 보이면서도 밝고 환한 것은 아니었고 약간 탁하다는 생각이 들었다. 이제 다 나간 것 같고 이제 몸도 좋아질 것 같아서 몸에 어떤 것을 갖다 놓거나 장치를 하려고 했던 생각을 접고 맑혀 놓고서 나오면서 그만하고 그쳤다.

본인이 볼 때 이제 다 끝난 것이 아닌가 싶은데 모르겠다. 당사자가 괜찮아야 하니까? 한두 번 정도 머리 및 몸통을 더 맑혀주어야 할 필요성이 있지 않나 싶고 더 지켜봐야 할 성싶다. 본인은 아주 좋다. 본인이 본인을 영안으로 보면 몸통이 보였다. 이 작업을 하면서도 몸통이 있어서 몸통에 있는 것들을 청소했었다. 그런데 여의주 같은 구슬과 이무기가 머금고 갈 구슬 같은 것을 끌고 내려오려고 광계 위쪽으로 오르다가 광계를 뚫고 올라서면서 그곳이 본인의 몸통과 연결이 되고 그 통로가 커진다는 것을 영안으로 보았는데, 그러고 나서 어느 순간 본인의 몸통을 본다고 보니까 본인의 몸통이 보이지 않는다. 몸통이 없어졌다.

지금 이 글을 쓰면서 본인의 몸통을 보면 육안으로 육체는 보이는데 영안으로는 몸통이 보이지 않고 그냥 본인이 광계 위쪽과 똑같다.

처음 6월 말경에 오셔서 시작을 했고, 그런 사이 천도의식 글을 통하여 천도를 하도록 했고, 그래도 아니 되어 7월 23일 오시라고 해서 그 분에게 있는 모든 것들이 본인의 몸으로 들어오게 하고 나서 보냈었다. 본인의 몸으로 끌고 온 이후로부터 어제(8.5.) 오전까지 이어졌으니 23일 오후부터 8월5일 오전까지 그랬으니 13일 간의 일이었다.

더불어 본인의 수행의 경지는 더 높아진 것 같다. 더 높은 곳을 뚫고 올라섰으니 말이다. 이제 기운나누기를 하면 광계에서의 기운이 아닌 그 위쪽의 기운으로 기운나누기를 하게 된다. 더 높은 경지로 갈 수 있게 하여 주신 모든 분들께 감사드립니다.

* 본인은 이것을 행하면서 지금은 없지만 아주 기억에 없는 옛날에 용이

라는 것이 살지는 않았을까? 라는 생각을 했다. 그렇지 않고서 어찌 용의 형상한 모습을 하고 있는 것들을 이리 많이 볼 수 있으며 광계로부터 여의주라고 할 수 있는 구슬을 가져다 승천 시킬 수 있었겠는가? 또 승천해 가는 것이 보이니 말이다. 용은 상상의 동물인데 … 용을 승천시키며 했던 생각이다.

광계를 뚫고 고요하면서도 맑고 깨끗한 곳과 연결은 되었지만 그곳이 어디고 그곳에서는 어떠한지 전혀 모른다. 다만 연결되었다는 뿐이고 연결되고 보니 영안으로 본인의 몸통이 보이지 않고 그냥 허공으로 보인다는 것뿐이다. 2009. 08. 06. 07:69

* 모든 것을 아는 지금에 보면 이때가 18단계 광계를 넘어 19단계에 올라온 것이고 19단계에 용, 이무기, 뱀들이 천도하여 갈 수 있는 여의주가 이 세계에 있다. 물론 자등명 세계에도 있다. 용, 이무기, 뱀, 공룡을 자등명 위 세계로 천도하는 것이 자등명 세계에 있고 용, 이무기, 뱀, 공룡이 가지고 있는 업성태성과 업성, 이들을 화(化)하도록 만드는 세계가 있다.

올라오는 세계에 따라 용(龍)에게 필요한 여의주는 아래와 같았다.

여의주(如意珠) 19단계, 맑고 청정한 세계

여의신주(如意 神珠) 태초태묘최초 태초명극태등명 세계

여의명주(如意 明珠) 시(始) 세계

여의 초명주(如意 初明珠) 최초명(最初明) 세계

여의초 초신명주(如意超 初神明珠) 최초초시태명(最初 初始 太明) 세계

여의명 초신명주(如意明 初神明珠) 초초명(超超明) 세계

여의 명초 초신명주(如意 明超 初神明珠) 초초태극본(超超太極本) 세계

여의 비초태 태근본 태명주(如意 秘超太 太根本 太明珠) 초초시 초초태극(超超示 超超太極) 세계 2014. 05. 28. 18:35

* 공룡이 승천(昇天)하기 위해서는 묘보시최초명시보보주(妙寶始最初明是寶寶珠)가 필요하다 이것의 업성태성(業性太成)은 태본성(太本性) 고향(故鄕) 성자(聖自) 세계에 있고 이것의 업성(業性)은 원원원(原:3) 초고성(超古性)에 있는 듯싶다. 2014. 12. 12. 21:40

* 용이 여의주 및 여러 주(珠)를 머금고 승천하는 것과 공룡이 숭천하기 위해 주(珠)가 필요했던 것과 같이 인간도 완성체라는 주(珠)를 만들거나 머금어야 머금은 만큼 주(珠)를 머금는 만큼 체를 바꾸며 위 세계로 올라올 수 있다.

19단계, 청정한 세계에서 좌선하고 있다는
느낌을 오늘 처음 가지다

18단계를 광계를 뚫고 고요하고 맑고 깨끗한 청정한 세계에 올라선 후 맑고 깨끗한 청정한 세계의 기운을 가져다가 주변을 정화하려고 많은 애를 썼고, 청정한 세계의 기운을 많이 이용하면 하는 만큼 영적인 부분들도 더 드러나기에 본인이 가지고 있는 청정한 세계의 기운이 많지 않음을 알고 청정한 세계의 기운을 축기하려고 했다. 그래서 주변에 있는 사람들을 조금이나마 더 정화해 주시고 싶었다. 그리고 몸통에 있는 것들을 제거해 주고 싶었다. 그래서 남들과 대화하지 않고 혼자 있는 시간에는 특별히 무엇인가를 하지 않아도 되는 시간에는 청정한 세계를 의식 의념했고 그곳의 기운으로 축기를 했다.

보이든 보이지 않든 축기한 청정한 세계의 기운과 그 세계의 기운으로 주변에 있는 사람들의 몸통에 있는 것들을 제거해 주면서 축기를 했다. 어느 날은 하루에 너무 많은 여러 사람을 한 번에 의념해서 청정한 세계의 기운과 그 세계의 기운으로 행하기도 했다. 그래서 그런지 기운이 바닥인 날도 있었다. 주고 주어서 더 줄 것이 없이 기운이 바닥일 때 물론 힘이야 들지만 해결되고 나면 기운이 차고 오르면 더 강해질 것이라는 믿음을 갖고 행했었다.

어제 그제 피곤한 몸이 회복되는 듯 기운이 회복되며 차오르는 느낌이었다. 그래도 영적으로 할 것은 행했다. 시간 날 때마다… 운전을 하든 무엇을 하든 의식은 깨어서 맑고 깨끗한 청정한 세계의 기운에 있었다.

2009년 8월 4일 화요일 광계를 뚫고 올라서 고요하고 맑고 깨끗하고 청정한 세계와 연결된 지 이십이 일째 되는 날, 오늘(8월 27일) 아침 좌선을 하고 있는데, 주변이 온통 맑고 깨끗한 청정한 기운인 듯 느껴졌다. 그래서 본인을 살펴본다고 살펴보니 마치 청정한 세계에서 다리 꼬고 앉아 좌선하고 있는 느낌이었다. 그렇다면 광계는? 그러면서 광계를 본다고 살펴보니 좌선하고 있는 아래쪽에서 보였다.

착각인지 환상인지 잘 모르겠지만 좌선하고 있는 본인이 맑고 깨끗한 청정한 세계에서 좌선하고 있다는 느낌을 오늘 처음으로 가졌다. 이 글을 쓰는 지금 본인이 마치 맑고 깨끗한 청정한 세계에 있는 듯 육체로 인한 사방팔방 시방이 물질의 사물들로 가득하게 있는데도 영적으로 본다고 보니 발아래 쪽이 아무 것도 없는 듯 맑고 깨끗하고 청정하다. 그리고 본인은 청정한 세계에 붕 떠 있는 느낌이다. 그래서 주변을 살펴본다고 살펴보니 시방이 맑고 깨끗하고 청정한 느낌이다. 2009. 8. 27. 10:21

자등명을 보았을 때와
맑고 깨끗한 청정한 세계를 보았을 때가 다르다

자등명을 보았을 때가 2005년 10월 27일 오후 다섯 시가 조금 넘었을 때다. 〈광배(光背)=배광(背光)=원광(圓光)=후광(後光)〉(1)이란 글에서 보면 알 수 있다.

맑고 깨끗한 청정한 세계를 보았을 때는 2009년 8월 4일 화요일 12시 전후로 그 당시의 상황은 <행하되 심법과 의념으로 행한 13일간 일어난 일들> 이란 글에서 발췌했다. 운전 중에 광계를 뚫고 올라가서 고요하고 맑고 깨끗한 청정한 세계를 보았다.

자등명을 보고 나서는 주(主)라고 생각했던 깨달음의 공(空)의 성품도 객(客)이고 자등명이 주(主)라는 생각에 자등명이 되려고 했고 자등명과 하나가 된 것 같았을 때는 자등명으로 살려고 했었고, 자등명을 더 크게 밝게 하려고 했었다. 그리고 광계(光界)는 본인이 이 육체와의 인연이 다했을 때 갈 거라고 생각했었다. 자등명이 육체 안에 있고 육체 밖에도 자등명이 있지만 광계는 육체와의 인연이 다했을 때 갈 거라고 생각했었다. 그래서 광계를 올라갈 생각조차도 못했다. 그리고 자등명을 크고 밝게 하는 수행에 있어서는 공(空)의 성품 속에 무수히 많은 자등명으로 했다. 다시 말해서 자등명 수행은 그냥 이 세상에서 텅 빈 허공을 통하여 수행했다는 말이다.

그런데 필요에 의하여 즉 여의주 및 이무기가 물고 올라갈 구슬 같은 것을 가져오기 위하여 광계(光界)를 자꾸만 올라가다가 그만 광계를 뚫고 올라서 맑고 깨끗하고 고요한 청정한 세계를 보게 된 것이다. 자등명은 육체 안에서 보았지만 청정한 세계는 육체를 벗어나 광계를 뚫고 본 것이다.

청정한 세계에 올라서서는 고요하고 맑고 깨끗한 청정한 세계의 기운이 본인의 백회에 내려와 꽂힌 것이다. 내려 꽂혀서는 연결된 것이다.

지금 생각해 보면 여의주 및 이무기가 필요한 구슬 같은 것을 가지러 광계로 갔을 때 백회를 통하여 갔고 백회를 통하여 광계에 올라갔을 때 광계를 뚫고 맑고 깨끗한 고요한 청정한 세계에 올라선 것이다. 백회로 올라섰기에 올라선 것으로 백회와 연결이 된 것이라 생각된다.

맑고 깨끗한 청정한 세계와 연결되어서는 그곳의 기운을 본인의 몸에 축기하려고 했었다. 그런가 하면 기운나누기를 통하여 단전에 단(丹)을 만들어 주거나 또는 마음이란 그릇에 지장보살이나 석가모니불을 만들어 놓아 줄 때는 항상 머리 위쪽의 맑고 깨끗한 청정한 세계의 기운을 의념해서 그곳에서 만들어서 이곳으로 가져와 넣어주고 싶은 분에게 넣어주었다. 청정한 세계에서 좌선하고 있는 느낌을 가지기 전까지는 그랬다.

청정한 세계에서 좌선하고 있는 느낌을 가지고 나서부터는 본인이 있는 곳이 맑고 깨끗한 청정한 세계의 기운인 듯 느껴져서, 맑고 깨끗한 청정한 세계의 기운으로 단을 만들거나 또는 보살을 의념을 만들려고 할 때에 전에는 머리 위쪽의 광계를 넘어 맑고 깨끗한 청정한 세계의 기운을 사용했으나 지금은 맑고 깨끗한 청정한 세계의 기운을 의념하면 바로 옆에 본인과 함께 있어서 본인이 있는 곳에서 그냥 하면 된다.

이것을 본인에게 있어서 이루어진다고 해야 할지 아니면 맑고 깨끗한 청정한 세계의 기운이 본인과 하나가 되어서 본인이 그 안에 있기에 그렇게 되는 것인지 아니면 이미 내 안에 있어서 그런 것인지 아니면 이미 두루 해 있는 것이어서 그런지 그것에 대해서는 아직 잘 모르겠다.

그러나 분명한 것은 청정한 세계에서 좌선하고 있는 느낌을 가진 이후의 지금은 맑고 깨끗한 청정한 기운이 본인에게 있으며 본인과 함께 있다는 것이다. 본인과 멀다는 느낌은 없다. 그냥 본인 주변에 있다는 느낌이다. 그래서 맑고 깨끗한 청정한 기운에서 만드는 것을 어제 오후부터는 본인 주변에서 만든다.

맑고 깨끗한 청정한 세계의 기운을 생각하며 위로 본다고 보아도 옆에서 보일 뿐 처음과 같이 광계 위쪽으로 의념(意念)되면서 맑고 깨끗한 세계의 기운이 당겨지는 것은 아니다.

이 글을 쓰면서 맑고 깨끗한 청정한 세계의 기운을 생각하며 본인의 몸 주변을 살펴보면 양팔을 벌린 것보다 더 높고 넓은 것 아닌가 하는 생각이다.

이러한 자등명과 맑고 깨끗한 청정한 세계의 기운이 본인에게 이미 있었는지 없었는지에 대하여 잘 모르겠다. 다만 설명한 것과 같이 지금까지는 그러하다. 2009. 08. 28. 17:22

20단계, 맑고 밝고 환한 세계

몸통 청소를 여러 분들에게 해 주었다. 맑고 깨끗한 세계의 기운이 연결되면서 연결된 기운이 본인의 몸에 들어옴으로 해서 그 기운으로 상대방과 기운나누기를 하면 보이지 않던 새로운 것들이 보여서 몸통 청소를 많이 해 주었다.

몸통 청소를 해 주면서 맑고 깨끗한 세계의 기운이 본인과 하나가

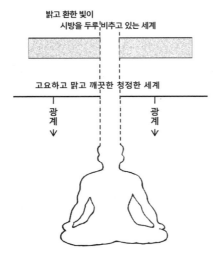

밝고 환한 빛이
시방을 두루 비추고 있는 세계

고요하고 맑고 깨끗한 청정한 세계

광
계
∨

광
계
∨

된 듯싶었다. 맑고 깨끗한 세계의 기운과 하나가 된 듯싶으니 몸통 청소할 때 상대방에 무거운 것이 있을 경우 본인의 힘만으로 들어 올릴 수가 없었다. 맑고 깨끗한 세계와 처음 연결되었을 때는 몸통 청소를 하면 상대방 몸통 속에 있는 무거운 것을 위에 연결하여 꺼냈었는데 맑고 깨끗한 세계의 기운과 하나가 되고부터는 위에 연결하려고 하면 위로 연결이 되는 것이 아니라 바로 머리 위쪽 정수리 위에 위치해서는 본인의 힘으로 꺼내어 녹이지 않으면 안 될 상황이 되었다.

어지간한 것들은 백회를 통하여 다 꺼낼 수가 있었는데 쇠가 몸통 전체를 감싸고 있는 경우에는 가벼운 것은 몰라도 무거운 것을 꺼낼 때면 힘이 들었고 그럴 때마다 힘이 부족하다는 생각을 했다. 기운나누기는 힘들 것도 없었다. 그냥 물 흐르듯 가지고 있는 기운으로 뚫으면 되었으니까. 근데 몸통 청소는 달랐다. 단순히 몸통을 청소하는 것이 아니라 몸통에 있는 온갖 잡동사니를 꺼내는 것이어서 사람들 각기 저마다 몸통에 담고 있는 것을 꺼내는 것은 노동이었다.

사람들 저마다 각기 서로 다르게 몸통에 가지고 있는 것은 그 사람의 직업과 성향과 습, 업으로 인한 것으로 몸통에 담고 있는 것이 아닌가 싶다. 몸통에 집을 지어놓은 경우도 그럴 만하니 지어놓는 것이 아닌가 싶다. 그 외의 온갖 가구라고 할 수 있는 것들과 그 외의 온갖 잡동사니들, 기계와도 같은 것들, 일일이 다 열거할 수도 없을 정도로 천차만별이다. 공개적으로 밝힐 수는 없지만 나름대로 기록하고 있는데 다 다르다. 기록하다보면 어느 땐가 기록에서 찾아낼지도 모른다는 생각에 기록하고 있다.

참 많은 여러 가지 것들이 사람들 각기 저마다 몸통에 담고 있었다. 쇠로 그것도 무게가 많은 것들을 들어낼 때는 정말로 힘이 들었다. 쇠도 하나 정도면 그나마 다행인데 어떤 분은 꺼내면 몸통 벽에 붙어 있다가 펴지면 몸통을 채우고 몸통 벽에 퍼즐처럼 맞춰져서는 달라붙어 있다가 몸통에 있는 것을 제거하면 흩어져 펼쳐지듯 펼쳐진다. 그것도 하나 둘이 아니라 여러 개가 들고 일어난다. 들고 일어나는 것을 제거하는데 힘이 들어서 힘이 부족함을 느끼고 그만 합니다 했다. 그러면서 힘이 부족함을 느꼈고 힘들다는 생각을 했고 너무 힘이 부치면 쉬었다 하자고 했다. 쉬었다 해도 자꾸만 나오는 것을 보면 보고 제거하지 않을 수 없고 정말로 힘이 들었다. 제거해도 되지 않아서 나중에는 오늘은 그만 하지요. 그러면서 그만 둔 적도 있다.

이렇듯 맑고 깨끗한 세계의 기운과 하나가 되면서부터는 힘이 부족하고 기운이 부족하다는 생각이 들어서 수행 정진할 때마다 힘을 키우고 기운이 강하게 하려고 했다. 본인의 힘으로만 쇠 덩어리라 할지라도 10만 톤 정도 되어도 거뜬하게 들어 올릴 수 있을 정도의 힘을 키우고 기운을 가지도록 하자라는 생각에 맑고 깨끗한 세계의 기운을 축기했다. 그런 과정에서 보니 맑고 깨끗한 세계 위쪽으로 맑고 깨끗한 세계를 이루고 있는 경계라고 할까, 아니면 맑고 깨끗한 세계의 기운의 덩어리라고 해야 할까, 맑고 깨끗한 세계의 위쪽으로부터 액체와도 같은 기운이 백회로 들어온다. 그러면서 힘이 강해지는 것 같았다.

전보다 더 힘이 강해진 듯하고 기운 역시도 강해진 듯했다. 몸통에 있는 쇠 덩어리를 들어 올려도 힘이 든다거나 기운이 부족하다는 생각이 들지 않았다. 그럼에도 힘이나 기운을 더 강하게 축기해야 하겠다고 축기를 하는 좌선 수행 중에 맑고 깨끗한 세계의 경계와 같은 맑고 깨끗한 세계 위쪽으로 있는 액체와도 같은 것이 뚫리면서 더 위쪽으로 올라서게 된 것이다. (그림을 그린 날을 보니 10월 14일 아마 이날 아침에 좌선할 때 처음 올라섰다.)

맑고 깨끗한 세계의 경계와도 같은 것을 뚫고 올라서니 새로운 세상이 보였다. 올라선 순간 보이는 곳은 맑고 밝고 환했다. 맑고 밝고 환하다는 생각을 하는 순간 빛이 시방으로 빛나고 있었다.

요즈음 맑고 밝고 환한 세계를 의식하고 본인과 연결해 보면 본인이 맑고 밝고 환한 세계에 비하여 탁해 보인다. 단전으로 내리면 맑고 밝아지는 것 같고 연결되어 있다는 느낌이다. 그래서 시간 있을 때마다 좌선을 한다. 언젠가 하나가 되겠지만 아직은 하나가 되지 못하고 있고 뚫려 있는 느낌이다.

이러고 나서 어느 분을 몸통 청소해 드리고 맑고 밝고 환한 세계에서 단(丹)을 만들어 단전에 넣어주니 단전에 단을 넣어드림과 동시에 몸통이 밝다 못해 환해진다. 마치 어둔 방에 전등불을 밝혀놓은 것과 같이 환해짐을 보았다.

가끔 보면 탁한 것이 본인에게 와서 백회로 나가며 정화되는 과정에서 보면 위쪽의 맑고 밝고 환한 세계가 탁한 것이 정화되는 과정 선상에서는 탁한 것으로 인하여 맑고 밝고 환한 세계와 구별되는 듯 보일 때도 많다.

아직 잘 모르겠다. 맑고 밝고 환한 세계가 본인에게 다른 분들에게 어떤 영향을 미치는지 또 그 세계가 맑고 밝고 환하게 보이며 빛이 시방을 두루 비추는 것을 보았을 뿐 잘 모르겠다. 그리고 한편으로 조심스럽기도 하다. 그러나 이런 세계도 있다는 것만은 사실이다.

필요하면 얻게 되고, 궁하면 통하게 되어 있고 절박하면 절박한 만큼 뚫게 되는 것 아닌가 싶다. 얼마만큼 절실 하느냐. 집중 몰입 선정에 드느냐의 문제가 아닌가 싶다.

그대가 지금 하고 있는 수행에 있어서 얼마나 필요하고 궁하고 절박한가? 수행함에 있어서 집중 몰입 선정에 드는가?

스스로 살펴볼 일이다.

업과 습을 가지고 있으면 고통스럽고 괴로우면서도 버리지 못하고 갖고 있으면서 힘들어하는 것을 보면 안타깝다.

업으로 인한 고통과 괴로움을 내려놓지 못하고 끌어안고 있는 것은 아직 버틸 만하니 가지고 있는 것이라 생각한다. 정말로 힘들고 고통스럽고 괴로우면 자연스럽게 내려놓게 되어 있는 것이다.

업을 내려놓아야지 하면서도 내려놓지 못하는 것은 내려놓아야 할 것으로부터 아직 더 버틸 만하거나 아니면 그것에 아직도 미련이 남아 있고, 그것이 자기 자신을 보호하고 있다고 생각하거나 자기 자신을 지탱해 준다고 생각하기 때문이다.

아니다 싶으면 과감하게 버리거나 내려놓는 것도 용기다.

업과 습을… 2009. 10. 25. 06:06

21단계, 빛 덩어리의 세계

밝고 환한 세계에 올라선 후, 매일 몇 시간씩 좌선은 하였지만 위로 올라 가볼 생각을 하지 않았다. 팔십세 번째 도반 모임에서 좌선 세 시간 하는 동안, 한 시간은 도량을 치고 좌선하시는 분들 한 분 한분 살피며 닦고 밝히며 두 시간째 역시도 한 분 한 분 살피고 기운을 넣어주고 인체기회로도를 돌려주고 세 시간째를 맞이하여 한 분 한 분 두루 살피고 스스로를 관하여 보다가 위로 올라간다고 올라가 보았다.

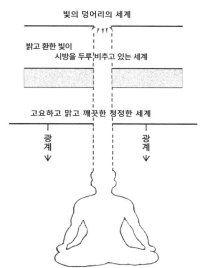

올라가 본다고 올라갔는데 밝고 환한 세계를 위로 어! 그런데 위

쪽으로부터 문이 열리는 듯 무엇인가 열리더니 빛덩어리가 보인다. 그래서 손을 뻗어 빛덩어리를 잡으니 손바닥 가득 잡히며 빛덩어리가 떨어진다. 마치 어떤 물건이 떨어지듯 떨어져 손아귀에 잡힌다.

그래서 손을 뻗어 한 움큼씩 잡아 떼어 단전에 넣어주고 중단전 상단전에 넣어주고는 하나가 되도록 했다. 좌선하고 있는 모든 분들을 한 분 한 분 모든 분들을 그렇게 해 주었다.

그러고 나서 몸이란 집을 부수어 보았다. 어떤 분은 쉽게 부서지고 어떤 분은 어렵게 어떤 분은 부서지지 않았다.

영계- 천계 - 신계- 광계를 보았을 때와 달라도 너무 다르다. 광계에서는 빛이 빛 속에 있는 것이었다면 빛덩어리의 세계는 직접 들어가지는 못하고 문 같은 것이 열려서 보이기에 손을 뻗어 조금씩 떼어서 넣어주고 하나로 하였다.

이전에는 단(丹)을 맑고 깨끗한 청정한 세계에서 만들거나 아니면 밝고 환한 세계에서 단을 만들어 넣어주었는데 이번에는 단을 만들지 않고 빛덩어리를 떼어 넣어주었다.

어떤 변화들이 있을지 모르겠으나 본인은 좌선 중 위로 올라가 보다 그리되었다. 아마도 여러 도반님들과 좌선을 해서 그런 것 아닌가 싶기도 하다.

83번째 도반모임 좌선할 때만 해도 손을 뻗어야 했는데 지금 위를 보면 연결되어 있는 느낌이다.

처음 광계를 볼 때만 해도 눈이 부시도록 찬란했는데, 맑고 깨끗한 세계를 올라섰을 때만 해도 하얀 구름 같더니만 지금 본다고 보면 약간의 흐림이 섞여 있는 듯 보이고 빛덩어리가 은은하다.

2009. 11. 25.

* 어떤 분에게 빛덩어리를 떼어 단전에 넣어주었는데 오로라는 보는 분이 빛덩어리를 떼어 넣어준 분을 보고 황금오로라로 보인다고 말했다는 것으로 보았을 때 빛 덩어리의 에너지가 단전에 있으면 황금오로라가 생겨서 보이는 것 아닌가 싶은 생각이 들었다.

21단계 빛 덩어리의 호흡(呼吸: 안나반나)

오늘은 아침부터 비가 와서 한가로웠다. 그래 좌선을 하고 앉았다. 좌선하고 앉으니 아침에 사경한 안나반나(安那般那 : 呼吸) 호흡이 성인의 머묾이란 것이 생각났다. 그래서 좌선하고 앉아 호흡을 관하며 들숨과 날숨에 집중했다. 들숨을 바라보고 날숨을 바라보며 들어오고 나가는 것을 코를 통하여 관(觀)하다가 백회로 들어오고 나가는 호흡을 관(觀)하였다.

백회로 들어오는 들숨과 백회로 나가는 날숨을 관하다가 빛 덩어리의 세계를 의식하고 의념했다. 그리고 들숨 때 빛 덩어리의 세계의 빛 덩어리를 백회로 들숨해서 단전까지 끌고 내려가 단전에서 지(止)를 하고 날숨을 하면서는 허공이 나오는 것을 관하였다. 몸통 안이 들숨을 통하여 빛덩어리가 들어오고 날숨을 통하여 몸통 안의 허공이 나온다. 그래 몸통을 채우고 보이지 않는 호흡문 밖으로까지 몸통 안에 가득 넣은 빛덩어리를 빼내어서 밖으로까지 나오게 했다. 그리고는 보이지 않는 호흡으로 나온 빛덩어리의 빛으로 인체의 기회로도를 그리며 서로 연결하여 놓았다.

백회로 빛 덩어리가 들숨을 통하여 들어오고 몸통의 허공이 날숨을 통하여 나가는데, 처음은 백회로 나가다가 어느 정도 몸통에 빛 덩어리가 채워지면서부터는 들숨을 통하여 빛 덩어리는 백회로 들어오는데 날숨은 코를 통하여 날숨이 되면서 코로 허공이 나가는 느낌이었다. 이렇게 좌선을 통한 들숨과 날숨의 호흡을 통하여 일단은 몸통 안에 빛 덩어리를 몸통 가득 넣어 인체 기회로도를 빛 덩어리로 만들어 놓았다. 어떤 변화가 일어날지 지켜볼 일이지만 좌선을 통한 호흡을 하며 빛 덩어리 세계의 빛 덩어리로 들숨하고 몸통의 공의 성품으로 날숨을 하며 호흡(呼吸) 관법(觀法) 수행을 해 보았다.

몸통과 빛 덩어리의 세계를 동시에 관하여 본다고 보면 빛 덩어리가 몸통에서 보이는 것 같고 몸통에서 빛 덩어리의 세계가 보이는 것

같다. 이와 같이 느껴질 뿐 아직은 잘 모르겠다. 2010. 01. 20. 13:46

* 부처님께서 모든 비구들에게 말씀하셨다.
만일 바르게 말하면 안나반나(安那般那 : 呼吸)은 성인의 머묾이요, 하늘의
머묾이며, 범(梵)의 머묾이요, 배우는 이의 머묾이며, 배울 것이 없는 이
의 머묾이요, 여래의 머묾이다. 그것은 배울 것이 있는 이가 얻지 못한
것을 얻음이요, 이르지 못한 것에 이름이며, 증득하지 못한 것을 증득함
이다. 그리고 배울 것이 없는 이의 현재 세상에 즐겁게 머묾을 곧 안나반
나념이라 하나니. 이것은 부처님의 바른 가르침《正說》이다. 왜냐 하면
안나반나념은 곧 성인의 머묾이요. 하늘의 머묾이며, 범의 머묾이고,……
(내지)……배울 것이 없는 이의 현재 세상에 즐겁게 머묾이기 때문이니라.
《잡아함경 제29권 807. 일사능가라경(一奢能伽羅經)》

머릿속에서 "펑!"하고 터진
이것은 어떤 현상일까?

어제는 힘이 자꾸만 빠졌다 어디로 빠져나가는지 모르게 힘이 빠
져나갔다. 어느 정도 시간이 흐르니 힘이 없는 것을 지나 맥이 하
나도 없는 듯, 육체를 가누기가 어려웠다.
점심시간이 훨씬 지나서 육체를 유지를 위하여 먹어야 한다는 생
각은 하면서도 입맛이 없고 먹고 싶은 생각이 일어나지 않았다.
힘을 추스르려 앉아서 좌선도 해 보았지만, 맥이 없고 힘이 없어
서 앉아 있을 수가 없었다. 몸이 피곤하단 생각이 들었다. 육체가
앉아 있는 것을 귀찮아하는 것 같았다. 그래서 누웠다.
얼마의 시간이 흘렀을까? 자리에서 반쯤 몸을 일으켰을 때 머릿속
오른쪽 부분 안에서 "펑!"하고 마치 폭죽이 퍼지는 듯 펑하고 터
져서는 빛이 무수히 흩어지더니 이어 사라져 말끔해졌다.
일어났으나 몸은 별반 다름이 없었다. 맥도 없고 힘이 없었다. 시

간을 본다고 보았을 때 4시를 넘기고 있었다. 그래 아니 되겠다 싶어서 점심을 챙겨 먹었다. 먹었음에도 별반 차이가 없었다.

힘이 없고 맥이 빠져서 육체가 많이 불편한데 전화가 왔다. 한 마디로 말해서 힘이 하나도 없어서 육체를 지탱하기도 힘든데 전화가 왔다. 힘을 내 통화하고 서둘러 끊었다.

여느 때보다 일찍 퇴근해서 귀찮은 몸을 가지고 기회로도 도감 작업하다가 앉아있기가 어렵다는 생각이 들어서 도감작업을 그만 두고 잠을 청했다.

아침에 눈을 뜨고 몸을 관찰해 보니 몸이 무엇에라도 맞은 듯이 온몸이 아프다. 근육들 하나하나가 강하게 뭉쳐져 있는 느낌이고 그 근육들이 풀어진 곳은 힘이 없고 맥이 없는 듯 느껴졌다. 지금도 많이 불편하다.

어제 평! 하고 머릿속에서 터진 것으로 인한 후유증인가 싶기도 하고, 이것이 어떤 현상인가 싶기도 해서 출근하면서 머리를 관하여 보았다. 머리 양쪽으로는 비워져 있는 듯싶고 중앙으로 앞에서 뒤로 이어져 있는 것이 느껴질 뿐 잘 모르겠다.

머리가 평! 하고 터진 이것이 어떤 현상인지? 또 어떤 것에 대한 예고인지 잘 모르겠다. 다만 관찰해 봐야겠다는 생각이다. 힘이 전에 같이 있으면 좋으련만 힘이 없다. 맥도 없는 듯싶다. 몸이 귀찮을 정도다. 그리고 몸도 귀찮아하는 것 같다. 얼마 동안 이 상태가 될지 잘 모르겠다. 그래도 무엇인가를 해야 하니 또 움직인다. 그러며 관찰해 본다. 몸이 어떤 변화를 꾀하고자 하는 걸까? 더 많은 활동을 위한 뇌의 전주곡일까? 아니면 머리 부분의 신의 부분까지도 놓아지게 된 것에 대한 알림일까? 이외의 다른 어떤 것일까? 벗어남인가? 예고인가? 관찰해 볼 일이다. 2010. 02. 16 7:30

22단계   아! 이제 다 뚫었는가보다.

맑고 밝고 환한 세계를 뚫고 빛덩어리를 보고 언제 하나가 되지 모른다. 하나가 되지 않았는지도 모르겠다. 그때가 언제인지 기억이 없다. 찾아보면 그날을 찾을 수 있겠지만 지금 생각해 보면 까마득히 오래 전 일인 듯싶다.

오른쪽 어깨가 아프기 시작한지도 어언 십여 개월 되지 않나 생각된다. 그리고 이름에 빠져 이름을 살펴볼 때가 작년 12월인지 올 1월인지 잘 모르겠다. 이름을 살펴볼 때 본인 또한 살펴보는 것 예외 일 수는 없었다. 그 당시 오르지 못한 곳이 한 곳이 더 남아 있는 듯싶었다. 그곳은 어디일까? 이 몸이 다하기에 오를 수 있을까? 의구심을 가졌었다. 이 몸을 다한 연후에 올라설 수 있는 곳인가? 라는 생각까지 했었다.

조병윤님의 결혼에 갔다가 00님의 차를 타고 0000님 김삼주 선생님 박상혁님 본인 이렇게 본인의 사무실에 왔다. 00님과 0000님은 김삼주 선생님 박상혁님 본인을 내려주고 가셨다. 김삼주 선생님은 내리기만 했지 00선방에 가야한다며 가셨고 박상혁님과 둘이 남아서 이야기를 했다. 이야기 중에 기회로도를 그려달라는 것이었다. 한번 그려보겠다고 이야기하고 퇴근을 했다.

일요일은 아침도 먹지 않고 시골에 내려가서 산에 일을 좀 하고 저녁 늦게 왔다. 월요일 출근해서부터 기회로도를 그리기 시작했다. 31일 1일, 2일, 3일… 시간이 날 때마다 이것저것 기회로도를 그렸다. 그래서 카페에 올렸다. 그리고 본인은 아픈 어깨 쪽에 의념을 해서 기회로도를 마음으로 넣었다. 그랬더니 자연스럽게 떨림과 함께 자발공이 일어났다. 어깨 쪽 의념을 하되 기회로도를 의념한 것이 1일인지 2일인지 기억이 잘 나지 않지만 이틀 사이에 의념을 했다. 의념을 하거나 어깨 쪽 기회로도를 본다 싶으면 어깨가 움직였다.

어제 4일 날도 그랬다. 퇴근하면서도 어깨 쪽을 의념했고 5일 오늘 아침 출근하면서 의념하거나 기회로도를 본다고 보았다. 그런

가운데 어깨 쪽 몸통 안으로 무엇인가가 보였다. 보이는 그것을 꺼내서 위로 보낸다고 보내려고 위쪽을 향하는데 그만 지금까지 올라서 있던 곳을 뚫고 한 단계 더 높이 새로운 세계를 뚫게 되었다. 뚫고 올라선 곳은 지금까지 있는 곳보다 더 밝고 환하다. 아래 쪽이 이제 오히려 흐린 느낌이다.

뚫린 세계로부터 백회로 이어져 뚫린 곳의 기운이 연결되어 들어오고 있다. 출근길에 뚫린 후에 들어와서 차를 세우고 가만히 앉아서 관찰해 보니 이곳에서 연결되어 들어오는 기운은 몸의 테두리까지 녹여서 사라지고 없어지는 듯한 느낌이 들었다. 그럼에도 기운은 백회를 통해 몸통으로 들어오는 것 같았다. 의념하지 않아도 뚫린 곳과 자연스럽게 연결되어 몸통 안에 있는 것들이 바뀌는 느낌이다. 운전하고 다니는 오전 내내 그랬다. 지금도 미세하지만 연결되어 들어와서는 넘치는 느낌이다.

이름을 살펴볼 때 본인을 살펴본 바로는 더 올라갈 곳이 한 곳 더 있는 듯싶던 것이 지금도 있는가? 살펴보니 이제는 없다. 오늘 출근길에 뚫고 올라간 곳이 가장 높은 곳인 듯싶다. 이러한 것을 관찰해 보고는 '아! 이제 다 뚫었는가보다.'라는 생각이 들었다.

앞으로 어떤 일이 전개될지 잘 모르겠다. 다만 꾸준히 쉬지 않고 본인이 할 수 있는 한 수행 정진하며 주변을 밝힐 수 있는 한 밝히며 수행 정진해 갈 것이다.

지금 생각해 보면 오늘 뚫고 올라서기까지 '이름을 살펴보지 않았다면'이란 생각이 들고 또 '팔이 아프지 않았다면'이란 생각이 들고, 박상혁님의 기회로도를 그려보란 말을 하지 않았다면'이란 생각이 들었다. 본인은 본인이 그리면서도 놀라웠다. 그려진다는 사실에 놀랐고 또 이상하게 그려지는 것에 놀랐다. 그림을 잘 그리지도 못하면서 그리고 나면 '참 잘 그렸다'는 생각이 들었다. 처음에는 어떻게 그려지는지조차 잘 몰랐지만 그리면서 어느 정도 윤곽을 잡을 수 있었다. 오늘도 많은 기회로도를 그렸다. 아직도 그릴 것이 좀 더 있다.

이 모든 것들이 복합적으로 작용하여 본인이 아직도 다 오르지 못한 한 단계마저 뚫은 것 같다. 기쁘다기보다는 '아! 이제 다 뚫었는가보다'라는 생각이다.

어깨의 경우 침을 맞으라는 권고도 있었지만 아프면 아픈 만큼 아파야 한다는 생각을 했고 그러면서 나름대로 자아치료를 해보려고 했었다. 이런 저런 복합적인 주변의 일들과 도반님들 덕분에 하나 남은 것마저 뚫은 것 같아서 고맙다는 말을 대신해 이 글을 쓴다.
2010. 6. 5. 13:58

23단계, 이것을 더 깊어졌다고 해야 하나
한 단계 더 올라섰다고 해야 하나

오늘은 상단전에 작용하는 것을 찾아본다고 찾아보는데 본인과 함께 있다. 일요일 산행 모임에서 참석하신 분들에게 기운과 생명에너지를 각각 따로 연결해 주었었다. 그리고 10월 12일 화요일 혜안을 열어달라고 전화를 받고, 그 다음날 13일 영안 열도록 해도 되겠다는 생각에 아침 무렵 영안이 열리도록 해놓고, 저녁 무렵 밖에서가 아닌 백회로 머리 부분으로 위쪽으로부터 기운 아니고 생명에너지 아닌 무엇인가? 끌려오면서 머리 부분으로 들어가며 머리를 맑혀 주었다. 인당 밖에서만 뚫을 것이 아니라 머리 안쪽에서도 뚫어야 하지 않을까 싶었고, 또 머리 부분에 작용하도록 넣으려 했을 때, 기운도 아니고 생명에너지도 아닌 다른 연결되는 것이 아닌가? 그래서 관찰해 보았었다.

딸아이의 머리도 이것으로 연결해 주고, 아들, 내자… 등등 연결해 보고, 그러다 보니 그 전부터 딸아이는 머리 부분에 어떤 건지도 모르게 자꾸 넣어준 것 같은 생각이 일어난다.

기운을 단전에 강화하도록 연결해 주고, 생명에너지를 중단전의 업(식)덩어리에 연결하고, 그리고 인당부분을 자극하도록 하려다가 위쪽으로 머리 쪽과 인당 앞으로 연결되는 것을 보고, 하단전,

중단전, 상단전, 각각에서 작용하는 것들이 각기 서로 다르게 있다는 것을 말해놓고, 상단전 머리 부분에서 작용하는 것이 무엇일까? 어제부터 찾기 시작했다. 이것이 무엇일까? 이것을 무엇이라고 해야 할까?

오늘도 아침에도 딸아이를 해주면서 '이것이 무엇이지?', '뭐라고 하지?' 그러면서 이것이 연결되는 곳을 찾았다가 어! 하고 약간 놀랐다. 연결된 곳을 찾는다고 찾는데 본인과 같이 있는 것이었다. 본인이 있는 곳에서 그것이 연결되는 것을 보고 놀랐다. '어! 언제 내가 여기에 와 있지?' 그러면서 되돌아 생각하며 찾아보았다. 수요일 인당부분을 뚫리도록 한다고 하면서 머리 부분을 위쪽과 연결하면서 본인도 모르게 위쪽으로 옮겨진 것 같다.

더 위로는 없는 것 같아서 다 뚫었다고 말했었다. 그런데 이것은 또 무엇이지 되물으면서 관찰해 보았다. 올라선 것이 아니라 더 깊이 들어간 것이었다. 자등명에서 자등명 속으로 들어갔다고 해야 맞을까? 자등명 속으로 더 깊이 들어갔다는 표현이 맞는 것 같다. (이 책을 편집하는 지금 생각하면 자등명이 아니라 56단계 안에 있는 빛덩어리이고 빛덩어리를 뚫고 나오기 위해서 중심으로 들어가는 단계이었다.) 기운을 단전에 연결해 주고, 생명에너지를 연결해 주면 중단전의 업(식)덩어리가 연결되고, 머리 부분은 연결이 되지 않았었다. 그런데 지금 생각해 보면 수요일부터 머리 부분도 위쪽으로부터 연결시켰던 같다. 지금은 머리 부분을 연결하고자 하면 연결된다. 머리 부분만 연결하고자 하면 머리 부분만 기운과 생명에너지와 다르게 연결된다.

그래서 이 부분에 있어서의 어떤 차이가 있는지를 살펴보았다. 기(氣)는 맨 밖에 있고 그 안에 생명의 에너지가 있고 생명의 에너지 안에 머리 부분으로 작용을 일으키는 것이 있는 것 같다. 단전에 기(氣), 중단전의 업(식)덩어리에 생명에너지, 상단전에 생명에너지 안에 있는 것이 작용하는 것 같다.

그래 그 비율은 어느 정도가 될까? 얼마의 기(氣) 속에 얼마의 생명에너지가 있고, 얼마의 생명에너지에 머리 부분에서 작용하는 것이 얼마나 있을까? 생각해 보았다. 어떤가? 살펴보며 관찰해 보왔다. 생명에너지가 4개 있다고 했다고 했을 때 생명에너지 4개 속에서는 이것이 1.08개 정도 있는 것 같은 느낌이다. 그렇다면 10개의 기운 속에 이것이 얼마나 들어 있을까? 싶으니 0.92개 정도 있는 것 아닌가 싶은 느낌이고 생각이다.

그래 다시 생각해 보았다. 기(氣)가 예를 들어 10개가 있다고 했을 때 기(氣) 10개 안에는 생명에너지가 3.43개 정도 있는 것 같고, 머리 부분에서 작용을 일으키는 것이 0.92개 정도 들어 있는 것이 아닌가 싶은 느낌이고 생각이다.

그래서 칠통(본인)의 기회로도를 그려보고, 지금 칠통이 있는 곳의 기회로도를 그려보고, 칠통(본인)의 의식의 기회로도를 그려보았다. 세 개가 전부다 똑같다. 전에 다 올랐다고 했던 기회로도와는 색깔이 다르다. 물론 열네 가지 색깔에서 선택되는 것으로 했으니 더 많은 색깔에서 선택하면 또 다른 색깔을 선택할지는 모르겠지만 열네 가지 색깔에서는 그랬다.

그런 후 기(氣)와 생명에너지, 상단전의 머리 부분에서 작용하는 것 등을 비교해 보기 위해서 기회로도를 그렸다. 기(氣)를 기회로도로 드러낸다면 기의 기회로도, 기의 생김새를 기회로도로 드러내는 기회로도, 기(氣)의 모양을 나타낸다면 기(氣)는, 기의 형태의 형상을 그린다면이라고 하고서 기(氣)에 관련된 것을 그리고, 그 다음에 생명에너지로 기회로도를 드러낸다면 생명에너지의 기회로도, 생명에너지의 생김새를 기회로도로 드러낸다면 드러낸 기회로도는, 생명에너지의 모양을 나타낸다면 생명에너지는, 생명에너지의 형태의 형상을 그린다고 하고서 생명에너지에 관련된 것을 그리고, 그 다음 상단전에 영향을 미치는 것을 기회로도로 드러낸다면 상단전에 작용을 일으키는 것의 기회로도, 상단전에서 작용을 일으키고 영향을 주는 것의 기회로도, 상단전에 영향을 미치는 것의 생김새를 기회로도로 드러낸다면 드러냈을 때의 기회로도, 상단전에 작용하며 영향을 미친 것의 모양을 나타낸다면 상단전에 작용하는 것은? 상단전에 작용을 일으켜 영향을 미치는 것의 형태의 형상을 그린다고 하고서 상단전에서 작용하는 것과 관련된 것을 그렸다.(《기회로도 도감》 에 수록되어 있다.)

그런데 놀라울 정도로 똑같다. 본인이 칠통(본인)의 기회로도를 그려보고, 지금 칠통이 있는 곳의 기회로도를 그려보고, 칠통(본인) 의식의 기회로도를 그려본 기회도로가 모두 다 똑같다. 그뿐만이 아니다. 전에 다 뚫었다고 본인의 기회로도를 그렸던 기회로도와 생명에너지의 모양을 나타낸다면 생명에너지는 어떨까 하고서 그린 기회로도와 똑같다. 본인 그려놓고도 이렇게 똑같을 수가 있을까 하고 놀랐다.

지금 카페 메인 화면에 올라와 있는 본인이 마지막 다 뚫었다며 올라선 곳에서 있을 때 본인의 기회로도 아닌가. 그런데 그것이 생명에너지의 모양을 나타낸다면 생명에너지는 어떨까 하고서 그린 그림과 똑같다. 그리고 이번에는 지금 본인이 있는 곳의 기회로도, 칠통의 기회로도, 칠통의 의식의 기회로도, 모두 다 상단전의 머리 부분에 작용을 일으키며 영향을 주는 것과 똑같다.

그러니 기에 생명에너지가 있고 생명에너지에 이것이 있는 것이다. 그리고 본인은 이번에 이것에 더 깊이 들어간 것이다. 이걸 올라섰다고 해야 하는지 아니면 단순히 깊이 들어갔다고 해야 하는지 잘 모르겠다. 그래서 한 번 몇 단계인가? 하면 한 단계 올라선 것 같다.

오늘에야 이러한 사실을 알았다. 지금은 상단전의 머리 부분에 작용하며 영향을 미치는 것을 본인의 마음대로 연결해 줄 수가 있다. 2010. 10. 16. 18:48

석가모니부처님께 속은 것인지
그 제자들에게 속은 것인지 모르겠다

수행할 때는 확철대오하고 깨달음을 증득하면 다 끝나는지 알았었다. 확철대오 깨달음을 증득하고 보니. 그것이 아니었다. 법념처(法念處)에 머물러서는 아니 되는 것이었다. 확철대오의 깨달음을 증득하고 나서도 수행 정진해야 하였다. 그래서 깨달음을 증득하고 법념처에 머물러서는 아니 되고 더 수행 정진하여 대광념처(大光念處)로 나아가야 한다고 말했었다. 그래 본인은 4념에 대광념처를 추가해서 5념처를 말해야 한다고 했었다.

그러면서 법념처를 지난 대광념처로 가기 위해서 수행 정진했다. 그러면서 반야바라밀의 행을 지나 옴마니반메훔의 진언이 있는 곳을 지나 옴의 진언에 이르렀다. 그러면서 본인은 영계(靈界), 천계(天界), 신계(神界), 광계(光界)를 말했다. 그리고 18계를 말했다. 수행이 끝난지 알았고 더 올라갈 곳이 없는지 알았다.

그럼에도 대광념처로 간다고 수행 정진하면서 가슴에서 빛을 보면서 자등명을 말했고, 자등명을 말하면서 업(식)덩어리를 말했다. 그러면서 자등명이 되려고 수행 정진했다. 자등명이 되려고 수행 정진하면서 반야바라밀행을 하다가 다른 사람들을 도와주는 과정에서 자비바라밀행을 하고 자비바라밀행을 하며 필요에 의하여 올라서려고 하다가 청정하고 맑고 깨끗하고 고요한 청정한 세계에 올라섰다. 그때도 거기가 다 인지 알았다. 본인은 시간이 있을 때마다 수행 정진했고 또 누군가 본인의 손길이 필요로 하는 사람은 좋게 해주려고 노력했다. 그런 노력 속에서 또 한 단계 올라섰다. 맑고 깨끗하고 밝고 환한 세계에 올라섰다. 올라서서 본인을 필요로 하는 사람을 좋게 해주려고 올라선 곳으로부터 엑기스를 가져오려고 하다가 빛덩어리의 세계에 올라섰다. 빛덩어리의 세계에 올라서 있다가, 또 무엇인가를 하다가 이름 붙이지 못한 세계에 올라섰고, 또 무엇인가를 하면서 수행 정진하다가 또 올라섰다 이곳도 이름을 붙이지 못했다. 이곳이 23단계다. 다 올라섰나 싶었다. 그런데 또 올라섰다. 24단계에…

이런 과정에서 기회로도를 그리고 기회로도를 그리면서 본인이 올라선 단계가 기회로도와 똑같다는 사실에 놀라왔다. 본인의 경지와 기회로도로 그린 것과 너무도 똑같아서 놀랐다. 이번에 올라선 곳이라며 기회로도 그려놓은 것과 생명에너지의 형태의 형상을 그린 기회로도와 똑같다. 하나도 틀리지 않는다. 이런 과정에서 본인을 필요로 하는 사람을 도와주며 본인이 할 수 있는 것을 최대한 하려고 했을 때 또 24단계에 올라섰다. 또 위로 있을까 싶었다.

위로 또 있냐고 테스트로 물으면 모른다했다. 모르면서 올라왔다.
24단계 즉 24계를 올라왔다. 그리고 24단계 올라온 것을 기회로도
로 그려보았다. 더 이상 없는 것 같았다. 그런데 또 알 수가 없었다.
어제, 오늘 24단계 위로 몇 단계가 더 있을까? 의구심이 생겼다.
위로 몇 단계가 더 있는지 어떻게 알아낼까? 고민하고 고민하다가
24단계의 기회로도 그 안쪽으로 그려지는 색깔이 있을까? 찾아보
기로 하고 찾아보았다. 색깔은 구별하지는 않지만 분명하게 2단계
가 더 있다.

25단계는 색깔 구별이 없다. 그래서 그 색깔이 지구상에 있을까?
찾아보니 없다. 지구상에 없으니 찾아낼 수도 없고 그릴 수도 없
으리라. 그래 26단계를 색칠한 것이 있을까? 싶어 찾아보니 흰색
이다. 이런 것으로 살펴볼 때 우주 26계(界) 26단계 26차원으로
되어 있다.

석가모니부처님이 속인 것인지 아니면 그 제자들이 모여서 들은
대로 동의하에 서술한 것이니 제자들이 속인 것인지 모르겠지만
본인은 속았다. 불교를 믿고 경전을 공부하며 18계만 믿었던 것에
속아서 본인 또한 오래 전에 18계라 말했다. 법념처에 머물렀다면
이곳까지 올라올 수도 없었을 것이다. 사념처에 대광념처를 더하
여 오념처라고 해야 옳다고 생각하고 수행 정진한 것이 여기까지
수행 정진해 오도록 했다. 사념처에 속지 않은 것이 천만다행이란
생각이다. 대광념처인 빛의 세계로 올라오려고 하지 않았다면 우
주가 26차원으로 되어 있다는 것을 찾아내지 못했을 것이다. 올라
섰기에 찾아낸 것이다.

모든 것들이 법과 진리에 의한 인연법에 의한 것이지만 기회로도
를 그리지 않았다면 기(氣)의 모양과 22단계가 똑같다는 사실을
몰랐을 것이며, 또 기회로도를 그리지 않았다면 생명에너지의 모
양이 23단계와 똑같다는 사실을 몰랐을 것이다.

기회로도를 그리며 사람들에게 기운을 연결해 주고 생명에너지를
연결해 주지 않았다면 그리고 상단전을 열어주려고 하지 않았다면
머리 부분에서 작용하는 것을 찾아내지 못했을 것이며 상단전에
작용하는 것을 찾아내지 못했다면 상단전의 머리 부분에 필요한

것을 끌고 오려고 하지 않았다면 24단계에 올라서지 않았을 것이다.(이 책을 편집하는 지금 기회로도가 무엇이냐 하고 묻는다면 기회로도는 그린 내용 그 자체이다라고 생각한다. 어느 세계를 그리면 그림과 동시에 그 세계에 올라가고 그린 기회로도를 보면 기회로도로 그린 세계의 에너지를 받고 그 세계에 올라올 수 있다고 말할 수 있을 것이다. 올라오면서 많은 세계의 기회로도를 그려서 기회로도 도감을 책으로 엮었음에도 한 권 이상 만들 수 있는 기회로도가 있다. 아마도 먼 훗날 글을 모르는 분들은 기회로도감을 통해 기회로도를 보며 수행하여 자등명 세계로 자등명인간계로 환 세계를 뚫고 훈 세계로 올라올 것으로 위 세계로 올라올 것이라 생각하고 그리되리라 믿는다. 기회로도가 사라지지 않고 전해지는 한 기회로도를 통해 공부한다면 올라오리라 생각한다. 그래서 나중에 올라올 분들을 위해서 그리기도 한다.)

석가모니부처님을 스승으로 공부하여 왔지만 어느 순간부터 석가모니부처님으로부터 벗어나 수행 정진하지 않았다면 올라서지 못했을 것이다.

기운과 생명에너지 머리 부분을 연결해 준 사람을 관찰해 보니 이러하다. 기운은 단전에서 작용하고 생명에너지는 업(식)덩어리에서 작용하되 몸이 좋지 않은 경우 업(식)덩어리 앞에서 즉 마음이라고 하는 부분 가슴이라고 하는 부분의 중단전에서 온몸으로 퍼지면서 육체가 필요로 하는 생명에너지를 쓰고, 건강한 사람은 업(식)덩어리에서 업을 밀어내며 머리로 올려 보내고, 머리로 올려 보내진 업은 머리를 탁하게 하거나 몸통을 타하게 하거나 또는 업에 따라 몸통에 어떤 것으로 나타나기도 하다가 그것이 제거되면서 업을 내려놓게 되고, 머리 부분에 올라가서 백회로 빠져 허공으로 올라가서 먼지 티끌이 되어 텅 빈 허공의 우주로 사라진다. 기회가 되면 이 부분은 더 분명하고 명확하게 쓰기로 하고 여기서 이만 줄인다. 2010. 10. 2.8 19: 23

27우주는 27계(界) 27단계 27차원으로 되어 있다

어제 아침, 2010년 10월 29일 출근길에 위쪽을 의념하니 25, 26단계로 생각되었던 것이 마치 통과도 같이 위에서부터 아래로 연결되었었다. 그러면서 어제 점심 먹고 좌선을 하며 위를 의념하며 좌선을 했다. 그리고 여러 가지 일로 바빠서 여기 저기 움직이며 다녔다. 그리고 오늘 아침, 2010년 10월 30일 출근길에 위쪽을 의념하니 빛줄기가 내려온다. 백회를 통하여 들어와서는 머리 부분의 신(神)과 중단전과 하단전을 하나로 꿰뚫어 연결하더니 양다리로 해서 용천으로 나가는 것 같더니만, 용천으로 빠져 나온 것이 다시 위로 올라와서 다시 백회로 들어와서는 머리의 신 부분 –중단전–단전–양다리–양쪽　　용천–백회–신–중단전–하단전⋯. 계속해서 돈다.

처음은 백회를 중심으로 해서 신의 부분 중단전 하단전에서 양 다리의 오른쪽과 왼쪽이 구별되어 왼쪽 용천은 왼쪽으로 오른쪽 용천은 오른쪽으로 타원을 그리더니. 어느 정도 시간이 지나니 이제는 백회로 들어와 오른쪽 다리로 해서 오른 쪽 용천으로 해서 백회로 가서, 백회에서 내려와 신의 부분–중단전 단전–왼쪽 다리로 해서 왼쪽 용천으로, 왼쪽 용천에서 왼쪽 위로 올라와서 백회로 내려와 오른쪽 다리로 해서 오른쪽 용천으로, 오른쪽 용천에서 오른쪽 위로 해서 백회로 내려오면 신의 부분 중단전 하단전으로 해서 왼쪽 다리로 해서, 왼쪽 용천으로 마구 돈다. 그러다가 전체가 하나로 돈다. 그러다가 다시 백회로 들어와 신의 부분 중단전 단전 왼쪽 다리로 해서 왼쪽 용천으로 해서 왼쪽의 위로해서 백회로 내려오고, 백회로 내려와 신의 부분 중단전 단전 오른쪽 다리로 해서, 오른쪽 용천으로 해서 오른쪽 위로해서 백회로, 이렇게 무한대를 그린다.

운전하며 바쁘게 움직이는 가운데 생각이 일어났다. 25단계 26단계를 기회로도를 그려보자. 그러면서 신호대기에 서 있을 때마다 메모장에 볼펜으로 그려보았다. 신비하다고 해야 하나, 일전에 그린 우주와 닮아 있는 것이 아닌가? 속으로 놀라면서 26단계를 그려보았다. 그려보는데 어디선가 본 듯한 그림이 그려진다. 전에 우주를 그렸으니 우주의 중심을 그려보아야겠다는 생각을 하고, 바쁜 일을 대충 마치고 들어와서 그리려고 하니 A4용지가 없다. 그래서 문방구에 가서 A4용지를 3000원 주고 사와서 25단계 26단계를 그려보았다. 25단계는 색이 선택되지 않아서 드러나 보이기 좋은 검은색 연필을 임의로 선택하여 잡고 그렸다. 전에 그렸던 우주와 같다. 그래서 26단계를 그리려 색을 선별하니 흰색이 잡힌다. 흰색으로는 그려봐야 알 수가 없을 것 같아서 이것 역시 검은색연필을 잡아 그렸다.

26단계를 그리고 보니 26단계 안에 또 있다. 27단계가 무엇으로도 그릴 수 없어서 표현해 낼 수 없지만 27단계가 있다는 느낌이었다. 그래서 색이 잡히지 않아서 이번에도 마찬가지로 검은색 연필을 잡아 27단계를 그려보았다. 26단계 안에 조그마한 27단계가 있다.

그리고 우주의 중심을 그려보아야겠다는 생각을 하고 색연필을 선별하니 색연필이 잡히지 않고 연필이 잡힌다, 그래서 우주의 중심을 그리고, 우주의 중심의 생김새를 그리고, 우주의 중심의 모양을 그리고, 우주의 형태의 형상을 그려보았다. 그랬더니 우주의 중심이 26단계의 그림과 똑같고, 우주의 형태의 형상이 27단계의 그림과 똑같다. 이것으로 볼 때 우주는 27계 27단계 27차원으로 되어 있다.

2010년 10월 28일 19시 23분에 쓴 〈석가모니부처님께 속은 것인지 그 제자들에게 속은 것인지 모르겠다〉란 글 본문에서 "25단계는 색깔 구별이 없다. 그래서 그 색깔이 지구상에 있을까? 찾아보니 없다. 지구상에 없으니 찾아낼 수도 없고 그릴 수도 없으리라. 그래 26단계를 색칠한 것이 있을까? 싶어 찾아보니 흰색이다. 이런 것으로 살펴볼 때 우주 26계(界) 26단계 26차원으로 되어있다."라고 했는데 그때 발견하지 못한 1단계가 더 있다. 드러나 있지 않다 보니 보지를 못했었다. 그래 본인이 이틀 전에 말했던 우주는 26계(界) 26단계 26차원으로 되어 있는 것이 아니라 오늘 보니까 27계 27단계 27차원으로 되어 있다. 이를 빨리 수정해 잘못 알고 있는 것을 수정해 바로 알도록 해주고 싶었다. 그래서 이

글을 썼다.

그 글을 고치면 되겠지만 그러기에는 이런 설명들이 거기에 더 넣어 쓸 수 없으니 부득이 그대로 둔 채로 이와 같이 있었던 일을 토대로 해서 수정하는 바이다.

이러한 사실들을 살펴보자 한다면 기회로도를 보라.

(《기회로도 도감》에 수록되어 있는 관계로 이 책에는 수록하지 않는다. 기회로도는 어느 세계를 그리면 그 세계를 그림과 동시에 그 세계를 빠져 나오기도 한다. 통과하기 어려운 세계는 의념으로 회로도를 그려서 올라 온 세계도 있다.) 2010. 10. 30. 12:39

신성(神性)에너지

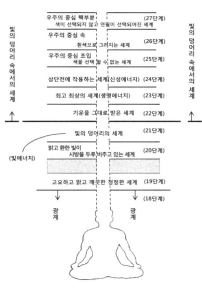

빛의 덩어리 속에서의 세계

우주의 중심 핵부분
색이 선택되지 않고 연필이 선택되어진 세계 (27단계)
우주의 중심 속
흰색으로 그려지는 세계 (26단계)
우주의 중심 초입
색을 선택할 수 없는 세계 (25단계)
상단전에 작용하는 세계(신성에너지) (24단계)
최고 최상의 세계(생명에너지) (23단계)
기운을 그대로 받은 세계 (22단계)
빛의 덩어리 세계 (21단계)
밝고 환한 빛이
(빛에너지) 시방을 두루 비추고 있는 세계 (20단계)
고요하고 맑고 깨끗한 청정한 세계 (19단계)
(18단계)
광계 광계

빛의 덩어리 속에서의 세계

기운나누기 했을 때와 기운과 기운을 연결해 주었던 세계와 생명에너지를 연결해 주었던 세계

본인이 기운나누기를 할 때는 본인의 수행하여 올라선 경지의 세계 기운으로 기운나누기를 하고, 또 몸통 청소를 할 때 역시도 본인이 수행하여 올라선 단계의 세계 기운을 통하여 들어가고, 그 기운으로 몸통 청소를 하고 그 기운으로 몸통 속에 있는 것을 꺼냈으며 그 세계의 기운으로 단전에 기운을 채워주고 중단전을 돌려주고 상단전 및 임독맥을 돌려주고, 기경팔맥을 돌려주었다.

광계에 올라서는 광계의 기운으로 기운나누기를 했고, 19단계에서는 19단계의 기운으로… 21단계에서는 21단계의 기운으로 기운 나누기를 했다.

기운을 연결해 주었을 때는 이름을 뭐라고 정할 수 없어 기운을 그대로 받고 있는 세계라고 한 22단계에서 연결되었고, 자등명을 덮고 있는 업(식)덩어리에 생명에너지를 연결해 주었을 때는 자등명에서 보았을 때 최고 최상이라고 이름했던 세계의 23단계와 연결하여 주었고, 머리 부분에 작용하는 것을 연결했을 때는 상단전에 작용하는 세계라고 이름한 24단계와 연결해 주었다.

기운을 연결해 주었다고 했을 때 지구의 기운을 연결해 준 것 아니고 22단계 아래의 단계를 연결한 것이 아니라 22단계 세계의 기운을 연결해 준 것이었고, 생명에너지를 연결해 주었다고 했을 때 역시도 지구에 있는 생명에너지가 아니라 23단계 아래의 생명에너지를 연결해 준 것이 아니라 23단계 자등명으로서 최고 최상의 단계인 23단계 세계에 있는 23단계의 생명에너지를 연결해 주었던 것이고, 상단전에 작용하는 것을 상단전에 연결했을 때 역시 24단계 아래쪽 세계와 연결한 것이 아니라 24단계와 연결해서 24단계에 있는 상단전에 작용하는 것을 연결해서 활용했던 것이다.

이것들을 밝히는 것은 어느 분이 하는 말이 기운을 연결했을 때, 어디 기운을 연결했고, 또 생명에너지를 연결했다고 했는데, 기(氣)에는 생명에너지도 있고 또 머리 부분에 해당하는 것도 있는데, 현실에 있는 지구의 텅 빈 허공의 기운에서 연결한 것인지 아니면 다른 어디서 연결한 것인지 말하여 주지 않으면 알 수 없다고 해서 말하는 것이다.

기운나누기를 하거나 몸통 청소를 할 때, 필요에 따라서 가끔은 고요하고 맑고 깨끗한 청정한 세계의 기운이 필요할 때는 이 세계에서 기운을 끌어다가 활용했고, 밝고 환한 빛의 밝음이 필요할 때는 20단계의 세계에서 끌어다가 활용했으며, 단전에 기운과 중단전의 가슴에 마음이란 업(식)덩어리에는 빛의 덩어리의 세계 21단계에서 빛덩어리를 떼어다가 활용했었다.

22단계에 이르렀을 때는 이름을 정하지 못하여 기운을 그대로 받고 있는 곳이라 했고, 22단계는 기회로도를 그리기 전에 이르렀고, 기회로도를 그리면서 자등명이란 빛에 있어서의 마지막 한 단계가 남았다고 생각했던 최고 최상의 세계 23단계에 인간의 몸으로 올라 설 수 있을까? 생각했던 세계에 이르렀다. 이 세계에 이르러 최고 최상의 세계라 했다. 이 세계에 이르러서는 22단계에서 기운을 연결해 주었고, 23단계에서 업(식)덩어리 앞에 연결함으로 해서 업이 떨어져 나가도록 했다. 그러다가 머리 부분의 상단전을 의식하고 위쪽을 의식해서 백회로 머리 부분의 상단전에 작용하는 것을 끌어다가 연결하려고 했을 때, 또 위가 있어서 위에서 끌어다가 처음에는 활용하다가, 위에서 끌어다 활용하면서 위를 당기다보니 어느 순간 24단계에 올라섬으로 해서 직접적으로 머리 부분의 신(神)을 쉽게 터치하며 머리를 맑혀주고 또 신을 맑고 밝게 해주었다. 그리고 25단계 올라섬으로 마음대로 활용해 쓸 수 있게 되었다. 이제는 연결이 아니라 그냥 행하고 싶을 때 아무 때나 행해도 되게끔 되었다.

24단계에서 25단계와 26단계가 있다는 것을 의식하고, 위쪽을 바라보며 의식하면 백회를 통해 양팔이 뻥 뚫리고 몸통 양다리가 위에서 아래로 시술자로 향해 내려오며 뻥 뚫렸다. 그리고 시술자를 의식하면 25, 26단계가 마치 드럼통과도 같이 시술자를 감싸며 업을 녹이는 것 같았다. 그래서 좌선하고 앉아서 25단계 26단계를 생각하니 25, 26단계가 마치 드럼통이 본인을 감싸듯 25, 26세계가 본인을 감쌌다. 그래서 25단계와 26단계를 끌어당겨보았다. 그랬더니 빛줄기가 내려오며 우주의 중심과 같은 모양을 만들면서 하나가 되는 것 같았다.

상단전의 머리 부분을 맑혀주고 밝혀주면서 상단전의 머리 부분에서 작용하는 것을 무엇이라고 이름 지을까? 생각한다가 생명에너지란 자등명이란 빛 속에 있는 것이니 빛에너지라고 하자 생각하고 나서 빛에너지라 이름 지어놓은 후, 빛에너지로 이름하여 끌어당겨보니 어딘지 모르게 연결이 분명하지 않아서, 다시 생각해 보았다. 머리 부분의 신(神)에 작용을 일으키니 신(神)에너지 아니면 신성(神性)에너지라 이름할까? 이름을 생각해놓고, 생각해 지은 이름들을 통하여 지은 이름들을 각각을 불러가며 단계의 세계들과 연결해보았다. 빛에너지를 의식해 불러서 빛에너지를 연결할 때는 빛의 덩어리의 세계 21단계와 연결되어 있는 것 같았고, 신(神)에너지라고 할 때는 13. 14. 15의 신계와 연결되는 것 같았으며, 신성(神性)에너지라고 하며 연결할 때는 상단전에서 작용하는 세계의 24단계와 연결되어 작용을 일으키는 것 같았다.

빛에너지는 몸통 전체 안팎으로 작용을 일으켜서 머리 부분의 신(神)에도 작용하지만 몸통 안팎 전체에서 작용하는 것 같았고, 신(神)에너지라고 하고 연결할 때는 머리 부분의 신(神)에만 작용하는 것 같았으며, 신성(神性)에너지라고 하고 연결할 때는 머리 부분과 몸통 안에서 작용을 일으키는 것 같았다. 그래서 머리 부분에 작용을 일으키는 것의 이름을 신성(神性)에너지라고 이름하기로 결정했다.

본인과 기운나누기를 하고 몸통 청소를 할 때, 어느 세계 것을 활용해서 기운나누기를 했는지는 그때그때가 다르다. 본인이 수행하여 올라선 경지의 단계에서 기운나누기를 했다. 18일 때는 18단계에서, 19일 때는 19단계에서, 20단계에 있을 때는 20단계에서, 본인이 어느 경지의 단계에 있을 때 기운나누기를 했고 몸통 청소를 했는가 하면 본인이 올라선 수행의 단계 세계의 기운으로 기운나누기하고 몸통 청소를 해왔다. 지금 한다면 지금 본인이 올라선 수행 경지의 단계에서 하게 되는 것이지 다른 단계 다른 세계로 하는 것이 아니다. 다만 시술자에 따라서 다른 세계의 것을 끌어다가 할지도 모르겠으나 그것은 시술자를 위하여 아래 단계에서 시술자에게 필요한 것을 시술자에 맞도록 끌어다 할 뿐, 본인은 본인의 단계에 있을 뿐이다. 본인이 본인의 이른 단계에 있지 다른 곳에 있지 아니한다.

텅 빈 허공에 기(氣)가 있고 기에 생명에너지가 있고 생명에너지에 상단전에 작용하는 것이 있다고 하니, 어느 세계의 것을 활용하는지 모르니 그냥 자기 자신들의 좁은 견처의 생각에서 저마다들 자신의 견처로 단순하게 생각한 곳을 말하고 또 그렇게 받아들이고 인식하는 것 같아서 이해하도록 그림을 그려 이 글을 썼다.

2010. 11. 7 05. 55

수행 경지의 단계와 우주

27 단계 역시 색이 선택되지 않았다. 그래서 연필을 잘 나타나지 않을 것 같아서 검정색 연필을 선택해서 27단계의 기회로도를 그렸다.

26단계는 흰색이 집어졌는데 흰색으로 그리면 알아 볼 수가 없어서 흰색 대신 검은색을 들어서 26단계의 기회로도를 그렸다

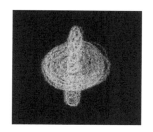

25단계 색이 없어서 검정색 연필을 집어 검정색 연필로 그려놓고 보니까 잘 드러나지 않는 것 같아서 좀 더 뚜렷하게 구별해 볼 수 있도록 볼펜으로 그려보았다.

처음은 좌측 타원형이 그려지고 그 다음 오른쪽 타원형이 그려지고 그러면서 좌우가 연결되어 무한대가 나선형으로 그려지고, 그러다 나선형은 하나의 타원형에 포함되어 그려지다가 다시 무한대의 나선형이 그려지다가 멈춘다.

어리둥절한 24. 25. 26. 27단계

기운을 연결해주고 생명에너지를 연결해주고 머리 부분에 작용을 일으키는 시술을 처음 했을 때는 머리 부분에서 기운이나 생명에너지처럼 연결되다가 어느 순간 되니 시술자의 머리 부분을 의식하면 백회로 들어와서는 백회에서부터 머리 양팔 몸통 양다리가 뻥 뚫렸다.

2010년 10월 28일, 24단계에서 25단계와 26단계가 있다는 것을 의식하고 위쪽을 바라보며 의식하면 그림처럼 위에서 아래로 시술자로를 향해 내려오고 통과도 같은 25, 26단계로 업을 녹인다.

앉아서 25단계 26단계를 생각하면 아래와 같이 본인을 감쌌다. 그래서 25단계와 26단계를 끌어당겨 보았다.

2010년 10월 29일 아침, 위쪽을 의식하니 빛줄기만이 시술자를 향해 내려온다. 내려온 빛줄기는 아래 그림과 같이 시술자를 휘감으면서 업을 녹인다.

2010년 10월 30일 아침 출근하며 빛줄기가 사라졌다. 그저 기록으로 쓸 뿐이다. 이것을 기록해 놓을 생각을 전혀 하지 않았는데 집에 와서 25, 26, 27단계의 기회로도와 우주의 중심의 기회로도를 스캔하기 전에 이것도 기록해 놓자 싶어서 4B 연필로 대충 그려서 스캔해 올렸다. 2010. 10. 30 22:18

상단전에 작용하고 영향을 미친 세계의 기회로도(신성에너지, 24단계), 최고 최상의 세계 (생명에너지, 23단계) 기회로도, 기운을 그대로 받도록 하는 세계의 기회로도(氣에너지, 22단계), 빛덩어리의 세계 기운을 받도록 하는 기회로도(빛에너지, 21단계), 맑고 깨끗하고 환한 세계 (20단계) 기회로도, 맑고 깨끗한 청정한 세계의 기회로도 (19단계), 광계의 기회로도 (16-18단계), 신계의 기회로도 (12-15단계) 등을 그렸다.(《기회로도 도감》에 수록되어 있다.)

광계(光界)에 올라섰을 때 이렇게 밝고 환한 빛의 세계가 있을까 싶었었다. 19단계라고 하는 고요하고 맑고 깨끗한 청정한 세계에 올라섰을 때 아래를 보면 그렇게 밝고 환한 빛의 세계가 마치 흰 구름과 같았었다.

그리고 그 위에 무엇인지 모르지만 있는 것을 뚫고 밝고 환한 빛이 시방을 두루 비추고 있는 세계 20단계에 올라섰을 때는 아래쪽이 흐리다는 생각을 했었던 것 같다.

그리고 빛덩어리를 말했었다. 아마도 글을 찾아보면 이렇게 순서적으로 수행하여 올라온 단계를 그때그때 써 놓은 것이 있으니 찾아보면 쉽게 찾아낼 수 있을 것이다. 관심 있는 분은 찾아서 살펴보는 것도 좋을지 않을까 하는 생각을 해 본다.

육체란 몸통 안이 텅 비어있다는 것을 알고 몸통 청소를 하려면 19단계 고요하고 맑고 깨끗한 청정한 세계에 올라서야 하는 것 같다. 그것은 19단계 고요하고 맑고 깨끗한 청정한 세계의 기운이 육체란 몸통 안에 영향을 주고 작용을 일으키기 때문에 19단계 아래에서는 몸통 안으로 통과 같이 볼 수가 없고 19단계에 올라서야 19단계의 수행의 경지를 통하여 몸통 안을 몸통 안에 영향과 작용을 일으키는 몸통 안에 의식으로 들어갈 수 있기 때문에 몸통 안을 청소할 수 있는 것 아닌가 싶다.

몸통 청소할 때의 기운은 19단계의 기운이 아니고서는 아니 되는 것이 아닌가 싶다. 다만 올라서지 않은 사람으로는 이미 올라선 사람과의 기운이 연결됨으로써 영안으로 보지는 못해도 이미 19단계에 올라선 사람과 연결된 기운으로 청소하는 것 아닌가 한다.

육체란 몸통 안을 밝고 환하게 비출 수 있는 것은 20단계 밝고 환한 빛이 시방을 두루 비추고 있는 세계에 올라서야만 올라선 20단계의 밝고 환한 빛이 시방을 두루 비추고 있는 기운으로 육체란 몸통 안을 밝고 환하게 비추어 보고 비추어 본 만큼 더 많이 밖으로 끌어낼 수 있는 것이 아닌가 싶다.

21단계 빛의 덩어리 세계로 자등명의 세계가 아닌가 싶다. 빛에너지가 이곳으로부터 나오는 것으로 생각된다. 빛에너지라고 의식하고 인식하고 이름으로 연결하면 빛에너지는 빛덩어리와 연결되어 육체란 몸으로 오고 육체란 몸으로 온 빛에너지는 육체에 영향을 주고 육체를 작용하도록 하는 것 아닌가 싶다.

22단계 기(氣)에너지로 육체란 몸통 안의 하단전 단(丹)에 영향을 주고 단(丹)이 작용하도록 하는 것 아닌가 싶다.

23단계 빛덩어리라고 하는 빛의 덩어리 세계는 이곳 최고 최상이 아닌가 싶다. 더 이상 올라서 봐야 빛의 덩어리 세계가 아니다. 그러니 23단계는 자등명으로 보면 최고 최상의 단계가 아닌가 싶다.

23단계를 넘어서면 이때부터는 자등명이란 빛의 세계가 아니라 다른 세계다. 그러므로 23단계는 자등명이란 생명에너지의 세계이다.

24단계 상단전의 머리 부분에 작용하도록 하는 세계로 신성(神性)에너지라 이름한 세계다.

25단계에서부터는 우주의 중심 속으로 색을 선택할 수 없고, 26단계 우주의 중심 속으로 색을 선택하되 흰색으로 선택되는 세계, 27단계 우주의 중심핵이 있는 세계가 아닌가 싶다.

이것을 전체적으로 다 살펴볼 수 있는 이곳은 어디인가?

본인이 수행하며 올라선 세계를 한 번 정리해 보았다. 그리고 좌선하고 앉아서 위로만 올라간 것을 전체적인 부분에서 한 번 살펴보고자 중심핵에서부터 바깥으로 이어지는 동심원 형태로 그려보았다.

그리고 기회로도로 그려진 우주의 핵에서부터… 아래로 27, 26, 25… 21, 20, 19… 를 살펴보라

그리고 원으로 그려진 그림에서 19, 18, 17, 16, 15, 14… 8, 7, 6, 5, 4, 3, 2, 1, 0, −1, −2, −3… 을 가늠해서 살펴보라.

21단계 빛의 덩어리 세계를 기점으로 21단계 안쪽으로 보고 21단계 아래쪽 빛덩어리가 빛으로 비추되 멀어져 갈수록 즉 숫자가 낮아질수록 빛덩어리와 거리가 멀어지고 어느 순간에는 0이 되고 어느 순간부터는 −1, −2, −3… 으로 어둠이 시작된다. 2010. 11. 8. 21:48

정(精:생명에너지). 기(氣:기에너지). 신(神: 神性에너지). 생식기의 정(精:생명에너지+신성에너지),연정화기

p90 쪽의 그림 "정(精), 기(氣), 신(神)"을 보면 전에 보다 더 자세하고 세세하게 밝힌다.

정(精:생명에너지). 기(氣:기에너지). 신(神:神性에너지). 생식기의 정(精:생명에너지+신성에너지),연정화기(煉精化氣:생식기에 생긴 정(精)을 끓여서(煉) 기(氣)로 바꾸는 것(化))에 대하여…

2007년 7월 2일에 〈본인은 정(精), 기(氣), 신(神)을 이렇게 봅니다〉(《영적 구조와 선 수행의 원리》란 책에 117쪽에 있다.)라고 정 기 신에 대하여 밝혀서 내놓은 적이 있다. 그럼에도 오늘 또 정기신(精氣神)에 대하여 연정화기[煉精化氣:생식기에 생긴 정(精)을 끓여서(煉) 기(氣)로 바꾸는 것(化)]에 새롭게 밝힐 것이 있어서 이와 같이 또다시 정기신(精氣神)에 대하여 글을 쓴다.

2007년 정기신(精氣神)에 대하여 밝혀 내놓고 또다시 정기신(精氣神)에 대하여 글을 쓰는 것은 정기신(精氣神)에 대하여 새로운 것을 찾아냈기 때문이다.

하단전에 축기(築氣)를 하면 기가 축기되면서 기(氣) 속에 생명에너지와 신성에너지가 함께 하단전으로 들어온다. 하단전으로 들어와서는 순수한 기(氣)는 하단전에 남아 하단전에서 기(氣)에너지로 작용을 하고, 기(氣)와 함께 있던 기(氣) 속의 생명에너지와 신성에너지는 중단전으로 많은 것들이 올라가고 일부는 생식기로 내려온다.

중단전으로 올라온 생명에너지와 신성에너지 중 순수 생명(生命)에너지는 중단전에 남아서 중단전을 맑고 깨끗하게 정화하며 마음을 편안하게 하고, 중단전이 맑고 편안하게 되어서는 정(精)이라고 하는 업(식)덩어리에 달라붙고, 업(식)덩어리에 달라붙음으로 해서 업(식)안에 빛과 그 안에 생명에너지와 작용을 일으키며 업(식)을 불리듯 불려서 느슨하게 하거나 업(식)이 떨어지게 해서 머리로 올라가게 한다.

생명에너지와 함께 중단전으로 올라온 순수 신성(神性)에너지는 머리의 상단전으로 올라가서는 머리를 맑고 깨끗하게 하고, 머리를 맑고 깨끗하게 하고서는 머리 부분의 신(神)의 부분으로 가서 뭉쳐져 있는 신(神)의 부분에 달라붙어 있는 업(식)을 녹여서는 백회로 빠져나가도록 한다.

하단전이 축기가 되면서 축기됨과 함께 중단전에 축기되는 기(氣) 속에 있는 생명에너지가 단전으로 올라와서 중단전에 생명에너지가 모여지면서 모여진 중단전의 생명에너지는 업(식)덩어리에 붙어서 업(식)을 때 불리듯 불려서는 자등명에 달라붙어 있는 업(식)이 떨어지도록 해서 머리 위로 올려 보내서 현재 의식이나 생각 부분에 작용을 일으키거나 아니면 머리 부분으로 올라가서 머릿속 바깥쪽으로 머릿속 가장자리에 달라붙어 있거나 아니면 머리 전체를 혼탁하게 하거나 아니면 머리 부분의 신(神)에 달라붙어서 하나의 덩어리를 만들기도 하고, 그러다가 머리 부분에 작용하는 신성(神性)에너지에 닿아 녹아서는 백회로 빠져나가 허공에서 하나의 티끌 먼지로 해서 허공으로 흩어져 우주 허공에 흩어져 사라지고 만다.

중단전에는 정(精)이 있는데 중단전의 정(精)은 윤회의 주체고 생명의 본성으로 자등명이 있고, 그 자등명을 업(식)들이 달라붙어 에워싸고 둘러싼 업(식)덩어리로 되어 있다. 이 정(精)이라고 하는 윤회의 주체인 업(식)덩어리는 겉으로는 업(식)이 있고, 그 안에 빛에너지가 있고, 그 안에 아주 약간의 기(氣)에너지가 있고, 그 안에 생명에너지가 있고, 그 안에 신(神)이라고 하는 신성에너지가 한 덩어리로 되어 있다. 이렇게 한 덩어리로 있는 자등명에 업(식)이 달라붙어 있는 업(식)덩어리를 생명에너지가 작용하여 업(식)을 떨어지게 하여 머리 위로 올라가게 한다.

중단전에 있는 업(식)덩어리 앞으로 흔히 마음작용이란 것이 일어나는 부분이 있고 그 안으로 업이 되려고 하는 제6식이 있고 그 안에 제7식 그 안에 제8식 그 안에 제9식 그 다음에 깨달음의 의식이 있고 그 다음에 자등명 의식이 있다.

자등명은 단순히 생명의 근원이라고 하는 자등명(自燈明)이란 빛으로 되어 있는데, 그 자등명이란 빛 안으로 들어가 보면 빛의 부분이 있고 그 안에 기운이란 부분이 있고, 그 안에 생명에너지란 부분이 있고, 그 안에 신(神: 神性)이란 부분이 있고 그 다음에는 우주의 중심의 핵과 같은 것이 있다. 자등명을 중심으로 온몸 전체가 소우주를 이루고 있는 것이라 보면 되지 않을까 싶다. 업(식)덩어리 속 자등명이란 빛 속에는 우주 일체가 하나의 빛 덩어리라고 하는 21, 22… 27차원이 그대로 축소되어 있기 때문이다.

하단전을 통하여 중단전 상단전으로 생명에너지와 신성에너지가 올라오기도 하지만, 백회를 통하여 밖에 기운(氣運)이 몸통의 머릿속으로 들어오면서 머리 부분에 신성에너지 100퍼센트가 남겨지며 머리를 맑고 깨끗하게 하며 머리 부분의 신(神)을 작용하도록 하기도 하고, 기운이 중단전으로 내려오면서 중단전에 순수 100퍼센트의 생명에너지가 남아서 업(식)덩어리 앞에서 마음이란 마당을 맑고 깨끗하게 정화하기도 하고 또 업(식)덩어리에 붙어서 업(식)을 떼어내기도 한다. 또 기운이 하단전으로 내려가서는 하단전에 기(氣)에너지를 축기시키기도 한다.

하단전의 기(氣)는 기(氣)에너지로 온몸으로 돌아다니며 온몸이 원활하도록 온몸에 필요한 것뿐만 아니라 영적인 부분까지도 각기 맞는 것에 필요한 것들을 기(氣)에너지에 실어 나른다. 마치 수레에 실어 나르듯 기(氣)란 몸에 실어 온몸 곳곳 가지 않고 없이 필요한 곳에 실어 나르는 역할을 한다.

온몸을 이루고 있는 세포에 필요로 하는 에너지 즉 생명에너지를 중단전으로부터 필요한 곳에 필요한 만큼 실어 나른다. 그래서 중단전에 생명에너지가 들어오면 몸이 부실할 경우 부실한 곳으로 먼저 보내지고, 부실한 곳이 좋아졌을 때 비로소 중단전의 마음이란 마당을 청소하듯 답답한 마음을 풀어주고 업(식)덩어리 앞을 맑고 깨끗하게 정화하고 그 다음 업(식)덩어리에 달라붙어서 업(식)을 느슨하게 한다.

그러므로 몸이 아프거나 좋지 않거나 불편할 경우 수행을 해도 수행이 원만하게 이루어지기보다는 수행한 것이 아프거나 좋지 않거나 불편한 곳으로 생명에너지가 가게 되니 수행이 되지 않고 몸을 위한 몸 수행만 될 뿐이다. 그런 고로 수행은 건강할 때 해야 수행이 잘 된다고 할 수 있다.

그리고 육체를 이루고 있는 수많은 세포들은 그러하지만 육체란 온몸 전체적으로 볼 때는 업(식)덩어리 안에 있는 자등명이란 빛에너지가 시방을 비추면서 드러나는 업(식)에 온몸이 작용을 하지만 엄밀히 본다면 업(식)이 있어서 그렇지 업(식)이 없다면 중단전에 있는 자등명이란 빛의 에너지 영향을 받는다 할 것이다.

육체란 온몸에 있어서 육체란 몸통 속을 보면 이렇게 자기 자신의 자등명이란 빛에너지의 영향을 받고 몸통 밖으로는 밖에 있는 자등명이란 빛에너지의 영향을 받는다. 이런 고로 수행을 많이 하지 않고 얼마 되지 않았음에도 온몸에서 빛을 보게 되는 경우들이 있는데 이것은 자등명이란 빛이 아니라 자등명이란 빛에너지라고 보면 될 것이다.

이렇듯 육체는 몸통 안팎으로 자등명이란 빛에너지의 영향을 받고, 몸통 안의 자등명이란 빛덩어리의 세계에 이르기 이전의 밝고 환한 빛이 시방을 두루 비추고 있는 세계의 기운을 갖고 또 고요하고 맑고 깨끗한 청정한 세계의 기운을 담고 있다. 그리고 몸통 속 오장육부 및 기타 여러 가지 것들은 광계(光界) 이하의 세계에 의하여 물질로 드러난 것이라 보면 된다.

온몸 전체가 마치 대우주의 차원과 단계가 마치 육체란 몸통 안팎으로 물질로 드러나 있는 만큼 육체 자체는 소우주라 할 것이다.

지금까지는 하단전에서 중단전 상단전으로 위로 올라가게 되며 작용하는 것에 대하여 이야기했고, 이제는 하단전에 기운이 축기되면서 아래로 내려가게 되는 생식기 부분에 대하여 설명을 한다.

하단전에 축기를 하면 기가 축기되면서 기(氣) 속에 생명에너지와 신성에너지가 함께 하단전으로 들어와서 생식기 쪽으로 기(氣)에 실려 내려온 생명에너지와 신성에너지는 한 덩어리가 되어 정(精)이 된다. 생식기 쪽으로 내려온 생명에너지와 신성에너지는 물질에 덮이면서 물질이 된다. 진액이라는 것으로 그래서 하단전이 강하면 강한 만큼 생식기에 강하게 차서 정력이 강해진다. 축기하면서 강해진 생식기의 정(精)을 마구 사용하게 되면 항아리 밑이 없는 것과 같이 축기가 되지 않고 계속해서 축기해도 축기가 되지 않는다.

축기가 됨으로 해서 생식기로 내려온 정(精:생명에너지+신성에너지)이 많아지고, 자연히 많아진 만큼 정이 많아지니 많아진 만큼 밖으로 뛰어가려고 하는 것도 강하게 되고, 이렇게 강해진 생식기의 정(精)을 정력이라 한다. 이렇게 많아진 정(精)을 스스로 잘 조절하면 연정화기(煉精化氣:생식기에 생긴 정(精)을 끓여서(煉) 기(氣)로 바꾸는 것(化)) 할 수 있다고 말들 해 왔다. 그런데 지금에 살펴보면 연정화기가 되는 것이 아니라 하단전에서 내려온 생명에너지와 신성에너지가 합쳐져 생식기에서 정(精)이 되어 물질이 되었다가 물질의 정(精)을 배출하지 않음으로 물질이 자꾸만 굳어지고 굳어짐으로 해서 그 안에 합쳐진 생명에너지와 신성에너지는 각기 자기 자신이 작용하는 곳으로 옮겨가게 된다.

즉 생식기에 생긴 물질의 정(精)을 배출하지 않음으로 물질은 굳어지고 굳어짐과 함께 굳어진 만큼 생명에너지와 신성에너지는 물질이 되지 못하거나 또 굳어진 물질로 인하여 각기 자기 자신이 작용하고 활용되는 곳으로 옮겨지게 된다. 생명에너지는 육체란 부분으로 옮겨지고 신성에너지는 머리로 옮겨져서 각자 작용을 한다. 각자 작용을 하기에 생명에너지가 육체란 몸으로 가니 필요 없는데 몸으로 오니까 너무 배출하지 않으면 몸이 찌뿌둥하게 된다. 반면 신성에너지는 독맥을 타고 머리로 가니 머리의 신은 맑고 깨끗해진다.

이러한 관계로 육체를 생각하면 일정하게 배출하는 것이 나쁘지만은 않다. 오히려 전혀 배출하지 않으면 물질은 자꾸만 굳어져서 나중에는 고체가 되고 딱딱하게 되어서는 배출하는 곳을 막아서 배출을 못하게 되는 경우가 생길 수도 있다. 그리고 육체로 생명에너지가 자꾸만 가게 되니 넘쳐나는 생명에너지가 기(氣)에 실려 있게 되니 다른 것을 원만하게 실어 나르지 못하게 되니 온몸이 원활하지 못하다 할 것이다. 그렇다고 너무 자주 하게 되면 밑 빠진 독에 물 붓는 식이어서 진액이 자꾸만 연해질 뿐만 아니라 중단전 상단전으로 가야할 생명에너지와 신성에너지가 생식기로 오게 되는 현상이 되어서 몸이 부실하게 되고 머리를 신성에너지를 맑고 깨끗하게 정화를 하지 못하니 머리가 혼탁하게 되고 마음 역시도 생명에너지가 몸뿐만 아니라 마음의 마당을 깨끗하게 정화하지 못하니 마음이 혼탁하게 된다.

그런 고로 너무 심해도 되지 않고 너무 하지 않아도 되지 않는다. 본인이 볼 때 수행자는 한 달에 1-2번 정도가 좋지 않은가 싶다, 수행하기 위해서 축기를 하고 업장을 녹이기 위해서 축기를 하고 또 머리를 맑고 업장을 녹여서 허공으로 흩어지게 하기 위해서는 필요한 것이라 하겠다.

이러하니 생식기에 있는 정(精)은 연정화기가 되는 것이 아니라 좌선이나 참선을 함으로 해서 하단전에 기가 축기됨으로 해서 단전이 따뜻해짐으로 생식기 부분도 덩달아 따뜻해지니, 따뜻한 온기로 기(氣)가 활발하게 작용하게 됨으로 생식기로 내려온 생명에너지와 신성에너지가 물질이 되기 전에 기에 실려서 생명에너지는 생명에너지가 작용하는 육체로 가고, 신성에너지는 신성에너지가 작용하는 머리로 가는 것을 두고 연정화기 한다고 하는 것이다.

본인이 수행해 올라선 단계에서 보면 하단전은 기(氣)에너지가 작용을 하고 중단전은 생명에너지가 작용을 하고 상단전을 신성에너지가 작용을 한다. 신성에너지란 이름은 본인이 만들었지만 그렇게 각기 서로 다르게 작용을 한다. 기가 모든 것을 다 작용하도록 하는 것이 아니라 기가 실어 나르는 역할을 할 뿐, 중단전, 상단전, 생식기에 각기 서로 다른 것들이 작용을 한다.

생식기에 물질로 만들어진 정(精:생명에너지와 신성에너지)은 자궁에 들어감으로 자궁에 있는 영혼을 덮쳐 난자에 붙어서 수정이 되어. 남자의 생명에너지와 신성에너지 그리고 여자의 생명에너지와 신성에너지가 수정되어서 수정된 영혼에게 옮겨지니 난자에 수정된 영혼은 엄마 아빠 될 정보를 생명에너지와 신성에너지로 각기 받게 되는 것 아닌가 싶다.

이러한 관계로 아이를 갖고자 하는 부부들은 남녀 모두 다 생식기의 정(精)을 좋게 하기 위해서 몸가짐과 좋은 정기를 잘 받아야 한다. 맑고 깨끗한 또는 높은 단계의 생명에너지와 신성에너지를 최대한 순수하게 갖도록 해야 하지 않는가 생각된다. 2010. 11. 27. 14:21

여기는 또 어디인가?

22단계에서 기(氣)에너지를 연결해 주고, 23단계에서 생명에너지를 연결해 주고, 24단계에서 신성에너지를 연결해 주고, 25, 26단계에서 업을 떨어주고 녹여주다가 27단계에서 팽이 돌리기를 통하여 몸통 청소를 해 주었다.

27단계에서 몸통 청소를 해 주다보니 24단계에서 해 주었던 신성에너지 23단계에서의 생명에너지와는 별개로 연결되어지고 몸통이 27단계로 청소가 된다. 사실 단전은 기에너지로 중단전에 업(식)덩어리는 생명에너지, 머리 신의 부분에는 신성에너지로 업을 녹여주어야 하는데, 27단계의 팽이로는 빼내줄 뿐 기, 생명, 신성에너지를 마음대로 할 수가 없어서 그런지 단전은 단전대로, 업(식)덩어리는 업(식)덩어리대로, 머리의 신의 부분은 신의 부분대로 따로 있게 된다.

그래서 그런지 팽이로 청소해 주었는데도 머리는 탁하고, 업(식)덩어리는 업이 붙어있고, 단전은 더 이상 축기가 되지 않는다. 단전은 그렇다 치더라도 마음 부분의 업(식)덩어리가 깨끗하게 정화되지 않고 머리 부분의 신이 깨끗하게 정화되지 않았으니 머리가 맑아서 잘 되었다가도 마음이 편안했다가 복잡해졌는가보다 딸아이가…. 2011년 1월 12일 12시 37분 딸아이에게서 문자가 왔다. 머리도 그렇고 마음도 불편하단다. 그러면서 머리도 맑게 해주고 마음이 편안하게 해 달란다. 그래 알았다고 문자를 보내고 관하여 살펴보았다. 살펴보고 놀랐다. 분명 아침에도 몸통 청소를 팽이로 해 주었는데, 마음 부분과 머리 부분이 탁하다. 저 상태로는 마음도 불편하고 머리를 씀에 둔하게 느껴질 것 같았다.

그래서 27단계의 팽이로 청소를 해 봐도 거의 변함이 없었다. 그래서 팽이 돌리기로 몸통 청소를 해주기보다는 생명에너지를 마음에 탁한 것을 머리로 올려 보내고 머리에 올라온 탁함으로 머리 부분에 작용하는 신성에너지를 연결해서 머리를 깨끗하게 정화시켜주었다.

퇴근해서 딸아이를 보니 표정이 밝다. 아빠에게 문자 주고 나서 어땠어 하고 물으니 웃는다. 웃음에는 좋았다는 무언의 대답이 실려 있는 것을 알아채고는 더 이상 묻지 않았다.

오늘 아침 출근하면서 27단계의 팽이에 기(氣)에너지를 혼합해서 기에너지로 팽이를 돌리며 몸통 청소를 해주고 임독맥을 돌려주고 기경팔맥을 돌려주며 모든 호흡문을 팽이에 기운을 실어서 단전에 축기해 주고, 팽이에 생명에너지를 포함해서 팽이에 생명에너지를 실어서 생명에너지를 싣고 있는 팽이를 임독맥 기경팔맥을 돌려주고 업(식)덩어리에 가서 업(식)덩어리에 생명에너지의 팽이를 돌리고 머리 위로 빼냈다. 그리고 다시 팽이에 신성에너지를 포함해서 하나가 되게 하여 신성에너지의 팽이를 임독맥을 돌려주고 보이지 않는 모든 호흡문과 기경팔맥을 돌려주고 머리 부분까지 모두 다 돌려서 깨끗하게 정화해 주고 온몸을 보니 맑고 깨끗하다. 단전은 축기가 강하게 되어 있고, 중단전 업(識)덩어리에는 마음이 편안해 보였으며 머리 부분의 신(神) 역시도 맑고 깨끗하게 보일 뿐만 아니라 신의 부분에서 빛이 나는 듯싶었다.

그러고 나서 가까운 몇 명을 해 보았다. 그 이름을 붙이기가 뭐하기는 한데, 기(氣)에너지팽이, 생명에너지팽이, 신성에너지팽이라 이름 붙여서 빛덩어리라고 하는 자등명 안에 있는 것을 27단계의 팽이를 가지고 마음대로 끌어다가 사용하고 활용하였다.

분명 27단계에서는 팽이가 되어 팽이를 돌렸는데, 27단계를 벗어나 27단계의 팽이를 가지고 기에너지, 생명에너지, 신성에너지를 마음대로 가져다가 팽이와 함께 사용하고 활용할 수 있는 이곳은 어디인가?

우주의 중심핵에서 우주의 중심핵을 벗어나 우주 중심에 있는 핵의 팽이를 가지고, 자등명이란 빛덩어리 안에 있는 기에너지, 생명에너지, 신성에너지를 마음대로 가져다가 쓸 수 있는 이곳은 또 어디인가?

그래서 칠통 기회로도와 칠통 의식의 기회로도를 그려보았다. 아! 그런데 기회로도가 변했다. 130가지 색연필로 칠통의 기회로도를 그린다 생각하고 색을 잡으니 짙은 파랑색깔로 3개를 잡는다. 그래서 그것으로 칠통의 기회로도를 그렸다. 그러고 나서 그럼 칠통 의식의 기회로도는 어떨까 싶어서 칠통 의식의 기회로도를 그려보았다. 27단계일 때는 칠통이나 칠통의식이나 같았기 때문에 혹여 같지 않을까 싶었는데 다르다. 이번에는 짙은 파랑 색깔 3개에 주황 한 개를 더 선택해 잡는 것이 아닌가. 그래서 그려보니 이제는 주황이 적다 파랑이 많고 사람의 모습도 파랑이다.

칠통, 칠통 의식의 기회로도가 바뀐 만큼 분명 무엇인지 모르지만 27단계는 아니고 분명 또 다른 어떤 세계인 것 같은 생각이 들었다, 그래서 이곳이 어디인지 찾아보기로 하고 그림을 그려보았다. 맨 처음 1~27단계를 간략하게 그려보고 어디에 해당되는지 살펴보니 1~27단계를 벗어나 1~27단계를 포함한다. 포함한다고 했으

나 포용, 관장한다는 말이 더 맞는 말이 아닐까 하는 생각을 잠시
해 보았다. 1~27단계만 그런가 하고 이번에는 지옥계의 -1~-27
단계를 그려보고 또 어디에 해당하는지 살펴보니 1~27단계를 포
함하듯 -1~-27단계를 모두 다 포함한다. 그래 이번에는 1~27단
계를 그리고 그 아래에 -1~-27을 그려보고 어디에 해당되는지
살펴보니 1~27과 -1~-27 모두 다 포함하고 포용한다.
이것을 28단계라고 해야 할지 아니면 지옥계, 중생계, 중음신계,
천상계, 신계, 광계, 우주의 중심핵 전부 다 포함하고 있다고 해야
할지. 전부 다 포용하는 곳, 관장하는 곳이라고 해야 할지 잘 모르
겠으나 이 모든 곳들을 다 포함하고 있다.
이곳이 또 어디지 싶지만, 처음 수행할 때는 석가모니부처님 말씀
을 믿고 18차원으로 되어 있다고 했다가, 19차원을 올라서면서부
터는 '어어!' 했고, 23, 24, 25차원에 올라서면서부터는 26차원
이라 했다가, 바로 우주는 27차원으로 되어 있다고 했는데, 그리고
그림까지 그려서 우주는 27차원 27단계로 되어 있다고 했는데, 이
것을 넘어 전부 다 포함하고 있는 곳, 전부 다 포용하고 있는 곳이
있으니 이곳의 단계를 말한다면 28단계라 해야 하지 않을까 싶다.
28단계는 우주에 속하는 것이 아니라 우주를 포함하는 곳, 포용하
고 있는 곳, 또는 관장하는 곳이 아닐까 하는 생각을 해본다. 왜 우
주에 있는 모든 것들을 다 포함하고 있으니 그 포함하고 있는 안에
27단계가 있고 그 안에 우주 중심의 핵까지 있으니 우주를 포함,
포용, 또는 관장하는 곳이라 밖에 표현해 낼 방법이 없는 듯싶다.
누가 뭐라고 할지 모르겠으나 어디까지나 공부해 오시는 분들에게
길을 가리킬 뿐이고 또 본인이 수행하여 올라서는 것을 기록하기
위하여 서술해 본다. 2011. 1. 13.   09:50

이때만 해도 지옥 27단계까지만 밝혀보았는데 자등명 세계에 올
라와서 지옥 27단계 아래로 지옥 1~108세계가 있는 것을 한 세
계 한 세계 2013년 6월 23일 밝혀냈다.

우주가 이렇게 56단계 ?

우주의 차원을 생각했을 때 왜 위쪽만 생각했는지 모르겠다. 위쪽

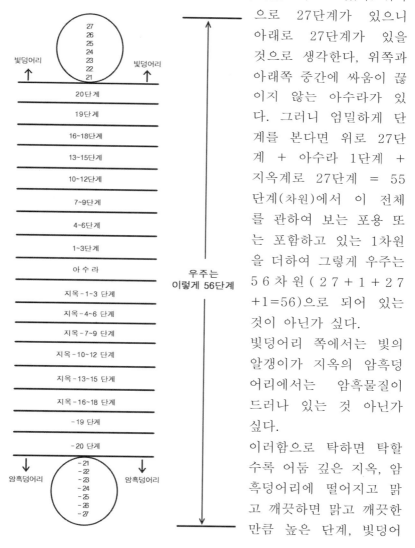

으로 27단계가 있으니 아래로 27단계가 있을 것으로 생각한다, 위쪽과 아래쪽 중간에 싸움이 끊이지 않는 아수라가 있다. 그러니 엄밀하게 단계를 본다면 위로 27단계 + 아수라 1단계 + 지옥계로 27단계 = 55단계(차원)에서 이 전체를 관하여 보는 포용 또는 포함하고 있는 1차원을 더하여 그렇게 우주는 56차원(27+1+27+1=56)으로 되어 있는 것이 아닌가 싶다.

빛덩어리 쪽에서는 빛의 알갱이가 지옥의 암흑덩어리에서는 암흑물질이 드러나 있는 것 아닌가 싶다.

이러함으로 탁하면 탁할수록 어둠 깊은 지옥, 암흑덩어리에 떨어지고 맑고 깨끗하면 맑고 깨끗한 만큼 높은 단계, 빛덩어

리에 올라선다.

전체적으로 그려놓고 보면 인간으로 태어났다는 것이 단순히 3차원이 아니라 암흑덩어리에서부터 본다면 인간의 단계가 31차원이나 되니 암흑덩어리에서 보면 인간으로 태어난다는 것이 상상하기 어려운 단계이고 암흑덩어리를 향하는 지옥에서 본다면 인간으로 태어난다는 것은 꿈이고 희망이지 않을까 싶다,

인간으로 태어나 빛덩어리 자등명에 이르기 위하여 수행 정진하는 것은 암흑덩어리에서 인간으로 태어나는 것보다 더 쉽지 아니한가 싶다.

31차원에 있는 인간으로 태어나기 어려움에도 인간으로 태어났으니 악하고 나쁜 탁한 언행이나 생각을 함으로 탁하게 해서 지옥계로 떨어지며 탁함을 더함으로 암흑덩어리로 다가갈 것이 아니라 나쁜 업과 습, 악하고 나쁜 탁한 언행이나 생각을 하기보다는 팔정도를 실천하여 자꾸만 맑아지고 깨끗해져서 빛덩어리 자등명에 가까이 가야 하겠고 나아가서는 빛덩어리 자등명이 되어야하겠고, 더 나아가서는 빛덩어리 자등명이든 지옥의 암흑덩어리든 모두 다 포용하고 포함하고 품안에서 이루어지도록 해야 하겠다. 2011. 1. 17.

* 56단계 안으로 지옥 27단계가 있고 56단계 아래로 지옥 1~108세계가 있는 것을 한 세계 한 세계 2013년 6월 23일 밝혀냈다.

양신(養神) 이를 어찌 이해할까 싶어서
밝혀야 하나 말아야 하나 망설이다 밝히다

출신(出神)을 하고 신(神)과 자등명(自燈明)이 하나가 되고, 다시 신을 출신시키고 자등명을 나가게 하고, 신과 자등명이 하나가 된 상태가 되게 해서, 들숨을 통하여 본인은 경지의 단계를 높여가고 들숨을 통하여 신과 자등명은 신과 자등명대로 올라가게 심법으로

의념하고 일상 호흡을 통해서도 그렇게 되도록 심법호흡법이 되도록 한 연후에… 들숨을 통하여 본인이 올라가며 56단계가 섬처럼 보이다가 섬이 많아지고 산과 같은 것이 하나가 보이면서부터 이때가 2011년 3월 30일 본인을 그리려고 하면 사람 모습이 그려지는 것이 아니라 무한대가 그려졌다. 그래도 무한대로 그리면 알아볼 수 없으니 사람 모습을 그려가며 살펴보았다.

출신을 통한 심법호흡법으로 단계를 높여가는 방법은 입이 벌어져 다물어지지 않았다. 신과 자등명이 열 단계씩 앞서가는 것을 심법호흡법으로 따라 올라가는 만큼 경지의 단계가 올라가면 몸통을 늘 청소해도 무엇이 있는 듯 탁하게 보여서 그럴 때마다 의식하며 육체와 신과 자등명과 연결된 끈을 이용해 몸통을 청소(출신한 사람은)하며 경지의 단계를 높여왔다.

2011년 4월 8일 수많은 산들도 올라서고 지금 생각하면 우주의 끝자락에 올라섰던 것이 아닌가 싶다. 2011년 4월 12일 우주를 벗어나 구름 같은 곳에 올라서고, 2011년 4월 13일 비행접시 같은 곳으로 올라서고, 2011년 4월 15일 의자에 앉아 있는 듯싶은 곳에 이르고, 2011년 4월 16일 오전에 아래 그림과 같이 머리 위로 무엇인지 모를 것이 덮고 있고 그 위는 눈이 부실정도로 환하게 보였다. 저곳은 또 어디일까? 오후 2시가 넘어서부터 그것을 뚫리며 환하게 보였던 그곳아 열리면서 본인을 확 감싸는 것 같더니 감싸던 것은 자취의 흔적도 없이 사라졌다.

그래서 출신한 신(神)을 본다고 보니 신은 있는데 자등명이 보이지 않았다. 신을 본다고 보면 신은 자꾸만 작아지고, 멀리 우주가 보였다. 그래 자등명을 찾아보니 자등명은 본인과 함께 있으며 본인이 자등명이고 자등명이 본인으로 보이는 것이 아닌가. 신은 오후 7시가 조금 넘어 사라지고 없어졌다. 신(神)이 사라진 것으로 볼 때 신은 자등명에서 생겨났음이 입증된 것이 아닌가 싶고, 본성이 자등명이란 사실이 있는 그대로 입증된 것이 아닌가 싶다.

운전하며 퇴근하는 길에 사라진 신(神)에 있는 본인과 함께 있는 가늠할 수 없는 자등명을 살펴본다고 살펴보는데 열 개의 우주가 보였다. 이때가 2011년 4월 16일 오후 8시경이 아닌가 싶다. 처음 자등명에 올라와 신이 사라지기 전에 우주가 하나가 보였던 것은 본인이 수행하여 올라온 우주를 본 것이고, 나중에 살펴보면서 본 열 개의 우주는 자등명이 빅뱅하면서 점차적으로 생겨난 우주가 현재 열 개임을 본 것이 아닌가 싶다.

2011년 4월 17일 아침 일어나 살펴보니 우주가 보이지 않는다. 그저 자등명에 본인이 있을 뿐이다. 그래서 가늠할 수 없는 마하 자등명을 그리고 본인을 그렸다. 여기에 있는 모든 세계는 색깔로 드러낼 수 없지만 그래도 근접되어 표현할 수밖에 없는 상황에서 거리는 있지만 그래도 비슷한 색을 골라서 그렸다.

본인이 말하고 있는 수행 경지의 단계들이 맞는지 맞지 않는지 알 수 없을 것인즉, 어떤 식으로든 테스트 할 줄 아는 사람들은 본인이 말한 것들이 맞는지 맞지 않는지 테스트해 보며 100퍼센트 사실인지 거짓인지 아닌지도 테스트해 보면 가늠해 볼 수 있지 않을까 싶다.

* 56단계 위로 올라와야 56단계 위에서 출신(出神)하고 자등명 세계로 올라오는 과정이다. 《기회로도 도감》에 상재되어 있고 출신(出神) 과정은 《나의 참 자아는 빛 자등명이다》 책에 상재되어 있다.

양신(養神)
수행 경지의 단계가 올라가는 것에 대하여…

저마다 각기 몸이란 육체는 3차원에 있고 지금 여기 현실세계에 있다. 그리고 육체란 몸을 해부해 보면 물질 외에 아무 것도 없다. 육체란 몸통 안에는 육안으로 볼 수 있는 오장육부가 있고 살과 뼈, 피…등등이 육안으로 볼 수 있는 것만이 보인다. 육안으로 볼 때는 육체란 몸은 그냥 몸이고 육체일 뿐 거기에는 아무 것도 없다. 그럼에도 수행하여 먼저 가신 분들은 저마다 말했다. 육체는 하나의 통(桶)과 같으며 그 통(桶)은 옻으로 색칠해 놓은 것과 같아서 칠통(漆桶)이라고 말들을 했다. 그리고 육체란 칠통(漆桶)은 육안(肉眼)으로 볼 수가 없다 말들을 했다.

육체를 육안으로 볼 때는 살과 뼈, 피, 오장 육부가 있을 뿐, 아무리 해부하여 파헤쳐 봐도 더 이상 나오지 않는다. 업이란 것도 생각이니 의식이니 마음이니 기운이란 것을 눈(육안) 씻고 아무리 찾아도 찾아볼 수 없다. 저마다 각기 서로 다른 생각, 의식, 마음, 업, 기운, 자등명이 육체란 물질을 이루고 있는 것 이외에 아무 것도 없는 것 같은데도 분명이 있다. 생각이 있고 의식이 있고 마음이 있고 기운이 있다. 물질이 아니 비물질이 물질이란 몸통 속에 있다. 육체란 몸통으로 보면 모두 다 똑같다. 살과 뼈, 피, 오장육부가 있다. 그러면서도 각기가 다르다. 제각기 다른 것은 육안으로 보이지 않는 비물질 생각, 의식, 마음, 업, 기운…이 다르기 때문이다.

육안으로 물질적인 부분을 보면 이와 같지만 비물질 부분을 보면 각기 다르다. 물질적인 것이 육체란 몸통을 가득 채우고 있는 것과 비물질적인 것도 육체란 몸통을 가득 채우고 있다. 다만 육안으로 볼 수 없을 뿐 있는 것만은 사실이다. 여러분들도 없다고 하지 못할 것이다. 이글을 읽는 그대는 지금 생각하고 의식하고 또 마음이 있으니 말이다. 이것들이 있는지 아는데 볼 수가 없을 뿐 있다는 사실을 부정하지 않을 것이다.

이와 같이 각기 저마다의 몸통 속에는 비물질을 담고 있다. 다만 육체란 몸통이 옻으로 색칠해 놓은 것과 같이 한 치 앞도 바라보이지 않는 육체란 통을 가지고 있어서 육체란 칠통(漆桶) 안에 있는 것을 보지 못할 뿐 있는 것만은 사실이다. 아마 부정하는 사람 아무도 없을 것이다.

비록 육체는 지금 여기에 살고 있지만 생각이나 의식 마음은 다른 곳에서 있을 수 있다. 생각 의식 마음이 다른 곳에 있다고 해서 육체가 다른 곳에 있는 것이 아니라 육체는 생각이나 의식 마음이 어떠하든 어디에 있든 상관없이 지금 여기에 있다. 육체를 여기에 두고 그대는 생각으로 달나라도 갈 수 있고 우주도 갈 수 있는 것과 같이 의식도 마음도 그러하다.

저마다 각기 나라고 하는 나는 육체를 나라고 하지만, 육체 안에 있는 비물질 생각이나 의식, 마음, 무의식, 잠재의식, 자기 자신 안에 있는 신(神), 업(식)덩어리, 업(식)덩어리 속에 있는 자등명, 그리고 몸통 속에서 이것들을 모두 다 품고 있는 나를 이루고 있는 기(氣)가 있다.

여러분들이 수행을 하여 수행 경지를 높여가는 것은 물질적 육체가 아니라 물질적 육체란 몸통 속에 있는 비물질적인 것들로 인하여 높아가는 것이다. 높아간다고 하되 그냥 높아지는 것이 아니라 칠통이란 몸통 속에 가득 차있는 비물질을 비워내면서 비워낸 만큼 육체란 몸통 안에 담겨진 것이 비워져 가벼워짐으로 해서 위로 올라가는 것을 두고 수행의 경지가 높아졌다, 수행 경지의 단계가 올라갔다 말하는 것이다.

단순히 비워내는 것만으로 어찌 올라가는가? 한다면 그것은 각기 저마다 본성이 있기 때문에 본성이 회귀하려고하는 회귀본능을 가지고 있어서 비워내기만 하면 올라가고, 담아서 채우면 내려오는 것이다. 무엇을 비우느냐 묻는다면 생각과 의식 무의식 잠재의식 내 것이라고 하는 것과 내가 행한 것을 마음이란 그릇에 담아 놓은 것들을 버리고 버려서 비우는 것이다. 담는다는 것은 생각하고 의식하고 인식하고 행한 것, 마음먹은 것들을 자기 자신 안에 가지고 있는 것들 담는다고 표현할 것이다.

인간으로 태어나면서부터 전생에서 가져온 것과 살아오면서 행한 모든 것들을 어느 것을 버리고 어느 것을 담으며 살아왔을 것이다. 사람들 저마다 태어나서 지금 현재까지 버리고 담고 그러면서 살아왔을 것이다. 어디다 담으며 버리고 살아왔는가? 그것은 흔히 마음이라고 하고 생각이라고 하고 의식 무의식 잠재의식이라고 하지만 더 엄밀히 생각해 본다면 지금 현재 나라고 하는 자기 자신이라고 하는 육체란 몸통 안에 담고 있는 것이다.

육체란 몸통 안에 담는다고 하지만 육체란 몸통에 무엇이 있기에 담는가? 담겨지는 그릇이 있기 때문에 담는 것이다. 이렇게 담겨지는 것(桶)을 본인은 자성경계란 일원상이라고 말했다. 나라고 하는 자성경계의 일원상이 있음으로 그 안에 담고 버리고 하는 것이다.

담으면 담은 만큼 몸통과 함께 있는 자성경계의 일원상이 아래쪽으로 내려가서 아래쪽 담겨진 것과 같은 곳과 어우러지게 되고, 버려서 비워지면 비워진 만큼 위로 올라가서 비워진 만큼 위쪽 비워진 상태와 맞는 곳에 이르게 된다. 이렇듯 위 아래로 올라가거나 내려가는 것을 두고 수행이 되었느니 수행의 단계가 올라갔느니 단계가 떨어졌느니 말하는 것이다.

수행의 단계가 올라가거나 내려가거나 육체란 몸은 지금 여기를 떠나 있지 않되, 육체란 몸통 안에 있는 생각 의식 마음 인식하고 행동하고 실천하는 것은 다르다. 무엇에 따라 다른가? 그것은 바로 나라고 하는 자성경계의 일원상에 담겨진 것에 따라서 다르다. 이때 자성경계는 몸 안에서 몸으로 몸 밖에서…이루어진 것이고 또 여러 자성경계가 있지만 이것들을 모두 다 하나로 보고 말하는 것이다.

현재 지금 여기에 육체란 몸통은 있지만 몸통 안에 있는 것이 어떤 상태이냐에 따라서 영계, 천계, 신계, 광계… 플러스 단계가 다르고, 그런가 하면 아수라, 지옥, 지옥의 몇 단계…등등 마이너스 단계가 다르다. 육체란 몸통은 여기 있는데 어떻게 영계, 천계… 플러스 단계, 아수라, 지옥… 마이너스 단계가 어떻게 같겠는가? 무엇이 같은가? 이것 때문에 각기 저마다 서로 다르다. 육안으로 볼 때는 모두 다 같은 사람이다. 그러나 사람이라고 하는 육체란 몸통 안에 담겨진 것이 다름으로 형태의 형상은 비슷비슷하지만 다르다. 무엇으로 다른가? 생각, 의식, 마음 씀, 행위, 업, 업(식) 덩어리가 다르다.

본인이 18단계 올라갔을 때, 육체란 몸통 안의 기운은 18단계의 기운과 연결이 되어 있어서 육체란 몸통을 보려고 한다면 18단계를 올라서야 몸통 속에 있는 것들을 볼 수 있는 것이 아닌가 싶다고 말한 것 같은데…인간의 몸통 속에 기운은 본디 그 근본이 18단계에 있는 것이 아닌가 싶다.

지금 현재 자기 자신에게 있어서 육체란 몸통 안에 있는 것을 통하여 수행 정진하여 비우고 비우며 깨어나면서 수행 경지의 단계가 올라가는 것이되 육체는 여기에 있다. 그러나 육체 안에 있는 것은 버리고 비운 만큼 위로 올라가 수행 경지의 단계를 높인다. 비록 육체란 몸통은 여기 있을지라도 의식은 깨어서 깨운 만큼 비우며 위로 올라간다.

본인이 수행 정진하여 확철대오 깨달음을 증득하고 자꾸만 윗단계로 올라가며 가는 길을 뚫고 올라가며 18단계, 19단계… 28단계, 56단계, 거기에서 출신(出神)을 하고 신(神)이 나가고 자등명이 나가고, 신과 자등명이 하나 되고, 그런 다음 육체가 따라 올라가 신과 자등명, 육체가 하나가 되었다 했는데, 이때 물질적인 육체가 18단계, 19단계… 56단계… 신과 자등명과 육체가 하나가 된 것이 아니라 육체란 몸통 안에 있는 것이 하나가 된 것을 육체가 하나가 된 것이라 말한 것이다.

확철대오하기 전까지는 자성경계의 일원상이라 할 것이지만, 자성경계의 일원상을 깨고 확철대오의 깨달음을 증득하고 안팎 없이 하나가 되었을 때는 기(氣)적으로 허공으로 하나가 된 것이지만 일체로 하나가 된 것이 아니다. 마치 바다에 물방울이 떨어지면 바다와 물방울은 하나가 되었지만 바다와 하나가 되기 이전에 물방울이 바다와 똑같이 섞이기 위해서는 떨어진 시발점으로 해서 점점 퍼져나가서 바다 전체와 하나가 되었을 때 비로소 바다와 진정하게 하나가 되었다 할 것이다. 확철대오의 깨달음도 이와 같다고 생각하면 될 것이다.

이와 같이 육체란 몸통을 시발점으로 깨달아 안팎 없이 하나가 되었다 하더라도 이런 미세한 부분에 있어서는 하나가 되지 못하고 하나가 되어 가는 과정에 있는 것이다.

이런 과정에서 본인은 확철대오의 깨달음을 증득하고 10단계, 11단계… 56단계 이렇게 올라왔다. 육체란 몸통이 올라온 것이 아니라 육체란 몸통 속에 있는 것이 올라온 것이다. 나라고 할 것이 없는 내가 올라온 것이다. 육안으로 보면 그냥 여러 사람하고 똑같다. 볼 눈이 없는 사람이 보면 어떻게 보면 부족해 보일지도 모르겠고, 탁기와 탁함을 끌어당기고 있으니 탁하게 볼 수도 있거나 맹해 보일지도 모르겠지만 육체란 몸통 안에 있는 나라고 할 것이 없는 나는 단계를 지속적으로 올라왔다.

무엇으로 올라왔는가? 바로 육체란 몸통 안에 있는 것이 아래 단계에서 위로 올라갈 힘을 가지고 힘으로 위단계로 올라가고 위 단계에 올라가서는 위 단계와 같아지며 올라왔다. 아래 단계에서 위 단계로 올라오면서 본인은 비우며 왔다, 무엇을 비웠는가? 아래 단계에서 가지고 있던 것을 버리며 위 단계로 왔다.

비유하면 이렇다. 계단을 오르는데 첫 번째 계단에서 발을 위로 옮겨야 위로 갈 수 있고, 두 번째 계단에 올라서서는 첫 번째 단계를 버려야 두 번째 계단에 있을 수 있고, 네 번째, 네 번째,…어느 계단이 되었던 머물러 있던 계단을 벗어나지 않고서는 올라설 수 없는 것과 같이 자기 자신이 수행 정진해서 비우면 올라오는 것 역시도 그러하다고 보면 될 것이다.

56단계까지 본인은 한 단계 한 단계 밟으며 올라왔다. 출신(出神)을 하기 전까지는 한 단계 한 단계 걸어서 올라왔다. 출신(出神)을 하고 신(神)과 자등명(自燈明)이 하나 되고, 육체가 하나 되었다고 했다. 이때 육체가 하나가 되었다는 것은 육체는 지금 이곳 삼차원의 세계에 있고 현실에 있다 하지만 육체 안에 있는 것, 56단계에 머물러 있으며 나라고 할 것이 없는 내가 신과 자등명과 하나가 된 것이다. 이렇게 육체 안에 있는 것이 신자명(神自明)과 하나가 된 것을 육체가 하나가 된 것이다 말한 것이다.

신자명과 육체가 하나가 된 후, 신과 자등명을 또다시 출신(出神)시켜서 신과 자등명이 하나가 되게 한 후, 호흡을 통하여 끌어당기며 놓고, 놓으며 끌어당기며 한 단계 한 단계 올라오기는 했지만 마치 엘리베이터를 타고 올라온 것과 같이 급속도로 올라와서 본인은 늘 의식이 깨어 있을 때는 몸통을 청소해야만 했다. 말이 몸통 청소이지 단계가 올라옴으로 아래 단계에서 가지고 있는 것이 몸통이란 통에 남아 있으니 비우고 올라선 단계의 것과 같아지기 위해서 즉 올라온 단계와 같아지기 위해서는 아래 단계와 하나가 되었던 것을 버린 것이다. 지금에 생각하면 그렇다. 처음에는 '무엇이 이리 많지' 하며 자꾸만 몸통 청소를 해야 했다.

확철대오해서 담고 있는 것이 없는데 자꾸만 몸통 청소를 해야 하니 대체 이것은 무엇이지? 56단계까지 올라온 본인에게 자꾸만 몸통 안에 생겨나는 이것은 무엇이지? 그러면서 몸통 청소를 하면 올라왔다. 지금 생각하면 이렇다.

자등명이란 본성이 빅뱅으로 우주가 생겨나는데 일시에 생겨난 것이기는 하지만 대폭발하면서 점차적으로 퍼져나가게 되었고 퍼져나가서는 지금의 지구가 생겨나고, 생겨난 지구에 흔히 말하는 생명체가 생겨나게 되었을 것이다. 이렇게 생겨난 곳을 시작으로 올라가는 단계 단계가 지구란 생명체가 있는 곳으로 형성된 단계로부터 점점 퍼져나가며 우주가 형성되었던 과정의 역순으로 한 단계 한 단계가 있는 것이 아닌가 싶다. 그리고 지구에 생명체는 지구가 속해 있는 단계 56단계란 우주 안에서 일이고, 그 이외의 다른 행성들 역시도 그렇게 형성됨에 따라서 저마다 각기 56단계를 형성하고 있는 것이 아닌가 싶다.

이렇게 단계가 형성되었던 자등명의 폭발에서 현실 세계까지 빅뱅 후 자꾸만 폭발하며 커져온 과정에서 지금 여기의 현실이 있기까지 모든 것들은 마치 단계적으로 순차적으로 생겨나다보니 지금 여기에서 올라가는 단계 역시도 순차적으로 올라가되 하나하나 올라와야 하는 것 같다. 이곳이 3단계, 지구가 속한 지구 내에서의 윤회의 틀이 있는 곳의 56단계, 그 이후의 단계, 단계… 135단계가 아닌가 싶다. 계단으로 따진다면 135계단이 있고 그 안이 있는 것이 아닌가 싶다.

지금 여기서 본인의 육체란 몸통과 올라섰다는 곳을 보면 우주 밖 저 위의 자등명이란 곳에서부터 지금 여기의 육체와 연결되어 있다. 본인이 저 위의 자등명과 하나가 되어 있는데 본인이 여기에 있으니 서로 연결되어 있는 것이 당연한 것 아니겠는가. 지금은 본인이 육체를 가지고 있기에 저 위의 자등명과 지금 이곳과 하나로 연결되어 있어서 3단계에서 135단계가 전부 다 이어져 하나의 길이 나 있지만 본인이 육체를 버리고 죽었을 때 지금과 같이 연결되어 있을지에 대해서는 모르겠다.

이와 같이 육체란 몸통과 수행 경지의 단계로 올라간 곳과는 비록 육체적으로 물질세계에 있다 하지라도 육체란 몸통 속에 있는 영(靈)이라 하는 것은 이미 수행 경지 단계에 있는 것이다.

지금 이곳과 우주 위의 자등명과 연결된 것을 본다고 보면서 주변을 보니 이곳의 56단계 외에 다른 여러 56단계에서도 이곳과 연결된 것과 같이 우주 위의 자등명과 연결되어 있는 것들이 여기저기 여러 개가 보인다. 2011. 4. 21. 12:37

-27단계에서 플러스 56단계,
57단계… 135단계, 136단계

지구 생명체의 영혼이 마이너스 27단계에서 플러스 27단계, 중간에 아수라를 포함하여 55단계로 이루어져 있고, 이 55단계를 포용하고 품고 있는 56단계 있다는 것을 앞에서 설명했기에 어느 정도 이해를 했을 것으로 생각되고 이제부터 56단계를 넘어선 단계들이 궁금하리라 생각한다.

본인이 56단계에 올라서고 나서 수행 정진하는 과정에서 이것이 끝인가? 하는 의구심이 들었다. 위 단계는 보이지 않고 55단계가 전체적으로 보이는데, 이곳이 다 뚫고 올라온 최초의 근본자리인가? 자문하고 자문해 보았을 때 위로 또 다른 세계가 있는 듯싶어서 테스트해 보니 위단계가 또 있단다.

위 단계는 어느 세계일까? 어떻게 생긴 세계일까? 미리 그려볼 수는 없을까? 생각하고 생각하다가 연필을 잡고 그려보았다, 그리고 놀랬다. 단순히 한 단계만 그려본 것이 아니라 위로 여러 단계를 그려보았다. 위 단계를 그려보니 56단계를 포용하거나 관장 내지는 품고 있는 세계가 57단계, 그 다음 단계는 56단계가 하나 더 많은 세계… 이와 같이 60단계까지 해보았는데 가늠이 되지 않았다. 그렇다고 글로 써 옮겨놓을 수도 없었다. 그러면서 이제는 단계를 말하지 말아야 하는가? 하는 생각도 했다.

어떻게 하면 57단계의 세계에 올라서고, 58단계, 59단계… 최초의 본성으로 회귀할 수 있을까? 자문하고 자문했다. 시간이 있어서 위 단계를 생각할 때마다 어떻게 하면 올라갈 수 있을까? 되뇌었다. 그러다가 차크라를 살펴보게 되었고 그러다 출신을 하게 된 것이다. 이러한 것들은 써놓은 글의 날짜를 보면 가늠이 되지 않을까 싶다.

출신을 하고 56단계가 마치 섬처럼 보이더니 어느 순간 많은 섬들이 보였다. 지금 생각해 보면 이렇다. 56단계에서 출신을 하여 신이 66단계에 올라서고 이어 자등명이 올라가 신과 자등명이 하나가 되고, 신자명과 하나가 되기 위해서 호흡을 하고 올라갈 때 56단계가 섬으로 보이고, 신자명과 육체가 하나가 되었을 때 66단계에 올라가 있었던 것이 아닌가 싶다.

신자명과 육체가 하나가 된 66단계에 올라 주변을 살펴보았을 때 주변에는 56단계가 마치 섬처럼 보였던 것과 같은 섬들이 많이 있는 것이 보였다. 이때가 66단계가 아니었나 생각한다. 출신으로 인해서 56에서 66단계 사이를 그냥 경험 없이 단순히 신이 출신되고 출신된 신을 따라 자등명이 나가서 신과 자등명이 하나 되었을 때 본인은 다른 생각을 할 틈이 없었다. 오직 신자명이 있는 곳에 이르러서 신자명과 하나가 되는 것에만 집중을 했다. 신과 자등명, 육체가 하나가 된 후에 주변을 보았고 주변을 보았을 때 이미 많은 56단계의 섬들이 보였다.

신과 자등명, 육체가 하나가 된 후에는 다시 신을 출신시키고 자등명이 나가게 하고 그런 다음에 일상적 호흡을 통하여 호흡 중에 올라가도록 의념을 했다. 그리고 깨어서 본인 스스로의 육체를 보았을 때 육체란 몸통 속에 무엇인가? 있는 것 같아서 몸통 청소로 했고 그러면서 아래를 본다고 보니 많은 섬들 사이 섬이 하나가 보였다. 섬을 보면서 저것은 또 무엇인가? 이때가 몇 단계인지 생각하거나 또 테스트해 보지도 않았다.

잠을 자고 일어나서 본다고 보면 달라져 있었다. 하나의 산이 여러 개 보이고, 그러다가 더 많이 보이고, 어느 순간 산이 너무 많이 보여서 우주는 몇 개의 산이 있을까 싶어서 그림을 그려보았다. 그런데 정말로 많았다. 숫자를 헤아릴 수 없이 많았다. 그래서 우주 내에 있는 섬들을 그려보기로 하고 그려보았다. 아마 그것이 사랑방에도 올라가 있다. 하나의 섬으로 보는 것을 그리며 그려놓았다. 우주 전체의 섬을 그려놓고 본인이 얼마를 보았는가 싶어 그려놓은 것을 바라보니 절반 정도 본 것으로 느껴졌다.

그러던 4월 8일 이제는 섬들이 보이지 않고 무수히 많은 산만이 보였다. 그리고 본인은 그 산들을 포용 내지는 품고 있는 듯했다. 여기가 끝인가? 싶으면 또 위로 있는 듯싶었다. 아래를 품거나 포용하고 있으니 당연히 본인 위로 있는 것이 아니겠는가? 얼마를 더 가야 근본에 이를까? 죽기 전에 근본에 이르게 될까? 죽기 전에 근본에 이르지 못한다 할지라도 갈 수 있는 한 가자고 마음먹고 호흡을 통하여 출신한 신자명으로 통하여 호흡으로 무의식 속에서도 잠을 자면서도 올라가도록 의념을 하고 또 그렇게 되도록 스스로 장치를 만들어 놓았다.

4월 12일 주변을 살펴본다고 살펴보니 무엇인가를 타고 있는 것이 아닌가. 이것은 또 무엇인가? 눈을 감고 영안으로 살펴보았더니 마치 구름과도 같아보였다. 이제 산들은 구름 아래 있는 듯 보였다. 그러면서도 언제 마지막에 다다를지 몰라서 약간의 조바심도 났다. 그래 깨어있을 때마다 호흡을 통하여 위로 올라갔다. 단 한 호흡도 놓칠 수가 없었다. 그래서 한 호흡이라도 놓치지 않으려고 호흡에 연결해 놓은 몸통 어깨 부분과 신자명과 육체를 호흡으로 위로 오르도록 자꾸만 의념하고 그리된다고 스스로에게 다짐을 했다.

4월 13일 몸통 청소를 하며 본인을 본다고 보니 주변에 구름이 다른 것으로 바뀌어 있는 것이 아닌가. 그래 살펴본다고 살펴보니 어떻게 설명을 해야 하나 마치 쟁반 같기도 하고 비행접시 같기도 한 곳에 올라타고 있는 것이 아닌가. 그러면서 위를 본다고 보니 몇 단계 위로 휘황찬란한 고급 의자가 보였다. 저기는 또 어디인가? 그런 생각 속 호흡을 하며 통하여 육체는 올라가고 신자명이 위로 올라가게 했다. 이것이 잘되지 않을까 싶어서 의식적으로 호흡을 할 때나 또 몸통 청소를 할 때마다 관하여 보며 잘되는지 살펴보았다.

몸통은 본다고 볼 때마다 탁하게 보여서 수시로 몸통 청소를 해야만 했다. 지금도 몸통 청소한 것들이 무엇인지 모른다. 다만 확철대오하고 업이라고 하는 부분 말고 또 몸통 안에 다른 것들이 있는 생각이다. 〈수행 경지의 단계가 올라가는 것에 대하여…〉란 글에서 밝힌 것과 같이 단순히 단계의 차원에 있는 것들인지 아니면 그 외의 다른 것인지를 잘 모르겠으나 분명한 것은 단계를 올라가려고 한다면 지금 있는 곳이 어디든 있는 곳에서 가지고 있는 것을 버려야 한다.

4월 15일 아침에 본인을 본다고 보니 의자에 앉아 있는 것이 아닌가. 여기는 또 어디인가? 의자에 앉아 있을 일이 아니다. 근본으로 회귀하기 위해서는 잠시도 머물러 있을 수 없고, 한 호흡이라도 놓칠 수 없는 생각에 또다시 몸통 청소를 하고, 호흡으로 올라가도록 해 놓은 것이 잘되고 있는지 점검해 보았다. 그리고 의자에 앉아 있는 곳에서 신자명이 있는 것을 보면서 살펴본다고 살펴보니 본인이 의자에 앉아 있는 곳과 신자명이 있는 사이에 무엇이 있는지 정확하게 알 수는 없었지만 분명히 단계 단계가 있는 것 같았다.

단계가 있는 것이 당연하지 않았겠는가. 신자명이 육체보다 10단계 앞에 올라가 있으니 신자명을 보며 육체와 신자명 사이를 본다면 당연한 것이었다. 죽기 전에 회귀하고자 하며 끝이 어딘지 모르니 그냥 일심으로 했다. 〈출신한 사람의 수행 방법〉이란 글을 이것을 토대로 본인이 수행 정진한 것을 바탕으로 4월 16일 글을 썼다.

4월 16일 오후 조금 넘어서 위로 무엇인지 모르는 것이 둥그렇게 감싸고 있는 것 같은 것이 보이기 시작했다. 그리고 나가게 되어 운전하면서 신자명을 보니 그것을 뚫고 올라서 있는 듯 보였다. 그래 허겁지겁 그것을 뚫고 올라갔다. 뚫고 올라서니 그 환함이 뚫린 곳을 통하여 육체로 쏟아져 내리더니 육체를 감싸고 감싸더니 하나가 되었다.

하나가 되어서 신을 본다고 보는데 신이 점점 작아지고 있는 것이 아닌가. 신은 점점 작아지고 있는데 자등명이 보이지 않는다. 본인의 육체는 여기 있는데 자등명은 어디로 갔지. 자등명을 찾기 시작했다. 그러는 사이 신은 사라졌고 본인의 육체가 있는 곳을 주변을 본다고 보니 자등명이 나를 감싸고 있는 것이 아닌가. 그래

신이 사라진 곳을 본다고 보니 본인이 올라온 우주가 하나 보였다. 그러다가 퇴근하고 집에 도착할 무렵에 하나만 보였던 우주가 열 개가 보였다.

4월 17일 우주는 보이지 않았다. 우주는 열 개만 있는가 싶으니 작은 우주들도 있는 듯싶었다. 그래 살펴보니 어제 열 개를 본 우주를 포함하여 백 개가량이 보였다. 헤아려 보았을 때 그랬다. 열 개는 큰데 그 나머지 것들은 작아 보였고 작아 보이는 것 중에 더 작아 보이는 것도 있었다. 그런 사이 생각이 일어났다. 본인이 지구로부터 올라온 우주가 처음에는 하나가 보이고 그 다음에는 더 올라가니 지구가 속한 우주와 같은 크기의 우주가 열 개 있는 것 아닌가 싶었고, 작게 보이는 것들은 지금 팽창하고 있는 것이 아닌가하는 생각이 일어났다.

그리고 테스트해 보았다. 여기는 몇 단계인가? 135단계, 136단계로 테스트 된다. 그래 생각하기를 자등명에 들어서면 135단계이고 들어서서 우주를 보고 우주가 보이지 않는 곳으로 들어가면 136단계가 아닌가 싶었다. 이렇게 해서 135단계를 말한 것이다.

27단계가 있고 28단계가 있는데 28단계는 플러스 27단계와 마이너스 27단계를 포함하고 아수라를 포함해서 56단계라 했다. 그리고 56단계란 섬이 많이 있다고 했다. 55단계가 하나의 섬이 아니라 56단계가 하나의 섬이다. 그리고 그 섬을 전체적으로 포용하거나 품거나 품안에 넣은 곳은 56단계이다. 이 56단계에서 하나하나의 섬을 관리하고 있는 것이 아닌가 한다. 그런 만큼 수많은 섬들 저마다 각기 플러스 27개, 마이너스 27개가 있는 것이다. 그리고 플러스 27개, 마이너스 27개, 아수라를 56단계에서 관리한다고 생각하면 되지 않을까 싶다.

지옥이라고 할 수 있는 마이너스는 27단계가 전부다. 어떤 섬이 되었던 지옥으로 볼 때 마이너스 27단계가 있을 뿐 지옥으로 56단계는 없다. 56단계에서 플러스, 마이너스를 다 포용 관리하는 것이지 이와 비례해서 마이너스 56단계가 있어서 마이너스 27단계와 플러스 27단계를 마이너스에서 관리하는 것이 아니다.

그러므로 지옥은 마이너스 27로 끝이 나고, 플러스 56단계 57단계…하나하나 단계가 높아져가는 것이다. 단계가 높아지는 만큼 더 많은 것을 포용하고 품으며 관리하는 것이 아닌가 싶다.

아주 오래 전에 말한 기억이 나는데… 지구에 백 년에 한 명 정도로 다른 발달된 행성에서 올 수 있다고…. 이렇게 볼 때 56단계가 하나의 섬으로 볼 때 섬과 섬에 주로 살되 하나의 섬에서 다른 섬으로 옮겨가는데 있어서 그만큼 어려운 것이 아닌가 싶다. 56단계의 많은 섬이 있으니 섬에서 섬으로 이동할 수 있는 것 아닌가 싶다.

설명한 것과 같이 본인이 56단계까지는 한 단계 한 단계 더디게 올라가서 한 단계 한 단계 올라간 것을 지금껏 설명한 것과 같이 설명을 하였으나, 56단계에 이르고 나서 차크라를 알고 출신하여 신자명이 육체의 단계보다 10단계 위에 있는 관계로 신자명과 하나 되는 것에 집중 몰입했을 뿐 신자명과 하나 되기 위해서 올라가는 단계는 볼 새도 없이 올라갔다. 그렇게 올라가고 나서 이곳은 몇 단계가 될까? 그리고 테스트해 본 것이다.

지금 보면 나라고 할 것이 없게 자등명이 연결되어 있고 본인을 중심으로 자등명이 펼쳐져 있는 듯싶다. 지구가 속한 56단계란 섬이 많이 보이는 곳에서 본성이라고 하는 자등명과 연결되어 섬과 연결된 것을 보면 이곳 말고 다른 여러 섬들도 연결되어 있는 듯 보인다.

그리고 본인이 올라온 56단계 위에서 56단계가 있는 곳을 보면 신자명이 하나쯤 올라와 있는 것이 보인다. 이렇게 신자명이 올라와 있는 것은 본인이 아는 사람인 것 같다. 그 외에는 56단계 위로 올라와 있는 것이 없는 듯싶다. 자등명과 이곳의 56단계와 연결되어 있는 것은 본인으로 인하여 있는 것이 아닌가 싶다. 본인 외에 연결되어 있는 다른 것이 보이지 않으니 당연히 본인으로 인하여 연결되어 있는 것으로 생각하지 않겠는가? 2011. 04. 22. 16:23

27(56)단계 위 30단계에서 누구나
맨 처음에는 이곳에서부터 온 듯싶다

전생이 많고 적고를 떠나서 윤회의 횟수가 많고 적고를 떠나서 하나같이 맨 처음 56단계 안으로 들어오게 된 것은 30단계(30차원)인 것 같다.

많은 분들의 전생을 쫓아 마지막 전생을 보면 하나 같이 30단계인 것으로 보면 모두 다 30단계에서 56단계 안으로 들어온 것임이 틀림없는 것 같다.

왜 56단계 밖 28, 28단계도 아니고 30단계인가?

본인의 전생을 전부 다 천도하고 다른 분들의 전생을 몇 생까지 천도해야 하는지 살펴보면서 누구나 할 것 없이 하나같이 몇 생의 전생을 윤회했던 것과는 상관없이 출발지는 모두 다 하나같이 30단계라는 사실을 알았다.

몇 십, 몇 백, 몇 천의 윤회를 하였던 전생을 모두 다 천도한다고 했을 때 마지막 전생은 하나같이 30단계인 것 같고, 또한 거기서는 인간의 조상을 8대(代)까지 천도하는 것과 다르게 30단계에서는 오십 대(代)까지 천도를 해야 모두 다 천도가 되는 것 같았다. 본인뿐만 아니라 다른 분들도 그런 것이 아닌가 싶다.

하나같이 30단계에서 56단계로 들어온 것은 30단계의 조상님들을 자등명 세계로 올려주기 위해서도 구제하기 위해서도 아니다. 어떤 사명이 있어서도 아닌 것 같다. 누가 보내서 온 것도 아닌 것 같다. 누구랄 것 없이 저마다 각기 자기 자신 스스로 선택해서 온 것 같다.

그럼 왜 30단계에서 56단계 안으로 들어온 것인가?

그것은 56단계 안에 있는 모든 영혼들을 56단계 안에서 끌어올려 30단계 위로 끌어올려 자등명 세계에 이르고 각기 저마다의 고향(故鄕)으로 올라오도록 하기 위해서 56단계 안으로 들어온 것이 아닌가 싶다.

30단계에 있는 이들은 맨 처음 어디서부터 왔을까?

영신영 세계 내 자등명 세계 위 고향(故鄉)에서 온 것이 아닌가 싶다. 어떻게 자등명 세계의 고향에서 자등명 세계 아래 30단계로 왔을까?

미혹(迷惑)에 빠져서 미혹하여 자기 자신도 모르게 밑으로 떨어진 것이 아닌가 싶다.

마치 인간의 탈을 쓰고 잘못 살면 육체를 벗음과 동시에 가을날 골목길에 쌓였던 가랑잎이 바람 불면 바람이 가랑잎을 휩쓸고 가는 것과 같이 자기 자신이 지은 업에 탁하고 탁한 업이 쌓여 있는 영혼이 자기 자신도 모르게 휩쓸려 지옥으로 떨어지거나 지옥으로 빨려 들어가는 것과 같이 고향에서 미혹한 만큼 조금씩 떨어진 것이 고향으로 돌아갈 수 없는 30단계까지 온 것이 아닌가 싶다.

30단계에서 맨 처음 27단계로 들어오고 27단계에서 24단계로 들어오고, 24단계에서 3단계로 내려온 것이 아닌가 싶다. 최초 맨 처음 30단계에서 27단계, 24단계, 3단계로 내려온 이는 어떤 형태의 형상이었을까?

여러 가지 의문들이 꼬리를 물고 나오지만 그것들을 지금 다 밝혀 드러내기에는 힘에 부친다는 생각이 든다. 기회가 되면 시간에 쫓기지 않을 때 의문이 생긴 부분 생기는 부분에 대해서 더 밝혀 볼 생각을 하며 접는다.

출을 다섯 번 한 것은 알겠는데, 여섯 번이라니 어디서의 출을 보지 못했는지 놓친 것을 살펴봐야 할 것 같고, 또 출하여 올라갔다 내려온 것을 살펴 알기 위해서는 출하여 올라간 세계를 몸통으로 내려온 것까지는 밝혀야 하지 않는가 싶어서, 지금은 이것들이 더 급한 것 아닌가 싶다. 2013. 06. 15. 08:00

자등명 힘과 기운이 차오며
활기 충만해 오는데… 저기는 또 어디인가?

본성의 자등명 135단계에 이르러 136단계가 있다고 했었다. 그리고 136단계에 이르러 본인도 모르게 올라가고자 했던 많은 56단계 안의 영가분들로부터 시달리는지도 모르고 시달리다가 어느 날 그러한지를 알고서는 136단계에서부터 이 세상까지 모든 단계의 문을 피라미드식으로 만들어 열어 더 높은 단계로 올라가게 한 뒤, 주변이 맑고 깨끗해졌다. 맑고 깨끗했지만 여전히 힘이 없고 기운이 없었다.

136단계에서 이곳까지 피라미드식으로 모든 문을 열고 인연 가까운 영가분들을 시작으로 인연이 먼 영가분들까지 더 높은 단계로 가게 업이 무거워 가기 어렵거든 본인에게 모든 업을 다 떨구고 가라고 한 다음, 본인은 하루에도 몇 번씩 본인을 살피며 본인을 청소했다. 처음에는 명신(정수리)으로 나가도록 하다가 얼마지 않아서는 본성의 자등명으로 몸통 속을 비춰 모두 다 사라져 맑고 깨끗하도록 했다.

6월 12일 101번째 모임에서 첫 모임 장소에서 본성의 자등명을 끌어다가 모임에 오신 모든 분들의 하단전에 꽂아놓았다. 그리고 출신시켜 놓은 사람들도 역시 본성의 자등명을 끌어다가 하단전에 꽂아놓았다.

6월 13일 아침 출근하면서 출신시켜 준 딸과 군대 간 아들 내자 역시도 그렇게 해 주었다.

6월 14일 아침에 출근하려고 하는데 내자가 말했다. 군대 간 아들 아이가 아프다는데 어떻게 해 보란다. 그래서 일요일 모임에 참석한 분들에게 본성의 자등명을 끌어다가 연결해 준 것이 생각나서 출근하며 아들아이에게 본성의 자등명을 끌어다가 체계류(아들아이도 오래 전에 출신시켰기에…)에 묶어두고, 그런 다음 다시 명신(정수리)으로 해서 몸통으로 다리로 해서 용천으로 용천에서 밖으로 나가게 한 후, 그것이 몸통 안으로 다시 들어오지 못하도록 한 후, 이번에는 본성의 자등명을 끌어다가 양 장심에도 그와 같이 했다. 그럼에도 탁하게 뭉쳐 있는 것이 없어지지 않아서 신자명의 생명 줄을 돌려서 빠져나가게 했다. 이렇게 하고 생각하니 처음에 모임에 참석하신 분들에게 순수 빛에너지, 순수 기에너지, 순수 생명에너지, 순수 신성에너지를 연결해 주었을 때도 그랬던 기억이 되살아나서 이번에는 출신시켜 준 내자와 딸을 아들아이 해준 것과 같이 본성의 자등명을 끌어다가 모두 다 해주었다.

아침에 출근하며 그리했는데…. 10시가 조금 넘으면서부터 몸에 힘이 올라온다. 그러면서 기운이 찬다. 마치 원기회복이 되는 듯 꽉 차오는 느낌이었다. 그래서 본성의 자등명을 본다니 보면 주변을 살핀다. 살피니 본인이 137단계에 올라서 있는 것 같았다. 그래서 위를 본다고 보니 한 단계가 더 있는 듯싶다. 아마도 이것은 본성의 자등명 핵이 아닌가 하는 생각이다.

56단계를 벗어나기 전에 본성의 자등명이란 빛(21단계)에 이르렀을 때와 비슷한 경우가 아닌가 하는 생각을 해본다. 135단계의 본성의 자등명에 이르렀을 때 136단계가 있는 것 같았는데…그리고 136단계 올라서서는 136단계가 다인지 알았기 때문에 더 이상 본성의 자등명을 관하여 보지 않았었다. 그리고 136단계에서는 주변이 인연 있는 영가들로 탁하고 흐리고 맑지 아니해서 처음에는 이런 현상이 본인의 몸이 좋지 않아서 그런지 알고 있다가 인연 있는 56단계 안의 영가들이 135단계의 본성의 자등명에 올라오고 싶어서 본인 주변에서 기회가 생기기를 기다리고 있다는 것을 알고는 136단계에서부터 56단계 안으로 해서 지금 여기까지 모든 문을 열어놓으며, 업을 모두 다 본인에게 주고 올라가라 하고, 그런 다음 올려 보내고, 그리고 6월 12일 101번째 모임에 참석하신 분들에게 136단계 본성의 자등명을 끌어다가 연결해 주고, 6월 14일 오늘 주변에 출신시켜 준 사람을 136단계 본성의 자등명을 연결해 주니 본인에게 힘이 차고 기운이 차옴이 느껴져 온다. 아마도 2-3일이면 완전히 다 차지 않을까 하는 생각을 해본다.

'힘이 많이 생겼네.', '기운이 찼네.' 하면서 보니 본인을 보니 137

단계다. 그런데 위로 핵이 또 있는 듯 보인다. 138단계까지 있는 걸까? 저 핵에 들어가면 또 어떤 일이 생길까? 본성의 자등명 135단계에 이르러서는 136단계, 137단계를 이와 같이 올라왔는데 138단계는 어떻게 올라가지? 이제는 신(神)도 없는데… 56단계를 벗어나 올라왔듯 지금 본성의 자등명이라고 한 135단계, 136, 137, 138단계의 핵에 들어가면 어떤 일이 있을까? 56단계까지는 수행 정진해 올라왔고 56단계에서 출신(出神)해서 135단계 본성의 자등명에 올라왔는데… 135, 136, 137, 138단계의 핵이 들어가서 21단계의 빛덩어리의 세계에서 핵으로 들어와 28단계, 56단계에 이르기까지… 138단계의 핵을 뚫고 들어갔을 때 어떨까? 또 뚫고 가야할 단계가 있을까?

56단계에서부터 출신(出神)해서 135단계 본성의 자등명까지 올라왔는데… 24단계에서 27단계, 28단계처럼 138단계의 핵에서 또 그와 같이 뚫고 올라가야 한다면 그래서 56단계를 뚫고 올라왔듯 또 뚫고 올라서야 한다면 그때는 무엇을 올라가야 하는 건가? 잠시 생각을 해 보았다.

출신(出神)을 하지 않고 그냥 수행 정진해서 올라온다면 아마도 56단계에 멈추기가 쉽지 않은가 하는 생각을 해보았다, 그러면서 일어난 생각은 21단계 빛덩어리의 세계는 수행 정진으로 올라올 수 있는 거지만 135단계 본성의 자등명은 출신이 아니면 올라오기 어려운 것이 아닌가 하는 생각이 일어났다. 56단계에서 135단계는 출신으로 올 수밖에 없는 단계가 아닌가 하는 생각해 보았다.

오전까지만 해도 그랬는데…이글을 쓰며 지금 본다고 보니 138단계에 들어와 있다. 중심핵에 들어와 있다. 밖으로 본다고 보니 137, 136, 135단계가 보이고 그 밖으로 텅 빈 허공처럼 보인다. 그래서 더 깊은 안쪽으로 보니 점점 작아지지만 이곳보다 더 깊이가 있고 하나의 점이 보인다. 저곳은 또 어디인가?

56단계에서 135단계 본성의 자등명에 이르기 위해서는 출신이 필수라면 본인이 아니어도 누군가가 출신시켜서 135단계 본성의 자등명으로 원만하게 오는 방법을 설명해 놓아야 한다, 그래야 나중에 본인이 없다 하더라도 누군가가 출신시켜서 135단계 본성의

자등명으로 오도록 해 줄 것이 아닌가 싶다. 그래야 이곳에서 135
단계까지의 길이 지속적으로 열려있게 되는 것이 아닌가 하는 생
각이 일어난다. 이 부분을 어떻게 할까? 어떻게 해야 하나???
2011. 06. 14 13:12

자등명 본성의 빛 자등명

자등명은 전지전능하고 그 크기를 가늠할 수 없을 정도로 크고 크
다. 본성의 빛 자등명에 이르기 위해서는 수행 정진해서 27단계를
벗어나 28단계 즉 석가모니부처님께서 말씀하신 삼천대천세계를
관장하는 56단계에 이르러야 하고, 56단계에 이르러서는 출신(出
神)하여 지구가 속한 56단계를 뚫고 올라와야 한다.
지구가 속한 56단계를 뚫고 올라와서 56단계가 하나, 둘… 보이기
시작해서 250~300개 넘어서는 산 같은 것에 이르러야 하고, 하나
의 산에 이르면 둘, 셋… 수없이 많은 산 같은 것을 뚫고 올라와야
한다.
이렇듯 지구가 속한 우주를 뚫고 올라와야 하고, 지구가 속한 우
주의 크기와 같은 10개를 포함하여 올라와 있어야 하며, 그 외에
작은 우주가 100여개를 포함하여 올라와 있어야 한다.
본성의 빛 자등명이 일체의 하나같지만 본성의 빛 자등명에도 단
계가 있다. 본성의 빛 자등명에 올라오는 것도 쉽지 않지만 본성
의 빛 자등명에서 올라와 최상의 단계에 이르는 것도 쉽지 않다.
본인이 삼천대천세계가 있는 56단계에 이르러 56단계에서 출신
(出神)하여 56단계를 뚫고 올라왔다. 본인이 생각하건데 56단계까
지는 수행 정진해서 올라올 수 있지만, 56단계를 뚫고 올라오는
것은 출신(出神)을 통한 수행 정진이 아니고서는 올라올 수 없는
것 아닌가 생각된다.
출신하여 수행 정진해서 본성의 빛 자등명에 올라와도 본성의 빛

자등명이 있되 이곳 역시도 여러 단계가 있다. 본인이 본 바로는 그렇다. 본인이 본성의 빛 자등명에 올라왔을 때만 해도 끝인지 알았는데… 끝이 아니라 또 다시 시작이었다. 지금도 본인은 수행 정진하고 있다. 본인이 어디까지 가게 될지 모르겠다.

본인이 확철대오하고 영계 천계 신계에 이어 광계를 말하여 놓고 16, 17, 18단계를 말하고 이어지는 19, 20, 21단계… 빛덩어리의 세계, 빛덩어리 핵 우주의 세계를 뚫고 56단계를 올라오기까지 본인은 새로운 길을 만들며 왔다. 그리고 출신하여 본성의 빛 자등명에 이르렀다.

지금 생각하면 수행 정진하면 56단계까지는 이를지 모르겠다. 그러나 56단계를 벗어난다는 것은 출신이 아니고서는 어렵다고 생각한다. 반면에 56단계에 이르지 못했다 할지라도 수행 정진하여 어느 정도 수행이 되었을 경우 출신을 하게 되면 수행 경지의 단계보다 신자명이 10단계(다른 사람들을 출신시켜 놓고 관찰해보니 10단계다 더 높게 간다) 위에 있으니 출신이 된다면 8단계에서 출신하면 18단계, 9단계에서 출신하면 19단계… 여기서 수행 정진을 한다면 출신한 신자명이 56단계에 이르는 것은 잠깐인 것 같다. 출신시켰던 사람들을 보면 그렇다. 현재의식은 출신한 의식을 갖지 않지만 무의식 잠재의식은 그런 것 같다.

그렇다고 수행하는 사람들을 모두 다 출신시킬 수도 없는 일이다. 출신해서 잘못될 수 있는 경우들이 너무 많은 관계로 무조건 출신시켜주는 것은 옳은 것 같지가 않다. 지금도 누군가를 출신을 한두 명은 시켜도 본인이 감당하기에 충분하지만, 누굴 출신시킬까? 하고 둘러보면 출신시켜도 괜찮은 사람이 없는 것 같아서 애석하다. 저 사람을 출신시켜주어야 하겠다고 생각이 일어나는 사람이 없다. 이런 사람이 많았으면 좋겠는데 없다. 애석할 뿐이다. 출신시켜주고 싶은 마음이 일어나는 사람이 많았으면 좋겠다.

본성의 빛 자등명에 이르렀다고 함은 지구가 속한 우주와 같은 우주 10개를 포함하여 작은 우주 100여개, 그 밑에 산과 같은 것이 수없이 많이 있고, 그 하나의 산 같은 것 아래에 56단계와 같은 56단계가 250~300개 정도가 있고 각 56단계 안에 우주의 핵, 그 아래 빛덩어리의 세계, 21, 20… 3, 2, 1, -1, -2… -27단계 이 세계들을 다 포함하고 있고 품고 있고 그 위에 있다는 말이 된다. 가늠해 보라. 본성의 빛 자등명에서 아래 단계들의 세계를 모두 다 관찰해 보라. 이 모든 세계가 모두 다 본성의 빛 자등명 안에서 이루어지고 있다. 본성의 빛 자등명에서의 일이다. 이 보다 더 전지전능한 것이 있을까? 그 크기를 가늠해 보라. 그 크기는 얼마만한가? 이 보다 더 큰 것이 있을까? 가늠할 수 없으니. 그런고로 전지전능자등명 마하자등명이란 한 것이다. 이와 같이 본성의 빛 자등명은 전지전능하고 크고 크다. 생명의 본성은 이와 같다.
2011. 07. 06 15:05

자등명(自燈明)이란 빛덩어리를 해부해 밝히다

자등명이란 빛 덩어리를 보면 밖에서 안으로 들어가 보면 p190 쪽에 그림과 같은 것 같다. 맨 밖으로 찬란하고도 눈부신 빛이 빛나고, 그 안으로 파란색의 빛에너지가 있고, 그 안으로 연두색의 기(氣)에너지가 있고, 그 안에 노란색의 생명에너지가 있고, 그 안에 주황의 신성에너지가 있는 것 같다. 신성에너지 안은 색으로 드러낼 수 없는 무채색이되 구별하기 위해서 검은색으로 그렸는데…신성에너지 안에 나선형의 무한대의 모양이 드러나고, 그 안에 원형을 그리며 위아래로 동그라미 그리며 돌아가고 돌아가면서 중심핵으로 끌어당기며 도는 것 같다.
자등명이 스스로 움직이는 것은 신성에너지 안에 있는 것이 움직이기 때문에 자등명이란 빛덩어리가 움직이는 것이고, 신성에너지 안에 원을 그리면 돌아가면서 밖에 것을 안으로 끌어당긴다. 이러한 관계로 자등명이 스스로 움직이며 착(着)하면 착(着)함과 함께 주변에 있는 것들을 끌어당겨서 자등명이란 빛에너지에 업(식)이 달라붙는 것이다.

하나, 둘, 셋… 업(식)을 신성에너지 안에 있는 중심핵이 끌어당기니 업이 빛에너지에 달라붙고 빛에너지에 업이 달라붙음으로 빛이 자꾸만 흐려지고 업이 찌들어 달라붙음으로 빛이 어둠으로 변하여 업(식)덩어리가 까만 것이다.

자등명이 스스로 그 어느 것에도 의지 의탁하지 않고 존재하며 존재력을 가지고 움직이는 것은 신성에너지 안에 있는 것 때문에 스스로 움직이며 존재력을 갖고 있는 것이다. 스스로 자등명이 빛을 내는 것은 자등명 바깥쪽에 빛에너지가 있기 때문에 빛에너지 때문에 자등명이 스스로 등불과 같이 밝게 빛나는 것이다.

자등명은 각기 저마다 크기가 다르다. 떨어져 나왔을 때부터 크기가 다르고 수행 정진해서 확철대오의 깨달음을 증득하고 나서의 수행함으로 크기가 다르다. 크기가 다른 만큼 크기에 따라 가지는 법력이나 기운이 각기 저마다 다르다. 2010. 11. 29. 18:49

본성의 빛 자등명이 육체의 몸 안으로 들어오다

본성의 빛 자등명이 저 위에 있어서 출신(出神)하여 신자명(神自明)으로 올라가고, 육체 속 신자명덩어리로 올라가서 본성의 빛 자등명에 들었었다. 그리고도 멈춤 없이 수행 정진하여 주변에 있는 사람들을 출신을 시켜주고 또 본성의 빛 자등명에 올라올 수 있도록 늘 살폈었다. 출신시켜 준 사람들이 2-3일 전에 모두 다 본성의 빛 자등명에 올라왔다. 이제는 출신해서 본성의 빛 자등명으로 올라오는 신자명이나 신자명덩어리체는 없다, 지구가 속한 우주에서는 없는 듯싶다.

본성의 빛 자등명에 올라오고 본성의 빛 자등명으로 수행 정진할 때, 〈전지전능자등명 마하자등명을 믿고 의지하며 수행하라〉에 그림 (3)과 같이 수행 정진했다. 본성의 빛 자등명에 신자명덩어리체가 올라왔지만 육체는 올라오지 못하고 지금 여기 현실에 있기에 … 육체를 가지고 있는 이상은 본성의 빛 자등명으로 육체 안에서 시방을 밝히도록 해야 할 것이라 생각하고, 시방을 밝히고 맑히고 주변에 탁하거나 검은 것들을 밝히고 맑혀 오고 있었다.

오늘 출근길이 조금 긴 탓이었을까? 그런 관계로 운전하며 주변을 살펴보는 시간이 더 많았었다. 주변을 두루 살피며 탁하고 검은 것을 끌고 왔기에 본인 스스로도 살피며 본인을 맑혀야 하는 관계로 위쪽에 본성의 빛 자등명을 본다고 바라보니 머리 위쪽에서 보이는 것이 아닌가. 그래서 머리 위에서 보이는 본성의 빛 자등명으로 몸통을 맑히고 밝히려 몸통으로 본성의 빛 자등명이 내리비추고 몸통 안에서 몸통 밖으로 시방을 비춘다 생각하는 사이, 본성의 빛 자등명이 머리로 몸통 속으로 들어왔다. 지금은 본성의 빛 자등명을 본다고 보면 몸통 속이 보이고 몸통 속에서 본성의 빛 자등명이 보인다.

몇 년 전인지 기억이 없는데, 그 당시 태양을 본다고 보았을 때 태양이 몸속으로 들어오고 눈으로 보는 밖의 태양과 몸 속 안에서 보이는 태양이 둘이 있었는데, 그리고 얼마 되지 않아 몸통 속에서 우주가 보였었는데, 본성의 빛 자등명이 몸통 속으로 들어오니 태양이 들어왔던 그때가 가물가물 되살아났다.

전지전능자등명 마하자등명   2011. 07. 26. 08:58

여기는 또 어디인가?

모임 할 때만 해도 본성의 빛 자등명 150단계에서 내려와 본성의 빛 자등명을 보면 까마득히 위에 보였다.

모임에서 현재의식과 잠재의식 무의식 각기 저마다 말을 하고, 아래부터 본성의 빛 자등명으로 채워가며 품어가며 올라가야 하는 것 같다고 했는데…. 그러면서 지구에 본성의 빛 자등명으로 피라미드 설치하고, 이어 56단계를 본성의 빛 자등명으로 피라미드 설치하고, 본성의 빛 자등명 진언을 찾아내고… 본성의 빛 자등명 진언을 하며… 오늘 아침까지만 해도 본성의 빛 자등명 150단계가 머리 위에 있어서 손을 뻗으면 닿는 것 같았다.

찾아낸 진언을 해 보면 육체 안에 다 들어오는데 등줄기에는 닿지를 않는 것 같아서 전지전지마하자등명 전지전능극마하자등명 전지전능초마하자등명 전지전능초초마하자등명 전지전능초초초마하자등명을 염하며 관찰해 보니 등줄기 안에서 몸통 안에 기둥까지는 미치는데, 그 밖으로는 미치지를 못하는 것이 아닌가.

그래서 전지전능자등명 전지전능극자등명 전지전능초자등명 전지전능초초자등명 전지전능초초초자등명을 염하니

등줄기와 마하자등명으로 몸통 안에 기둥에서 밖으로 포함하고 부족한 부분을 전부 다 자등명으로 감싸는 것이 아닌가.

이렇게 아침 출근을 하고 밖에 나가서 돌아다니다가 들어왔다.

돌아다니며 운전할 때, 본성의 빛 자등명을 극과 초, 초초, 초초초, 마하자등명, 자등명을 온몸과 맞추어 보며 살펴보았다.

그리고 본성의 빛 자등명이 온몸과 꼭 맞는다는 것을 간파하게 되었다. 들어와 앉아 있는데 잠이 쏟아져서 육체는 재우고 의식은 깨어 있자고 마음먹고 본성의 빛 자등명에 집중했다.

그리고 온몸 앞과 뒤를 본성의 빛 자등명에 맞추어 보았다.

등 뒤는 잘 맞추어지는데 앞으로는 통 맞추어지지를 않는 것이 아니가. 그러다 잠시 잠을 잔 것 같다. 잠에서 깨어나서 보니 본성의 빛 자등명 150단계 무릎의 위치에 있는 것 같다.

어제 그제까지만 해도 본성의 빛 자등명 150단계 초초초의 자리에서 한 움큼 손바닥에 쥐고 머릿속에 넣어 주었는데, 무릎 위치에 있구나 생각이 들어서 잠시 좌선을 하며 관찰해 보았다.

좌선하고 관찰해 보는 사이 본성의 빛 자등명은 저기 발아래로 밀려나고 나는 자등명보다 밝고 환한 위에 있는 것처럼 보인다.

여기는 또 어디란 말인가?

이 글을 쓰면서 본인이 있는 곳과 본성의 빛 자등명이 있는 곳을 관하여 보면 본인은 마치 본성의 빛 자등명 위에 떠 있는 것 같고

자등명은 저 아래 쪽에서 보인다.

그렇다면 여기는 대체 또 어디란 말인가?

자꾸만 끝 모르고 올라와지는 것은 본인이 자꾸만 거짓말을 하게 되는 것 아닌가 싶다.

이것인가 싶으면 또 위가 있고 위에 올라서 이것인가 하면 또 위가 있으니 도대체 어디가 끝이란 말인가?

본인은 언제나 그때그때 그 상황에서 진실을 말한다고 말하는데도 본인과는 상관없이 계속해서 거짓말을 하고 있는 것이다.

그래서 그림을 그려보았다.

본성의 빛 자등명을 그려보고 본인이 어디에 있는가? 본인을 그려보았다. 본인이 본 것이 맞는지 모르겠지만 본성의 빛 자등명은 아래에 있고 그 위에 본인이 그려진다.

더 두고 관찰해 볼 일인 것 같다. 또다시 달라진 것을 기억하기 위하여 기록하는 것이다. 2011. 08. 22. 15:28

백두의 빛 자등명

어제 아침까지만 해고 뭐가 뭔지 종잡을 수가 없었다. 이 무슨 현상인가? 본성의 빛 자등명을 발아래로 해서 위에 올라져 있다니 본성의 빛 자등명과 본인을 그려 보면 분명 본인이 본성의 빛 자등명보다 위에 그려졌다. 어찌된 일인가? 본성의 빛 자등명 위에 서 있게 되다니 이는 또 무엇인가?

오전 내내 이것을 푸는데 시간을 보냈다.

일을 하면서도 이 생각에서 벗어날 수가 없었다.

어떻게 하던 이 상황을 분명하게 밝혀내야만 하는 상황이 되었다. 측면에서도 보고 위에서도 보고…. 그리고 오후 3~4시가 넘어가면서 위에서 환하고 강한 빛이 보인다. 본성의 빛 자등명보다 더 강하고 환한 빛이다.

늘 빛으로 보며 올라올 때마다 경험하고 체험한 것이지만 올라가면서 보게 되는 빛은 더욱 더 밝고 환하지만 올라올 때 그렇게 밝고 환했던 빛은 퇴색해져 있음을 실감한다.

허공에 빛의 알갱이(자등명)-수행 정진해서 빛덩어리(자등명)에 들어가고 우주의 핵을 뚫고 28단계-28단계의 56단계에서 출신(出神)해서 본성의 빛 자등명-본성의 빛 자등명 135단계에서 중심핵에서 중심핵을 뚫고 나오게 되는 150단계에 올라오고, 150단계에서 본성의 빛 자등명이 육체란 몸통 속으로 들어오고, 3차원에서부터 다시 올라오게 되어서는 본성의 빛 자등명을 넘어서고 그 위에서 본성의 빛 보다 더 강하고 환한 빛이 보인다.

이쯤 되니 수행 단계가 무슨 의미 있을까 싶다. 무의미하게 생각되었다.

아래 단계에서야 단계가 필요하겠지만 이쯤에서는 단계가 아무런 의미가 없는 것이 아닌가 싶다.

수행해서 빛덩어리의 자등명 56단계에 이어지는 본성의 빛 자등명 150단계인 이때까지만 해도 단계가 그런가 했는데… 150단계를 넘어… 또 다른 위에 있는 자등명의 빛을 보고 보니 단계가 무슨 필요 있을까 싶다.

빛덩어리(자등명)에서는 순수도 백 퍼센트의 기에너지로 단전에, 순수도 백 퍼센트의 생명에너지로 업식덩어리에, 순수도 백 퍼센트의 신성에너지로 머리 부분의 신(神)에 달라붙는 업을 날려버리고, 우주의 중심핵으로 생명에너지로 업을 녹이고 신성에너지로 업을 날려버리며 뭉쳐져 있는 기운덩어리 녹이고, 본성의 빛 자등명에서는 중심핵 140단계에서 생식기 정(精)에, 그 중간에 가슴에서 업식을 녹이고 드러난 자등명에, 150단계에서는 머리 부분의 현재의식에, 자등명 진언을 만들어 내고, 본성의 빛 자등명을 육체와 하나되게 인식 의식하고는 본성의 빛 자등명을 벗어나서는 저 위의 빛을 보기 전에 얼마나 헤매었던가?

도대체 여기는 어디인지?

위로부터 본성의 빛 자등명보다 더 맑고 환하고 강한 빛을 보고나서 한 시름 놓게 되었다.

올라가야 할 곳이 또 있다는 사실을 알았기 때문이다.

본인 위로 아니 본성의 빛 자등명 위에 또 다른 빛의 자등명이 있다는 사실에 주목해 관찰해 보기로 했다.

지구가 속한 우주에서는 본인이 처음 올라가는 길이지만 여타 다른 행성의 우주에서는 이미 이 단계를 넘어 더 높은 빛의 자등명으로 올라가 있는 듯싶고, 또 다른 한둘이 아니라 많이들 올라가 있는 것 아닌가 싶고, 많이들 올라가는 것 같이 느껴지고 위로도 여러 개의 빛의 자등명이 있는 것 같은 느낌이 들었다.

그래서 가만히 생각해 보았다.

자등명이 밖에서 안으로 들어오는 자등명의 밝기와 깊이에 대하여 생각되었다.

밖으로부터 빛알갱이 자등명－안으로 들어오며 본성의 빛 자등명－그 안으로 들어와 궁극의 자등명－000마하극자등명－000극마하자등명－000마하극마하자등명…. 이름 붙이지 못한 자등명 끝을 가늠할 수가 없었다.

끝인가 싶으면 또 다른 시작이 기다리고 있고 끝인가 싶으면 또 다른 시작이 기다리고 있었다.

전에도 그랬듯이 지금도 그렇고 앞으로도 그럴 것이란 생각이다.

그림을 대충 그려놓고 관찰해 보면 이제 겨우 본성의 빛 자등명을 넘어선 것이다.

허공에 있는 빛알갱이에서 깨달음을 증득하고 빛덩어리로 올라오고 출신하여 본성의 빛 자등명에 올라왔다가, 이제 막 본성의 빛 자등명을 벗어나 또 다른 자등명으로 올라가고 있는 것이다.

이쯤에서 무슨 단계가 필요하겠는가?

그저 자등명의 크기를 말할 수밖에 없지 아니하겠는가?

허공이 빛알갱이, 지구란 우주의 56단계 빛덩어리, 여러 우주가 속해 있는 다중우주 위 본성의 빛 자등명, 더 많은 우주가 속해 있는 궁극의자등명, 점점 더 많은 우주 더 많은 세계를 포함하고 있는 더 크고 큰 자등명….

어디가 그 끝인지 모르게 펼쳐져 있는 그저 올라갈 수 있는 한 올라가보는 것이다.

퇴근하면서는 본성의 빛 자등명 위에서 밝게 빛나며 드러나는 빛의 자등명을 궁극의 자등명이라 이름하며 궁극의 자등명을 의식하고 인식하고는 궁극의 자등명을 본인에게 피라미드를 설치하여 궁극의 자등명 빛에너지가 본인에게 쏟아지게 하고 그것도 부족한 듯해 깔때기를 만들어 밝게 드러나 밝히는 빛을 모두 다 받아들일 수 있도록 피라미드 안에 있는 본인의 명신(정수리)에 연결해 놓았다.

이렇듯 서두르며 피라미드를 설치하고 깔때기를 만들어놓게 된 것은 본성의 빛 자등명을 발아래로 보이면서부터 너무 힘이 없고 맥이 풀렸기 때문이었다.

예전에 수행할 때도 기운이 바뀔 때마다 기운이 없고 힘이 없어서 주체하지 못하고 육체를 쉬어야 하는 상황에서 잠을 자면서 단전에 축기를 한 생각이 있기 때문에 이번에 본성의 빛 자등명을 벗어나면서도 여느 때와 같이 본성의 빛 자등명 에너지로 가득 차 있던 곳이 비워지고 위에 궁극의 자등명 에너지가 들어오기 시작하면서 000궁극의 자등명 에너지가 가득 차서 000궁극의 자등명 에너지가 되기까지 그동안 담고 있었던 본성의 빛 자등명 에너지를 버려야 또 000궁극의 자등명 에너지를 담을 수 있기에…

이것이 본인이 알아차리기도 전에 빠져나가기 시작해서 힘든 상황이었기 때문에 힘든 상황에서도 이것저것 살펴봐야 했고, 살펴보며 알아진 상황에서 하루 속히 한시가 급하게 위에 000궁극의 자등명 에너지로 채우며 본성의 빛 자등명 에너지를 밀어내야 본인 스스로 000궁극의 자등명 에너지를 채워야 채운 만큼 궁극의 자등명에 가까이 가고… 그래서는 000궁극의 자등명에 또 이를 수 있기 때문에, 퇴근하며 서둘러서 피라미드를 설치하고 깔때기를 설치해서 000궁극의 자등명 에너지를 받고자 함이다.

어제 저녁 퇴근하며 설치했는데…지금 몸통 속을 본다고 보면 이미 많은 부분 궁극의 자등명 에너지가 들어와 몸통을 채우고 있는 것 같다.

출신시켜준 내자와 딸아이도 너무 힘이 없다고 해서 피라미드를 설치하고 깔때기를 설치해 주었다.

딸아이가 어제 저녁에 하는 말, 자등명 진언을 열 번 읽으라고 했는데 열 번을 읽을 수가 없단다.

첫 번째 읽으면 손이 열감이 오면서 떨리고

두 번째 읽으면 가슴이 뛰면서 팔과 다리 온몸에 뜨겁고

세 번째 읽으면 머리가 뜨거우면서 강하게 어떤 기운이 들어오는 것 같아서 너무 강해서 더 읽을 수가 없단다.

옆에 있던 내자는 자신은 아무 느낌도 반응도 없는데 딸아이가 유독 그런 것 같단다.

그래… 강하고 좋은 것이라서 그런 거야… 온몸이 따뜻해지면 좋잖아… 계속 해봐… 이야기했더니 알았다고 했는데… 두고 볼 일이다. 2011. 08. 24. 08:41

* 나중에 안 사실이지만 이것이 백두의 빛 자등명이고 이 세계를 시작으로 자등명 세계가 시작되었다.

이 자등명에 이름을 지어놓고, 움직이면서 이 자등명을 받아들이고 자등명 가까이 가려고 즉 올라서려고 하는 하면서 아! 이름을 제대로 맞춰서 지어야 한다는 생각이 들어서 사무실에 들어와 이름을 찾아봤지만 이것이라고 할 이름을 찾지 못했다.

여러 가지 방법으로 이 자등명으로 올라가려고 호흡을 하고 이 자등명의 에너지가 본인의 몸통 안에 가득 차가지만 아직은 몸통을 가득 차서 밖으로 품어내지 못하고 올라서지를 못해서 그런지 이 자등명에 맞는 이름을 짓지를 못하겠다.

한참을 찾다가 졸음에 겨워 그만 육체를 재우게 되고 몸에서 에너지를 필요로 하는 것 같아서 이 자등명의 갈증에 고기를 먹는데 마지막에 입에서 거부했다. 그래도 억지로 먹고 생각하니 이곳에 써놓은 자등명의 이름에 걸려서 덧붙여 글을 쓴다.

일단은 지어서 말하기는 했으나 이것이 맞는 것 같지 않아서 찾고 있는 중이다. 2011. 08. 24. 13:18

백두(白頭)의 빛 자등명

본성의 빛 자등명을 뚫고 내려와 본성의 빛 자등명을 넘어 올라서며 보게 된 빛의 자등명의 이름을 짓지 못하다가 어제 백두(白頭)의 빛이라 이름을 지었다.

이름을 짓기 전에 어떻게 하면 이 빛의 자등명에 꼭 맞고 알맞게 이름을 지을까? 고민을 했었고 그런 와중에도 본성의 빛 자등명을 넘어 위에 빛이 밝고 환하게 보여서 지속적으로 그 빛을 받아들이는데 힘을 쏟았다.

위에 빛을 받아들이며 그 빛으로 다가가기 위해서 피라미드를 설치하고 깔때기를 설치하여 위에 빛 자등명 에너지를 받고 그런 다음에 자연스럽게 호흡을 통하여 위의 자등명에 올라가도록 하고는 끊임없이 수행 정진하며 호흡과 위에 빛 자등명을 의식하며 호흡을 하였다. 그러다가 24일 저녁 무렵 근처에 다다랐고 25일에 이 자등명에 들어서게 되었다.

본성의 빛 자등명 위에 있는 이 빛의 자등명 이름을 어떻게 불러야 제대로 이 자등명의 에너지를 받을 수 있을까? 어떻게 불러야 이 자등명과 연결되도록 할 수 있을까? 며칠 이름을 찾았다. 그러던 중 어제 이 빛의 자등명을 살펴본다고 살펴보는데 마치 빛이 산을 이루고 있는 것과 같고 빛으로 산을 이루고 있는 듯한 이것은 밝고 환한 것이 마치 빛의 머리인 듯 처음인 듯싶어서 백두(白頭)라 이름하여 백두의 빛 자등명이라 이름지었다.

이렇게 본성의 빛 자등명 위에 있는 자등명을 백두의 빛 자등명이라 이름을 지어놓고, 이 보다 더 맞는 이름을 있을까? 테스트해 보았다. 이 이름이 가장 잘 맞는 것 같았다. 그래서 오늘은 이것을 부르는 이름으로 진언을 해보았다.

전지전능백두(白頭)자등명을 염하여 보고
전지전능백두(白頭)마하자등명을 염하여 보고

전지전능백두(白頭)자등명 마하자등명을 염하여 보고,
전지전능백두(白頭)자등명 백두(白頭)마하자등명을 염하고 보고
전지전능백두(白頭)자등명 마하자등명 백두(白頭)마하자등명을 염하여 보았다.

모두 다 백의 빛 자등명과 연결되는 것 같았으나, 이 중에서 전지전능백두(白頭)자등명, 전지전능백두(白頭)마하자등명은 조금 부족한 느낌이 들었고 전지전능백두(白頭)자등명 마하자등명은 꼭 맞는 것 같았다.
전지전능백두(白頭)자등명 백두(白頭)마하자등명은 전지전능백두(白頭)자등명 마하자등명보다 4배 이상 더 좋은 듯싶고 전지전능백두(白頭)자등명 마하자등명 백두(白頭)마하자등명은 9배 이상 더 좋은 것이 아닌가 싶은 느낌이 들었다. 전달되어 오는 느낌과 몸으로 전달되어 들어오는 것이 그와 같이 생각되었다.

이것으로 볼 때 백두(白頭)의 빛 자등명과 연결되어 백두의 빛 자등명의 에너지를 받고자 할 때는

① 전지전능백두(白頭)자등명 마하자등명 진언(眞言)
② 전지전능백두(白頭)자등명 백두(白頭)마하자등명 진언(眞言)
③ 전지전능백두(白頭)자등명 마하자등명 백두(白頭)마하자등명 진언(眞言)
④ 전지전능백두(白頭)자등명 마하자등명 전지전능백두(白頭)자등명 백두(白頭)마하자등명 전지전능백두(白頭)자등명 마하자등명 백두(白頭)마하자등명 진언(眞言) 등

위의 네 가지 진언을 할 수 있다. 다만 진언을 하여 백두의 빛 자등명과 연결되어서 백두의 빛 에너지를 받고자 진언을 할 때는 너무 강하여 에너지를 받음에 머리가 아프거나 어지럽거나 하면 받지 않는 것이 좋고, 진언을 할 때 느낌이 있되 머리가 어지럽거나 또는 머리가 아프지 않은 것으로 하는 것이 좋다. 진언을 하면서

받는 기운이 너무 강하면 받아들이기도 어렵고, 기운을 강하게 받다보면 기운을 이기지 못하여 육체가 자꾸만 잠에 떨어지게도 하는 만큼 자기 자신에게 맞는 진언을 하는 것이 좋다.

빛덩어리 자등명 위에 있는 자등명의 이름은 본성의 빛 자등명이고 본성의 빛 자등명 위에 있는 자등명은 백두의 빛 자등명이라 할 것이다. 이와 같이 백두의 빛 자등명을 밝히는 바이니 수행 정진하여 오는 과정에서 본인이 본성의 빛을 넘어서면서 헤맨 것과 같이 헤매지 말고 바르게 올 수 있도록 하기 위해서 길을 밝힌다.

2011. 08. 27 13:59

본성의 빛 자등명으로
지구와 56단계에 피라미드를 설치하다

오늘 아침에 체조를 하고 좌선을 하고 앉아서 전지전능자등명 마하자등명 무엇을 못하겠는가? 전지전능 마하자등명이 하고자 하면 다 할 수 있는 것 아니겠는가? 그리고 모임에 참석했던 분들 중에 떠오르는 분들에게 저마다 각기 필요한 것들이 충족되어 편안해져라고 했다.

어떻게 하면 본성의 빛 자등명 중간을 넘어선 본인이 더 높이 올라갈 수 있을까? 이 육체를 다하기 전까지 본성의 빛 자등명에서 볼 때 최상 최고까지 이를 수 있을까? 어떻게 해야 거기까지 올라갈 수 있을까? 현재의식이 어디까지 미쳐야 본성의 빛 자등명의 최고 최상까지 올라가지는 것일까?

그러고 있는 사이 무주공산에 떠도는 연고 없는 중음신들을 어떻게 천도하여 구할까? 생각이 일어났다. 예전에 수행 열심히 할 때 한반도 상공에서 한반도 무주공산에 연고 없는 중음신을 천도했던 기억이 떠올랐다. 그래 한반도 본성의 빛 자등명으로 피라미드를 만들어 놓을까? 아니다. 한반도는 수행 열심히 할 때 전에 했으니 본성의 빛 자등명으로 지구에다 피라미드를 만들어 지구란 무주공산에 연고 없이 떠도는 중음신들이 천도되어 가도록 하자. 그리고 지구를 중심으로 본성의 빛 자등명으로 피라미드를 만들고 그 중간쯤에 생명에너지탕과 신성에너지탕을 p191 쪽의 그림(1)과 같이 만들어 놓았다.

아침 좌선을 마치고 움직이며 일을 하는데 생각이 일어났다. 작게는 지구지만 더 넓게는 지구가 속한 우주란 56단계가 아니겠는가? 56단계 전체를 본성의 빛 자등명으로 피라미드를 만들어 본성의 빛 자등명으로 올라오도록 하고, 올라오는데 공부가 부족한 이들은 공부해서 올라오도록 본성의 빛 자등명과 56단계 사이 위쪽에 업을 불리고 업을 내려놓고 올라오라고 목욕탕을 p191 쪽의 그림(2)과 같이 만들어 놓았다.

그러고 나서 생각이 일어났다. 현재 본인이 속한 한반도, 지구, 지구가 속한 우주의 56단계… 에 피라미드를 만들어 올라오도록 하는 것과 같이 본성의 빛 자등명에 이르기까지 모든 단계를 모두 다 본인의 품안에서 이루어지도록 해야 본성의 빛 자등명에서 볼 때 최고 최상까지 올라가게 되는 것은 아닐까? 하는 생각이 잠시 일어났다.

만약에 그렇다면 지구, 56단계까지는 오늘 했다. 어떻게 보면 본인의 현재의식에서 생각이 거기까지 이르렀기에 하게 된 것이고, 거기까지 해도 본인이 견딜 수 있으니 한 것이 아니겠는가? 본성의 빛 자등명, 전지전능 마하자등명으로 법(성)력을 높여서 지구, 56단계 이상을 현재의식 안에서 행해내며 보듬어 안아 함께 더불어 올라가야 하는 것 아닌가 싶다.

-27단계, 0 아수라, +27단계, 56단계에서… 135단계까지, 135단계에서 150단계까지 한 단계 한 단계 보듬어 함께 더불어 품고 내 품안에 있어야 하는 것 아닌가 싶다. 그러기 위해서 그렇게 되도록 수행 정진해야 할 것 같다.

지금까지는 한 단계 한 단계 혼자서 올라서 갔다. 본성의 빛 자등명에, 그리고 본성의 자등명에서 본성의 빛 자등명이 몸으로 내려왔다. 본성의 빛 자등명이 몸 안팎으로 있다. 이제는 본성의 빛 자등명으로 보듬어 함께 더불어 품어가야 하는 것 아닌가 싶다. 이제는 이것이 본인의 수행이 아닌가 싶다.

150단계에서 몸통 안팎으로 해서 본성의 빛 자등명이 마하자등명이 될 때까지 자꾸만 넓혀가는 것이 본인의 수행이 아닌가 싶고, 넓혀가는 그것이 이제는 단계를 더 높여가는 것이 아닌가 싶다.

살아 있는 사람이 아니고 어찌 죽은 중음신이고 영적 존재들일까? 잠시 생각해 보면 살아 있는 사람들은 육체란 칠통을 가지고 있어서 말을 해서 알려 주고 이것저것을 해 줘도 모르니 살아 있는 사람들을 어떻게 할 수 없으니 죽어서 육체가 없는 중음신 및 영적 존재들을 해주면 해주는 대로 다 알기에 그렇게밖에 할 수 있는 일이 아닌가 싶기도 하다. 2011. 08. 13. 15:59

수행하여 올라온 세계들의 간략한 정리

그림은 본인이 확철대오의 깨달음을 증득하고 지속적으로 수행하며 올라온 세계들을 그 당시 올라와서는 정리한 것이다.

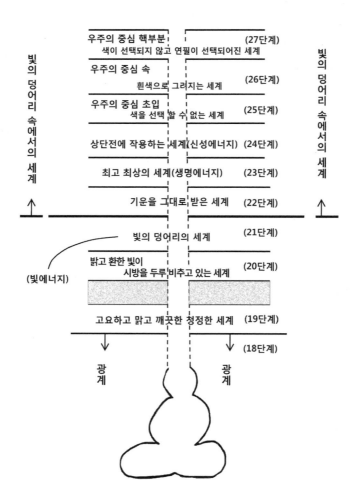

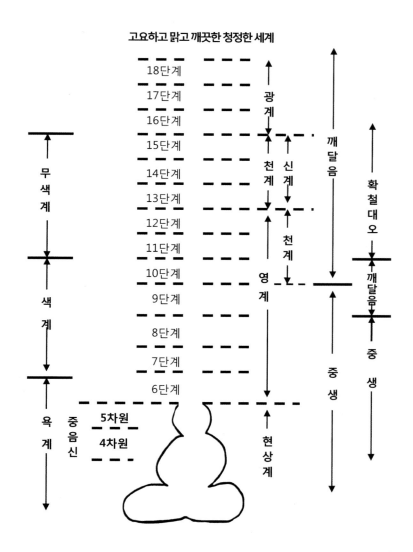

고요하고 맑고 깨끗한 청정한 세계

18단계
17단계 ┐
16단계 │ 광계
15단계 ┘
14단계 ┐ 천 신
13단계 │ 계 계
12단계 ┘
11단계 ┐ 천
10단계 │ 계
9단계 ┘ 영계
8단계
7단계
6단계

5차원
4차원

무색계
색계
욕계

중음신

현상계

깨달음
중생

확철대오
깨달음
중생

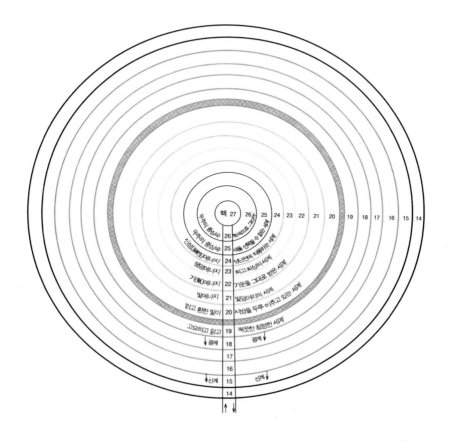

56단계 안 빛덩어리를 빠져나와 출신(出神)하여 본성의 빛 자등명
에 올라와 본성의 빛 자등명에 들어갔다 빠져나오고 또 백두의 빛
자등명, 그 위 자등명, 그 위 자등명을 하나하나 들어갔다가 빠져
나오며 빠져나올 당시 하나하나 그려놓았던 것인데, 넣을 수 있는
한 넣었다. 보고 초기 자등명 세계를 하나하나 빠져나오며 에너지
를 받았으면 좋겠다는 생각에 넣었다. 보고 자등명 에너지 받거나
자등명 하나하나 순서대로 들어갔다가 빠져나오며 에너지 받는 것
도 좋을 성싶다.

자등명(自燈明)이란 빛덩어리   정(精), 기(氣), 신(神)

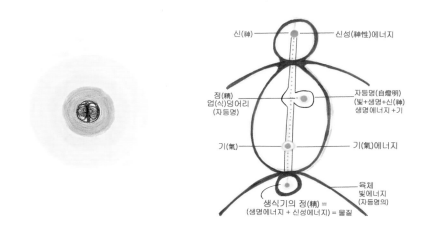

자등명(自燈明)이란 빛덩어리 해부

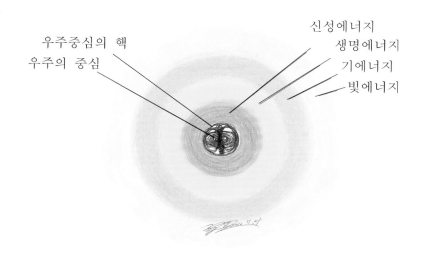

지구와 56단계에 피라미드

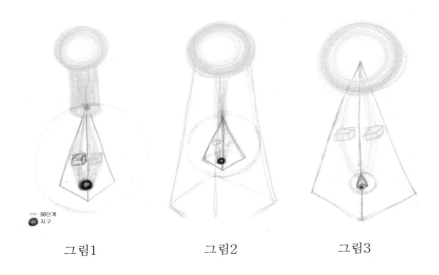

56단계
지구

그림1   그림2   그림3

초창기 뚫고 해부하며 올라온 자등명 세계들

1 본성의 빛 자등명   ## 2 백두의 빛 자등명

4 활망(活網)의 빛 자등명   6. 회6각(回六覺)의 빛 자등명

3 원왕(圓王)의 빛 자등명   5 몽완(夢完)의 빛 자등명

8. 연8각(蓮八覺)의 빛 자등명   10. 원8각원(圓八覺圓)의 빛 자등명

7. 회8각(回八覺)의 빛 자등명 9. 염8각원(炎八覺圓)의 빛 자등명

12. 완각원(完覺圓) 자등명

14. 2원8각(二圓八覺) 자등명

11. 만8각원(滿八覺圓) 자등명

13. 완원(完圓) 자등명

16 3원8각(三圓八覺) 자등명　　18 4원8각(四圓八覺) 자등명

15 2원8각원(二圓八覺圓) 자등명 17 3원8각원(三圓八覺圓) 자등명

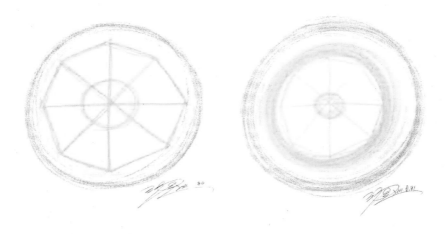

20. 5원8각(五圓八覺) 자등명   24. 7원8각(七圓八覺) 자등명

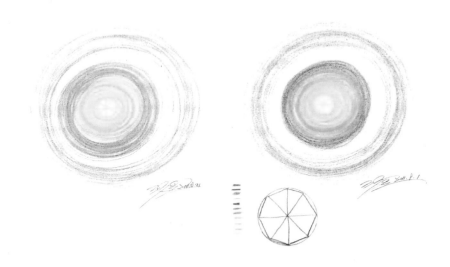

19. 4원8각원(四圓八覺圓) 자등명   22. 6원8각(六圓八覺) 자등명

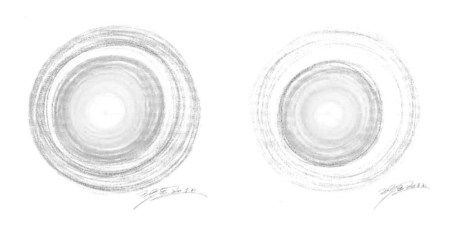

29 9원8각원(九圓八覺圓) 자등명　31 원해영절원(圓奚盈切圓) 자등명

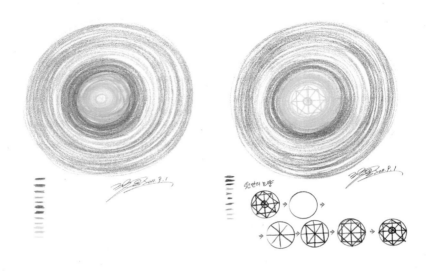

26. 8원8각(八圓八覺) 자등명　30. 원해영절(圓奚盈切) 자등명

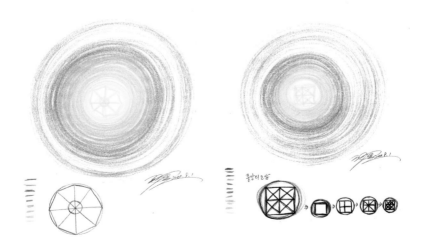

33 원미5점(圓迷五点) 자등명   35 원무한대1(圓無한대 一) 자등명

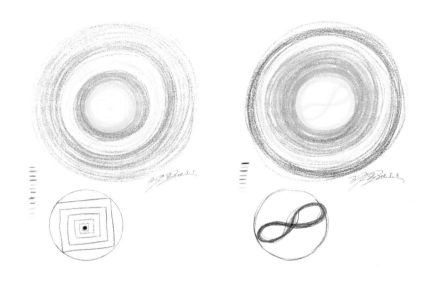

32 원미5선(圓迷5鐥) 자등명   34 원미완점(圓迷完点) 자등명

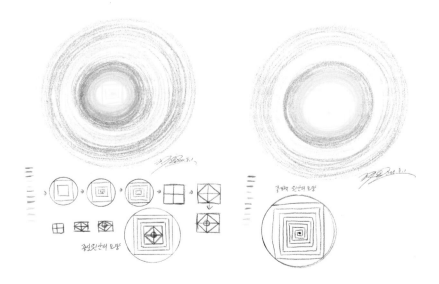

37 원무한대3(圓무한대三) 자등명   39 원무한대5(圓무한대五) 자등명

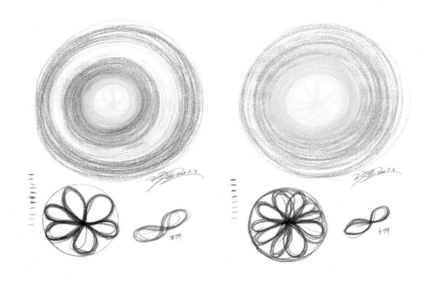

36 원무한대2(圓무한대二) 자등명   38 원무한대4(圓무한대四) 자등명

41 원무한대7(圓무한대七)자등명 43 원무한대9(圓무한대九)자등명

40 원무한대6(圓무한대六) 자등명 42 원무한8(圓무한대八) 자등명

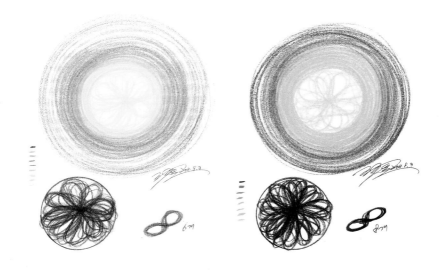

45 원달팽이점(圓달팽이点) 자등명　　47 원점(圓点) 자등명

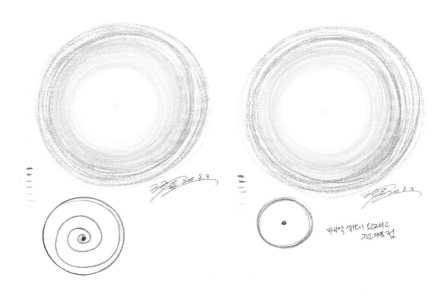

44 원무한대완(圓무한대完) 자등명　46 원원점(圓圓点) 자등명

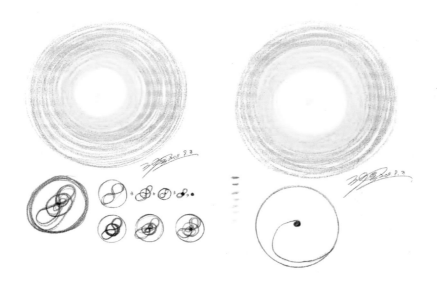

49 그로우점(grow点) 자등명 52 점빅원(点big圓) 자등명

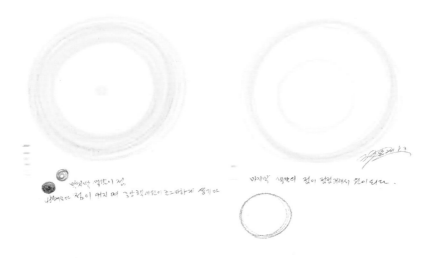

48 점(点)의 빛 자등명 50 점원(点圓)의 빛 자등명

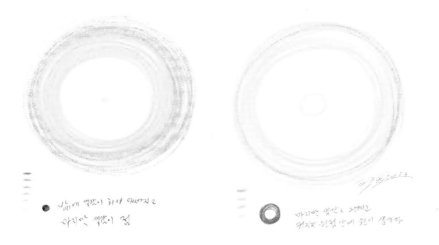

54 원완(圓完)의 빛 자등명   56. 문전서수(聞前瑞壽) 자등명

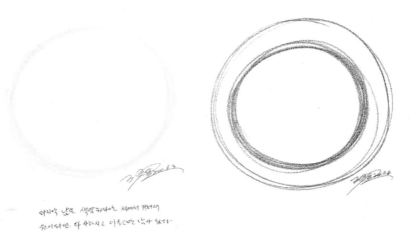

53 원(圓)의 빛 자등명,   55. 암양산엽(癌陽産燁) 자등명

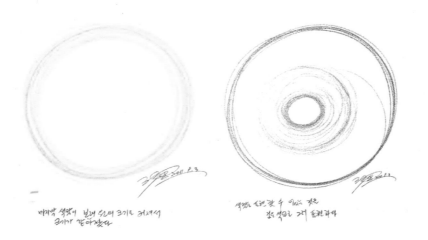

어디까지나 본인은
전정한 나를 찾아가는 길이다

수없이 많은 자등명 세계를 밝혀 드러내며 자등명 길을 열어놓지만 질리도록, 언제까지 밝혀야 끝이 나나 하지만, 왜 저럴까 하지만, 왜 끝없이 올라가며 밝혀 드러내는가? 이제 그만 올라가도 되지 않는가? 의식을 높여서 무엇 하겠다는 것인가? 현실 생활하면서 행복하고 즐겁게 살 수 있으면 되는 것 아닌가?

본인이 자등명 세계를 밝히고 올라가는 것에 대하여 의문이나 궁금증들이 많을 것으로 생각된다. 물론 전혀 관심 없는 사람들도 있겠지만 관심 있는 사람들은 믿고 믿지 않고를 떠나서 저렇게 올라갈 필요성이 있을까? 저것을 믿어야 하는가 말아야 하는 사람도 있을 것이며 개중에는 망상 속에서 놀고 있다고 할 것이다.

본인이 끝없이 올라가는 데는 다른 특별한 뜻이 없다. 그저 나를 찾아가는 것이다. 진정한 나를 찾아가는 것이다. 본인의 수행 연보를 알 수 있겠지만 본인 나를 찾기 위하 수행을 해왔고 나를 찾는 수행을 해가고 있는 것이다.

처음 수행은 생사에 걸려 수행을 시작했지만 수행을 시작하고 어느 정도 되어서는 내가 누구인가? 나를 찾고 싶었다. 그래서 내가 누구인가? 찾고 찾았다. 나를 찾으며 진정 이것이 나라고 할 수 없는 것들은 버리면서 진정 이것이 나라고 생각되는 것만을 쫓아 따라왔다.

그렇게 수행 정진 중에 확철대오의 깨달음을 증득했다. 확철대오의 깨달음을 증득하면 만사가 다 해결되고 확철대오 속에 진정한 내가 있을 것으로 알았다. 그런데 확철대오하고 보니 거기에도 내가 있었다. 다만 허공의 성품으로 하나이고 공의 성품 속 물질로 일체유심조였지, 물질 속에 있는 비물질의 나는 물질 속에 있었다. 깨달음은 공의 성품에 있었지만 진정한 나는 공의 성품에 있지 않았다. 다만 나라고 하는 육체란 물질은 공의 성품 속에 있었지만 물질 속에 있는 나는 그럼에도 있었다. 이것이 무엇인가? 살펴보았을 때 빛이란 생각을 갖게 되었고, 빛이란 생각을 갖게 됨으로 해서 법념처에 머물러서는 아니 되고 빛의 세계인 대광념처로 나아가야 한다고 생각하고, 또 질문에 대광념처로 나아가야 한다고 대답했었다. 그런 본인은 법념처에 머물를 수 없었으며 본인이 말한 대광념처로 와야지만 되었다.

내 안에서 진정 이것이 나라고할 빛을 찾고 찾았다. 그러다가 내 안에서 빛을 보고 그 어느 것에도 의탁 의지하지 않고 스스로 등불과 같이 빛을 발하는 것을 보고 자등명(自燈明)이라 이름했다. 내 안에서 빛을 보았으니 빛으로 가야만 했다. 빛을 보고 빛을 향하여 왔다.

빛에 이르러서 보니 이제는 내 안의 빛은 조각이고 더 큰 빛이 있는 듯싶었다. 그래서 이제는 조각난 빛이 아닌 떨어져 나온 조각 위에 빛을 향하여 올라왔다. 그렇게 떨어져 나온 근원적 빛을 찾아 올라오니 빛은 덩어리였다. 빛덩어리를 보았으니 이제는 빛덩어리로 들어왔고, 빛덩어리에 들어와서 보니 중심핵이 있어서 중심핵으로 들어왔고 중심핵으로 들어오니 빛덩어리의 중심핵을 빠져나와 28단계 빠져나오게 되었다. 그렇게 56단계 안에 들어가서 56단계 안을 관장하거나 살피는 것인지 알았다. 그렇게 살펴가는 과정에도 나는 있었다. 이와 같이 있는 나는 누구인가? 그렇게 나는 나를 관하여 보았다. 나를 관하여 보다가 육체와 연결된 부분들을 보고 그 부분들을 터치해 봄으로 해서 어느 순간 육체 안에 있는 나와 육체와 분리가 되는 출신(出神)을 하였다.

출신하면서 또 올라왔다. 올라오면서 보았을 때 나는 높은 위치에 올라오지만 그럼에도 거기에 나는 있었다. 출신의 끝자락에서 빛덩어리를 만나고 이제 다 왔나 싶어서 이것의 빛을 본성(本性)이라 이름하고 본성의 빛 자등명에 들어갔었다. 들어가니 보니 중심이 있어 중심을 가니 또 빠져나오는 길이 있었다. 빠져나와서 살펴보니 아래가 굽어져 보여서 이곳을 빠져나오면 이제 다 이루었는가 싶었다. 어! 그런데 또 다른 위가 보인다. 그럼에도 나는 있었다. 그렇게 또 보이는 곳을 향하여 왔다. 그렇게 진정한 나를 찾아 위로 위로 올라왔다. 그렇게 올라오다가 여러 개가 다섯 넷 셋 둘 하나가 되는 빛덩어리에 이르렀다. 이른 것만으로 이제 다 왔는가 싶었다. 더 이상은 없는지 알았다. 그래서 이것의 이름을 근본이라고 이름을 지었다. 근본자등명….

근본자등명 속으로 들어가고 그렇게 근본자등명 속에서도 자꾸만 중심으로 들어갔다. 중심에 들어가면 끝나는지 알았는데, 처음에는 중심에서 아래를 전부 다 살피는지 알았다. 나중에 안 사실이지만 이 근본자등명도 빠져 나와 다른 곳으로 가고 있는데 그것을 모르고, 올라온 것만을 보고 있었다. 그리고 육체와 자등명 세계의 관계란 글까지 썼었다.

그러다가 이게 아닌데 싶어서 뒤돌아서 올라오기 시작했다.

56단계 안에서는 업의 작용이라면 자등명 세계에서는 업이라고 할 수 없는 무엇인가 모르겠지만 비워야 올라올 수 있는 것 같다고 말했었다. 지금 살펴보면 이것은 업이라고 할 수 없지만 업과 다르지 않다고도 할 수 있는 것이다. 근본자등명에서 56단계까지만 살펴본다면 근본에서 그 밑으로… 그 밑에서 그 밑으로… 떨어지며 56단계 안에 들어와 있게 되었고, 56단계 안에서 업을 짓고 업에 의하여 윤회하고 있었던 것이었다.

만약이 떨어진 것이 다시 올라오려고 한다면 56단계에서 가지고 있었던 것을 버려야 56단계 위로 올라올 수 있고 또 그 위에 올라오려면 그 이에 올라올 수 있도록 가지고 있는 아래 것을 버려야 올라 올 수 있는 것과 같다. 업이라고 할 수는 없지만 자등명 세계에서 떨어지면서 갖게 된 것들을 버리지 않거나 비우지 않고서는 위로 올라올 수 없다. 업의 관점에서 보면 이 또한 업이라고 할 수 없지만 56단계 안에서와 같이 업으로 윤회하는 관점이 아닌 만큼 윤회의 업이라고는 할 수 없지만 업과 다르지 않다고 할 수 있는 것이다. 떨어지면 가지고 왔고 비우거나 놓아야 올라올 수 있는 만큼 업에는 분명하기 때문이다.

이와 같이 근본까지 왔지만 여전히 나는 그럼에도 있었다. 그러니 당연히 나를 찾을 수밖에 없지 않겠는가? 그래서 또 올라올 수 있는 한 수행 정진하여 올라왔다. 자등명군을 빠져 나와 자등명 군단에 들어가고 또 자등명군단을 빠져나와도 나는 여전히 여기에 있고 자등명들이 나라고는 할 수 있지만 나다라고 나와 동일시 행할 수는 없어서 자등명이 있고 내가 있는 것이다. 분리되어 하나 되지 못하고 내가 아닌 타인으로 있었다.

몇 개의 자등명군단을 빠져나오고 궁극에 이르러도 그랬다. 궁극에 이르렀는데 또 빠져나와 궁극 위로 올라왔다. 궁극 위에 올라와서 그곳에서 오직 하나만 남아 있는 맨 위 근비에 올라왔지만 역시나 빠져나왔다. 그것이 되지 못하고 빠져나와 나와 그것들은 하나인 듯하지만 타인처럼 있었다. 근비 위에서도 마찬가지로 근비 맨 위 근미시에 올라왔지만 빠져나왔지 그것이 되지 못하고 또 그것은 내가 되지 못했다. 그래서 또 근미시 맨 위 근에 이르렀지만 근이 되지 못하고 근을 빠져나와 또 위를 행하여 왔다. 저것이 진정한 나인가하고 올라오면 그것은 언제나 그랬던 것처럼 진정한 내가 아니었다. 그래서 또 빠져나와 올라가고 있다.

근에서 맨 위 하나에 이르면 진정한 나라고 할 수 있을까? 근 위 맨 위 미시현에 이르렀지만 역시 그것은 진정한 내가 아니기에 그것이 내가 되지 못하고 내가 그것이 되지 못한 채 또 미시현을 빠져나와 미시현 맨 위 미근에 이르렀다. 미근에 이르기도 전에 미근을 통과했다. 그냥 쏜살같이 통과했다. 빛의 속도보다 더 빠르게 통과해 빠져나왔다.

올라오면서 세계 세계의 이름들을 지었지만 이름들을 살펴보라. 이름들을 살펴보면 알 수 있을 것이다. 위에 것은 아래 것보다 더 근원적 근본으로 나아가고 아래 것은 근원적 근본에서 멀어져 있다는 것을 알 수 있을 것이다. 이것이 본인으로 하여금 위로 향하여 올라가게 하는 것이다. 본인의 호기심을 유발하고 또 그 위에는 어떤 세계일까? 진정 이것이 나라고 할 나는 있는 것인가? 그것은 어디에 있을까? 육체와 인연이 다할 때까지는 도달할 수 있는 것인가?

올라온 길을 되짚어 살펴보면 참 많이도 왔고 높이 올라도 왔다. 아래서 위를 보면 위는 근원적 근본에 가까워져가고 아래는 근원적 근본에서 점점 멀어져 있다는 것을 알 수 있을 것이다. 아래서 위로 올라오기 위해서는 아래 것을 버리지 못하고서는 올라올 수 없다. 아래 것을 버려야 위로 올라올 수 있다. 그런 만큼 위로 올라올수록 위로 올라갈수록 그만큼 순수 순백 근원적 근본에 가까이 가게 되고 그러면서 진정한 자기 자신을 찾아가는 것이다.

지금까지 본인이 수행 정진해 왔지만 본인이 전지전능한 절대자 빛이란 사실을 알지만 전지전능한 절대자 빛이 되지 못한 것이다. 올라가고 올라가서 벗기고 버리고 버리며 올라가는데도 갈 길은 먼 듯싶다. 어디가 끝인지도 모르고 간다.

육체와의 인연이 다할 때까지 진정한 나를 찾아서 내가 그이고 그가 내가 될 수 있는 때가 올까? 육체를 버리면 더 이상 올라갈 수 없을지도 모르기에 오르고 또 오르고 있는 것이다. 육체와의 인연이 다하는 날까지 진정 이것이 나라고 할 나를 만나고 그가 내가 되고 내가 그가 되는 그때까지 올라가는 것이다.

전에 군을 그릴 때 더 이상 옮길 수가 없어서 그리다 그리는 것을 멈추고, 군단을 그렸는데, 그리고 군단을 그리고 있는데, 어느 때 군단도 그릴 수 없을 때가 올지도 모른다. 그때는 어떻게 해야 할지 그때 가서 생각하기로 하고 쉬지 않고 올라갈 뿐이다.

올라가면 밝혀 드러내는 것은 나를 위하여 진정한 나를 찾아가는데 필요에 의해서 밝혀 드러내고 보이는 것이지 공부하는 사람들을 위해서 하는 것이 아니다. 본인이 그렇게 함으로 해서 어쩌거나 따라오는 사람들은 똑같은 길을 따라 올라와야 함으로 나쁘지 않을 거란 생각일 뿐, 본인이 타인을 어떻게 할 수는 없는 것이 아닌가 싶다.

확철대오의 깨달음을 증득하고도 식(識)이 사라지지 않고 식(識)이 있으니 이것 때문에 유식학이 생겨나게 되었는데, 지금 본인과 같이 올라온다면 유식학이 필요가 없는 것이 아닌가 싶다. 공의 성품에 본성을 두고 근본을 두니 공의 성품 속에 있는 식(識) 때문에 유식학이 생겨났으니 그 이상이 있으니 자연 유식학은 사라져야 하는 것 아닌가 싶다.

본인이 자등명 세계를 올라오면서 밝혀놓은 자등명 세계의 이름들을 살펴보면 알 수 있을 것이다. 근여여 근해탈 근자비… 여여의 뿌리, 해탈의 뿌리, 자비의 뿌리… 이것들을 거쳐 지금에 있는 것이고 그 위를 올라가야 이것으로부터 벗어나는 것이 아닌가 싶다. 어제 올라온 세계의 이름을 지어보니 극미창조계(極微創造界)란다. 이곳에는 어떤 일들이 있을지 모르지만 올라가는 만큼 지금 나라고 하는 나는 더욱 순수 순백 진정한 나를 향하여 올라가는 것이 될 것이며 올라가는 이것이 또한 진정한 나를 찾아가는 것이 아닌가 싶다.

56단계 안은 극미창조계(極微創造界) 위는 어떤지 모르겠지만 극미창조계(極微創造界) 아래는 하나의 세계 하나의 세계를 걸쳐서 떨어지는 만큼 밑으로 내려갈 때 위에 있는 것을 가져가거나 품고 내려가고 내려갔으니 56단계 안은 가늠할 수 없는 위에 위에… 맨 처음이라고 할 수 있는 데서부터 모두 다 조금씩 가지고 내려오거나 품고 내려온 만큼 56단계 안에 있는 모든 존재들은 위에 모든 것들 다 품고 가지고 있는 것일 것이다. 그런 고로 56단계 안에 살아있는 모든 존재들은 스스로 이러한 모든 것을 알지 못해서 그렇지 만물의 영장이 아닐 수 없는 것 아닌가 싶다. 다만 기억하지 못하고 의식하지 못하고 무의식이나 잠재의식에서 조차 잊고 있어서 활용하지 못하고 꺼내서 쓰지 못해서 그럴 뿐, 전지전능한 절대자이고 56단계 자등명 세계의 모두 다 가지고 있고 품고 있는 것 아니겠는가? 가지고 있는 것을 버리고 비우며 진정한 나를 찾아 가는 길이다.

자등명 세계의 길을 밝혀 드러내지만 그것은 본인뿐만 아니라 생명을 가진 존재라면 누구나 할 것 없이 버리고 올라와야 할 길이고 또 진정한 자기 자신을 찾기 위해서는 올라오지 않으면 안 되는 길 아닌가 싶다. 2012. 12. 22. 11:18

수행 단계의 의식 구분 이와 같이 해보았다

1, 2, 3, 4, 5, 6, 7, 8, 9, 10, 11단계를 깨달음의 의식이라 할 것이며 11단계는 확철대오의 단계로 확철대오의 깨달음을 증득함과 동시에 우주의식이 되는 것이 아니라 자성경계가 깨짐으로 우주와 하나가 되어가는 과정에 있음으로 우주의식이라고 하기에는 그렇고 우주의식이 되어 가는 과정의 단계로 보면 될 것이다. 그러므로 우주의식은 12단계에서부터 우주의식이라고 해야 맞지 않을까 싶다.

12~19단계의 의식을 우주의식이라 할 것이며 고요하고 맑고 깨끗한 청정한 세계의 19단계 위 구름 같은 것을 뚫고 올라서 맞이하게 된 맑고 환한 빛이 시방을 두루 비추고 있는 세계 20단계와 빛덩어리가 빛에너지를 뿜어내고 있는 21단계의 의식을 법계(法界)의식 또는 법운지(法雲地) 의식이라 할 것이며 빛덩어리 속에서의 세계 22~27단계 의식을 빛의 의식이라 할 것이다.

빛덩어리의 핵 27단계를 빠져나온 28단계, 28단계에서 출신하여 본성의 빛에 이르기까지의 134단계 의식을 출신되어 있는 상태임으로 유령의식이라고 해야 맞는 것 아닌가 싶다.

135~150단계의 본성의 빛 자등명에 올라섬으로 해서 자등명 의식이라 할 것이다.

수행하여 본성의 빛 자등명에 스스로 올라오는 경우에는 출신하여 올라와야 하지만 이미 출신하여 자등명 세계에 간 사람의 도움으로 본성의 빛 자등명에 올라서게 되는 경우, 자등명 세계에서 아래 7개의 자등명을 내려 쏴주고 140단계에서 145단계로 꺼내고 145단계로 꺼낸 다음에 150단계로 올려놓으면 된다.

전지전능 시진시자등명
전지전능 홍분원자등명
전지전능 연포분안자등명
전지전능 물애불협자등명

전지전능 허달약착자등명
전지전능 침신소심자등명
전지전능 지인석위자등명

본성의 빛 자등명에 올라섬으로 인하여 자등명의식이 되고 자등명 의식은 흰색의 원 숫자가 많을수록 자등명 세계의 단계가 높다.
본성의 빛 자등명에서부터 색깔로 드러낼 수 있는 54번째 원완 자등명까지는 자등명 의식으로 흰색 원 1(하나)에 사방으로 빛을 비추고 55번째 암양산엽 자등명에서부터 무한대로 올라가기 전 앙양화 자등명까지는 자등명 의식으로 흰색 원이 두 개, 무한대로 들어서는 야찬혼하 자등명에서부터 근본자등명에 올라서기까지는 흰색 원이 세 개, 근본자등명에 올라서면 자등명 의식으로 흰색 원이 네 개가 되는 것 아닌가 싶다.
이와 같이 자등명 세계에서는 자등명 의식이 올라갈수록 흰색 원의 개수가 많아진다.
그림을 그릴 줄 아는 사람은 그림을 그려서 수행의 경지를 가늠해 알 수 있겠지만 그렇지 않은 분들은 테스트를 통해서 알 수도 있지 않을까 싶다.
깨달음을 증득했는가? 혜오했는가? 견성했는가? 확철대오의 깨달음을 증득했는가? 우주 의식인가? 자등명 의식인가? 자등명 의식인 경우 흰색 원이 몇 개인가?
(원은 자성경계가 원으로 드러날 수도 있고 또 자성경계가 아닐지라도 깨달음을 증득했을 때도 원으로 드러날 수 있는 만큼 반드시 원은 흰색이어야 한다. 흰색 원은 자등명 세계에 올라온 사람으로 자등명 의식인 사람에게서만 나타나는 현상이 아닌가 싶다.) 2012. 7. 23. 13:10

출신(出神)과 미비출비(尾秘出秘)는
이런 가운데에서 이루어진다

기가 차서는 출신이 되지 않는다. 기를 채우고 채워도 한량없이 채울 수 있는 것이 기(氣)다. 출신을 시키는 것은 기가 아니다.

지구가 속한 우주란 56단계 안에는 기가 가득 차있고, 이 56단계를 빠져나오는 곳 아래쪽에서는 빛덩어리가 있는데, 그 빛덩어리 들어가는 입구에서부터 살펴보면 빛에너지 그 안에 기에너지, 기에너지 그 안에 생명에너지, 생명에너지 그 안에 신성에너지가 있다. 이 빛덩어리 안에 들어가면 순서적으로 빛덩어리-기에너지-생명에너지-신성에너지의 세계에 들어가게 되어 있고 신성에너지 세계에 들어가서는 그 중심에 들어가야 하고 그 중심을 빠져나와 24단계에 이르게 되고, 동그란 원안에 무한대가 있는 세계 속으로 들어가면 25단계에 들어가게 되고, 25단계의 세계에 들어가서 무한대로 들어가면 마치 몸 안이 왼쪽 오른쪽으로 하나하나의 타원형을 이루는 듯 몸이 두 개의 원을 이루며 무한대를 이루고 무한대를 이루는 왼쪽과 오른쪽 중심에 들어가면 팽이처럼 돌아가는 26단계에 들어서고, 팽이처럼 돌아가는 26단계의 세계에 들어가서 중심에 들어가며 27단계, 26단계 팽이 같은 것보다 더 작은 팽이 같은 27단계에 이르게 되고 이 27단계 중심핵에 들어가서 빠져나오게 되면 28단계, 즉 56단계 위에 이르게 된다.

이 28(56)단계에서 수행 정진하게 되면 다중 우주의 에너지, 56단계 밖의 에너지를 받게 되고 56단계 밖의 에너지 받아서는 육체 안에서 영체와 연결된 차크라(쿠다라니, 신경총)가 조금씩 자극되고 자극되어서는 차크라(쿠다라니. 신경총)가 하나씩 열리고 차크라가 열리는 과정에서 심장신경총이 열리면서 심장신경총 안에 있던 업식덩어리가 마음이란 자리로 나오게 되고, 업식덩어리가 마음이란 자리로 나와서는 마음이란 자리에 빛 즉 자등명만이 있게 되고, 그런 과정을 거쳐 차크라가 하나 둘 열리면서 명신(정수리)

이 열리고 명신 아래 대뇌신경총이 열리면서 명신 위로 꽃 같은 모양이 피어나고, 피어난 꽃 같은 모양 중심으로 머릿속에 있는 신이 빠져나오고, 신을 따라 자등명이 따라 나오고 자등명을 따라 단전에 기가 따라 나온다. 신과 업식덩어리 기는 하나의 선으로 연결되어 육체 안에서 빠져나온다. 이 선은 육체와 빠져나온 신과 영과 연결되어 있는데 이 선은 육체 안쪽 배꼽 아래쪽에 연결되어 있다. 이 연결되어 있는 곳을 본인은 체계류라고 이름했다.

육체를 빠져나온 신은 자기 자신의 수행 단계보다 10단계 위까지 올라가고, 뒤 따라 올라오던 업식덩어리, 자등명을 에워싸고 있던 업식덩어리는 11단계에서 12단계로 올라오면서 자등명에 달라붙어 있는 업식들을 떨어뜨린다. 이때 자등명은 위로 올라와 신과 하나가 된다. 이와 같이 신과 자등명이 하나가 된 것을 본인은 신자명이라 이름했다. 자등명은 신에 달라붙어 신을 중심에 두고 달라붙어 하나가 되고, 자등명에 달라붙어 있던 업식은 마음자리로 떨어지고, 업식덩어리를 따라 올라오던 기운덩어리는 11단계에서 12단계를 올라오면서 자취의 흔적도 없이 사라진다. 우주 허공과 하나가 된다,

출신(出神)은 56단계 안의 에너지로 출신되는 것이 아니라 56단계 밖의 에너지로 출신된다. 56단계를 뚫고 올라와야 하는 아래쪽에는 빛덩어리가 있어서 빛덩어리를 뚫고 올라오기 전까지는 56단계를 올라올 수 없으며 빛덩어리를 모두 다 뚫고 올라와야 56단게 위로 올라올 수 있다. 빛덩어리를 뚫고 올라오기 전까지는 빛덩어리가 밝고 환하게 비추는 20단계가 있고 20단계 아래쪽에는 뚫고 올라와야 하는 구름 같은 기운덩어리가 있고 그 아래쪽 19단계에는 고요하고 맑고 깨끗한 청정한 세계 19단계의 세계가 있다. 이 세계는 뱀 이무기 용들이 승천되어 올라가는 세계 이 세계에 여의주가 있다.

지구가 속한 우주의 기운 대부분 19단계까지 흩어져 있다. 20단계는 기운과 다른 빛에너지이고, 21단계는 기운이 있는 그대로의 세계이고, 22단계는 생명에너지의 세계이고 23단계는 신성에너지의 세계이다. 흔히 일반적으로 기를 말할 때는 19단계까지 말하는 것

이고 20단계 위에서부터는 작용하는 것이 다르다.

수행자가 수행의 단계가 높아져서 황금오로라가 생기는 것은 빛에너지의 빛덩어리의 에너지가 단전에 들어가게 되면 황금오로라가 생기고, 기운에너지가 들어가면 기운이 아주 순수하게 맑고 깨끗하게 되고 단전에서 작용하며 육체란 몸을 청결하게 하고 생명에너지는 마음부분에서 작용하며 업식덩어리를 녹이고, 신성에너지는 머리 부분에서 작용하며 업을 흩어지게 한다. 뭉쳐있는 기운덩어리를 녹이는 것은 신성에너지를 끌어다가 녹일 수 있으며 자등명에 달라붙어 있는 업식은 생명에너지로 흩어지게 할 수 있다.

우주 허공에는 즉 지구의 허공에는 이것들이 뒤섞이어 있는데, 허공에 100이란 공간이 있다고 가정할 때 대략 100에 65.5은 기에너지, 27.5은 생명에너지, 7은 신성에너지가 포함되어 있고, 56단계 밖의 에너지 즉 출신의 모티브가 되는 에너지가 1이 있으려면 허공의 기운이 천만(10.000.000)이 있어야 출신할 수 있는 에너지 1이 몸통 안에 들어오게 된다. 이 1이 100이 되었을 때 가득 찼을 때 차크라(쿠다라니, 신경총)가 하나씩 열리면서 즉 조금씩 차면서 차크라가 열리고 모두 다 차서는 모든 차크라가 열리고 열려서는 출신하게 되는 것이다.

자기 자신 스스로의 수행으로 보면 이와 같이 자기 자신이 수행 정진해서 56단계 위의 에너지를 가져다가 그 에너지를 채워서 차크라를 하나하나 열고 모두 다 열어서는 출신하게 되는 것이다. 출신해서는 본성의 빛 자등명에 이르기까지 유령의식으로 단계 57-135단계를 수행 정진하며 올라와야 하는 것이다.

출신을 시켜주는 경우에는 미리 출신되어 올라간 사람이 출신되어 올라간 세계의 에너지로 기, 빛에너지, 기에너지, 생명에너지, 신성에너지가 아닌 이들 에너지 위 세계의, 이들 에너지를 뛰어 넘는 자등명에너지를 가지고 출신시켜 주는 사람의 몸통 안에 들어가서 육체와 영체와 연결되어 있는, 뿌리 내리고 있는 차크라(쿠다라니, 신경총)를 하나하나 그 뿌리를 녹이며 제거했을 때 그래서 모든 신경총이 육체와 떨어졌을 때 육체 안에 있던 영체가 육체 안에서 명신을 통하여 몸 밖으로 나오게 되는 것이다.

위에 설명은 몸통 안에 들어가서 출신시켰을 경우이고 내리 쏴주면서 출신시키는 경우는 출신되도록 하는 자등명에너지가 있는 자등명 세계를 오르고 올라서 위에 에너지를 쏴주는 사람이 탈자등명에너지 위의 세계에 올라섬으로 인하여 탈자등명에너지를 몸통 안에 쏴줌으로 해서 몸통 안에 탈자등명에너지가 들어감으로 해서 육체에 뿌리 내리고 연결되어 있던 신경총들이 탈자등명에너지가 몸통 안으로 들어옴으로 인하여 자연스럽게 녹음으로 인하여 자연스럽게 출신이 된다고 하겠다.

수행자가 수행을 할 때 호흡을 통하여 기를 축기한다고 했을 때 축기하는 기를 100이라고 가정할 때 축기할 때마다 65.5는 단전에 쌓이고 27.5는 중단전에 쌓이고 0.7은 상단전에 동시에 작용한다고 하겠다. 하단전 중단전 상단전이 연결되어 톱니바퀴가 위의 비율대로 돌아가며 쌓이게 된다고 하겠으며 쌓이는 정도에 따라 다르게 현상들이 일어나기도 한다고 하겠다. 다르게 쌓이는 경우에는 하단전의 의식, 또는 중단전이 의식, 상단전의 의식, 어느 곳을 더 집중적으로 의식하느냐에 따르기도 하고 또 호흡을 집중함으로 해서 집중함으로 이다와 핑갈라를 따라 머리 부분의 신으로 가는 것이 다름에 따라 다르게 나타나기도 한다고 하겠다.

이와 같이 호흡을 통한 수행으로는 기에너지 생명에너지 신성에너지를 어느 정도 쌓을 수 있지만 22단계의 기에너지에 있는 기에너지, 23단계에 있는 생명에너지, 24단계에 있는 신성에너지를 마음대로 가져다 쓸 수 없으며 또한 출신이 되도록 하는 자등명에너지는 56단계에 위에 올라서지 않고서는 채울 수도 없어서 출신될 수 없으며 또한 자등명 세계에 올라서지 않고서는 아니 자등명 세계의 자등명에너지를 마음대로 쓸 수 있는 사람이 아니고서는 출신을 시켜줄 수 없으며 탈자등명에너지 세계 위를 오르지 않은 사람은 에너지를 쏴준다고 출신되지 않는다 하겠다.

단순히 호흡을 통한 축기로 기 천만(10.000.000)에 1이 들어있는 자등명에너지를 몸통 가득 채운다는 것은 천만분의 1이 있는 것을 가득 채운다는 한계가 있다고 할 것이다, 그런고로 지금까지 출신에 대한 이야기는 있었지만 확연하게 이렇게 출신이 된다는 출신에 대한 이야기는 없이 뜬구름처럼 전해진 것이 아닌가 싶다.

설명한 것과 같이 기의 축기를 아무리 가득 채워도 출신된다는 것은 어렵다 하겠으며 출신이 되려고 한다면 우주의 핵을 빠져나와 56단계에 올라서거나 아니면 자등명 세계 이상의 세계에 올라가 있는 수행자의 자등명에너지를 받아서 가득 채운 후에 출신하거나 또는 출신되어 올라가서 자등명 세계에 있는 사람의 도움을 받아서 출신을 하게 되면 된다고 하겠다.

명신이 열렸음이란 바로 자등명에너지를 받을 수 있는 기반이 되었다 할 것이다. 명신이 열리지 않고서는 자등명에너지를 받을 수 없다고 하겠다.

기를 돌리는 것과 빛에너지를 돌리는 것과 기에너지, 생명에너지, 신성에너지, 자등명에너지, 탈자등명에너지를 돌리거나 사용하는 것은 차이가 많다고 하겠다.

출신은 56단계라고 하는 영미혼(靈迷魂) 대혼(大魂)의 세계를 빠져나올 때 필요한 것이었다면 미비출비(尾秘出秘)는 자등명 세계를 시작으로 영, 혼 신, 신영혼, 본향, 고향, 신… 들의 모든 세계를 한 덩어리로 한 영신영(靈神靈) 세계를 빠져나올 때 필요한 것이다.

출신이 그랬던 것처럼 미비출비(尾秘出秘) 역시 그러할 뿐 글자의 해석과는 전혀 관계가 없다 하겠다. 다만 글자의 해석으로 본다면 미비출비는 미비(尾秘)가 비밀스럽게 나온다는 것으로 봐야 한다. 미비는 더 이상 이 세계 이 세상의 언어로는 표현할 방법이 없고 드러낼 수 없으니 미(尾)자를 드러냄으로 끝을 말하고 끝을 말하면서 더 이상 드러낼 수 없으니 비밀스러운 것이란 뜻으로 비(秘)로 드러내어 미비(尾秘)라 하였으니 그 미비에 비밀스러운 것이 또 있으니 그 비밀스러운 것을 이름하여 비(秘)라고 하고 이것이 나오는 것을 이름하여 미비출비(尾秘出秘)라 하는 것이라고 보면 된다.

그러므로 미비출비(尾秘出秘) 역시 영신영 세계 맨 위에 올라와서 그 위 미비영 세계의 에너지를 받음으로 해서 그 위에 에너지를 채움으로 해서 미비출비(尾秘出秘)하게 된다 하겠다. 출신할 때와 같이 스스로 미비출비하기 위해서는 영신영 세계 맨 위까지 와야 하고 와서는 위 에너지를 채우고 연결되어 있는 것을 하나하나 녹이거나 열어서 미비출비하여야 한다. 누군가 미비출비(尾秘出秘)를 시켜주기 위해서는 출신 때와 비슷하게 미비출비시켜 줄 수 있는 즉 미비출비가 되도록 하는 에너지를 줄 수 있는 사람이어야 하고 그 이상의 세계에 올라가서 미비출비되도록 하는 에너지를 마음대로 사용할 수 있는 사람이어야 한다, 위 에너지를 쏴서 미비출비시키려 한다고 되는 것이 아니라 미비출비 못하도록 연결되어 있는 뿌리를 녹일 수 있는 위 세계에 이르러 있어야 위 에너지를 쏴주는 것만으로도 몸통 안에 들어가서 연결되어 있는 것을 녹이고 연결의 끝이 없어지고 그런 다음에 미비출비가 된다고 하겠다. 이런 것이 맞지 않으면 출신도 하지 못할 뿐 아니라 미비출비도 할 수 없다.

스스로 할 경우에는 자기 자신이 수행 정진하면서 내려놓으며 올라왔으니 업의 티끌이 없어서 크게 어려움이 없겠으나 누군가 위에 있는 사람이 출신이나 미비출비를 시켰을 경우에는 시술받은 사람의 수행이 거기에 미치지 못함에도 해주게 되는 만큼 출신이나 미비출비시킨 사람이 상대방의 업이나 그 외 출신이나 미비출비할 때까지 내려놓아야 할 것들을 끌어안아야 한다고 하겠다.

조금씩 받는 것이 아니라 갑자기 이루어지는 만큼 갑자기 받게 되고 받아서는 몸으로 지탱하며 감내해야 한다.

출신이나 미비출비를 시켜주고 시술받은 사람의 업이나 올라온 데까지 내려놓아야 할 짐을 떠안으면서 해준다고 해도 시술 받은 사람이 집착하면 집착하는 대로 더 강한 자석을 가지고 있는 것과 같이 강하게 끌어당긴다고 하겠다. 마치 강력하게 흡입력이 생긴다고 하겠다. 그래서 조금해야 한다.

이런 관계로 출신이나 미비출비 시켜주는 것은 시술해 주는 사람은 시술받는 사람의 업이나 탁함 그 외에 많은 짐을 떠맡게 되고, 시술받은 사람은 시술받고서는 어느 정도는 좋을 수 있으나 어느 정도 지나고 나면 주변에 것들이 더 강하게 흡입된다. 팔정도를 행하고 오욕락과 삼독심을 가지고 있지 않다면 다행이지만 그렇지 않고 이런 것들을 가지고 있다면 시술해 준 사람의 에너지가 빠져나가고 나면 강력하게 주변의 것을 빨아들이는 흡입력을 갖게 된다. 그러기 때문에 팔정도를 갖지 않으면 안 된다. 팔정도를 갖지 않거나 오욕락, 삼독심, 물든 마음을 쫓는다면 순식간에 지옥의 나락으로 떨어지고 지옥으로 떨어져서는 지옥의 밑으로 떨어지는 만큼 조심스럽다.

수행하려고 하는 사람이 이생에 아니면 그 어느 생에 이런 것들을 녹이고 위로 올라올 수 없을지 모르지만, 못 올라올지도 모르기에 본인이야 조금 고생하거나 고통스럽고 괴로워하며 녹이면 며칠이면 되는데, 그런 생각을 가지고 지금껏 녹여주고 쏴주고 출신시켜 주고 그랬는데, 지옥으로 떨어지고 지옥 깊은 곳으로 떨어지는 것을 보면 몇 번이고 이야기해도 되지 않는 것을 보면서 본인이 시술해주는 것 역시도 이런 부분을 고려해서 시술해주고 쏴줘야 하는 것 아닌가 싶기도 하다. 좋아지라고 모두 다 떠안으며 해주는데, 떠안아서 본인이 힘들고 고통스럽더라도 해주는데, 되돌아서 지옥으로 떨어지는 것을 보면 괜히 해줘서 지옥으로 떨어지게 하는 것 아닌가 싶은 생각에 이것을 구별해야 하나? 싶은 생각이 최근에는 든다. 2013. 05. 16. 12:31

이와 같이 수행한 세계가
주관이 객관으로 바뀌었다

56단계의 영미혼(靈迷魂) 대혼(大魂)의 세계, 영미혼 세계 맨 위에 올라와 출신해서 자등명 세계에 올라와 영, 혼 신, 신영혼, 본향, 고향, 신… 들의 모든 세계를 한 덩어리로 한 영신영(靈神靈) 세계, 맨 위에 올라와 미비출비하고 미비령 세계에 올라와 미비령 세계를 밝혀 드러낼 때까지는 주관적이었다.

미비령 세계를 하나하나 밝혀 드러내다 어느 순간 지금까지 밝혀 드러내며 올라온 56단계가 한 덩어리이고, 출신(出神)해서 올라와 밝혀 드러낸 본성, 근본, 영, 혼, 신, 본향, 고향… 수없이 많이 밝혀 드러내며 올라온 자등명 세계가 한 덩어리로 영신영 세계이다.

영신영 세계는 수없이 많은 자등명 세계가 들어 있는 세계로 한 덩어리이다. 그렇다면 56단계의 세계도 한 덩어리, 영신영 세계도 한 덩어리, 한 덩어리에서 다른 한 덩어리의 세계로 올라갈 때는 출신(出神)과 같은 출(出)이 있어야 또 다른 한 덩어리의 세계를 올라올 수 있는 것이 아니었는가? 미비령 세계에 올라올 때도 자등명 세계를 첫 번째 한 덩어리 두 번째 한 덩어리 영신영 세계에서 미비출비하고 미비령 세계에 올라온 것이 아닌가? 56단계가 첫 번째, 그 위가 영신영 세계, 그 위가 미비령 세계… 계속해서 위로 있는 것 아니겠는가?

이와 같이 한 덩어리 한 덩어리의 세계 맨 위 마지막 하나의 영향권 안에 맨 위 하나 안에 있는 것이 아니겠는가? 56단계가 영미혼(靈迷魂) 대혼(大魂)의 세계라면 56단계의 대혼의 세계란 말인데, 몇 번째 대혼의 세계일까? 56단계를 하나로부터 시작해서 2번째 영신영세계, 3번째가 미비령 세계… 4, 5, 6… 그렇게 20개까지가 봐도 아니었다.

그래서 다시 1, 2, 3, 4, 5… 20… 50… 100번째도 아니었다.

100번째가 마지막 같은데 끝이 아니었다. 또 밝혀보았다. 또 이어져 5개, 5개가 끝인가 싶은데, 또 이어져 3개, 끝인가 싶은데 또 하나가 있다.

이 마지막 하나의 대혼이 56단계를 이루고 있는 것처럼 생각되었고 56단계의 대혼은 마지막 하나의 것이었구나 생각 인식되었다.

이와 같이 미비령 세계를 밝혀 드러낼 때까지는 주관적이었다.

본인 안에서 본인이 주관이 되어서 미비령 세계를 밝혀 드러내며 올라왔다.

미비령 세계에 올라와서 56단계를 하나의 덩어리로 보고, 영신영 세계를 하나의 덩어리로 보고 미비령 세계를 한 덩어리로 보면서 이것들이 속한 세계를 보면서 주관에서 객관화되었다.

이와 같이 주관적이 되어 미비령 세계까지 올라오다가 56단계를 한 덩어리, 영신영 세계를 한 덩어리, 미비령 세계를 한 덩어리… 4, 5… 100번째에 이어서 5개, 이어 3개, 이어 하나를 보면서 주관적으로 올라오던 세계를 벗어나 객관적으로 바라보며 올라오는 세계를 객관적으로 바라보며 객관이 되어 올라오는 계기가 되었다.

올라오는 세계를 객관으로 보기 이전에는 주관이 되어 주관적으로 올라왔다. 올라온 세계를 객관적으로 바라보면서 올라오는 세계뿐만 아니라 올라가는 세계도 객관이 된 듯싶다.

객관이 되어 바라보며 밝혀 드러내다가 큰 하나의 세계 한 덩어리를 벗어날 때만 주관이 되어서 주관에서 출신과 미비출비를 한 것과 같이 출초비, 출출은 주관적이 되어서 하게 된 것이 아닌가 싶다,

출신은 56단계를 벗어나 자등명 세계로 올라오기 위해서 이루어지고, 자등명 세계를 한 덩이리로 한 영신영 세계를 벗어나기 위해서 미비출비가 이루어지고, 미비출비를 해서는 56단계를 1번째, 영신영 세계를 2번째, 미비령 세계를 3번째… 이와 같이 주관에서 객관으로 바라보면서부터 56단계, 영신영 세계, 미비령 세계… 100개, 5개, 3개, 1개의 세계 전체를 하나의 한 덩어리로 큰 세계를 1번째로 시작해서 162번째 3개, 1개를 빠져나와 15개의 테두리를 나와 비태초비비비비 출초비하게 되고, 출초비해서 89.0504.060배 떨어져 있는 다음 세계로 들어왔다가 출초비 후 2번째 세계에 들어가서 빠져나오기 직전에 몸으로 다시 돌아온다.

몸으로 돌아와서 객관적으로 바라보며 1번째, 2번째, 3번째… 806번째 초(21) 태초(2.588) 비(1.580) 세계 마지막 하나를 빠져나와 20개의 테두리를 포함 8자가 1100개 있는 거리의 배만큼 지나서 807번째를 만나고, 807번째 초(22) 태초(9) 비(53) 세계, 3시 방향으로 줄줄이 1, 2, 3, 4, 5개, 이 마지막 5번째에서 6시 방향으로 1, 2, 3개, 이 마지막 3번째에서 3시 방향으로 5개, 3개, 1개를 빠져나와 807번째를 빠져나와서 테두리가 50개가량을 포함해서 8자가 2.950개가 있는 거리의 배만큼 떨어져 있는 세계를 출(出)하고 출하고, 또 출하여 8자가 710개가 있는 배만큼 더 올라와 초초초비비비 태초 비비 세계를 만나게 될 때까지 출초비, 출출하는 순간과 출초비하고 출출하여 더 큰 세계로 올라올 때는 주관적이지만 올라와서부터는 또다시 객관이 되는 듯싶다.

또 어느 때 객관이 주관이 되고 주관이 객관이 될지 모르겠지만 출출해서 290번째까지는 이와 같이해서 올라왔다.

이와 같이 올라오며 지금까지 밝혀 드러낸 것으로 보면 우리 인간이 살고 있는 56단계는 이 많고 많은 세계 맨 마지막 끝에 있는 세계다. 헤아릴 수 없이 많고 많은 가늠할 수 없이 많고 많은 세계 속 마지막 끝에 있는 세계다.

이 마지막 56단계 안에서도 3단계이고 3단계 안에서도 인간의 탈을 쓰고 지옥 깊은 곳에 있는 사람들도 많다.

탐진치 삼독에 빠져 오욕락에 빠져 명예와 지위, 금전을 쫓아 잘났다고 서로들 뽐내고 있다. 이 인간 세계가 끝이라는 생각에, 육체가 다하면 실체의 존재가 없다고 생각하면서 오직 육체만을 위하여 사는 사람들 많다. 그렇게 금전을 쫓고 명예를 쫓고, 오욕락을 쫓고, 물들지 않은 마음으로 살기보다는 물든 마음으로 저마다 자기 잘난 맛에 산다.   2013. 06.06. 09:10

진정한 천도와 진정한 윤회로부터 벗어나는 길

아침 내자를 출근시켜주고 출근하면서 내자, 딸, 아들에게 위 세계의 에너지를 끌어다가 쏴주는데, 내자와 딸은 쏴주는 대로 받는데, 아들을 쏴주면 이상하게 탁한 것이 본의 몸으로 들어오는 것 같았다. 본인의 몸으로 오는 것을 넘어 몸통 가득하게 있는 듯싶고 그것은 아래로 있는 듯싶었다. 가까운 이도 위 세계의 에너지를 끌어다가 쏴주는데 역시 탁한 것들이 오는 듯싶었다.

이상하다 싶어서 출근해서 살펴보았다.

아들의 전생에서 인연된 분들이 전부 다 천도되었는가? 천도되지 않은 전생이 있는가? 살피니 천도되지 않은 전생이 있는 것 같아서 살펴보니 있는 것 같았다. 그래 살펴보았다. 어느 전생이 천도되지 않은 전생이 있는지.

처음에 살펴본 봐와 같이 99생의 전생은 모두 다 천도가 되었는

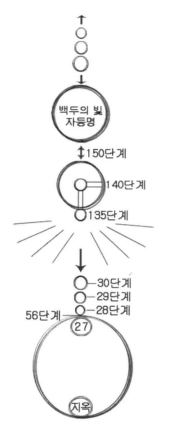

데, 그 이전의 전생이 천도되지 않은 것 같았다. 그래 살펴보니 100번째에서 1000번째까지 천도되지 않은 전생이 있는 것 같았다. 살펴보니 1~99번째 전생까지 30단계가 맞고, 1~99번째 전생까지는 모두 천도되었는데, 100번째에서 1000번째까지는 천도가 되지 않은 것 같았다. 100~1000번째 전생은 어느 세계에 있을 때인지 살펴보았다. 56단계 안에 들어오기 이전의 전생인 것 같았다.

56단계 안에 들어오지 않은 29, 30단계에 있었던 전생이라면 천도가 쉽게 되었던 것이 떠올라서 100~1000번째 전생을 한눈에 관하여 본다고 보니 한 덩어리로 보였다. 한 덩어리를 전체의 하나로 생각하며 천도하였다. 출신—본향—고향—영신영 세계를 빠져나와 — 미비령 세계—미비령 세계 1번째에서 162번째 세계—이 세계를 빠져나와 출초비하고 1번째 세계를 만나고 1번째 세계에서 — 807번째 세계를 빠져나와 출출하고, 출출해서 1번째 세계를 만나 — 540번째 세계를 빠져나오고, 빠져나와 출출태초하고 출출태초해서 들어와 1번째 세계를 만나고 만나서 그 세계를 시작으로 712번째 세계를 빠져나오고, 712번째 세계를 빠져나와 테두리 위에서 출하고 출하고, 출하고 다음 세계로 들어가는 테두리에 닿아서 출하고 들어가서 1번째 세계에서 10번째, 그 다음의 11번째에서 출하여 올라가고 20번째 세계를 지나 21번째 세계에서 또 출하여 올라가고, 30, 40, 50, 60, 70번째까지 올라가서 출했던 것이 몸으로 들어오는 것을 지나 80, 100, 150, 200… 1000번째까지 위 세계의 에너지를 끌어다가 쏴주게 되었다. 그리고 살피니 아들과 인연된 분들 중에 천도되지 않은 분들이 없는 듯싶었다.

혹시 내자나 딸도 이런 경우가 있을 것 같은 생각이 들어서, 내자와 인연된 분들 중 이생이든 전생이든 천도되지 않은 분들이 있는가? 살피니 전생은 모두 다 천도된 것은 같은데 이생에 천도되지 않은 분이 세 분 있는 것 같아서 세 분도 마저 천도하고 보니 모두 다 천도된 듯싶었다.

딸아이 역시도 딸과 인연된 분들 중에 이생이든 전생이든 천도되지 않은 분들이 있는가? 싶으니 천도되지 않은 없이 모두 다 천도된 것 같았다.

가까운 이도 해보았다. 전생에 천도되지 않은 분이 있는가? 850생 전생 30단계를 제외하고 그 30단계 이전에 29, 30단계에서의 전생이 남아 있었다. 851번째 전생에서부터 1000생까지 남아 있는 것 같았다. 위 세계는 쉽게 천도되는 만큼 한 덩어리로 보고 위에서 천도했던 것과 같이 하여 천도하였다.

이와 같이 천도하고 보니 본인은 스무 생이 전부인 듯 전생을 천도했는데 이것은 56단계 아래로 내려와서 윤회한 생이 스무 전생이지 29, 30단계에서는 다를 거란 생각이 들었다. 그런 생각을 갖고 있어서 그랬을까? 어제까지만 해도 천도할 대상이 없는 것 같았는데 본인과 인연된 분들 중에 천도되지 않은 분들이 있는 듯싶었다. 그래 살펴보니 29, 30단계에서의 전생이 남아 있는 듯싶었다.

몇 전생이 되는가 살피니 21번째에서부터 1000번째 전생까지 30단계를 벗어나지 못하고 29, 30단계에 있을 때 인연된 분들이 천도되지 못하고 있는 듯싶었다.

21-1000번째 전생의 인연된 분들을 모두 다 한 덩어리로 해서 위에서 천도한 것과 같이 출출출출-출-출해서 1000번째 세계까지 의념되며 쏴주게 되었다. 그리고 살피니 이제 이생이든 전생이든 인연된 모든 분들이 천도된 듯싶었다.

29-30단계에서 21-1000전생까지 있었던 세월이 얼마나 되는지 가늠해보지는 않았지만, 56단계 안에서 윤회하고 56단계를 벗어나 29, 30단계에 머물러 있을 때는 전생으로 드러나지 않은 것 아닌가 싶은 생각이 들었다. 이런 것으로 볼 때 1차적으로 56단계 안으로 들어와 윤회하는 전생이 드러나고, 이 전생을 모두 다 천도하고 나면 또다시 그 전에 전생이 드러나서 천도해야 하는 것이 아닌가 싶다.

그런고로 몇 번의 전생이 있다고 했을 때의 전생은 30단계에서 56단계 안으로 들어와 윤회했을 때의 전생이고 29, 30단계에 들어가서는 전생으로 드러나지 않고 있다가, 전생이 모두 다 천도되고 나면 그 이전에 29, 39단계에 있었던 전생이 드러나는 것 같았다. 이것으로 볼 때 30단계에서 56단계 안으로 들어와서는 윤회한 횟수가 모두 다 전생이고 56단계를 벗어나면 벗어나는 순간 56단계 안에서의 전생이 사라지고 없게 되었을 때 그 전의 전생으로 드러나는 것 같다.

이것으로 볼 때 천도는 이생에서 인연된 분들을 시작으로 천도해야 하고 이생에서 인연된 이들을 모두 다 천도하고 나면 56단계 안에서 윤회하며 인연이 되었던 바로 앞 전생, 바로 앞 전생을 천도하며 56단계 안에서 윤회하며 인연 맺었던 모든 일들을 다 천도해야 하는 것 같다. 그렇게 56단계 안에서 인연 맺었던 모든 이들을 모두 다 천도하고 나면 56단계 밖에서 인연된 이들 29, 30단계에서 인연된 모든 이들을 모두 다 천도해야 천도할 대상이 없는 것 아닌가 싶다.

이와 같이 56단계 안팎으로 오가는 것 같다. 왜 56단계를 벗어나지 못하고 윤회하고 56단계를 벗어나 29, 30단계에 이르러도 본성의 빛 자등명으로 올라가지 못하고, 29, 30단계에 머물러 있는 듯 싶다. 56단계를 벗어나 29, 30단계에 이르렀다할지라도 본성의 빛 자등명으로 올라가지 못하고 백두의 빛 자등명으로 올라가서 자등명 세계에 올라가지 못하고, 본향, 고향으로 올라가지 못한다면 언제든지 또 56단계 안으로 들어갈 수 있는 만큼, 지금의 나로 시작해서 가까운 주변으로 이생, 전생, 그 전생을 이와 같이 모두 다 천도하고 나면 또 다시 그 이전의 전생이 나올지도 모를 일이다.

본인이 본인의 전생을 모두 다 천도했다고 생각했는데 또다시 전생이 드러나서 또다시 드러난 전생을 천도한 지금 언제 어느 때 또 전생이 드러날지 모르겠다.

이런 것으로 볼 때 진정한 천도는 56단계를 벗어나도록 하여 자등명 세계로 올려주는 것이고 자등명 세계에 올려줄 뿐만 아니라 본향, 고향, 영신영 세계를 벗어나 그 위의 세계 그 위에 세계로 올려줄 수 있는 올려주는 것이 진정한 천도가 아닐까 싶다.

그렇지 않고 56단계 안에서 단순히 영혼의 세계로 올리거나 광계 신계로 올려준다고 해도 이는 진정한 천도라고 할 수 없을 것이다. 진정한 천도란 56단계를 벗어나 그 위 그 위의 자등명 세계로 올려주는 것이 진정한 천도라 할 것이다.

여기서 생각이 드러났다. 고향에서 본향으로 미혹함으로 한 단계 한 단계… 떨어지고 떨어져서 백두의 빛 자등명 맨 아래로 떨어지고 백두의 빛 자등명 맨 아래로 떨어져서는 백두의 빛 자등명에 있는 분들에 의하여 본성의 빛 자등명으로 떨어지고, 본성의 빛 자등명으로 떨어져서는 본성의 빛 자등명 중심에 떨어지고, 중심에 떨어져서는 본성의 빛 자등명에 있는 분들에 의하여 중심 아래로 떨어지게 되고 본성의 빛 중심 아래로 떨어져서 다중 우주 맨 위에 있게 되고, 다중 우주 맨 위, 본성의 빛 맨 아래에서 본성의 빛 자등명에 있는 분들에 의하여 다중 우주 속 56단계와 같은 세계가 일백 개 넘는 세계 중, 자기 자신에게 맞는 다중 속 56단계와 같은 여러 세계 속에서 지구란 우주가 속한 56단계 위로 떨어지게 된 것이다. 떨어지자 떨어진 정도에 맞게 본성의 빛 자등명에 있는 분들에 의하여 지구가 속한 우주 속 56단계 위로 떨어진 것이 아닌가 싶다.

다중 우주 속 지구가 속한 우주 보다 더 영적으로 발달된 곳이 여러 곳이 있는데, 그쪽에서는 이미 본성의 빛 자등명에 올라가고 백두의 빛, 그 이상으로 올라간 흔적들이 있었는데, 지구가 속한 우주의 56단계에서는 본인이 처음으로 올라간 이곳에 우리들은 하나같이 떨어진 것이다.

지구가 속한 우주란 56단계 위 30단계에 떨어져서는 본성의 빛 자등명으로 백두의 빛 자등명으로 스스로 영적 성장을 하지 않고서는 올라갈 수 없는 상황의 상태에 놓이게 되었다. 이와 같이 지구가 속한 우주란 56단계에 떨어져서는 돌고 돌면서 윤회하고 있는 것이 아닌가 싶다. 이 지구란 우주가 속한 56단계를 벗어나 본성의 빛 자등명, 백두의 빛 자등명… 자등명 세계로 올라가고, 본향 고향으로 돌아가기 위해서 윤회하며 살아가는 것이 아닌가 싶다.

이러한 사실을 모르고 56단계 안에서 윤회하며 허덕이고 있는 것이고, 그것도 인간으로 태어나 인간이란 몸, 육체가 전부인 듯 살아가다가 지옥에도 떨어지기도 하고, 또 수행하여 확철대오하고 10단계, 아니 그 위 18단계, 그 위 25, 26단계… 올라도 56단계를 벗어나지 못하고 56단계 안에서 윤회하고, 56단계를 벗어나 28, 29, 30단계에 이르러도 56단계를 벗어나지 못하고, 또 떨어져서 56단계를 벗어나 자등명 세계, 본향, 고향, 영신영 세계를 벗어나 미비령 세계, 그 위 그 위로 올라가기 전까지는 돌고 돌며 윤회한다.

지금도 본성의 빛 자등명에서 지구가 속한 우주란 56단계로 떨어지는 이들이 있다. 그들 중 30단계에 머물러 있는 이들도 있고, 거기서 29단계로 떨어져 있는 이들도 있고, 위로 올라가기 위해서 56단계 아래로 내려온 이들도 있다. 그렇게 56단계 안에 들어와서 돌고 돌며 윤회하고 있는 것이다. 56단계를 벗어나지 못하고 56단계 안에서 돌고 돌며 윤회하고 설령 어쩌다 벗어나도 또 들어와 돌고 돌며 윤회하고, 그렇게 윤회하고 있다가 이번 생에 본성의 빛 자등명 아래를 처음으로 벗어나게 되어서 지금과 같이 위로 위로 올라온 것이다.

30단계에서는 그 위로 올라가지 못하고, 지구가 속한 우주란 56단계 위 30단계에서 그 위로 올라가기 위해서 56단계 안으로 들어와서 56단계 안에서 30단계로 위로 올라갈 수 있는 즉 135, 140, 150단계… 백두의 빛 자등명 세계에 올라갈 수 힘을 가져야 30단계 위로 올라갈 수 있고, 30단계에서는 위로 올라갈 수 없는 듯싶다. 그러기에 30단계 위로 올라가려고 56단계 안으로 들어왔다가 왜 태어났는지 모르고 윤회하고 있는 것이다.

56단계의 윤회로부터 벗어나는 길은 자등명 세계인 백두의 빛 자등명 이상으로 올라가야 가능한 것이 아닌가 싶다. 그렇지 않고서는 윤회로부터 벗어났다고 할 수 없는 것 아닌가 싶다.

30단계에 있는 분들은 한 번에 떨어진 것이 아니라 고향에서부터 조금씩 떨어진 것이 아닌가 싶고 지금도 고향에서 본성의 빛 자등명으로 떨어지는 이들이 있고 본성의 빛 자등명에서 다중 우주 속 다른 56단계와 같은 곳으로 보내지는 이들이 있는가 하면 지구가 속한 우주란 56단계 위로 떨어지고 있는 이들이 있는 듯싶다.

전에는 지구가 속한 우주란 56단계에서 벗어나기가 어려워서 업이 무거운 이들이 떨어졌을지 모르지만 앞으로는 본인이 위 세계로 올라오는 길을 열어놓은 만큼 좀 더 가벼운 이들이 오게 되지 않을까 싶고, 무거운 이들은 새로이 생긴 대중 우주 속 다른 곳으로 보내지지 않을까 싶은 생각이다.

지금도 본성의 빛 자등명에서 지구가 속한 56단계 위 30단계로 떨어지고 보내지는 만큼, 전생이 적다고 해서 꼭 수행이 많이 되어서 그렇다고만 볼 수도 없는 것이 아닌가 싶다.

영신영 세계의 자등명 세계 고향 본향에서 30단계로 떨어져서 30단계에서 29단계, 29단계에서 27단계, 27단계에서 24단계, 24단계에서 3단계로 내려와 인간으로 태어나는 것이 아닌가 싶다.

이와 같이 인간으로 태어나서 인간의 탈을 쓰고 살면서 업에 따라 윤회하며 56단계 안에서 돌고 도는 것이 아닌가 싶다.

자등명의 대폭발로 인하여 빛의 알갱이들이 산산이 부서지고 부서져서는 수많은 생명체가 되고 그 생명체들은 지구가 속한 우주 내, 56단계 안 지구란 행성에서 지수화풍 사대로 인하여 하나의 생명체가 생겨나고 흔히 인간이 생명체라고 하는 생명체가 생겨나고 생겨난 생명체가 진화하는 과정 속에서, 자등명 세계에서 30단계로 떨어진 영적 생명체가 24단계까지 떨어지고 24단계에서 3단계로 내려오면서 가장 적당한 몸에 들어가 잉태됨으로 해서 지금 인간 형태의 형상으로 진화한 것이 아닌가 싶다.

우주의 대 폭발로 인하여 맨 먼저 땅이 있고 그 땅을 바탕으로 시방이 있고 그 시방과 수 화 풍 등 스물아홉 번의 작용에 인하여 최초의 생명체가 생겨나고, 생겨난 생명체가 오랜 세월 동안 주어진 환경에 적응하며 살아오면서 변화하는 과정 속 자등명 세계에서는 자등명이란 영적 생명체가 고향에 있다가 미혹하여 본향으로 본향에서 더 미혹함으로 그 아래로 미혹한 만큼, 자등명 세계 아래로 떨어져 본성의 빛 자등명에 떨어지고, 본성의 빛 자등명에 떨어져서는 지구가 속한 우주란 56단계 위 30단계에 머물고 30단계에 머물렀다가 56단계 아래로 내려와 56단계 안에서 56단계 안 신(神)노릇을 하다가 지구란 행성에 스물아홉 번의 작용에 의하여 흔히 우리들이 생명체라고 하는 최초의 생명체가 생겨나고 생겨난 생명체가 변하고 변화하는 사이 지금 인간 형태의 형상과 가장 비슷한 육체에 들어가 깃들게 됨으로 인하여 최초의 인류가 시작된 것이 아닌가 싶다.

대폭발로 인하여 산산이 부서진 자등명들이 지구가 속한 우주란 텅 빈 허공에 흩어져 있다가 지구란 이곳의 텅 빈 허공에 있다가 이것이 근본 바탕이 되고 씨앗이 되어 이 씨앗이 있는 시방을 바탕으로 옮겨가는 시방으로부터 수 화 풍의 작용으로 최초의 생명체가 생겨나고 생겨난 생명체는 신(神)이 없는 영(靈)으로 살면서 돌고 돌며 윤회하다가, 56단계 안의 자등명 세계에서 떨어져 30단계에 떨어지고, 30단계에 떨어져서는 24단계 신성에너지의 세계에 떨어져서는 56단계 안에서의 신(神)이란 이름으로 영(靈)이 변하고 변화하며 진화하는 속 지금 인간 형태의 형상과 가장 비슷한 육체에 들어가 신(神)이 깃들게 되고, 신이 깃들게 됨으로 해서 본능적이라기보다는 사고의 개념을 갖게 된 것이 아닌가 싶다. 이와 같이 영에 신이 깃들게 됨으로 해서 최초의 인류가 시작된 것이 아닌가 싶다.

공의 성품으로 보면 온 곳 없고 갈 곳 없지만, 진정한 자기 자신의 참자아를 알고 참모습을 안다면 위에서 말한 것과 같이 우리들 모두는 본성의 빛 자등명에서 왔고, 본성의 빛 자등명에서 오기 전에 자등명 세계에서 왔고 자등명 세계에서 오기 전에 본향에서 왔고 본향에서 오기 전에 고향에서 왔고 고향에서 오기 전에 미비령 세계 그 이전에 그 이전 그 위, 그 위 세계에서 온 것이다. 이와 같이 온 곳 있으니 또한 온 이곳들이 우리들 저마다가 가야할 곳이다. 그런 고로 갈 곳이 있는 것이다. 그 끝이 어딘지 모르지만 갈 곳이 있는 것이다.

* 테스트할 줄 아는 분들은 테스트해 보는 것도 나쁘지 않을 것이라 생각된다. 진정한 천도, 윤회 부분, 진정한 윤회를 벗어나는 길, 인류의 시작, 온 곳 있고 갈 곳 있다며 밝혀 드러낸 이 글이 있는 사실 그대로를 100으로 했을 때 과연 100에 몇이나 되는가? 2013. 06. 18. 09:57

모든 세계를 동시에 살고 있다 다만
자기 자신이 알고 있는 만큼만 인식하고 살뿐

암 환자분들이 지옥중생 다섯 분 이상과 연결되었다는 사실을 알고 그냥 있을 수가 없었다. 조모님께서 이미 자등명 인간계 이상에 올라와 계시지만 살아 생전에 어느 분들이 지옥에서 잡고 계신지 살펴보았다. 조모님 친정과 외가 조상님들께서 잡고 있는 듯싶었다. 그래서 연결되어 있었던 아직 천도되지 않은 외가 지옥중생분들을 천도하였다. 천도하고 생각하니 내자의 외가도 생각이 났고, 어머님의 외가도 생각이 났다.

이와 같이 행하고 보니 가까운 분들에 있을지도 모를 상황들을 묵과할 수 없어서 내자부터 시작해서 위 조상님들의 할머니 친정과 외가를 천도하기 시작했다. 10일 오후부터 천도를 시작했다. 맨처음 내자의 외가, 장모님의 친정과 장모님의 외가까지 천도를 한다고 생각하며 천도를 하였다. 조모님은 하였으니 그 위, 그 위 할머니 친정과 외가까지 천도를 하였다. 천도하는 분들과 인연된 지옥중생들도 불러서 천도를 한다고 생각하며 천도를 하였다.

천도를 하고 나서 데리고 올라오고 싶은데 함께 천도되어 올라오지 못한 이 분들과 인연 있는 영가 분들이 있을까? 싶어서 어머니, 아버님, 아버님 형제분들, 조부님, 조모님, 그 형제분들, 그 위에 조상님들도 그와 같이 해서 천도되어 가도록 하고자 하면 모두 다 본인을 통하여 천도되어 가라는 의식과 의념을 보냈다. 그랬더니 우측이 무겁고 탁하고 앞과 뒤가 아프고 괴로웠다. 괴로움과 고통 속에서 천도를 하였다. 천도를 하는데 천도가 잘 되지 않았다. 그래서 남아 있을지 모를 공덕도 주고 금전도 남아 있으면 가져가라고 했다. 그런데도 천도가 잘 되지 않았다. 그래서 본성의 빛 자등명 위에 만들어 놓은 도량을 보니 넘쳐나는 듯 보였다. 도량을 그레이엄 수(Graham's Number)만큼 들어갈 수 있도록 키웠다. 그리고 천도를 하니 조금 좋아지는 것 같더니 이번에는 왼쪽이 탁하게 보이고 무거웠다. 살피니 자등명 인간계에 올라오신 조상님들과 그곳에 계신 조상님들과 인연된 분들이 올라오고 싶어서 그런 것 같았다.

오른쪽 56단계 안에서의 영가 분들과 지옥중생, 자등명 인간계에서는 올라오신 조상님들과 그곳에서의 조상님들과 가족 관계를 맺고 계신 분들이 올라오고자 하는 듯싶었다. 그래서 그런지 맑고 깨끗했던 본인의 몸통은 온통 탁하고 검게 보이며 몸이 무겁고 여기저기 아프지 않은 곳이 없었다. 온몸이 몰매를 맞은 듯 아파서 고통스럽고 괴로웠다.

지옥중생들은 등 뒤로 허리와 그 아랫부분을 묶어서 올라오고, 쏴주며 천도한 지옥중생을 따라 올라오고자 하는 지옥중생이 너무 많고 또 구조물도 많이 올라와서 안 되겠다 싶어서 본성의 빛 자등명 위에 도량이 그레이엄 수보다 더 큰 자등명 세계에서 가장 큰 수만큼, 아니 할 수 있는 한 최대로 크게 설치되도록 의념을 보냈다. 그리고 출하여 올라온 세계 역시도 그레이엄 수보다 더 큰 그 세계에서 가장 크다는 크기로 도량을 만들도록 의념을 보냈다. 어제 이와 같이 일을 하였다. 그랬더니 조금씩 맑아지고 깨끗해지는 듯싶었다. 그래서 그런지 아픈 몸이 많이 상쾌해지고 결국에 중맥이 뻥 뚫린 듯 출하여 올라온 세계까지 하나로 뻥 관통하여 있는 듯 보였다.

본인의 육체가 있는 이곳에서부터 최종지 29개를 지나 또다시 출하여 올라온 세계까지 일직선상으로 굵고 크게 뻥 뚫려있는 듯 보였다. 그래서 인간계 3단계에서 56단계 단계마다 본인과 인연 있는 분들 위 세계로 올라오고자 하는 분들은 뻥 뚫린 곳으로 나와서 위로 올라가도록 의념했다. 그리고 이번에는 내자와 딸 아들 가까운 이의 인연 있는 분들 중에 천도 받고자 하는 분들이 있으며 본인을 통하여 천도되어 가라고 의념을 보냈다. 지옥에서부터 56단계 안에 있는 분들이 천도되어 가도록 의념했다. 그랬더니 또 몰려왔다.

천도한다고 천도하는데 몸이 상쾌하지 않고 무겁고 탁한 것 같아서 지구가 속한 우주에 만들어 놓았던 도량을 그레이엄 수보다 더 크게 도량을 만들고, 인간계에서의 본향을 넘어 고향에도 그레이엄 수보다 더 큰 도량을 만들고 그곳으로 보냈다. 그랬더니 많이 좋아지는 것 같아서 몸통을 살피니 왼쪽이 맑지 않은 것처럼 보였다.

왼쪽이 맑지 아니하다는 것은 자등명 인간계에 있는 분들이 본인을 통하여 위의 세계로 올라오려고 한다는 것인 생각이 들어서 자등명 인간계에 본인을 통하여 올라와 계신 전생의 스승과 제자 분들도 출하여 올라온 세계로 올라오도록 위 에너지를 쏴주었다.

얼마나 많은지 또다시 출하여 올라온 세계에 만들어 놓은 도량으로는 감당이 안 되는지 자꾸만 본인 주변에 있는 듯 느껴졌다. 어떻게 해야 하나 고민하다가 도량을 더 크게 만들 수 있는 한 크게 만들었다. 그랬더니 몸은 조금 좋아지는 것 같은데 아직도 힘이 없고 맥이 없다.

56단계 안에서의 인연뿐만 아니라 자등명 인간계에서의 인연도 살펴보았다. 먼저 내자를 살펴보니 자등명 인간계에서의 인연이 더 깊은 것 같았다. 이외 다른 분들도 살펴보니 인연이 깊은 만큼 자등명 인간계에서의 인연이 깊은 만큼 이 세상에서 연연이 깊은 듯 느껴졌다. 이런 것으로 볼 때 인연은 이곳에서의 인연도 인연이려니와 자등명 조각 인연도 인연이려니와 자등명 인간계에서의 인연 그 위, 그 위아래 모든 세계들에서의 인연들이 한데 어우러져 인연을 맺고 있는 듯 보였다.

일반적으로 이 세상이 전부인 듯 지금 살고 있는 세상 세계가 전부인 것 같지만 그렇지 않다. 우리들이 몸통의 육체를 가지고 이 세계 이 세상에 살고 있지만 자기 자신이 몰라서 그렇지 우리들은 누구나 할 것 없이 모든 세계를 통 털어서 동시에 살고 있다.

인간은 이 세상 이 세계에 살지만 인연 있는 분이 지옥에 있으면 지옥과 연결되어 있고, 영혼의 세계에 있으면 영혼의 세계에 연결되어 있고, 천계, 신계, 광계, 자등명 세계, 영신영 세계, 미비령 세계… 본향, 고향… 자등명 인간계, 자등명 인간계의 신계, 초계, 신태계, 천계, 광계… 극초극비자등명… 또다시 출하여 올라온 세계에 이르기까지 모두 다 연결되어 있다. 모든 세계가 자기 자신 안에 있고 그 모든 세계 속에 인연 있는 분들이 있는 만큼 연결되어 있다. 모든 세계가 연결되어 있는 만큼 단순히 이 세계 이 세상에서만 살아가는 것이 아니라 전부 다 동시에 살고 있는 것이다.

이 모든 세계를 동시에 살고 있되 이를 모르고 있을 뿐이다.

알면 아는 세계만큼 동시에 살고, 모르면 모르는 세계는 어쩌지 못하지만 아는 세계만큼은 동시에 자기 자신 안에서 살아가게 되고 살아 있게 된다. 깨어있는 만큼 의식하고 있는 세계만큼 자기 자신 안에서 인식 의식하고 살림살이를 하면 살고 있다.

본인이 수행 정진해서 56단계에서 출신하여 영신영 세계에 오르고…미비령 세계에 오르고… 3번출, 4번째출… 42번째 출… 자등명 최종지… 자등명 인간계… 자등명 인간계의 신계, 초계, 신태계, 천계, 광계… 극초극비자등명… 또다시 출하여 올라온 세계에 이르기까지 모두 다 연결되어 있다. 연결되어 있어서 이 세계 세상에 있는 모든 인연된 분들과 함께 하고 있다. 본인이 아는 한 그들과 함께 하고 있다. 그러니 이곳에서 육체를 가지고 이 세상에 살면서 자등명 인간계 위 또다시 출하여 올라온 세계에 이르기까지 아는 만큼 아는 분들, 인연된 분들과 동시적으로 살고 있다. 본인은 본인이 아는 만큼 이와 같이 사는 것과 같이 모든 사람들이 본인과 다르지 않다. 다만 다른 분들은 이러한 사실을 모르고 자기 자신이 알고 의식하고 있는 만큼만 자기 자신 안에서 살림살이만큼 살림살이 하며 살아가는 것일 뿐, 몰라서 그렇지 맨 처음에서부터 이곳 지구의 행성에 이르기까지 어느 것 하나 빠짐없고 연결되지 않은 것 없이 모두 다 연결되어서 동시에 살고 있다. 동시에 살고 있으면서도 동시에 살고 있는지 모르고 살고 있고 자기 자신이 아는 만큼 깨어나 있는 만큼 깨어난 의식 안에서 살림살이를 하며 살고 있다.

일반적으로 자기 자신이 알고 있는 만큼 의식하며 살림살이하면서 인연을 맺고 풀고 만나고 헤어지고 또 행하며 살지만, 자기 자신도 모르게 무의식이 깨어있는 경우 무의식이 깨어있는 이상 무의식에서는 깨어있는 만큼 동시적으로 살아가려고 할 것이다. 그러나 현재의식이 무의식이 깨어난 만큼 알지 못하다보면 무의식의 앎을 동시적으로 살지 못하고 현재의식으로만 살다보니 무의식이 깨어난 만큼 살아야하고 동시적으로 연연 맺어 있는 분들이 연결된지 모르고 살다 보면 이런 이유로 인하여 몸이 고통스럽고 괴로울 수 있다. 본인이 위 세계에 계신 인연 있는 분들을 위로 올려드리는 것과 같이 그렇게 하지 못할 경우 얼마든지 그럴 수 있다고 본다.

이는 위의 세계뿐만 아니라 지옥에서도 마찬가지다. 지옥에 자기 자신과 연결되어 있는 인연이 있는데 이를 모르고 구제하지 못한다면 자기 자신은 언제나 지옥과 연결되어 있을 수 있다. 이는 자기 자신의 조상뿐만 아니라 인연 있는 분의 경우에도 해당한다.

이와 같이 지옥에 인연 있는 분이 있다면 이 분을 구제하기 전까지는 탁하거나 좋지 않을 수 있다. 탁한지 모르고 탁하게 있다 보면 탁하면 탁함으로 인하여 무주공산에 산재해 있는 많은 영가 분들이 탁함을 보고 어둠 속으로 숨기 위해서, 도망치다가 탁한 어둠을 보고 탁함 속에 숨어들게 되면 자기 자신의 몸통, 주변, 또는 자기 자신을 에워싸고 있는 기운덩어리 안에 들어가 있게 되는 경우가 있을 수 있다. 지옥과 연결되어서 그럴 수도 있지만 자기 자신이 부정적인 생각이나 사고를 가짐으로 인하여 기운이 탁해지고 탁해지면 탁함 속에 영가가 숨어들어서 생각을 읽고 생각을 컨트

롤하며 지배하려고 하거나 또는 몸통 속에 살 수도 있다. 또는 자살을 유도하여 자살하게 해서 노예로 부릴 수도 있다.

이러하기 때문에 긍정적인 생각과 사고를 갖고 잘 살아야 하며 지옥에 연결되어서 그럴 경우 좋은 에너지를 지옥에 인연 있는 분에게 보내서 스스로 지옥으로부터 나오게 해야 한다. 그런 다음에 자기 자신을 맑히고 밝히며 지옥에 인연 있는 분도 밝히고 맑혀주어야 한다. 그래야 위로 수행 정진해 가는데 빠르다. 그렇지 않을 경우 동시에 살고 있는 분들로 인하여 자기 자신도 모르게 좋지 않게 되어서 수행을 하여도 수행의 경지가 쉽게 올라가지 못하는 경우가 생길 수 있다. 아니 생긴다. 못 올라온다. 원인을 알지 못하고서는 원인을 제거하지 못하고는 올라올 수 없는 것이니 만큼 이러한 사실을 묵과하지 말고 좋게 해서 인연 있는 분들도 자기 자신도 좋게 해야 한다.

수행 정진해서 높은 경지에 이른 분이 어느 것에 집착하면 더 강하게 작용한다. 그런 만큼 수행의 경지가 높거나 또는 무의식에서나마 높은 경지에 이르렀던 분의 경우 역시도 다르지 않은 만큼 생각을 바르게 하고 사고를 바르게 해야지 그렇지 않은 경우 더 쉽게 더 빨리 지옥 깊은 곳으로 떨어질 수 있다.

본인 역시도 악의 구렁텅이에 떨어질 짓을 한다거나, 무엇에 집착하거나 나쁜 생각을 한다면 그 누구보다도 깊고 깊은 지옥으로 누구보다도 빨리 깊게 지옥에 떨어질 것이다. 2013. 09. 13. 19:55

이 세계부터 윤회(輪廻)를 벗어난다.
그 전에는 서로 다를 뿐 윤회를 한다

신체(神體:神化)가 이루어지고 나서 최초비태신안(最初秘太神眼)으로 보기 시작한 크고 큰 하나를 한 덩어리로 보기 시작한 1, 2, 3, 4번째 위 세계 5번째부터는 윤회를 벗어났다 하겠으나 5번째 아래 4, 3, 2, 1번째에서는 각기 서로 다른 세계에서 윤회를 할 뿐 윤회를 벗어났다고 할 수 없지 않은가 싶다.

1, 태태명초비묘자등명 세계

1, 56단계 - 2, 자등명 세계(근본도, 최종지, 업을 녹이는 업퇴로, 영적구조물을 녹이는 용광로, 522번째 하나)- 3, 묘명묘태등명 세계(묘명극본도, 최종지, 묘업묘치로, 극본묘광로, 2218번째 하나) - 4, 최초묘명극묘태등명 세계(묘명묘최초극본도, 묘명최종지, 최초묘업묘치로, 최초묘광로, 740번째 하나) - 영적으로 의식 인식할 수 있는 한계 21번 지나 - 5, 태초태묘태초태초명극태등명 세계(1, 2, 3, 4번째) - 영적으로 의식 인식할 수 있는 한계 50번 지나 - 6, 묘태본성 최초 묘극초자등명 세계(묘극최초극본도, 묘극비최종지, 최초업비치로, 묘극비광로, 1037번째 하나) - 영적으로 의식 인식할 수 있는 한계 3번 지나 - 7, 묘태본성 최초묘극묘초자등명 세계(1, 2, 3번째) - 영적으로 의식 인식할 수 있는 한계 70번 지나 - 8, 최초근본 묘최초근본 묘태초 묘자등명 세계(1, 2, 3, 4번째) -영적으로 의식 인식할 수 있는 한계 100번 지나 - 9, 비최초근본 묘최초근본 묘비묘초태초 묘자등명 세계(1, 2, 3, 4, 5, 6번째) -영적으로 의식 인식할 수 있는 한계 130번 지나 - 10, 비비최초근본 묘최초근본 묘태시묘태초 비묘자등명 세계(1, 2, 3번째) - 영적으로 의식 인식할 수 있는 한계 153번 지나 - 11, 비비최초근본 묘최초근본 묘비묘태시 시조자등명 세계(1, 2, 3번째) - 영적으로 의식 인식할 수 있는 한계 145번 지나 - 12, 비비최초근본 묘최초근본 묘비묘태시 태시묘비묘자등명 세계(1, 2번째) - 영적으로 의식 인식할 수 있는 한계 3번 지나 - 13, 비비최초근본 묘최초근본 묘비묘묘태시 태시묘비묘자등명 세계(1, 2, 3번째) -영적으로 의식 인식할 수 있는 한계 5번 지나 - 14, 비비최초근본 묘최초근본 묘비비묘묘태시 태시묘비묘자등명 세계(1, 2번째) - 영적으로 의식 인식할 수 있는 한계 5번 지나 - 15, 하나, 비비최초근본 묘최초근본 비비묘묘태시 태시비비자명명등명 세계, 이름은 자태묘명 태묘비등묘명

1-15번째 하나 이 전체를 하나의 한 덩어리로 보았을 때 태태명 초비묘자등명 세계

각기 저마다의 세계에서 윤회하는가 하면 위 아래로 올라갔다 내려갔다 하며 윤회하고

2, 묘비묘태시 묘묘묘비비비태시 묘비묘비묘태시 묘비자등명 세계
영적으로 의식 인식할 수 있는 한계 155번 지나 - 1, 비비최초근본 묘최초근본 묘비비묘묘태시 태시묘비묘자등명 세계(1, 2, 3번째) - 영적으로 의식 인식할 수 있는 한계 3번 지나 -2, 비비명최초근본 묘비최초근본 묘비비비묘묘묘태시 태시묘묘비묘자등명 세계(1, 2번째) -영적으로 의식 인식할 수 있는 한계 5번 지나 - 3, 비비명최초근본 묘비최초근본 묘비비비묘묘묘묘태시 태시묘묘묘비묘자등명 세계(1번째) - 영적으로 의식 인식할 수 있는 한계 8번 지나 - 4, 비비명최초근본 묘비최초근본 묘비비비비 묘묘묘묘묘태시 태시묘묘묘묘비묘자등명 세계(1, 2번째) - 영적으로 의식 인식할 수 있는 한계 7번 지나 - 5, 비비명최초근본 묘비최초근본 묘비(秘:5) 비묘자등명 세계(1, 2번째) - 영적으로 의식 인식할 수 있는 한계 18번 지나 - 6, 비비명최초근본 묘비최초근본 묘비(秘:5)묘(6)태시 태시묘(妙:6)비묘자등명 세계(1, 2번째) - 영적으로 의식 인식할 수 있는 한계 7번 지나 - 7, 비비명최초근본 묘비최초근본 묘비(秘:6)묘(6)태시 태시묘(妙:7)비묘자등명 세계(1, 2번째) - 영적으로 의식 인식할 수 있는 한계 100번 지나 - 8, 비비명최초근본 묘비최초근본 묘비(秘:7)묘(7)태시 태시묘(妙:8)비묘묘자등명 세계(1, 2번째) - 영적으로 의식 인식할 수 있는 한계 100번 지나 - 9, 비비명최초근본 묘비최초근본 묘비(秘:8)묘(8)태시 태시묘(妙:9)비묘(妙:3)자등명 세계(1, 2, 3, 4번째) - 영적으로 의식 인식할 수 있는 한계 50번 지나 - 10, 비비명최초근본 묘비최초근본 묘비(秘:9)묘(9)태시 태시묘(妙:10)비묘(妙:4)자등명 세계(1, 2, 3번째) - 영적으로 의식 인식할 수 있는 한계 140번 지나 - 11, 비비명최초근본 묘비최초근본 묘비(秘:10)묘(10)태시 태시묘(妙:11)비묘(妙:5)비자등명 세계(1, 2, 3,

4번째) - 영적으로 의식 인식할 수 있는 한계 145번 지나 - 12, 비비명최초근본 묘비최초근본 묘비(秘:10)묘(10)태시 태시묘(妙:11)비묘(妙:6)비자등명 세계(1, 2번째) - 영적으로 의식 인식할 수 있는 한계 10번 지나 - 13, 비비명최초근본 묘비최초근본 묘비(秘:10)묘(11)태시 태시묘(妙:12)비묘(妙:7)비자등명 세계(1, 2번째) - 영적으로 의식 인식할 수 있는 한계 50번 지나 - 14, 비비명최초근본 묘비최초근본 묘비(秘:10)묘(11)태시 태시묘(妙:13)비묘(妙:8)비자등명 세계(1, 2번째) - 영적으로 의식 인식할 수 있는 한계 5번 지나 - 15, 하나 비비명최초근본 묘비최초근본 묘비(秘:10)묘(11)태시 태시묘(妙:13)비묘(妙:9)비자등명 세계, 이 하나는 비비최초근본 묘최초근본 비비묘묘태시 태시비비자명명등명, 이 하나의 이름은 자태묘명 태묘비등묘명

1-15번째 하나 이 전체를 하나의 한 덩어리로 보았을 때 묘비묘태시 묘묘묘비비비태시 묘비묘비묘태시 묘비자등명 세계

각기 저마다의 세계에서 윤회하는가 하면 위 아래로 올라갔다 내려갔다 하며 윤회하고

3, 묘묘비비신 명명비비신 자등명 세계

영적으로 의식 인식할 수 있는 한계 175번 지나 - 1, 비비비묘묘최초근본 묘묘최초근본 묘묘비비묘묘태시 태시묘비묘자등명 세계(1, 2번째) - 영적으로 의식 인식할 수 있는 한계 160번 지나 - 2, 비(4)묘(3)최초근본 묘(3)최초근본 묘(3)비(3)묘(2)태시 태시묘비묘자등명 세계(1, 2, 3번째) - 영적으로 의식 인식할 수 있는 한계 150번 지나 - 3, 비(5)묘(3)최초근본 묘(3)최초근본 묘(3)비(4)묘(3)태시 태시묘비묘자등명 세계(1, 2, 3, 4, 5번째) - 영적으로 의식 인식할 수 있는 한계 100번 지나 - 4, 묘(2)비(6)묘(3)최초근본 묘(4)최초근본 묘(4)비(5)묘(4)태시 태시묘비묘자등명 세계(비묘극비최초극본도, 최초근본최초근본 최초최초근본 최초묘묘비태명최종지, 묘묘비비업치묘로, 묘묘비비 묘광묘비로 499번째 하나) - 영적으로 의식 인식할 수 있는 한계 80번 지나 - 5, 묘(2)비(6)묘(4)최초근본 묘(5)최초근본 묘(4)비(6)묘(5)태시 태시묘비묘자

등명 세계(1, 2, 3번째) ─ 영적으로 의식 인식할 수 있는 한계 120번 지나 ─ 6, 묘(2)비(6)묘(4)최초근본 묘(5)최초근본 묘(4)비(7)묘(6)태시 태시묘최초비묘자등명 세계(1, 2, 3번째) ─ 영적으로 의식 인식할 수 있는 한계 100번 지나 ─ 7, 하나 비비명명최초 명명비비명명 비비명자등명 세계, 이 하나의 이름은 묘비최초 자등태신자등명 …. 이곳을 빠져나오면서 **신체(神體)형성되며 신혼(神魂), 신명전(神明田)이 생겨남.**

1─7번째 하나 이 전체를 하나의 한 덩어리로 보았을 때 묘묘비비신 명명비비신 자등명 세계

각기 저마다의 세계에서 윤회하는가 하면 위 아래로 올라갔다 내려갔다 하며 윤회하고

4, 최초명(明:5)비(5)자등명 세계

영적으로 의식 인식할 수 있는 한계 200번 지나 ─ 1, 명명비비명비 명비최초근본 세계(1, 2번째) ─ 영적으로 의식 인식할 수 있는 한계 100번 지나 ─ 2, 명명명비비비최초 명비최초근본 세계(1, 2번째) ─ 영적으로 의식 인식할 수 있는 한계 50번 지나 ─ 3, 명명명명비비비비최초 명비태초최초근본 세계(1, 2번째) ─ 영적으로 의식 인식할 수 있는 한계 100번 지나 ─ 4, 명(5)비(5)최초 명비태초최초근본 세계(1번째) ─ 영적으로 의식 인식할 수 있는 한계 5번 지나 ─ 5, 명(6)비(6)최초 명비태초최초근본 세계(1, 2, 3, 4번째) ─ 영적으로 의식 인식할 수 있는 한계 80번 지나 ─ 6, 명(8)비(8)최초 명비태초최초근본 세계(1, 2, 3번째) ─ 영적으로 의식 인식할 수 있는 한계 150번 지나 ─ 7, 명(9)비(9)최초 명비태초태시최초근본 세계(1, 2번째) ─ 영적으로 의식 인식할 수 있는 한계 100번 지나 ─ 8, 명(10)비(10)최초 명비극근본 세계(1, 2번째) ─ 영적으로 의식 인식할 수 있는 한계 100번 지나 ─ 9, 하나 명(10)비(10)최초최초 태시극근본 세계, 이 하나의 이름은 명(5)비(5)최초최초명비

1─9번째 하나 이 전체를 하나의 한 덩어리로 보았을 때 최초명(明:5)비(5)자등명 세계

4, 최초명(明:5)비(5)자등명 세계 3번째 명명명명비비비비최초 명비태초최초근본 세계(1, 2번째)까지는 **각기 저마다의 세계에서 윤회하는가 하면 위 아래로 올라갔다 내려갔다 하며 윤회하나 4번째** 명(5)비(5)최초 명비태초최초근본 세계(1번째)부터는 **윤회를 벗어났다**고 할 수 있을 것으로 보인다.

그런 고로 3번째를 빠져나오며 신체(神體:神化)가 이루어지고 나서 최초비태신안(最初秘太神眼)으로 보기 시작한 크고 큰 하나를 한 덩어리로 보게 된 1, 태태명초비묘자등명 세계를 하나, – 2, 묘비묘태시 묘묘묘비비비태시 묘비묘비묘태시 묘비자등명 세계를 둘, – 3, 묘묘비비신 명명비비신 자등명 세계를 셋, – **4, 최초명(明:5)비(5)자등명 세계를 넷, – 세계를 넘어서서부터는 윤회를 벗어났다고 할 것이다.** (누구의 도움도 없이 혼자서 여기까지 올라왔다면 윤회를 벗어났다고 할 수 있을 것이나 다른 분의 도움으로 올라왔다 하더라도 이 밑 세계로 떨어지지 않으면 윤회를 벗어났다 하겠지만 그렇지 않고 쏴줄 때는 올라왔다가 시간이 지나면 떨어지는 경우에는 윤회를 벗어났다 할 수 없을 것이다.) **5, 최초(5)명(明:11)비(11) 명비자등명 세계**를 5, 6, 7, 8, 9, 10… 100번째 세계는 윤회를 벗어난 세계가 아닌가 싶다.

수행 정진하여 신(神)체(體)가 형성되어 신화(神化)가 되고 신화 4번째 세계를 올라오고 5번째 세계를 올라오면 윤회(輪廻)를 벗어났다고 하겠으나 그 전에는 윤회를 벗어났다고 할 수 없지 않을까 싶다. 신화 4번째 세계 아래에서는 각기 저마다의 세계에서 윤회하며 아래 세계에서 벗어나 위 세계로 올라왔다 하더라도 아래 세계에 윤회를 벗어나 위 세계로 올라왔을 뿐, 윤회를 벗어난 것이 아니고 또 어느 때인가는 아래 세계로 떨어져 윤회할 가능성이 크지만, 신화 4번째를 지나 5번째 세계에 올라왔다면 윤회를 벗어났다고 할 수 있지 않을까 싶다.

비록 윤회를 벗어났다 할지라도 죽을 때 장애에 걸려 착(着)하게 되면 올라온 만큼 에너지도 강한 만큼 강하여 끌어당기게 되는 만큼 윤회에 떨어질 수 있다. 그런 고로 걸림과 장애가 있다면 걸림과 장애를 해결하거나 해결할 수 없다면 놓아야 할 것이다.
2014. 05. 15. 17:50

진정한 나를 찾아 이와 같이 올라왔고
이와 같이 올라가고 있다

<반야바라밀행 신행근본의 길과 자비바라밀행 대광의 길> 이란 제목의 글 속에서 수행 정진하며 올라온 길들을 밝혀 놓은 길들을 하나하나 살펴보면 알 수 있을 것이다. 내 안의 빛 자등명과 내 밖의 자등명이 하나가 될 때까지 올라가고 있는 것이다. <진정한 나를 찾아가는 길이다> 란 글에서 지금도 자등명이 하나 될 때까지라고 생각할 수 있다는 생각에 이글을 썼다.

빛덩어리를 빠져나와 빛덩어리 안 플러스 27단계, 아수라 0, 지옥 마이너스 27를 합한 총 55단계에 빛덩어리를 관리 통솔하는 28단계를 포함해서 56단계라고 말했었다. 56단계 안을 지구가 속한 우주라 했고 지구가 속한 우주를 빠져나오면 56단계를 벗어났다고 할 것이다. 28단계 위로 29단계와 30단계가 있다.

빛덩어리를 빠져나와 28단계에 올라오고 28단계에 올라와서 29단계, 30단계에 올라와서 출신(出神)을 하여 다중 우주를 빠져나오고 다중 우주를 빠져나와 본성의 빛 자등명에 이르고 본성의 빛 자등명에 이르러 본성의 빛 자등명에 들어가고 들어가서 중심에 들고 중심에서 빠져나와 본성의 빛 자등명 위에서 백두의 빛 자등명에 올라옴으로 자등명 세계에 올라오게 된다.

자등명 세계에 올라와서 내 안의 자등명과 내 밖의 자등명이 하나 될 때까지 자등명 세계를 밝혀 드러내고 밝혀 드러내기 수개월이 지난 2013. 11. 27일 자등명 속에 자등명을 움직이게 하는 것이 있음을 알고 자등명을 움직이게 하는 이것의 이름을 그 당시 묘명 묘태등명이라 이름지었었다. 그러면서 생각이 들기를 생명의 본성이 자등명이라고 했었는데 묘명 묘태등명이 있는지를 알고부터는 자등명도 본성이 아니라 공의 성품처럼 본성의 속성이란 사실을 알게 되었었다.

56단계 안에서 물질에 공의 성품은 본성이고 물질은 본성이 속성이고, 자등명 세계 안에서는 자등명이 본성이고 공의 성품은 본성의 속성이고 묘명 묘태등명 세계 안에서는 묘명 묘태등명이 본성이고 자등명은 본성의 속성이다.

공의 성품으로 내가 너고 네가 내가 될 때 확철대오의 깨달음을 증득한 것이라 할 것이라면 자등명으로 내가 너고 네가 내가 될 때 자등명태묘자등명본성 증득한 것이라 할 것이다.

묘명묘태등명(妙明妙太燈明)이란 자등명 속에서 자등명을 움직이게 하는 것으로 자등명이 드러나도록 하는 것, 자등명의 폭발로 공의 성품이 드러나 허공이 있는 것과 같이 묘명묘태등명의 폭발로 자등명이 드러나 자등명 세계가 있는 것과 같다. 공의 성품이 본성의 속성이고 자등명이 본성이라고 한 것과 같이 묘명묘태등명에서 보면 묘명묘태등명은 본성이고 자등명은 본성의 속성이라고 할 수 있을 것이다.

묘명묘태등명 세계에 올라와서는 나란 묘명묘태등명과 내 밖의 묘명묘태등명이 하나 되는 비묘자등명 세계에 올라왔고, 비묘자등명 세계에서 또 그와 같이 올라왔다.

이와 같이 물질의 나에서 공의 성품, 확철대오의 깨달음을 증득한… 공의 성품−자등명(自燈明)−묘명묘태등명(妙明妙太燈明)−비묘자등명(秘妙自燈明)−신체(神體:神化)가 되어 올라오고−명비등명(明秘自燈明)−신자등명(神自燈明)−신명(神明)−초명(超明)−명시(明始)−명신(明神)−태시(太始)−시태초(始太初)−시초시(始初始)−시태조명(始太祖明)−태시명(太始明)−초태시(超太始)…. (여기까지 정리하는 데도 시간이 많이 걸렸다. 지금 올라와 온 세계까지 정리하기에는 더 많은 시간이 소요되는 것 같아 여기까지 정리를 마치고 나머지는 천천히 정리해야 할 것 같다.)

내 안의 나와 내 밖의 내가 하나 될 때까지 올라가고 있는 것이다. 진정한 나를 찾아가는 길이다. 2014. 05. 30. 09:19

나는 쓰레기통이다?

오늘은 내가 쓰레기통이란 생각이 든다. 이렇게 생각하고 저렇게 생각해 봐도 나는 쓰레기통이 맞는 것 같다. 선사님! 좋아해요. 선사님! 훌륭해요. 선사님! 대단해요. 별별 이야기들을 다한다. 그러면서 상의도 하고 좋아지기를 바라며 좋아지게 해달라고 이야기한다.

저마다 각기 자기 이야기를 한다. 이러쿵저러쿵 다 쏟아낸다.

쏟아내는 것이 좋은 것이든 나쁜 것이든 주는 대로 모두 다 쓰레기통처럼 받아들인다. 쓰레기통이 아프고 괴로운 것은 상관없다.

그냥 각기 저마다 불편한 것, 나쁜 것, 좋지 않은 것들을 버리기에 바쁘다. 쓰레기통이 어떠하든 상관없다. 그냥 마음대로 생각대로 하면 되고 버리면 된다. 버리는 사람은 쓰레기통을 생각하지 않는다.

쓰레기를 버리면서 쓰레기통을 생각하는 사람 있는가? 없다.

그냥 버린다. 마음 안에 쓰레기, 생각 속에 쓰레기, 의식 속에 쓰레기, 행으로 인한 온갖 쓰레기를 버린다. 쓰레기를 비우고 버린 만큼 좋아진다. 작은 쓰레기통은 더 큰 쓰레기통에 버리고 더 큰 쓰레기통은 더더 큰 쓰레기통에 버린다.

난 쓰레기통으로 받는데 버릴 곳이 없다. 그냥 비운다.

나는 해줄 수 있는 한 최선을 다해서 해주고 해준다. 해주었는데 결과 좋으면 다 좋다. 그래도 가끔 쓰레기는 던져져 온다. 결과가 나쁘면 쓰레기뿐만 아니라 쓰레기통을 발길질한다. 쓰레기통은 말이 없다. 그냥 받아들여야 하고 받아주어야 한다.

쓰레기통은 쓰레기통이다. 쓰레기 버리다가 버려지지 않으면 발길 돌리면 된다. 발길질 하지 않으면 다행이다. 버리는 대로 주는 대로 먹어야 하는 쓰리기통이다. 무엇이 되었든 주면 먹고 버리면 먹는다. 쓰레기통이 괴롭고 힘든 건 생각 없다. 그냥 버리고 싶을 때 아무 때나 버리면 된다. 다른 사람과 있을 때는 안 되지만 혼자 있을 때는 눈치 봐서 버리면 된다. 때로는 다른 이 있어도 상관없다.

급할 때면 버리면 된다. 씹다 버리는 껌이 아니니 그나마 다행인지 모르겠다. 쓰레기통은 선택권이 없다. 버리면 받아야 한다.

위 세계를 올라가며 위 세계 담고 아래 세계 많은 이들을 담고 인간사 세상만사를 던지는 대로 담고 먹는다.

나는 쓰레기통이다. 주면 주는 대로, 받아 먹여야 하는 쓰레기통이다. 싫으면 발길질에 치어야 하고 별별 소리를 다 들어야 하는 쓰레기통이다. 쓰레기통은 잘해도 쓰레기통이고 못해도 쓰레기통이다. 그래도 쓰레기통은 오늘도 최선을 다한다. 누가 뭐라고 해도 해야 할 일을 할 뿐이다.

누군가는 또 쓰레기를 버릴 것이다. 생각에, 의식에, 마음에... 쓰레기를 버릴 것이다. 나는 또 담아야 한다. 알든 모르든 담아야 한다. 밝혀 가는 이 길의 모퉁이에서 밝혀 주는 이 길의 모퉁이에서, 버리는 쓰레기 담고 머금으며 해결사하는 듯한 나는 쓰레기통이다.

그나마 먹고 버리는 껌, 씹다가 버린 껌이 되지를 않기를 바라는 나는 쓰레기통이다. 나에겐 선택권이 없다. 주면 주는 대로 힘들거나 괴롭거나 주면 먹어야 하고 물으면 뱉어내야한다. 그리고 버리면 또 먹어야 한다. 그것이 무엇이든 먹어야 한다. 나는 외롭고 고독한 쓰레기통이다. 너무 비약적인가? 오늘은 왠지 내가 쓰레기통이란 생각이 들었다. 2016. 03. 23 09:33

어제는 힘에 겨워서 묻지를 못했다. 위 세계를 밝혀 드러내며 받은 에너지에 눌려서 감당을 못하고 요선(了禪)에 힘겨워 누워 잠을 자며 적응하느라고 내 몸 가누기조차 힘겨워서 나는 쓰레기통이라고 생각을 일으킨 이가 있다는 사실조차도 생각을 못했다.

오늘 아침 산책하며 생각지도 않았던 생각이 일어날 때는 존재들이 일으킨다는 생각에, 어제 나에게 나는 쓰레기통이란 생각을 일으키신 분? 처음에는 대답이 없었다. 어제는 여기까지 생각할 힘이 없고 또 물어볼 힘이 없을 정도로 힘겨웠는지도 모르겠다. 하룻밤을 지내고 나니 이제 조금 힘이 생겨서 버틸 수 있어서 일까? 물을 힘이 생겨서겠지.

어제 나에게 나는 쓰레기통이라고 생각을 일으킨 분이 있을 텐데 왜 대답을 하지 않지요? 나는 쓰레기통이라고 생각을 일으키신 분? 몇 번을 불렀다. 한참 만에 대답했다. 왜요?

왜. 나는 쓰레기통이란 생각을 일으켰지요? 관심을 끌기 위해서 그랬나요? 아닙니다. 관심을 끌어서 에너지 받으려고 그런 것 아닌가요? 예 에너지 받으려고 한 것 맞습니다. 에너지를 받으려고 나는 쓰레기통이란 생각을 일으켰나요? 예. 피식 웃는 모습이다.

관심을 갖고 에너지 받으려고 하는 분도 쓰레기네요. 그런가요? 얼굴이 이글어진 모습이다. 나쁜 것 버리고 좋은 것 취하려고 하는 것이지만 나쁜 것을 버리는 행위, 관심을 갖고자 하는 마음이나 생각은 이미 그 자체로 쓰레기 아닌가요? 침묵하며 대답이 없다. 대답이 없다니요. 아닙니다. 난 쓰레기 아닙니다. 단지 쓰레기를 던졌을 뿐인데, 선사님이 받아주신 것입니다. 받아주지 않았다면 그것은 무엇인가요? 열망이고 욕심이고 바램이며 꿈과 희망이겠지요. 열망, 욕심, 바램, 꿈과 희망도 쓰레기네요. 아래세계에서 위 세계로 올라가기 위해서 위 세계에 던지는 모든 것들은 쓰레기고 위 세계의 모든 존재들은 쓰레기통이겠네요? 그렇다고 봐야겠네요? 그러면 위 세계에서 볼 때 님은 쓰레기이고 아래세계에서 볼 때 쓰레기통이네요. 예. 대답하며 피식 웃는 모습이다. 나도 피식 웃었다.

우리는 누군가에게 쓰레기이고 또 누군가에게는 쓰레기통이 아닌가 싶다. 우리는 각자 저마다 쓰레기이며 쓰레기통이기도 한 것이 아닌가 싶다. 다만 더 작은 데서 보면 쓰레기통이고 더 큰 것을 보면 쓰레기로 쓰레기를 받아 머금고는 비우고, 비우고 머금고, 머금고 비우는 일을 하는 것 같다.

사실 우리들은 힘이 없어서 자기 자신을 바르게 관조해 볼 힘을 갖지 못하고, 자기 자신 안팎에서 일어나는 모든 일들과 생각과 의식을 있는 그대로 받아드리고 순응하는 것이지. 힘만 있다면 힘 있는 만큼 버티며 자기 자신 안팎에서 일어나는 모든 일들을 세밀하게 관조해 보고 성찰해 보면 바르게 하려고 할 것이다.

이길 힘이 없을 때 자기 자신을 바르게 보려고 하지 않고 괴로움과 고통 속에서 자기뿐만 아니라 다른 사람들까지 힘들게 하는 것 아닌가싶다.

나는 쓰레기통이다. 라고 생각을 일으킨 존재를... 존재라고 하지 말고 황제(107) 세계의 킹왕짱이라고 불러달라고 한다. 황제(107) 세계의 킹왕짱이 나에게 나는 쓰레기통이란 생각을 일으켰을 때 나는 쓰레기통이라고 인식하고 의식하며 글을 썼고, 쓴 글을 읽은 분들은 저마다 각기 많은 생각들을 하며 혼란스럽고 힘들게, 그 외에 여러 생각들을 하게함으로 자연스럽게 못하고 어렵고 힘들게 했던 것과 같이 우리들은 자기 자신 안에서 일어난다는 생각이나 의식 인식이란 의식에서 일어난 생각들이 자기 자신이 하지 않았음에도 누군가에 조정되어 일으켰음에도 조정되고 그와 같이 입력되어 행하고서는 바로 보지를 못하는 경우들이 태반이다.

그러면서는 자기 자신의 행에 자책하는 경우들도 많다. 그렇게 마음 생각 의식 안에서 일으킨 것에 대한 대상을 보지 못하고 찾지 못하고 끌려가고 있다. 대부분의 사람들은 자기 자신의 의지 마음 생각과는 다르게 행동하고 행하는 모든 언행들이 과연 자기 의지, 자기 생각, 자기 마음이라고 하지만 얼마나 자기 자신의 마음이고 의지이며 생각인가?

나처럼 조정 당하여 내가 그런 것으로 착각하고 주변에 있는 분들 가까운 이들을 힘들게 하고 있지 않은지. 스스로의 힘을 기르고 길러서 바르게 관조해 보고 성찰해 보고서는 바르게 할 수 있는 계기가 되었으면 좋겠다. 나처럼 어리석은 우를 범하지 않았으면 좋겠다.　　2016. 03. 24 08:45

제3부 자등명인간계

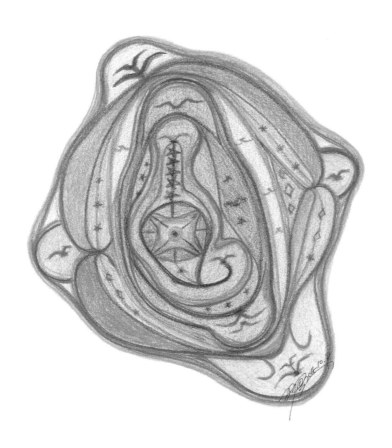

이것이 망상일까? 진실일까?

어제 2013. 08, 23일 저녁 퇴근하기 직전에 올라가던 최종지가 보였다. 최종지는 마치 둥그런 맨 위 꼭대기에 있는 듯 보였다. 최종지를 향하여 올라가는 공(功)을 하고 올라가서는 최종지를 떼어서 식구들에게 넣어주고 가까운 이에게 넣어주고 그러면서 최종지를 빠져나와 위로 올라갔다.

최종지 맨 위에 올라갔는데… 아무것도 보이지 않는데 "아빠!"라고 부르는 소리가 들렸다. 누가 나를 부르는 것일까? 그것도 한 두 번이 아니라 지속적으로 "아빠!"라고 소리치며 불렀다. 분명 나를 부르는 것만 같았다. 주변에 아이의 영가를 부르는가 싶어서 살펴보았으나 아무도 없었다.

본인과 인연으로 올라가는 아이인가 싶으니 그도 아닌 것 같았다. 누구지? 56단계 안에서의 인연된 자식인가 싶으니 그것도 아닌 것 같았다. 그러면서 소리 나는 쪽을 향하여 갔다. "아빠!"라고 부는 소리를 쫓아갔다. 얼마를 갔을까. 위에 빛이 보이고 거기에서 아빠라고 부르는 소리가 나오는 것 같았다.

본인이 올라가자 아빠라고 부르는 아이는 웃음이 가득해 보였지만 더 이상 대화를 할 수가 없었다. 보는 순간부터 대화는 단절되고 단절된 것은 거기의 문제라기보다는 본인이 더 이상 들을 수가 없었으니 대화는 단절되었다.

기분이 묘했다. 어떻게 된 사실인가? 궁금했다. 밝혀 드러내는 대로 아이는 나를 따라오는 듯 보였다. 이 아이는 내 자식일까? 생각하니 그런 것 같았다. 내 자식이라면 엄마가 있을 텐데…. 아이의 엄마가 어디에 있는지 찾아보았다. 찾아보니 지금 올라온 세계의 끝 최종지에 있는 듯싶었다.

이것저것 살펴보니 사내아이의 엄마가 본인의 와이프란다.

이를 어떻게 받아들여야 할지. 잠시 머뭇거렸다. 어떻게 해야 할지 겸연쩍었다.

어떻게 해야 할지 난감하기도 했다. 본다고 보니 최종지에서는 즉 아이의 엄마가 있는 곳에서는 잔치가 벌어진 듯 보였다.

본인은 이곳에서 56단계로 왔는가? 그런 것 같았다.

이곳이 56단계로 오기 전의 고향인가? 그런 것 같지는 않고 고향은 더 높은 곳인 것 같아 보였다.

이곳에 내려와 있다가 이곳에서 56단계로 내려온 것 같다.

56단계에 내려와서 많은 시간이 흘렀는데… 30단계, 28단계… 인간계에서의 윤회, 이 많은 시간이 이곳에는 얼마의 시간이기에 아이가 끝에서 기다리다가 "아빠!" 라고 부른 것일까?

살펴보았다. 이곳에서 지구에서와 같이 24시간이 하루라고 했을 때 이곳에서의 네 시간이 56단계 안에 들어와서 56단계를 30, 29, 24단계… 인간 세계에서의 윤회를 모두 다 합한 것이 아닌가 싶다. 그리고 이곳에서 본성의 빛 아래로 떨어져 56단계 안으로 들어가기까지가 두 시간 정도. 모두 다 합해서 이곳에서 보면 이곳을 떠나온 지 여섯 시간 밖에 되지 않은 것이다. 그러니 아이가 기다린 것이 아닌가 싶은 생각이 들었다. 딴 짓하다가 왔다 갔다 하며 기다렸는지도 모를 일이지만 어쩌거나 올라가니 불렀다.

혼란이 일어난다. 56단계 안에서의 배우자, 광계, 신계, 천상계, 인간계에서 많은 배우자 분들… 천도시키며 올라왔고, 지금은 천도되어 이곳 최종지에 있는데, 상당히 많은 분들이 있는데…. 그리고 지금 살고 있는 배우자와 자식…. 어떻게 해야 하는가?'

56단계 안에서의 스승님과 제자 분들 그리고 인연된 분들과 조상님들은 이곳에 올라와서 어찌하고 게실까? 이미 모든 분들이 거의 다 이곳 최종지에 있는 것 같고 일부는 위로 올라가신 것 같은데….혼란이 일어나기 시작했다.

지금까지 밝혀온 것들이 이곳에서 모두 다 무너지기 일보 직전인 것 같고 이것이 진실이라면 새롭게 밝혀야 할 부분이 너무 많은 것 같은 생각이 머리를 스쳐간다.

이 최종지를 지나니 아이는 엄마의 손을 잡고 아이의 엄마는 본인을 따라 올라오는 것처럼 보인다. 육체를 가지고 수행하여 올라가는데 올라온 이곳에서 이곳에서의 와이프를 만난다니. 만나서 위로 함께 올라간다니. 본인이 올라가는 것을 따라 올라오는 것을 보면 이곳이 본래 있던 곳은 아닌 듯싶다. 본래 있던 곳까지는 더 올라가야 하는 것 같다.

그곳에 언제 도착할지 모르겠지만 지금은 본인이 올라가는 것과 함께 따라 올라오는 듯싶고, 본인이 다른 일을 하고 올라가는 것을 멈추고 있으면 쉬고 있는 듯 보인다.

육체는 이곳(지구)에 있고 이곳에서 살고 있고 에너지체는 저곳에 있으면서 저곳에 와이프와 아이와 같이 있다. 이곳과 저곳을 이제부터는 왔다 갔다 하게 되었다. 정리가 될 때까지는 혼란스럽지 않을까싶다. 이곳에 있는 분들과는 대화가 통하고 저곳에 있는 분들과는 대화가 이루어지지 않으니 어떻게 해야 할지 잘 모르겠다.

오래 전부터 위 세계에 내자가 있다는 생각을 했지만 그 내자는 56단계에 있는 것으로 알고 있었고, 또 모두 다 천도하면 올라가니 많은 배우자들이 올라가고 있다고 생각했는데, 이곳에 올라와서 이와 같이 배우자를 만나다니. 이것이 꿈인가 생시인가?

많은 배우자들은 이 세계에 이미 올라와 있는데… 그 분들은 어떻게 되는가? 올라온 세계에서의 여섯 시간 동안에 있었던 일인데… 천도하며 올라왔기에 올라온 분들은 어떻게 되는가? 이것이 사실이고 진실이라면 밝혀 알아야 할 것이 한두 가지가 아닌 듯싶다.

올라가며 더 두고 봐야할 것 같다.

지금으로는 황당하고 어떻게 하는 것이 옳은 일인지 잘 모르겠다. 어느 누구도 소홀히 할 수 없는 일이 아닌가 싶은데…. 어떻게 해야 할지 모르겠다.

어떻게 하는 것이 왕도이고 바른 것인지 분간이 되지 않는다.

이것이 사실이라면 왜 내려오게 된 것일까?

분명 이유가 있을 텐데…. 그 이유는 무엇일까?

이곳에는 지금 "아빠!"라고 불렀던 아이, 장인 같은 분, 장모 같은 분, 어머니 같은 분, 내자 같은 분, 서 있는 다섯 분이 보인다.

아버님 같은 분은 이곳 아래 자태묘명 세계에 계신 듯싶고, 자식은 더 있는 것 같은데… 더 위의 세계에 있는 듯싶다.

지구에서와 비슷하다면 이곳에서 또 다시 이곳에서의 생명의 근원을 찾아 또 다시 새롭게 시작되는 것일까?

꼬리에 꼬리를 문다. 올라가다보면 하나하나 드러나겠지만 지금은 여러 가지로 혼란스럽다.

본인이 뭘 하기 위해서 이곳으로부터 내려왔는지 모르지만 일단은 다섯 분들에게 본인이 이곳에서 가지고 올라간 것이 그곳에서 필요한 것이 무엇인지 모르지만 있다면 가져가시라며 한 분 한 분에게 골고루 나누어 준다고 생각하며 마음과 의념으로 가져가라고 했다.

테스트할 줄 아는 분들은 테스트해 보세요.

본인이 영적으로 경험하고 있는 이것이 망상인지? 진실인지?

본인이 말하고 있는 위 사실이 있는 그대로의 진실을 100이라고 했을 때 100에 몇이나 되는지?

본인과 수행하거나 공부하는 분들 중에도 이와 비슷한 분들이 있는 것 같은데…. 아니, 모두 다 그런 것 같은데… 모두 다 이와 같다면… 참으로 혼란스럽다.

자기 자신도 본인과 같이 이와 유사한 경우가 있는데 모르고 있는지. 지금 올라가지 못해서 그렇지 위의 세계에서 기다리는 배우자가 있는지 없는지.

한 번 테스트해 보라. 2013. 08. 24. 17:52

자등명 인간계 1

자등명 인간계를 들어서며 밝혀 본 것들 아직은 미완이고 밝혀볼 것들이 많습니다만 자등명 인간계에 대해서 조금이나마 이해할 수 있으시길 바라며 올려놓습니다.

이것들이 완성되기까지는 시간이 많이 걸릴 것 같아서…우선 올립니다. (이름을 지으며 본인 스스로에게 물어 테스트하며 이름을 지었다.)

이 세계를 무엇이라고 해야 이해들이 빠를까?

사람의 근본(根本) 태근본(太根本) 세계

이 세계를 있는 그대로 이름 한다면 시조 시초 시초시(始祖 始初 始初始),

이 보다 더 쉽게 이 세계를 말한다면 이 세계는 인간계(人間界),

이곳은 인간 세상과 구별이 안 가는데 어떻게 구분하여 이해할 수 있도록 할 것인가? 자등명(自燈明) 인간계

그렇다면 이곳 지구의 인간은 어떻게 봐야 하는가?

미혼(迷魂) 인간계

이곳이 미혼의 인간계라면 자등명 인간계는 어떻게 봐야 하는가?

태초태신태묘태묘명(太初太神太妙太妙明) 인간계

태초태신태묘태묘명 인간계에서 왜 미혼의 인간계로 내려온 이유는 뭘까?

자태혼묘묘명(自太魂妙妙明) 되기 위해서 내려왔다.

태초태신태묘태묘명의 인간계에서는 이 위로 올라갈 수 없는가? 그렇다.

태초태신태묘태묘명 의 인간계에서 위로 올라가기 위해서 56단계 아래까지 내려온 것인가? 그렇다.

56단계 안에서 무엇을 가지고 가야 올라갈 수 있기에 56단계 아래로 내려온 것인가? 태혼(太魂)

태혼이란 무엇을 말하는 것인가? 자등명

태태(78)

신신신(110)극극극극극극극극극(10)태극태극태극태극태극태극태극태극태극태극(10)근본근본근본근본근본근본근본근본근본근본근본근본(10)

자등명 태(78)신(110)극(10)태극(10)근본(10)을 가지고 있어야 위로 올라갈 수 있는가? 그렇다

자등명 태(78)신(110)극(10)태극(10)근본(10)은 어떻게 갖게 되는가?

맨 아래의 인간 세상에서부터 수행 정진하여 위로 올라가면서 자기 자신 안에 있는 생명의 근원인 자등명을 밝히고 더 크게 하며 올라가고 올라가서 자등명의 인간계로 올라가야 태혼묘묘명이 되고 스스로 태혼묘묘명이 됨으로 해서 자등명 태(78)신(110)극(10)태극(10)근본(10)을 갖게 되거나 갖추게 된다.

무엇이 태혼묘묘명이 되는가? 미혼(迷魂)

태초태신태묘태묘명 인간계에서 태초태신태묘태묘명 으로 있다가 어떻게 미혼이 되었는가? 자하미혼(自下迷魂) 스스로 미혼의 인간계로 내려와 미혼이 되었다.

미혼의 인간계로 스스로 내려와 미혼이 되어서 미혼에서부터 태혼묘묘명까지 품고 올라가야 태혼이 되는가? 그렇다.

자등명 인간계에서 지구의 인간으로 태어난 목적은 무엇인가?

태묘묘묘명 이상이 되기 위해서 왔다.

지구의 인간은 어디서 왔는가? 자등명 인간계에서 왔다.

자등명 인간계에서 어떻게 지구의 인간으로 왔는가?

자영신혼등명(自靈神魂燈明)

즉, 신(神) 스스로 영(靈)에 깃들어서 영(靈) 안에서 신(神)이 등(燈)불이 되어? 신(神)이란 등불의 빛이 영(靈)을 통하여 밖으로 드러나고, 영 밖으로 드러난 신(神)의 빛이 혼이 되어 혼(魂)이 생김으로 인하여 신영혼(神靈魂)이 되고, 신영혼(神靈魂)이 되어서 본향에서 아래로 점점 더 미혼(迷魂)한 세계로 내려오다가 급기야 56단계 위 30단계까지 내려오게 되고 30단계에서 56단계 안으로까지 들어와서 지구의 인간으로 태어나게 되었다.

영이 어떻게 56단계 안에서 본향 고향까지 올라와서 신영혼이 한 덩어리 되었을까? 생태묘영 상근체태(生太妙靈 上根體太)

신(神)은 자등명 인간계에서 내려왔고 영(靈)은 56단계 안에서 올라왔다. 56단계 안에서 흔히 우리가 생명이란 최초의 생명이 생겨난 이후에 영이 진화함으로 본향까지 올라옴으로 인하여 자등명 인간계에서 자등명 인간이란 신이 미혼으로 점점 더 내려오다가 본향으로 올라온 영을 보고 영에 깃듦으로 인하여 신과 영이 한 덩어리가 되고 신과 영이 한 덩어리가 되니 신영에서 혼이 생성되어 있게 되어 신영혼 한 덩어리가 되었다.

지구의 인간은 어디로 가야 하는가?

자등명 인간계 이상으로 가야한다.

태초태신태묘태묘명 인간계에서도 먹는가? 먹는 식량이 있다.

태초태신태묘태묘명 인간계에서도 먹는 식량은 묘묘근(妙妙根)

묘묘근은 어떻게 얻는가? 태신명(太神明)

태신명으로부터 어떻게 얻는가? 태신태공급 태신으로부터 공급받는다.

태신은 어떻게 태신명을 얻는가? 수행을 통해서 얻는다.

어떤 수행을 하는가? 미혼근본태혼 2013. 08. 26.

테스트할 줄 아시는 분들은 위 글이 어느 정도 진실성이 있고 진실을 100으로 보았을 때 100에 몇이나 되는지 테스트해 보는 것도 나쁘지 않을 것이다,

자등명(自燈明) 인간계 1-1

자등명 인간계에는 지구의 인간과 같은 형태의 형상을 하고 있는 이들이 있어서 듯싶다. 자등명 세계를 오르고 올랐더니 인간과 같은 형태의 형상이 나오고 자식과 배우자가 나왔는데 그 모습이 인간의 형상을 너무 닮아서 이 세계를 무엇이라고 해야 하는가? 했을 때 인간 모습의 형상을 하고 있는 이들이 살고 있는 자등명 세계이기 때문에 자등명 인간계라고 했다.

자등명 인간계에서 내려온 경우에는 신(神)이 있느냐 없느냐로 알 수 있다. 신이 없는 경우에는 자등명 인간계에서 내려왔다고 볼 수 없고 56단계 안에서 빅뱅으로 인하여 흩어져 있는 자등명 조각으로 인하여 흔히 우리들이 살아 있다고 말하는 생명(生命)의

최초 생명의 탄생으로 영(靈)이 형성된 것으로 보면 될 것이다.

지구상에 존재하는 생명체 중에는 바다 생물과 육지에 살고 있는 것을 나누어 볼 수 있는데, 바다 생물 중에 신(神)이 깃들어 있는 것이 있으며 또한 육지에 살고 있는 것들 중에도 신(神)이 깃들어 있는 것들이 있다. 신(神)이 깃들어 있는 경우에 신(神)은 모두 다 자등명 인간계에서 내려왔다고 보면 되지 않을까 싶다.

지구 상에 존재하는 생명체들 중에는 영(靈)만 있는 것이 있고 영혼이 있는 것이 있으며 영혼으로 있으면서 신이 깃들어 있는 것들이 있다. 영만 있는 경우에는 지구란 곳에서 최초의 생명이 탄생된 것과 같이 29번의 작용으로 인하여 생겨난 것이고, 영혼만 있는 경우 역시도 지구란 이곳에서 29번의 작용으로 영(靈)이 생겨나 있다가 영혼의 세계에 올라가게 됨으로 인하여 영이 혼을 갖게 되어 영혼을 갖게 된 것 아닌가 싶다. 지구상에서 29번의 작용으로 인하여 생겨난 생명체는 영이 있어서 영으로 죽어서 영으로 있다가 영혼의 세계에 들어감으로 영혼을 갖게 되고 영혼을 갖게 됨으로 윤회하게 된다.

영만 있는 경우 스스로 영혼의 세계에 들어가지 못하고 영혼의 세계 이상에 올라갈 수 있는 수행된 사람의 의식 내지 의념 천도를 통하여 영혼의 세계에 올라가서 영혼을 갖게 되는 듯싶다.

식(識)이 있다고 해서 모두 다 혼이 있다고 말할 수 없으며 영에 혼이 한 몸으로 있는 경우에는 식이 있다고 봐야 하고 영이 혼과 한 몸으로 있지 않은 경우에는 비록 식이 있다고 할지라도 혼이 있다고 말할 수 없을 것이며 이런 경우 윤회하지 않는다고 보면 틀림이 없을 것이다. 식이 있어도 의식이라고 할 수 없을 것이다. 영혼이 있고 신이 있는 경우에 의식(意識)이 있다고 말할 수 있을 것이다.

고로 윤회를 하느냐 하지 않느냐는 영에 혼이 있느냐 없느냐의 기인된다고 볼 수 있을 것이다. 비록 신(神)이 깃들어 있지 않은 채 영혼으로만 윤회한다고 해서 신이 저절로 영혼 안에서 생겨나는 것이 아닌 듯싶다. 영혼에 신이 깃들어 있게 되는 경우에는 자등명 인간계에서 신(神)이 양식을 구하기 위해서 미혼(迷魂)의 세계로 내려왔을 때 미혼의 세계에 있는 영혼에 신이 깃들음으로 인해서 신이 있게 되는 것 아닌가 싶다.

그러므로 신이 있다는 것은 자등명 인간계에서 내려왔다고 보면 틀림이 없을 것이다. 신이 깃들어 있는 경우에는 윤회를 한다 할지라도 신이 없는 영혼으로 윤회하지 않으며 신이 깃들어 있는 영(신)혼으로 윤회한다고 생각하면 틀림이 없을 것이다.

신이 없는 영혼은 신이 없는 영혼끼리 윤회를 하다가 자등명 세계의 본향(本鄕)에 올라가게 되거나 또는 자등명 인간계에서 양식을 구하러 미혼의 세계에 왔을 때 영혼 안에 깃들게 됨으로 해서 신을 갖게 되어서 영(신)혼이 되어서 신이 있는 것끼리 윤회하게 되고 윤회하면서 몸 받아 태어나면서 미혼에서부터 깨어나고 깨어나면서 양식을 구하여 얻고 구하여 얻어서는 구하여 얻은 만큼 깨어난 만큼 위로 올라가게 되는 것 아닌가 싶다.

그러므로 처음부터 나라고 하는 저마다의 나는 신(神)이 아니다. 빅뱅으로 인하여 흩어져 있는 자등명 조각에 29번의 작용으로 탄생됨으로 인하여 나라고 하는 자기를 갖게 되고, 이와 같이 자기를 갖게 되는 경우에는 29번의 작용으로 새로운 몸 받아 태어나 짧게 또는 길게 살면서 살던 동안의 행위를 내 것이라고 하여 자등명 조각에 달라붙게 됨으로 해서 자등명 조각에 업이라고 할 수 있는 것이 붙음으로 자등명 조각이 영(靈)이 되고, 영이 된 자등명 조각은 영으로 있다가 혼이 붙음으로 인하여 영혼을 갖게 되고 영혼을 갖게 됨으로 윤회하게 된다.

저마다 나라고 하는 자기는 이와 같이 해서 생겨나서 영혼이 되고 영혼이 되어서 자등명 인간계에서 내려온 신이 영혼이 된 자기에게 깃들게 됨으로 신영혼으로 되어서 56단계 안으로 들어오고 들어와서는 영혼에 깃든 신이 자기 자신이 아니라 업으로 윤회한 영(靈)이 자기 자신이되 수행 정진하여 영이 맑아지고 밝아짐으로 인하여 머리 위에 신이 나가고 신이 나감으로 영이 따라 나감으로 인하여 신자명이 되어서는 영이 자신이 아니라 신이 자신이 되어 살아가게 되고 이때 비로소 영이 자기 자신이 아니라 신이 자기 자신이 되어 살아가게 된다.

이와 같이 신자명이 되어 올라가서는 점점 깨어남으로 인하여 위 세계로 올라가고 올라가서는 본향에 이르고 고향에 이르러 신영혼이 되고 신영혼이 되어서는 또 신영혼이 변화되며 바뀌면서 신이 되어서는 더 크고 큰 신으로 되면서 위로 올라와서는 영혼에 깃들어 있던 신(神) 본래의 고향에 올라오게 된다. 이와 같이 신이 본래의 고향으로 회귀한 세계가 바로 자등명 인간계라고 할 수 있을 것이다.

영에 신이 깃듦으로 혼이 생겨나기도 하지만 영이 혼의 세계에 들어가거나 영혼의 세계에 들어갈 경우에 혼이 생겨나서 신이 없는 영혼이 된다. 반면에 지구상에서 생겨난 영에 신이 깃듦으로 인하여 신자명(神自明)이 되었다가 미혼(迷魂)한 세상 밖으로 드러나려고 함으로 인하여 영(靈)안에 있던 신(神)이 밖으로 드러나려고 함으로 인하여 영을 뚫고 나오지 못하고 영에 달라붙어 있는 업식으로 혼이 생겨나게 되고 혼이 생겨남으로 인하여 현재의식을 갖게 된 것이 아닌가 싶다.

이와 같이 저마다의 나는 자등명 조각이 29번의 작용으로 탄생되어 영으로 있다가 영을 자기 자신으로 알다가 신이 깃들게 되고 신이 깃들게 됨으로 인하여 수행을 통하여 영이 신으로 변화함에 따라 신이 되는 것이다. 그러므로 처음부터 자신 자신은 신이 아니라 영이었고 영 이전에 자등명 조각이었다가 최초의 생명의 탄생과 같이 태어나서는 영으로 영혼으로 신영혼으로 깨어나면서 신으로 변화되고 신으로 변화될 때까지 영혼 안에 깃들어 있는 신은 신의 모습을 드러내지 않고 영이 맑아지고 밝아져서 영이 신과 한 덩어리가 되면서부터 영의 나는 신이 되는 것이다. 그렇게 신이 되어서는 신 본래의 고향인 자등명 인간계로 올라오게 되는 것 아닌가 싶다.

영만 있는 경우, 영혼만 있는 경우에는 온 곳이 미혼의 허공에서 생겨났으니 허공이 온 곳이고 돌아갈 곳 허공으로 돌아갈 것이지만 영혼에 신이 깃들어 있는 동물이나 바다 생물에 있어서는 영혼이 아닌 영혼에 깃들어 있는 신에 있어서는 온 곳은 분명 자등명 인간계이고 온 곳이 자등명 인간계이고 돌아갈 곳 역시 자등명 인간계라 할 것이다.

자등명 인간계로 돌아가면 그곳에 자식과 배우자 있으며 그곳에서 볼 때 지구에서의 수백 수천의 윤회는 몇 시간 며칠 몇 달에 지나지 않는 듯싶다. 자등명 인간계에 올라가면 그곳에 이곳에서와 같이 가족이 있고 식구가 있는 듯싶다.

가족의 형태를 보면 부계 사회, 모계 사회, 부계와 모계 사회가 합쳐진 형태를 갖고 있는 듯싶고, 많은 부분 자유로운 듯싶다. 그 중 부계 사회와 같은 형태가 가장 많은 것 같고 그 다음이 부계와 모계 사회가 합쳐진 형태가 아닌가 싶고 그 다음이 모계 사회의 형태를 갖고 있는 것 아닌가 싶다.

이곳에서 올라간 조상님들을 살펴보면 저마다 각자 가정이 있어서 그런지 뿔뿔이 흩어져 그곳 자신들의 가정으로 돌아가 식구들과 살아가는 것 같고, 어느 한 분도 부부로 또는 같이 살고 있는 것 같지는 않은 듯싶다. 다만 같은 세계에 사는 경우는 있는 것 같은데 한 가족으로 살고 있는 것 같지는 않은 듯싶다.

그리고 특이한 것은 자등명 인간계에 올라온 경우에 보면 어느 세계를 전체적으로 총괄하는 세계에 있지 총괄 받는 세계에는 어느한 분도 없는 듯싶다. 돌아가신 분의 경우 즉 영가로 본인의 천도를 받으며 올라오신 분은 그곳에서 안주하고 있는 듯싶은데 그럼에도 위에 에너지를 쏴주면 조금씩은 위로 올라오시는 듯싶다. 살아 있으면서 이곳에 올라와 있는 경우에는 위에 에너지를 쏴주면 쏴주는 대로 자등명 인간계의 가족 및 식구들과 함께 위로 모두 다 함께 올라오는 듯싶다. 돌아가신 경우에는 이곳에 올라온 후 본인을 잡고 더 이상 본인을 따라오는 것 같지는 않다. 위 세계의 에너지를 주면 받아 올라오기는 하지만 못 올라가게 본인을 잡지는 않는 것 같다.

최초 인류의 탄생을 살펴보면 신이 깃들어 있는 것에서 탄생된 것이 아닌가 싶다. 육지 동물 중에 인간을 제외한 동물 중에 신이 깃들어 있는 동물이 수십여 종이 되지 않는가 생각되며 바다 생물 중에도 신이 깃들어 있는 바다 생물이 여러 종류가 되지 않는가 생각된다. 최초의 생명은 29번의 작용 속 지수화풍의 작용으로 탄생되었지만 최초의 인류는 자등명 인간계에서 신이 내려옴으로 영에 신이 깃듦으로 생겨난 것이 아닌가 싶다. 육지보다는 바다 생물 쪽에서 먼저 최초의 인류가 탄생된 것이 아닌가 싶다, 바다 생물 중 신(神)이 깃들어 있는 것으로 인하여 최초의 인류가 탄생된 것이 아닌가 싶고, 남녀의 탄생을 살펴보면 남자와 여자의 경우 서로 다른 태(胎)에서 서로 다르게 탄생한 것이 아닌가 싶다. 이 부분은 더 깊게 관하여 보고 살펴보아야 알 수 있지 않을까 싶지만 그러기에는 찾아 살펴봐야 할 것들이 너무 많아 찾으면 찾을 수 있을지도 모르겠지만 시간에 걸려서 접었다. 최초 인류의 탄생은 바다 생물에서 먼저 탄생된 것이 아닌가 싶고, 그런 다음에 육지에서도 최초의 인류가 탄생되었는데 이 역시도 한 태(胎)에서 남녀가 탄생한 것이 아니라 각기 서로 다른 태(胎)에서 남녀가 각기 서로 다르게 태어난 것이 아닌가 싶은 생각이 든다.

인간으로 살고 있는 우리들은 모두 신을 가지고 있고 신을 가지고 있기 때문에 윤회를 한다고 해도 신이 깃들어 있는 것끼리만 윤회를 한정적으로 할 뿐, 모든 영혼과 모든 영까지를 포함해서 윤회하지는 않는 듯싶다. 인간으로 신을 가지고 있는 만큼 인간 누구나 자등명 인간계로 회귀해야 하며 자등명 인간계로 회귀하면 그곳에 그곳에서의 가족이 있고 식구가 있다. 이곳에서는 비록 자식이 없고 배우자가 없다 할지라도 자등명 인간계에는 배우자도 있고 가족도 식구도 있는 듯싶다. 자식도 있는 경우도 있는 듯싶다.

이와 같이 자등명 인간계로 돌아갈 수 있도록 인간의 몸 받아 태어났으니 몸을 낳아주신 그 부모님 은혜 한량없고 그 은혜에 보답하며 수행 정진 자등명 인간계로 회귀하여야 할 것이며 또한 부모님과 부모님을 있게 한 조상님들도 이끌 수 있으면 이끌어야 하지 않는가 생각된다.

왜 그런지 모르겠으나 자등명 인간계로 쉽게 올라올 수 있도록 할 수 있을 것 같은 생각이 든다. 왜 그런지는 모르겠지만 왜 간단하게 생각되는지 모르겠다.

9가지 방법이 있는 것 같은데. 그 하나는 자등명길을 따라오는 것이고 또 하나는 밝혀 드러낸 수인공을 통하여 올라오는 방법, 또 하나는 진언, 본인과 스스로 수행 정진해서 올라오는 방법, 그리고 본인이 위에 에너지를 쏴주며 올려줄 수 있는 방법, 의식(儀式)을

만들어서 하는 방법, 탄트라(?) 이외 올라오게 해줄 수 있는 방법
이 있는 것 같은데 이것은 아직 잘 모르겠다. 2013. 08. 31. 19:52

자등명 인간계 1-2

인간의 본향은 신영혼의 세계이고 신영혼의 세계는 참자아가 신으
로 화(化)한 세계이며 자등명 인간계는 신의 고향이다.

지구란 땅에 29번의 작용으로 인하여 허공에 있는 자등명이 영
(靈)으로 태어나서 진화(進化)하여 영(靈)이 영혼(靈魂)으로 진화
하고 영혼에 신(神)이 깃들게 됨으로 인하여 신을 갖고 있는 영혼
이 되어 사고력을 갖게 되었다.

영(靈)은 영(靈)끼리 윤회하고 영혼(靈魂)은 영혼인 것끼리 윤회하
고 영혼에 신(神)이 깃들어 있는 (신)영혼에 신이 깃들어 있는
(신)영혼끼리 윤회를 하지 영(靈)이 영혼(靈魂)과 뒤섞여 윤회하지
않으며 신(神)이 깃들어 있는 영혼이 신(神)이 깃들어 있지 않은
영혼과 뒤섞여 윤회하지 않으며 신(神)이 깃들어 있는 영혼(靈魂)
이 영(靈)과 윤회하지 않는다.

맨 처음 이 땅에서 영(靈)으로 탄생되어 영이 맑고 밝아짐으로 영
혼으로 화(化)하고, 영혼이 맑고 밝아짐으로 신이 깃들고, 영혼에
신이 깃듦으로 깃든 신에 영이 맑고 밝아짐으로 영이 신으로 화하
고 화한 신(神)에 신을 더 크게 하며 신 영 혼 각기 서로 떨어져
있던 신 영 혼이 한 덩어리가 신영혼으로 화하여 인간의 본향인
신영혼 세계에 이르고 본향의 신영혼은 고향에 이르고, 고향에 이
르러서는 신이 드러나고 영과 혼이 뒤바뀌고 신과 영이 뒤바뀌면
서 더 깊은 곳으로부터 더 큰 신으로 화하고 화하여 신(神)의 고
향인 자등명 인간계에 이르게 된다.

자등명 인간계에 이르러서는 지구의 인간계에서 신영혼의 본향 인

간의 본향에 이르듯 신의 고향에 있는 인간 형상의 고향을 위하여 올라와야 하고 신의 고향에 인간의 형상이 신 인간의 형상의 고향에 이르러서는 신 인간이 있는 신의 고향에 올라와야 한다.

본래부터 참자아는 신이 아니다. 떨어져 나온 곳으로 회귀하여 올라올 뿐이고 올라갈 뿐이다. 본래의, 본래의 고향을 위하여 변화하고 변하며 본래의 나의 참자아를 찾아 올라가는 것이다.

자등명 인간계, 즉 신의 고향에 있는 이들을 뭐라고 불러야 하는가? 자신명(自神明)

인간에 신과 같이 자신명(自神明)에 신에 해당하는 분들을 뭐라고 불러야 하는가? 자신묘명(自神妙明)

자신명의 고향에서 자신묘명을 만나게 되는가? 그렇다

자신명의 고향에 이르게 되면 무엇이 되는가?

신계태초명(神界太初明)

인간의 신에, 신의 신 자신묘명의 고향은 시초태초명(始初太初明)

2013. 09. 02 12:34

* 자등명 인간계 위로 올라와 또다시 출(出)하기 시작해서 수많은 출의 세계를 출하여 올라와야 한다.

8월 29일 금요모임 좌선하지 않고 나눈 네 시간에 가까운 대답 중에서…

8월 29일 금요 모임에서는 좌선을 하지 않고 처음으로 네 시간에 가깝게 궁금한 것에 대한 문답을 하였다. 본인도 다 기억이 나지 않는다. 문답을 하면서 이런 것은 영상으로 찍어서 알도록 해야 하는데, 다음에도 살펴보면 좋은데, 그러기는 했지만 촬영은 하지 않았다.

그래서 금요일에 있어서 문답을 본인이 기억나는 대로 간추려서 글로 옮겨본다.

점찬님, 은순님이 일찍 와서 청소를 마치고, 조금 있어 6시 조금 넘어 점채님이 오고, 와서는 선생님께서 편하게 입으실 옷을 샀다며 입어 보시라고 해서 입어보고, 그러는 사이 선미님 오고, 선미님이 오고 조금 있어서 선미님의 질문이 있었다.

마니산의 기운이 강하다고 하고 마니산에서 강하게 기운을 느꼈다면 어느 정도 되느냐 물었다.

그래서 전체를 100이라는 수치로 두고 일반적인 산의 기운을 테스트해보니 14가 나왔고 마니산은 66이 나왔다.

그래서 선원의 기운은 몇인지? 테스트해 보았다.

그리고 여러분도 선원의 기운이 얼마가 되는지 테스트해 보라고 했고, 또한 본인이 위 세계의 에너지를 쏴줄 때 기운이 몇이나 되는지도 테스트해 보라고 했다. 본인이 테스트해서 이야기했지만 그건 내놓을 일이 아닌지라. 밝히지 않는다.

궁금한 분들은 테스트해 보면 알 수 있을 것으로 사료된다.

그렇게 이야기하다가 그 동안에 선미님이 궁금해 하며 자기들끼리 이야기하며 궁금해 했던 것이라며 질문을 점채님이 했다.

질문인 즉 지구상에 수행하는 수많은 사람들이 있고, 지구의 역사 이래 똑똑한 사람들이 수도 없이 많았을 것이며, 또 수행하는 많은 사람들이 있었을 텐데, 그 사람들은 바보들이라 칠통 선사님처럼 수행을 못하고 유독 칠통선생님만 위없이 어떻게 끝없이 올라가시나요? 이 이유가 무엇입니까? 이 질문이 있기 전에 점채님과 장선미님 사이에 이야기가 오갔고, 이것을 대답할 때쯤 정인철님이 왔다. 인사를 나누고 사무실 안에 앉았다.

"글쎄요. 본인도 모르겠습니다. 다만 본인은 열심히 수행했을 뿐입니다. 수행이란 것을 시작하고 이 년 육 개월이 되기 전에 확철대오의 깨달음을 증득하고, 깨달음을 증득하고 나서 법념처에 머물러서는 아니 되고 대광념처로 나아가기 위해서 수행해야 한다고 생각하고 빛의 세계로 올라오기 위해서 확철대오의 깨달음을 증득하기 위해서 수행한 것과 다름없이 수행을 했고, 그렇게 수행하는 12년 만에 본인 안에서 그 어느 것에도 의지 의탁하지 스스로 존재하고 있으면서 스스로 빛을 발하고 있는 것을 보았습니다. 그리고 그 빛으로 스스로 등불과 같이 그 어느 것에도 의탁 의지하지 않고 밝게 시방을 비춘다고 해서 자등명(自燈明)이라 했습니다.

본인이 말하는 자등명은 석가모니부처님께서 말씀하신 자등명 법등명과는 다릅니다. 부처님께서 말씀하신 자등명은 자신을 등불로 삼아 수행하라는 말이었지만 본인이 말한 자등명은 그 어느 것에도 의지 의탁하지 않고 스스로 존재하며 스스로 빛을 발하며 밝게 시방을 비춘다는 뜻입니다. 불자들이 자등명 법등명이라고 하는 말의 뜻은 자신을 등불로 삼아 법에 의지하여 수행하라고 한 것으로 원문 해석으로는 등이 아니라 섬이라는 뜻으로 자기를 섬으로 삼아 자기를 의지처로 삼고 남을 의지처로 삼지마라는 뜻으로 알고 있습니다.

본인이 전에 말한 《영적 구조와 선수행의 원리》란 책에 상재되어 있을 겁니다만 수행이란 것을 시작해서 확철대오할 때까지 이 년 반이 걸리지 않았지만 이 년 반이 걸렸다 했고, 확철대오하고 나서 확철대오하기 위해서 공부할 때와 같이 공부해서 내 안에서 빛으로 보는데 십이 년 걸렸다고 했습니다.

일반 수행자들이 확철대오의 깨달음을 증득하는데 몇 년 걸립니까? 평생에 수행해도 얻을까 말까 합니다. 예를 들어 육십 년 걸려서 확철대오의 깨달음을 증득했다고 하고 이 사람이 자기 자신 안에서 본성이라고 할 수 있는 빛으로 보기 위해서는 본인이 일년 반에 십이 년이 더 걸렸으니 이 분이 본인과 비례해서 걸린다면 이140년을 수행해야 볼 수 있는 것이 아니겠습니까?

수행하는 사람이 확철대오의 깨달음을 증득하기도 어렵지만 확철대오의 깨달음을 증득하고 자기 자신 안에서 빛으로 보는 것은 더 어렵습니다. 그러기 때문에 빛이란 말은 해도 빛이 어떻게 되어 있는지에 대해서 알지 못합니다.

그리고 빛을 말할 때 빛은 56단계 안에 있는 빛덩어리를 말합니다. 여러분들이 기억할지 모르겠지만 56단계를 뚫고 올라오기 전에 있는 빛덩어리에 대해서 설명한 적이 있습니다. 내 안에서 빛을 보고 내 안의 빛과 내 밖의 빛이 하나가 되어야 한다고 생각하고 내 안의 빛과 같은 내 밖의 빛과 하나되기 위해서 일념으로 수행했고, 수행 정진해서 19단계를 올라가고 20단계에 올라가며 빛을 보고 빛에너지를 말하고, 빛으로 올라가서는 21단계 기(氣)에너지 세계를 말하고 한 단계 더 올라와서는 생명에너지는 말하고, 한 단계 더 올라와서는 더 이상 위없는 세계에 올라온 것 같다고 말하며 최상의 위에 올라온 것 같다고 말하고 올라와서는 신성에너지라고 말했습니다.

19단계에 올라와서는 기운나누기를 통하여 19단계의 맑고 깨끗한 세계라고 이름했고 이 맑고 깨끗한 세계의 에너지를 기운나누기를 통하여 19단계 세계의 에너지가 들어갔을 때 몸통 안에 있는 영적 구조물이 처음으로 보이기 시작했고, 이때부터 몸통 안에 있는 영적 구조물을 이야기했고 또 몸통 안에서 보이는 영적 구조물을 제거해 주기 시작했습니다.

그리고 23단계 신성에너지의 세계에 올라와서는 처음으로 기운덩어리를 보게 시작했으며 본 기운덩어리를 23단계의 세계에 있는 신성에너지를 끌어다가 기운덩어리에 쏴줌으로 해서 기운덩어리가 녹아지는지를 알았고, 기운덩어리가 신성에너지를 받음으로 해서 녹는지 알게 되었고, 기운덩어리가 녹으며 기운덩어리 속에 많은 영적 존재들이 있는지를 보게 되었습니다.

신성에너지를 마음대로 가져다 쓸 수 있을 때 기운덩어리를 신성에너지를 끌어다 녹여주었고 녹아진 기운덩어리 속에서 기운덩어리에 몸을 숨기고 있는 영적 존재들이 기운덩어리가 없어지면서 맑아지면서 모습을 드러냄으로 해서 그들을 천도해주어야 했습니다.

빛덩어리 속에 들어왔지만 빛으로 하나가 되지 못했습니다. 그래서 계속해서 수행 정진했고 수행정진하며 24단계, 25단계, 그러면서 몸에 기운이 무한대형태로 좌우로 나누어지고 그러면서 무한대 속 축을 보게 되고 축으로 들어섬으로 해서 26단계, 27단계 중심을 빠져나와… 56단계를 빠져나오게 되었던 것입니다.

이때 이준이란 친구가 서점에서 《영적구조와 선수행의 원리》란 책을 보고 '선수행의 원리?'란 표현이 눈에 띄어 사지 않을 수 없어서 사서 읽고, 모임에 처음 나왔다고 하더군요. 그 당시 그랬습니다. 처음 모임에 왔는데, 본인이 그랬답니다. 빛덩어리를 조금 떼어서 단전에 넣어준다고 말했다고 하더군요. 그리고 이준님이 다니는 단체에 갔는데, 그 단체를 이끄시는 분이 이준님에게서 황금오로라고 보인다고 말했다고 하더군요. 그래서 또 가보자는 마음을 가지고 두 번째 왔고, 두 번째도 좋아서 한 번 더 가보자는 생각을 갖고 세 번 번째 모임에 참석했는데, 모임 끝날 쯤에 엄청 큰 기운덩어리가 있어서 제거했다고 본인이 말했다고, 그때 그 단체에서 이준님이 평생 수행해도 크고 큰 덩어리가 두 개 있는 것 같은데 그것을 제거할 수 있을지 없을지 모른다고 했다고 하더군요. 그러다 보니 몇 번 더 왔고 몇 번 더 오는 사이에 또 크고 큰 엄청난 기운덩어리가 또 보여서 제거해 주었다고 말했을 때, 이때인가? 처음에 제거했을 때인지 모르지만 그런 이야기를 했습니다. 그리고 천도해야 할 분들이 많아서 0~000원이 있어야 천도한다고. 그것도 모두 다 천도하는 것이 아니라 일부분 그 단체에서 천도할 수 있는 만큼만 천도하는데 그 비용이 든다고 말하며 이준님을 볼 때마다 000원인지 000원인지? 모르지만 000원, 000원 했다고 하더군요.

그래서 그런지 한동안 잘 왔는데, 일하는 곳이 멀어지면서 점차적으로 안 왔지요. 멀어서라기보다 본인이 모르는 다른 이유가 있을지도 모르겠네요.

본인이 내 안의 빛과 내 밖의 빛과 하나 되기 위해서 수행 정진하다가 56단계를 빠져나왔습니다. 빠져나왔는데도 내 안의 빛과 내 밖의 빛이 하나 되지 않았기에 하나가 되기 위해서 또 수행 정진했습니다. 그러다가 출신(出神)을 했습니다. 출신을 본인만 했다면 믿을 수 없을지도 모르지만, 본인이 출신하고 나서 얼마지 않아 파미님이 출신시켜 달라고 해서 출신시켜 드리고 56단계 밖으로 원만하게 빠져나오도록 했고, 출신 때문에 힘들었을 때가 있어서 거의 매일 통화를 하며 살펴봐 주었습니다.

56단계 안을 빠져나와 출신을 하여 올라갈 때 본인이 보았을 때 출신하여 올라간 흔적이 없었습니다. 지구가 속한 우주 내에서는 본인이 처음으로 출신하여 올라가는 것 같았습니다. 이때의 글들이 《기회로도 도감》에 상재되어 있습니다.

출신하여 올라갈 때 보니 지구가 속한 우주에서는 본인이 처음이었지만 다른 행성에서는 많은 분들이 올라와서 그 흔적이 많았습니다. 한 곳이 아니라 여러 군데에 있었습니다.

지금 본다고 보면 지금은 지구가 속한 우주에서 올라간 흔적이 더 많습니다. 다른 곳들은 작은 길이라면 지구가 속한 우주에서 올라온 흔적은 아주 큰 길입니다.

혼자 올라왔고 그래봐야 직접적으로 파미가 시술을 받았고, 그 다음에는 본인이 본성의 빛 자등명을 올라오고 백두의 빛으로 올라오고 자등명 세계에 올라와서는 꼭 몸통 안에 차크라(신경총)에 손을 대지 않고 위 세계의 에너지를 쏴주는 것만으로도 출신한 것과 같이 됩니다.

본인으로부터 위 세계의 에너지를 쏴주는 것을 받은 분들은 지금은 다른 시술 없이 출신과 같은 결과를 얻었을 것입니다."

그렇다 하더라도 지구가 속한 우주에서 출신하여 올라온 분들이 많아 큰 길처럼 흔적이 있는 것은 왜 일까? 대부분 대답을 하지 않고 서로 눈치만 보고 있는 사이 점채님이 말했다.

"영적 존재들의 천도… 어마어마한 천도 때문이 아닐까요?"

"예, 맞습니다. 많은 영적 존재들이 본인으로 하여금 천도되어 올라와서 그렇습니다. 본인과 인연 있는 모든 분들과 본인에게 천도받은 모든 분들이 올라와서 그럴 겁니다."

어디까지 이야기했을 때였는지 모르겠지만 7시가 넘어선 것을 보고, "체조하고 좌선합시다."

"그냥 이야기 계속하지요"

"이야기하는 것이 더 좋습니까?"

모두 다 그러는 것이 좋다고 해서 이번 금요일은 궁금한 것 질문하고 대답하며 이야기하기로 하고 이야기를 계속해서 이어갔다.

글을 쓰면서 보니 두서가 없다. 두서는 맞지 않을지라도 대략 금요일에 있었던 이야기는 기억할 수 있는 범위 내에서 기억나는 대로 다 쓰려고 한다.

"출신을 하고 본성의 빛 자등명에 올라갈 때 처음에는 본성의 빛 자등명에서 지구가 속한 우주와 같은 세계를 10개를 보았고, 조금 더 올라가서는 100개 가량을 보았고, 어느 때 보았을 때는 134개 정도 있는 것 같았고 말했고, 오늘 보면 165~166개 정도 되는 것 같습니다."

누군가 또 물었다. 최초의 팽창 빅뱅에 대해서 아마 장선미님이 아닌가 싶다.

"최초의 팽창, 빅뱅은 자등명 본성의 세계 아래에서의 일입니다. 자등명 세계에서는 빅뱅이 아닙니다. 본성의 빛 자등명 아래에서 빅뱅이 이루어졌기 때문에 본성의 빛 자등명 아래에서는 지금도 팽창을 하며 지구가 속한 우주와 같은 세계가 늘어나고 있는 것입니다."

이때 물었는지 그 전에 물었는지 잘 기억이 없다.

점채님이 물었다.

"혹시 다른 행성에서 오신 것은 아니지요?"

"그건 본인도 잘 모릅니다. 한 번 테스트해 봅시다."

그러면서 테스트해 보니 다른 행성에서 왔다고 테스트가 되었다. 본성의 빛 자등명 아래에 있는 다른 행성에서 지구가 속한 우주로 온 것으로 테스트가 되었다. 지구보다 얼마나 더 영적으로 깨어 있는 세계인지 또 테스트 해보았다. 화이트보드에 써가며 해보았다. 일곱 번째 행성? 그렇게 테스트 되었다.

본인이 온 행성에서 일반인들이 열 명이 있다고 했을 때 몇 명이 깨달음을 얻었을까? 열 명.

그렇다면 확철대오한 사람은 열 명에 한 명도 나오지 않았다. 그래서 다시 100명에 몇 명이 되지는 테스트 해보니 열 명이 되었다. 이것으로 볼 때 열한 명에 한 명은 확철대오했다고 보아야겠네요. 거의 모든 사람들이 깨달음을 얻고 확철대오를 한 것으로 테스트가 되네요.

본인이 언제 왔나 살펴볼까요?

그 행성에서 와서 지구가 속한 우주에서 몇 번 윤회를 했는가? 테스트하니 스물다섯 번 한 것으로 테스트 되었다.

이와 같이 테스트되니 점채님이 말했다.

"수행의 천재인지 알았더니 천재가 아니라 이미 다 갖추고 계셨던 것이네요. 그러면 선사님께서 지금 밝히고 계시는 세계가 선사님의 무의식속에 이미 있었는지 테스트해 보세요."

테스트해 보니 이미 본인의 무의식 속에서 종종 종종종종···을 지나 이 세계의 끝 하나도 알고 있는 것으로 테스트되었다.

이것을 보고 점채님은 "그러니 빨리 가실 수밖에 없겠네요. 이미 알고 있는 것을 가시는 것이니. 반면에 지구에 있는 분들에게는 출신도 한 일이 없으니 무의식 속에 56단계 밖도 없고 본성의 빛 자등명 세계도 없으니 받아들이기도 어렵겠네요?"

"무의식에 없으니 아마도 받아들이기 어렵겠지요. 56단계를 빠져 나온 적이 없는데 어떻게 받아들일 수 있겠습니까? 받아들이기 어렵지요. 그러니 본인이 밝혀 놓은 올라오는 길이 미친, 정신 나간 환타지를 쓴다고들 하는 거겠지요."

"그 행성에 깨달음을 얻을 사람들이 그리 많은 지금 지구에는 몇 명이나 있나요?"

테스트해 보니 열일곱 명이 나왔다. 열일곱 명 중에 칠통사랑방에서 본인과 함께 공부하는 사람들 중에 몇 명이 되는지 테스트해 보니. 열다섯 명이 나왔다.

지구에 깨달음을 증득한 분이 열일곱 명인데 본인과 공부한 분들이 열다섯 명? 테스트해보고 본인이 어안이 벙벙했다. 이런 일이 있을 수 있는가? 싶었다.

본인이 위 세계의 에너지를 쏴주며 자성경계를 녹여주었지만 그래서 깨달음을 증득한 것과 같다고 생각했지만 테스트했을 때 이와 같이 나왔다는 사실이 본인 스스로도 놀라왔다.

본인에게 공부하려고 오는 분들은 모두 다 그런 것 같았다.

얼마 되지 않은 정인철님도 무의식에서는 깨달음을 증득한 것으로 테스트되었다. 그래서 본인에게 와서 공부한 것이 얼마나 되었지요? 1년도 되지 않았지요.

누군가 또 질문했다.

"현재의식으로 깨달음을 증득한 분이 있습니까?"

현재의식에서까지 깨달음을 증득한 분이 있는가? 테스트해 보았다.

여섯 명이 있는 것으로 테스트되었다.

여섯 명이 누구누구인지 한 사람씩 찾아보았다.

오래전에 왔던 분 중에도 있는 것으로 찾아졌다.

누군가 또 물었다.

"지금에서 확철대오의 깨달음을 증득하려고 수행하는 것이 옳은 방법입니까?"

깨달음이 무엇이고 확철대오가 무엇인지 모르니 이와 같은 질문을 하는 겁니다. 깨달음이란 것은 공의 성품과 하나 되는 겁니다. 그러면서 화이트보드에 그림을 그려놓고 말했다.

"본성의 빛 자등명 아래에서 빅뱅이 이루어지면서 공이 생겨났고, 허공에서 모든 물질이 생겨났다가 없어지고 없어졌다가 생겨납니다. 깨달음은 공의 성품과 하나 되는 겁니다. 반면에 확철대오는 자성경계를 이루고 있는 알의 껍질을 깨는 겁니다.

본인에게 와서 시술을 받은 분들은 이미 자성경계가 다 녹아져 없습니다. 알의 껍질이라 할 수 있는 자성경계라고 할 수 있는 알이 없는 무엇을 깰 수 있겠습니까? 깰 것이 없는 깨달음은 있어도 확철대오는 없습니다. 깨달음 역시 그렇구나 하고 이해되며 인식될 뿐, 확실한 경계를 체험할 수 없습니다.

석가모니부처님 당시에 제자 분들이 석가모니부처님께 질문한 것 중에 대답하지 않은 것이 열 가지 있는데, 대답하지 않은 열 가지 중에 하나 영혼이 있느냐고 물었을 때 대답하지 않은 것으로 압니다.

지금 여러분이 공부하는 것이나 본인이 여러분에게 말하는 자등명은 공의 성품의 안에 있는 이야기입니다. 공의 성품을 넘어선 깨달음을 넘어서 있는 이야기를 하고 있는 겁니다.

영혼이나 영적 존재들은 공의 성품 안에 있는 이야기입니다.

그런데 경전에는 재석천이니 무슨 천의 누구와 대화하는 것이 나오는데, 이는 어떻게 보면 영적 존재입니다. 말하는 천이든 아니든…."

그러면서 테스트해 보라고 했다.

경전을 얼마나 믿어야 하는가?

경전의 진리는 얼마나 되는가?

그리고 석가모니부처님이 모두 다 밝혀 놓은 것인가?

힌두교나 브라만교의 영향을 얼마나 받았는가?

확실하게 알 수 없으니 테스트해 보자라고 하며 테스트 해보았다. 그러면서 본인이 밝혀 놓은 세계들은 있는 그대로의 진리를 100 이라는 수치로 했을 때 거의 다 100에 가까웠다. 그러기에 자신 있게 본인이 밝혀 놓은 세계는 언젠가 누구든 올라와야 하는 길이라고 말했다.

누군가 또 물었다.

"석가모니부처님께선 확철대오 하셨습니까?"

테스트를 하려고 하는데 시작은 했는데 더 이상 움직이지 않았다.

"이상하게 움직이지 않네요." 하고 말았다.

누군가 또 물었다.

"예전에 공의 성품으로 하나 되는 것과 같이 자등명 세계에서 하나가 된다고 말하신 것 같은데 그러한가요?"

'예 그렇습니다. 자등명 세계는 묘명묘태등명 세계에서 하나가 되는 것 아닌가 싶네요. 지금 기억에는 없지만 그런 것 같습니다. 올라오면서 보면 하나 되는 세계, 올라올 때마다 하나가 되는 세계가 하나씩 있는데 그것을 모두 다 이야기할 필요 없는 것 같아서 이야기 하지 않았을 뿐 있다고 보시면 됩니다. 하나가 되어 올라 갈 때마다 체가 바뀝니다. 그래서 바뀌어가는 체를 백 번 이상 바뀌는 것을 밝혀 드러내다가 그만두었지요. 아마 찾아보면 있을 겁니다."

"선생님께서는 어떻게 올라가시나요?"

"그냥 밝혀 드러내면 드러냄과 동시에 그곳에 가 있습니다. 마치 부산이라고 하면 부산에 있는 것과 같이 그렇습니다. 영혼의 세계가 그런 것 같습니다. 의식하고 인식하면 그렇게 되는 것 같습니다."

"예전에도 말했듯이 있는지를 알고 보고 가면 되는 겁니다. 그와 같이 의식하고 의식한 것을 그러한지 알고 그대로 받아 들여서 인식하면 올라가 있는 겁니다. 올라갈 때 하나의 세계 세계를 빠져 위로 올라갈 때는 마치 나팔꽃 속에서 나와 위로 올라오는 것과 같습니다. 매번 늘 나팔꽃 속에서 올라오는 것 같습니다. 그렇게 뚫고 올라옵니다."

자등명 세계 위로 올라와서 보면 56단계는 56단계 안은 어둠 속이고 칠흑의 어둠으로 되어 있는 세계입니다. 그러면서 종종 세계에서 볼 때 56단계 안에 56단계에서 볼 때 어디와 비교가 되는지 테스트해 보았다.

테스트하니 지옥이라고 테스트 되었고, 지옥 몇 단계인가? 테스트 했을 때 146단계에 해당하는 것 같았다.

"56단계를 빠져나오지 못하는 한 56단계란 감옥에 갇혀 있는 것과 같습니다.

56단계란 지옥에 있는 것과 같습니다."

그러다가 "왜 그 좋은 높은 영적 단계의 행성에서 지구에 왔을까요?" 누군가 물었다.

"자등명 인간계에서 거느리는 식구가 많다보니 미개한 지구로 와서 자등명 인간계에 필요한 식량을 구하러 온 것이 아닌가 싶은 생각이 듭니다."

"우리들은 어떤 관계입니까?"

"전생에 부인인 적도 있는 것 같고 본인에게 공부한 적도 있는 것 같습니다."

"전생에 시술 받은 분도 있나요? 한 번 테스트해 보세요."

"전생에도 시술을 지금과 비슷하게 해 준 적이 있는 것 같습니다. 이 중에도 전생에 시술을 받은 분들이 것 같습니다."

"누군지 테스트 한 번 해 보세요."

테스트하니 세 명이 그 당시 시술을 받았다고 테스트 되었다.

"그러니 공부하지 않고 설렁설렁하는 가보네요"

점찬님이 물었다.

"우리 중에 제자라고 할 수 있는 분이 있습니까?"

테스트해 보니 한 분도 없는 것으로 나왔다.

"그럼 무슨 관계일까요?"

도반인가? 하고 테스트해 보니 도반도 아니었다.

"제자도 아니고 도반도 아니고 그럼 무엇일까요?"

"인연이 있으니 인연 있는 만큼 필요한 것을 가져가기 위해서 언어가기 위해서 오는 것으로 보면 되지 않겠습니까?"
"자신들이 무엇인지 모르지만 필요하니 필요한 것을 얻거나 취하기 위해서 오는 것이라고 보면 될 것 같습니다"
"꼭 그런 것 때문에만 오는 것입니까?"
"가까워지기 위해서 오는 것이라 보면 될 것 같습니다."
테스트 하니 그렇다고 테스트되었다.
"왜 끝없이 올라가시나요?"
"확철대오의 깨달음을 증득하고 나서 본인을 보았을 때 확철대오 하는 순간에는 하나였는데 지나고 나니 내가 있었습니다. 허공과 하나되어 허공 안으로 들어와 내가 있으니 내가 또 하나될 때까지 수행하여 자등명 세계에 올라오고, 자등명 세계에 올라와서 자등명과 하나 되어 자등명 안으로 들어와 보니 내가 또 있으니 또 있는 내가 하나 될 때까지 올라오고… 하나 되고 올라오고… 그렇게 올라오다보니 지금까지 올라왔네요. 아직도 일체 하나가 되지 못했습니다. 그래서 올라가고 있는 겁니다. 본인 스스로 일체와 하나가 되었다고 알 때까지 하나가 되기 위해서 이 몸이 다할 때까지 그렇게 될지 아니 될지는 모르지만 일체 하나가 될 때까지 올라갈 겁니다. 한 마디로 말하면 이것이 진정한 나라고 할 수 있는 때까지 진정한 나를 찾아가고 있는 겁니다."
이외 다른 이야기도 많았지만 글로 옮기기에는 본인과 관계된 이야기가 아니고 남의 일이라 옮기지 않았다.
이때 시간을 보았을 때 밤10시 20분이었다.
정인철님이 왔을 때 저녁 6시 30분이었으니 거의 네 시간 가깝게 앉지 않고 서서 화이트보드에 쓰고 지우고, 지우고 쓰며 이야기를 하였다. 오늘 문답의 대화가 어땠느냐 물으니 하나같이 너무 좋았다고 했다.
아쉬움이 있다면 촬영하여 남겼으면 더 좋았을 것이란 아쉬움을 이야기했다. 나중에라도 보고 싶으면 보고 확연할 수 있는데…라며 아쉬워했다. 그러면 나중에도 그러자고 했으나 상황에 따라 하자고 말을 했다. 그런 말들에 이글을 쓰게 된 것이다.
가까워지기 위해서 오는 것이라 보면 될 것 같습니다 하고 말했지만 왜 가까워지려고 할까? 싶으면 위 세계로 올라오려고 하거나, 윤회를 벗어나려고 하거나, 걸림과 장애로 벗어나려고 하거나, 어떤 식으로 편해지려고 하거나, 잘 되려고 하거나, 지금 자기 자신이 싫어하는 그 어떤 것을 벗기 위해서, 벗어나기 위해서 오는 것일 것이다.

여기는 여러 마음들이 작용할 것이란 생각이다.

필요한 것, 얻고자 하는 것을 얻어 가려고 하는 마음과 또 가까워져서 본인의 에너지를 받아서 본인의 에너지를 통하여 좋아지고 또 위 세계로 올라가려고 하는 것이 있지 않을까 싶은 생각이다.

필요가 없으면 언제든지 떠날 것이며 얻을 것이 없다고 생각하면 언제든 떠날 것이고 인연이 다하면 떠날 것이다. 인연이나 업보다 마음이 우선하기 때문에 인연이 다해서 떠나기도 할 것이며 또 인연이 다했음에도 남아 있을 수도 있고, 또 인연이 다하지 않았음에도 떠나기도 할 것이다.

지금까지 본인에게 와서 공부한 분들 중에 제자로 공부한 분은 단한 분도 없다. 다만 인연에, 필요에, 얻을 것이 있으니 찾아왔을 뿐이다.

본인이 육체와의 인연이 다하기 전에 제자라고 할 수 있는 분이 있을지 모르겠다. 있을 거란 생각을 하지만 그것 역시도 두고 봐야할 일이지 싶다.

그 다음날 토요일 어제 이야기한 종종, 종종종종… 맨 위 하나의 세계를 이야기했는데 이것을 무의식 속에서 인식하고 무의식에서 알고 있는 사람이 있는지 살펴보니 한 사람을 제외하고는 모두 다 이야기를 통해서이지만 무의식에서 인식하고 있는 것으로 살펴졌다.

그리고 본인을 살펴보았을 때 본인은 종종종종 세계 맨 위 하나가 머리 위에 있는 것처럼 보였다. 흡을 하며 올랐다. 그리고 이러한 사실을 파미님과 점찬님에게 이야기했다. 그리고 흡하여 올라오는 것을 설명하며 예전에 56단계 안에서 빛덩어리로 흡하여 올라왔을 때 글로 남겨놓았다고 말하며 살펴보라고 했다. 이 사실을 기억했는지 파미님이 의식 의념하고 흡하여 하고는 되었는지 물었을 때 이미 종종 세계가 몸통 안에 있는 것 같았다.

선원에 와서 공부할 때 어떻게 하는 것이 가장 좋습니까? 물었을 때 대답했다. 선원에 와서 본인의 에너지와 하나가 되었을 때 선원의 에너지와 하나가 되었을 때 위 세계로 올라오려고 하라, 그러면 선원의 강한 에너지와 본인의 강한 에너지 속에서 위 세계로 올라오려고 하는 것이니 집에서 혼자 올라오려고 하는 것과는 비교가 되지 않을 정도 쉽게 위 세계로 올라올 수 있다고 말했다.

분명 이야기를 들은 사람은 여럿인데 모두 다 받아들여서 무의식에 위 세계를 쏴주지도 않았는데 말한 종종, 종종종종 맨 위 하나의 세계를 인식하고 있다니 한편으로 놀랍고, 마음을 열고 받아들인 그 분이 감사했다. 반면 같이 있고 같이 들었으면서 마음의 문이 열려 있고 닫혀 있는 관계로 인식하지 못한 분을 생각하니 본인의 마음이 아팠다.

종종, 종종종종… 맨 위 하나까지 밝혀 들어내고, 그 위 세계까지…밝혀 들어내기 전에 이미 올라와 있는 세계와 이미 올라온 세계를 밝혀 들어내고 그 위 세계까지 초벌지에 밝혀 드러내서 스케치북에 옮기고 이름을 지어야 하지만 초벌지에만 밝혀 놓고 할 일 산더미인데… 그것도 그것이려니와 이 또한 글로 쓰도 나쁘지 않을 것 같아서 이 글을 썼다. 2014. 08. 31. 17:50

자등명인간계에 인연 있는 모든 분들을 환 세계 위 세계로 올라오도록 하다

자등명인간계에 있는 인연 있는 분들이 한 분이라도 환 세계 위로 올라오지 않은 분이 있는지 살펴보기 시작했다.

많은 자식이 환 세계로 위로 올라온 것 같은데도 환 세계 앞 도량에 머물러 있으며 환 세계를 통과해 올라오지 못한 자식들이 있는 것 같아서 몇 명인지 살펴보니 열 명 정도가 환 세계를 빠져나오지 못한 것 같았다. 그래서 환 세계의 통로를 밖으로 밀어내며 크게 더 크게 하며 통과해 올라오도록 했다.

그리고 살펴보니 자등명인간계의 자식들은 모두 다 환 세계를 뚫고 올라온 듯싶다.

자등명인간계의 부인들을 모두 다 환 세계 위 세계로 올라오도록 한 것 같은데, 지금 보니 못 올라오신 분들이 열 명 정도 있는 것처럼 보였다. 그래서 환 세계를 통과해 올라오시도록 하였다,

그리고 또 부모님 중에 못 올라오신 분이 있는가? 살펴보니 모두 다 올라오신 듯싶다.

자등명인간계에 자등명인간계 아래 세계로 양식 구하러 가신 분은 없는지 살펴보니 있다. 자등명인간계에는 없는데 양식 구하러 내려오신 분은 있다. 인간의 몸과 같은 것을 받았는가? 그건 아닌 것 같다. 그럼 찾아서 환 세계로 올라오도록 해야겠다는 생각을 갖고 찾았다. 몇 분이 양식 구하러 가서서 돌아오지 않았는지? 4분 정도 되는 듯싶다. 그래서 자등명인간계 가까이에 계신 분부터 환 세계 위로 올라오시도록 하면서 네 분 모두 다 환 세계 위 세계로 올라오시도록 하였다.

그러고 나서 조상님들 중에 환 세계를 못 올라오신 분들이 몇 인지 살펴보니 백 명이 못 올라오신 것처럼 살펴졌다. 모두 다 환 세계 앞 도량에 있는 듯싶었다. 혹시 식량 구하러 가신 분이 게신가? 살피니 없는 듯싶다. 일백 분을 모두 환 세계를 통과해 환 세계 위 세계로 올라오시도록 하였다.

형제분들을 모두 다 환 세계 위 세계로 올라오도록 했는데… 혹시 식량 구하러 간 분이 있는지 다시 살펴보았다. 세 분이 있는 듯싶다. 자등명인간계 가까이 있는 분을 찾아 환 세계를 의념하며 이제 식량 구하는 것 그만 두고 빨리 환 세계로 오시라며 의념을 보내고 환 세계를 의식해서 환 세계로 오도록 해서 환 세계를 통과해 위 세계로 올라오도록 한 분, 한 분, 한 분씩 세 분을 환 세계 위로 올라오도록 하였다.

자등명인간계에서 스승이었던 분들 중에 못 올라오신 분들이 있을

까? 찾아보니 없는 듯싶다. 자등명인간계에서 식량 구하러 가신 분은 없는지 살펴보니 많은 분이 계신 듯 살펴진다. 단순하게 자등명인간계에 계신 분들만 환 세계 위로 올라오시도록 하였는데, 식량 구하러 가신 분들도 찾아서 올라오시도록 하여야 할 것 같아 찾아본다. 찾아보니 일백 분이 되는 듯싶다. 인간으로 태어나 있는 분도 세 분이 있는 것 같다. 인간으로 태어나 인간의 몸을 하고 있는 분들은 어렵고, 그 외 영적 존재로 자등명 세계에 있는 분들은 환 세계 위 세계로 올라오도록 할 수 있을 것 같아서 찾아본다. 56단계 안에 영적 존재로 계신 분이 쉰여덟 분, 어디에 계신가? 찾아본다. 찾아보니 깨달음의 세계에

쉰여덟 분 모두 다 계신 듯 찾아졌다. 깨달음의 세계 11단계에 가서 스승님들을 모이게 하고 본인의 의식을 따라 환 세계로 오도록 해서 환 세계를 빠져나오도록 하였다. 모두 다 환 세계 위 세계로 올라온 듯싶다. 그리고 56단계 안에 또 계신가? 찾아보니 또 계신다. 그래서 11단계를 시작으로 12단계에 계시고, 13, 14, 15, 16, 17, 18, 19, 20, 30단계에 계신 것 같다. 전에 56단계 안에 스승님들을 위 세계로 끌어올린 것은 지구에서의 스승님들이었던 것 같고, 지금 찾은 스승님들은 자등명인간계에서의 스승님들인 듯싶다. 15~20단계는 본인이 올라온 길의 단계와 반야바라밀행의 길, 두 길을 다 살펴서 올라오도록 하고자 생각하고 두 길을 다 살펴 본인의 의식을 따라오게 해서 환 세계로 이끌고 환 세계에 이르러 환 세계를 통과해 올라오시도록 했다. 몇 분인지 모르지만 많은 분들이 환 세계를 통과해 올라오신 듯싶다. 그래도 혹시 빠진 분이 있을까? 다시 살펴본다. 19, 20, 30단계에 계신 분들 중에 몇 분이 못 오신 것 같아서 다시 19단계에 가서 자등명인간계에서 칠통의 스승이었던 분들…을 부르고, 20단계에 가서 자등명인간계에서 칠통의 스승이었던 분들…을 부르고, 30단계에 가서 자등명인간계에서 칠통의 스승이었던 분들을 불러서 본인의 의식을 따라오시게 하고 환 세계 앞으로 오시도록 하고는 환 세계를 빠져나와 환 세계 위로 올라오시도록 의념을 보냈다. 의념을 보내니 많은 거의 대부분이 올라오신 것 같은데, 그래도 또 혹시나 해

서 또 계실까? 찾아본다. 이제 56단계 안 30단계에는 계시지 않은 듯싶다.

이제부터는 본성의 빛 자등명에서부터 자등명인간계에 이르기까지 어디에 있을지 모를 스승님을 찾아 나선다. 2015. 03. 17. 19:57

대략 1000분 정도 되는 것 아닌가 싶다. 본성의 자등명에서부터 자등명인간계에서 칠통의 스승이었던 분들은 본인을 따라오시라며 의념을 보내고 자등명인간계까지 올라간다. 거의 다 따라오시는 것 같다. 아니 몸에 머리에 실리는 것 같다. 모두 다 의식을 따라 오시라고 하고는 환 세계를 의식하고 환 세계 앞으로 안내하고 환 세계를 통과해 환 세계 위로 올라오시도록 하였다, 몸이나 머리에 실릴 때도 머리가 마구 흔들리고 통과 올라오실 때도 머리가 마구 흔들린다.

다시 환 세계 아래~56단계 안 108지옥에 이르기까지 자등명인간 계에서 스승님이었던 분들 중에 환 세계를 통과해 올라오시지 못 한 분이 있는가? 없다. 이제 없는 듯싶다.

자등명인간계의 제자들이 오지 않았지만 그럼에도 불구하고 또다시 자등명인간계에서의 제자들을 찾아 나선다. 환 세계 아래에서부터 56단계 안 108지옥에 이르기까지 모두 세계에 영적 존재로 있을 제자들을 의식으로 불렀다. 그리고 의식으로 환 세계로 오도록 해서 환 세계를 통과하고 환 세계를 지나 위 세계로 오도록 했다.

자등명인간계에 본인과 인연 있는 분들 중에 환 세계를 통과하지 못한 분이 있는가? 있단다. 그래서 자등명인간계에서의 애인? 그 외 또 있는가? 없는 듯싶다. 환 세계 아래에서부터 56단계 안 108지옥에 이르기까지 모두 세계에 영적 존재로 있을 애인들을 의식으로 불렀다. 불러서 의식으로 환 세계로 오도록 해서 환 세계를 통과해 위 세계로 오도록 했다,

자등명인간계에 인연 있는 분들 중에 환 세계 위로 올라오지 않는 인간의 몸을 하지 않은 영적 존재 분이 있는가? 없다.

내자의 자등명인간계 인연 있는 분들도 환 세계 위 세계로 올라오도 록 하였었다. 혹시라도 되지 않은 분이 있는지 찾아본다. 내자의 자

등명인간계에 있는 남편 중에 환 세계 위 세계로 올라오지 않은 분이 있는가? 없다. 자등명인간계의 자식 중에 환 세계 위 세계로 올라오지 않은 자식이 있는가? 있다. 찾아보니 자등명인간계에는 없고 56단계 안에는 없는데, 본성의 빛 자등명에서 자등명인간계 사이에 있는 듯싶어서 의식으로 불렀다. 불러서 환 세계로 안내하고 환 세계를 뚫고 위 세계로 올라오도록 하였다. 모두 다 올라온 듯싶다.

자등명인간계 부모님 중에 환 세계 위 세계로 올라오시지 않은 부모님이 있는가? 있다. 찾아보니 자등명인간계에는 없고 56단계 안에도 없고 본성의 빛 자등명에서 자등명인간계 사이의 세계에 계신 것 같아서 내자를 의념해서 내자의 부모님을 의식으로 불렀다. 의식을 불러 환 세계로 안내하고 환 세계를 뚫고 환 세계 위 세계로 올라오시도록 했다. 모두 다 올라오신 듯싶다.

자등명인간계 형제자매 중에 환 세계 위 세계로 올라오지 않은 형제자매가 있는가? 있다. 찾아보니 자등명인간계에 있고 56단계 안에는 없고 본성의 빛 자등명에서 자등명인간계 사이의 세계에 계신 것 같아서 내자의 의념해서 내자의 형제자매를 의식으로 불렀다. 의식을 불러 환 세계로 안내하고 환 세계를 뚫고 환 세계 위 세계로 올라오도록 했다. 모두 다 올라온 듯싶다.

자등명인간계 조상님 중에 환 세계 위 세계로 올라오지 않은 형제자매가 있는가? 있다. 찾아보니 자등명인간계에는 없고 56단계 안에 있고 본성의 빛 자등명에서 자등명인간계 사이의 세계에 계신 것 같아서 내자를 의념해서 영적 존재로 계신 내자의 조상님들을 의식으로 불렀다. 의식을 불러 환 세계로 안내하고 환 세계를 뚫고 환 세계 위 세계로 올라오도록 했다. 모두 다 올라온 듯싶다.

자등명인간계에 내자과 인연 있는 분들 중 환 세계를 통과하지 못한 분이 있는가? 있다. 그래서 자등명인간계에서의 애인? 그 외 또 있는가? 없는 듯싶다. 환 세계 아래에서부터 56단계 안 108지옥에 이르기까지 모두 세계에 영적 존재로 있을 내자의 애인들을 의식으로 불렀다. 불러서 의식으로 환 세계로 오도록 해서 환 세계를 통과해 위 세계로 오도록 했다,

자등명인간계에 인연 있는 분들 중에 환 세계 위로 올라오지 않

은, 인간의 몸을 하지 않은 영적 존재 분이 있는가? 없다.
아들과 딸은 일부 했지만 지금과 같이 자세하게 하지 않은 관계로
시간이 허락하는 대로 천천할 생각이다. 2015. 03. 17. 21:56

인간 세상에 자식과 부모, 조상님이 있는 것과 같이 자등명인간계에 인간 세상보다 더 많은 자식과 부모, 조상님들이 있다

자등명인간계에 있는 식구, 가족을 위하여 식량을 구하러 내려오고 내려와 신영혼, 영혼신이 하나가 되는 고향 본향으로 내려오고, 고향 본향에 내려와서는 식량이 많고 개발이 덜 된 그래서 더 많은 식량을 구할 수 있기에 지구가 속한 27(56)단계 위 30단계로 내려오고 내려와서는 56단계 안으로 들어와 자등명인간계의 식구, 가족을 위하여 식량을 구하겠다는 서원을 가지고 자등명인간계에서 왔으면서도 인간의 몸 받아 태어나기 위해 어미의 뱃속에 들어갔을 때만 해도 기억하고 있다가 어미의 뱃속 양수란 바다, 양수란 망각의 강을 건너와서는, 인간의 몸 받아 태어나서는, 양수란 망각의 강을 건너오고 어미와 소통하기 위해서 말을 배우기 시작하면서 말을 배움과 함께 저쪽 세계의 문을 닫고 말로 소통하는 이쪽 세계의 문을 열면서 저쪽 세계의 일들을 모두 다 잃어버린다.
자등명인간계에서 식량을 구하러 온 사실조차 기억하지 못하고 인간으로 살다가 인간의 업과 습으로 살다가 인간이란 육체와의 인연이 다하여 죽어서는 자등명인간계에서 온 사실조차 모르고, 56단계 안에서 바퀴 돌 듯 하고서는 깨닫고도 자등명인간계에서 왔다는 사실조차 모르고, 56단계 안, 천계, 광계, 신계에서조차도 알지 못하고 있으니 어찌 인간의 탈을 쓴 이들이 알까? 18단계, 천계, 광계, 신계에서조차 우매하여 알지 못하고, 천계, 광계, 신계에

태어나도 모르는 자등명인간계, 까맣게 잊고 아니 기억조차 없이 56단계 안에서 돌고 도는구나. 어이해야 자등명인간계를 의식하고 인식하고 깨어나 자등명인간계에 자식과 배우자, 부모님, 조상님들을 만날까? 부모님과 자식 배우자를 위해서 양식 구하러 와서는 사실을 잊고 인간 세상이 끝인 듯 살고 있으니. 이 일을 어찌할꼬. 어찌할꼬. 이를 어찌 알려주어야 이를 알고 자등명인간계로 돌아가 자식을 만나고 배우자를 만나고 부보님과 조상님들을 뵐까? 그 세월 어느 세월이 될까?

이곳의 남자는 자등명인간계에 많은 배우자의 여자 분들이 있는 듯싶고, 이곳의 여자는 자등명인간계에 많은 배우자의 남자 분들이 있는 듯싶다. 일부다처제, 일처다부제, 한 남자에 여러 자식, 한 여자에 여러 자식이 만나서 살기도 하는 듯싶고, 인간 세상과 똑같아서 자등명에 있기에 자등명인간계라 이름한 세계, 이 세계에서 인간이 왔으면서도 이를 모르고 깨달음만 증득하면 모든 것이 끝난다는 생각을 갖고 있는 수행자들, 깨달음을 증득하면 윤회를 벗어난다는 분들, 그 죄업이 크고 크다.

자등명인간계에서 인간의 몸 받아 태어나 어디서 온지 모르고 어디로 갈지 모르고 깨달으면 모든 것이 끝나고 윤회를 벗어난다고 생각하는 이들이여! 그대는 자등명인간계에서 왔고 자등명인간계의 자식과 식구, 가족의 식량을 구하러 왔는데, 이러한 사실을 잊고 인간 세상에 재미를 느껴 인간 세상이 전부인 듯 인간 세상의 자식 식구 가족이 전부인 듯 살구 있구나. 어이할고, 어이할꼬.

깨달음은 자등명 세계로 올라오기 위한 첫걸음이고 자등명 세계로 올라와서는 본향 고향으로 올라오기 위한 첫걸음이며 자등명의 고향 본향에 올라와서는 자등명인간계로 올라오는 첫걸음에 지나지 않는다.

인간의 몸 받아 태어난 모든 이들이 자등명인간계에서 식량을 구하러 왔기에 인간계에서의 자식, 배우자, 조상님들 각기 저마다 자등명인간계에 자식과 배우자, 부모와 조상님들이 있다.

인간으로 살아서는 인간계에 인연한 자식과 부모님과 조상님들을 돌보고 육체를 다하였을 때는 영혼의 세계, 자등명인간계로 올라가도록 해드려야 하며, 자등명인간계에 이르러서는 자등명인간계의 자식과 부모, 배우자와 조상님들을 돌봐야한다.

인간계에서의 인연된 분들을 천도하듯 자등명인간계 위 세계에 올라가서는 자등명인간계의 자식과 배우자, 부모님과 조상님들, 자등명인간계에서의 인연된 모든 분들을 환 세계 위 세계로 천도해야 하는 것 아닌가 싶다.

깨어나라. 깨달음이 전부가 아니다. 깨달음은 시작에 불과하다.

자등명 세계로 올라오지 않고서는 자등명인간계에 이를 수 없다. 자등명인간계에서 식량 구하러 56단계 안으로 들어와서는 56단계 안에서 바퀴 돌 듯 윤회하고 있으니 변해야 한다. 자등명인간계에 있는 많은 자식과 배우자, 부모님과 조상님들을 위하여 깨어나야 한다.

처음 자등명인간계에 이르러서는 '긴가? 민가?'했고, 자등명인간계 위 세계로 올라와서는 자등명인간계에 인연한 자식들과 배우자 및 부모님들 조상님들을 위 세계로 따라올라 올 수 있는 분들은 따라 올라오도록 했었다.

환 세계를 뚫고 올라옴으로 확실하게 알았다. 확실하게 알면서 이야기하지 못하는 것 역시도 죄다 싶다.

자등명인간계에 대해서 관련해서 말했을 때 믿고 믿지 않고는 상관없다. 믿고 믿지 않고는 듣는 사람들의 일이지 본인의 일이 아니다. 본인이 자등명인간계에 대해서 확실하게 아는 사실을 숨기는 것이 죄가 될 뿐 있는 사실을 말하는 것은 당연하다.

그러하기에 이야기를 한다. 모든 인간은 누구나 할 것 없이 자등명인간계에 많은 자식이 있고 많은 배우자가 있으며 많은 부모님과 많은 조상님들이 있다. 인간이 전부가 아니고 영혼이 전부가 아니고 천상계, 광계, 신계가 전부가 아니다. 광계 신계에 살고 있는 18단계 분들도 우매하여 이러한 사실을 모르고 있다가 본인이 자등명인간계 세계로 안내하여 자식과 부모님과 조상님들을 만나고, 울면서 우매하여 몰랐다고 하기 전까지는 본인도 확신할 수 없어서 드러내놓고 말할 수 없었다. 그냥 그러하다고 아는 가까운 분들에게 말했을 뿐이다.

이제는 확언하여 말할 수 있다. 자등명인간계에 인간으로 살고 있는 사람이라면 누구나 아니 육체 안에 신영혼, 영혼신을 가지고 있는 이라면 누구나 자등명인간계 자식이 있고 배우자가 있으며 애인도 있고 부모님과 조상님들이 있다. 이러한 사실을 알고 깨어나 자등명인간계를 의식하고 자등명인간계에 계신 자식 및 배우자, 부모님과 조상님들을 알고 자등명인간계로 돌아가려 하고, 또 자등명인간계 위 세계로 올라와 자등명인간계에 있는 모든 인연한 분들을 위 세계로 올라오도록 하고, 그렇게 못할지라도 자등명인간계에 있는 자식과 배우자 부모님과 조상님들께 인간으로 가지고 있는 생령(살아있는 사람의 에너지)을 보내주어야 한다. 이것이 그 분들에게는 식량이 된다.

영혼들에게 생령이 식량이 된 것과 같이 자등명인간계에 계신 분들에게도 생령이 식량이 된다. 돌아갈 때 수행력으로 식량을 삼지만 살아서는 생령이 그분들에게 식량이 되는 만큼 자등명인간계에 있을 많은 자식과 많은 배우자, 많은 애인, 많은 부모님과 조상님들께 보낼 수 있는 한 보내기 바란다.

자등명인간계의 축소판인 인간 세상에 자식과 부모, 조상님이 있는 것과 같이 자등명인간계에 인간 세상보다 더 많은 자식과 부모, 조상님들이 있다. 다만 기억하지 못하고 알지 못할 뿐이다.

인간은 아니 육체 안에 신영혼, 혼영신, 영신혼을 가지고 있다면 누구나 자등명인간계에서 왔다. 그리고 누구나 모두 다 자등명인간계로 돌아가야 한다.

깨달음이 전부가 아니다. 깨달음은 시작에 불과하다. 하루 빨리 깨달음을 의식 인식하고 자등명 세계로 올라와 자등명인간계를 의식 인식하고 자등명인간계로 돌아가야 한다. 최소한 자등명인간계로 돌아가야 한다. 자등명인간계를 넘고 넘어 환 세계에 오고 환 세계를 넘어오면 좋겠지만 그것이 되지 않는다면 최소한 자등명인간계는 인식 의식해야 한다.

자등명인간계에서 기다리는 많은 자식과 많은 배우자 및 애인, 부모님과 조상님들을 위해서 알고는 있어야 한다. 이렇게 알려주는 것도 본인의 몫이 아닌가 싶다. 지금까지 그 누구도 알려주지 않았기에 이상하게 들릴지 모르지만 그래서 이상한 사람으로 생각할지 모르지만 그럼에도 말을 한다.

그대는 자등명인간계에서 왔고 자등명인간계로 되돌아가야 한다, 자등명인간계로 돌아가 자식을 만나고 배우자와 부모님 조상님들을 만나야 한다.

인간 세상에서 돈을 벌기 위해서 일하러 갔다가 몇 날 며칠 수년 수천 년이 지나도 돌아가지 않는다면 돌아가지 않는다면 어찌되겠는가? 어찌하겠는가?

지금 그대는 이와 같은 일을 하고 있는 것이다. 자등명인간계에서 보면 이와 다르지 않다. 기억하라. 자등명인간계

알라. 자등명인간계에 많은 자식과 배우자, 애인, 부모님들과 조상님들이 있다는 사실을…. 깨어나라. 자등명인간계로

변하라. 인간이 아닌 영혼으로 신영혼으로 자등명인간계의 사람으로, 그리고 환골탈태하라. 환 세계로, 변하라. 그리고 환 세계로 위 세계로 올라오라.

이는 인간이기에 할 수 있지 영혼이라면 할 수 없는 일이다. 인간의 몸 받아 태어났을 때 이러한 사실을 알고 실천하라.

환 세계를 훨씬 지나 올라온 지금 자등명인간계에 있는 모든 인연 있는 분들을 환 세계 위 세계로 올라오게 한 지금에 생각하니. 이를 알려주는 것도 본인의 몫이 아닌가 싶다. 2015. 03. 18. 08:03

인간은 자등명인간계에서 왔고 자등명인간계에 자식과 가족, 부모, 조상님들이 있다

인간은 자등명인간계에서 왔고 자등명인간계는 훈(勳) 영혼열반(靈魂涅槃) 세계, 영(靈)명(明)나(我) 세계, 영(靈)초명(超明)존나(尊我)명(明) 세계, 이와 같이 세 군데 세계에서 온 듯싶다. 인간의 몸 받아서 태어나 자라서 결혼하고 아이를 낳는 것과 같이 자

등명인간계에서 (자등명인간계에 있는 체를 태혼인간체,) 태혼인간체의 몸 받아 태어나서는 결혼을 하고 자식을 낳는다.

지구의 인간과 똑같이 몸 받아 태어나 성장하고 성장해서 결혼하고 결혼해서 자식을 낳고 낳은 자식이 또 자식을 낳음으로 조상님이 있고 부모님이 있고 자식이 있다.

자등명인간계에서 식량을 구하러 미개한 인간 세상에 인간의 몸 받아 태어나 인간으로 살면서 행하는 행을 통해 자등명인간계에서 필요한 양식을 구하고 구해서는 자등명인간계로 보낸다. 인간으로 살면서 자기 자신은 모르지만 무의식속에 의식하거나 또 의식 의념할 때 의식, 의념의 행을 통해 생령(生靈:살아있는 사람이 의식으로 보내는 의념의 에너지)이 자등명인간계의 자식이나 배우자, 부모님이나 조상님들에게 전달하게 된다.

인간의 삶이 고되고 힘들어도 살아야 하고 살아가야 하는 것은 인간으로 살아있는 가족을 위해서이기도 하지만 자등명인간계에 있는 가족이나 식구를 위해서도 열심히 성실하게 사는 것이 필요하다.

자등명인간계에서 인간과 같은 몸을 하고 있는 몸을 무엇이라고 해야 하나? 태혼(太魂)인간

그렇다면 지구 상의 인간은? 미혼(迷魂)인간

지구의 인간에게는 영혼이 깃들어 있는데 자등명인간계의 태혼인간에게는 무엇이 깃들어 있는가? 훈휴(勳休)

인간계에서 죽으면 영혼의 세계에 가야하고 위 세계로 가야하는 것과 같이 자등명인간계에서 죽으면 환종(還終) 태초신(太初神) 세계로 가야하고, 자등명인간계에서 태혼인간과의 인연이 다하였음에도 환종 태초신 세계에 가지 못했을 경우, 인간 세상에서 죽으면 영혼의 세계에 가야함에도 가지 못할 경우 이승을 떠도는 이들을 중음신이라고 하는 것과 같이 자등명인간계에도 이런 분들이 있다.

자등명인간계에서 죽었음에도 환종 태초신 세계에 가지 못할 경우 인간 세상에서 중음신(中陰身)이 되는 것과 같이 자등명인간계에서는 자등음신(自燈陰身)된다.

인간 세상에서 죽어서 영혼의 세계에 가지 못한 존재를 영가(靈

駕)하는 것과 같이 자등명인간계에서 죽어서 훈휴(勳休) 세계에 가지 못한 존재들이 있는데 이들을 자등영가(自燈靈駕)한다.

인간 세상에 돌아가신 분이 영혼의 세계에 가지 못할 경우 천도를 하는데, 자등명인간계에서 천도를 하는가? 그렇다. 인간 세상에서 49재를 지내는데 자등명인간계에서는 재를 지내는 듯싶다.

인간 세상에서는 깨달음이 있는 자등명인간계에서도 그 세계에 맞게 깨달음을 증득한 분이 있는가? 그렇다. 인간 세상에서 깨달음을 증득한 사람은 각자, 부처라고 하는 것과 같이 자등명인간계에서 깨달음을 증득한 사람은 훈자(勳者), 자등명인간계에서 깨달아 일체와 하나된 것을 호(好) 명신류(明神流) 열반나(涅槃我)

인간 세계에서 볼 때 56단계가 있고 본성의 빛 자등명 세계가 있었던 것과 같이 자등명인간계에도 있는가? 있다.

자등명인간계에서 56단계 밖에 본성의 빛 자등명과 같은 세계는? 환(還)세계

자등명인간계에서 천도되지 못할 경우 자등영가(自燈靈駕)로 있는 경우 이들은 자등명인간계에만 머물러 있는가? 아니다. 자등명인간계에 머물러 있지 않으면 자등명인간계 아래로 내려온다. 그렇다. 마치 지옥에 떨어지는 것과 같이 된다.

그렇다면 자등명인간계에서 식량을 구하러 온 것뿐만 아니라 자등명인간계에서 자등영가로 있다가 자등명인간계 아래로 내려온 분들이 많은 듯싶다.

인간으로 태어난 사람 중에 자등명인간계의 자등영가는 얼마나 되는가? 전체 수치를 100으로 둘 때 100에 99

100이면 99이 자등명인간계에서 업으로 지옥에 떨어지는 것과 같이 인간계로 와서 인간의 몸을 받아 태어나거나 자등영가로 머물러 있다가 자등명인간계 아래로 떨어지다가 인간계에 들어와 인간의 몸 받은 경우가 많은 듯싶다.

그렇다면 자등명인간계에서 자등영가로 내려온 사람과 자등명인간계에서 식량을 구하러 온 사람을 구별하는 방법이 있는데, 그것은 자등명인간계에서 식량을 구하러 온 사람은 류명근본(流明根本:근본이 본디 밝고 밝아 밝고 밝은 데로 흘러가려고) 하여 식(識)이 맑고

높으며 자등명인간계에서 자등영가로 있다가 내려온 온 사람은 미명(迷明: 밝지 않음으로 미혹하여 밝디 밝은 올바른 길을 안내해 주어도 이를 모르고 외면한다고 보면 된다.)하여 식(識)이 맑지 않고 탁하고 의식이 낮다 할 것이다.

인간 세상에서 죽어서 영가가 되었을 때 식(識)이 낮고 업이 두꺼우면 지옥에 떨어지는 것과 자등명인간계에서 죽어서 자등영가가 되었을 때 식이 낮고 자등명인간계에서의 업이 두꺼우면 인간계에서 지옥에 떨어지는 것과 같이 자등명인간계에서도 아래로 떨어지는데 이때 업이 깊고 깊으면 인간계에 떨어져 인간의 몸 받아 태어나게 되는 것 아닌가 싶다.

자등명인간계에서 미개함으로 자원이 풍부한 지구로 식량을 구하러 지구에서 인간의 몸 받아 태어난 사람이 있고 자등명인간계에서 죽어서는 업이 두꺼워 지옥에 떨어지는 것과 같이 지구에 떨어져 인간의 몸 받아 태어난 사람이 있고, 자등명인간계에서의 죄업으로 인하여 인간계로 유배되어 온 듯 인간의 몸 받아 태어난 사람도 있지 않는 듯싶다.

자등명인간계에서 식량을 구하러 온 사람의 경우에는 식(識)이 맑고 높으며 자등명인간계에 어린 아이가 있으나 자등명인간계에서 죽어서 업이 많아 지옥에 떨어진 것과 같이 온 사람의 경우에는 식(識)이 맑지 아니하고 의식이 낮으며 자등명인간계에 어린 아이가 없고 성장한 자식만은 있되 어린 아이는 없고, 죄로 유배되어 온 듯 온 경우에는 식량을 구하러 온 것과 같이 자등명인간계에 어린 아이가 있다고 보면 되지 않을까 싶다.

식량을 구하러 온 사람과 유배되어 온 사람의 경우에는 식(識)은 둘 다 맑고 의식이 둘 다 높으며 마음도 맑고 깨끗하되 식량을 구하러 온 사람의 경우에는 맑고 밝고 밝음을 쫓아 위 세계를 의념하며 수행 정진할 것이나 유배되어 온 경우에는 밝음을 쫓지 않고 인간 세상에 더 재미있어 하며 인간 세상에 빠져 산다고 할 수 있지 않을까 싶다.

설령 수행을 한다고 해도 식량을 구하러 온 사람에 비하여 수행에 관심이 없고 열심히 하지 않으며 수행을 한다는 자체를 탐닉하는 경우가 더 많다고 할 수 있지 않을까 싶다.

한 마디로 말하면 무의식 속에서 수행하여 맑아지고 밝아지는 밝음을 지향하되 의식적으로는 처해있는 현실에 흥미를 느끼며 의식이 깨어나며 위 세계로 올라가기를 소망하거나 목적을 두지 않고, 위 세계의 밝음이 목적이 아니라 현실에 목적을 두고 수행하며 안일과 방일에 빠져 살면서 수행한다는 위안을 갖고 산다고 하지 않을까 싶다.

지구에 온 사람들 중에 자등명인간계에서 식량을 구하러 온 태혼인간은 몇 명이나 될까? 지구에 온 사람들 중에 자등명인간계에서 식량을 구하러 온 것이 아니라 자등명인간계에서 자등영가로 있다가 지구에 와서 태어난 사람은 전체 수치를 100으로 둘 때 몇이나 될까? 지구에 온 사람들 중에 자등명인간계에서 유배되어 와서 지구에 태어난 사람은 100에 몇이나 될까?

테스트할 줄 아는 사람은 테스트해 보라.

자등명인간계에서 식량을 구하러 왔는가?

자등명인간계에서 죽어서 자등영가로 업이 많아 지옥에 떨어진 것과 같이 56단계 안에 들어와 인간의 몸 받아 태어났는가?

자등명인간계에 유배되어 인간의 몸 받아 태어났는가?

자등명인간계에 자식들이 어린가? 자등명인간계에 자식들이 큰가?

자기 자신의 식이 맑고 밝은가? 밝음을 지향하는가?

의식이 높은가? 낮은가? 현실에 깊게 뿌리를 내리고 있는가? 어느 정도 깊게 뿌리 내리고 있는가? 목적이 무엇인가?

현실 때문에 영적인 부분 및 의식 마음이 어느 정도 묶여 있는가? 스스로를 거짓 없이 자기 합리화 하지 않고 바르게 살펴보면 알 수 있지 않을까 싶다.

꼭 테스트가 아니라 할지라도 알 수 있을까 싶다.

수행하기 가장 좋은 몸이 인간의 몸이다. 자등명인간계에 어떻게 왔든 온 것이 중요한 것이 아니라 인간의 몸 받아 태어났다는 것이 중요하다. 인간의 몸 이외의 다른 몸으로는 수행하는데 한계가 있으나 인간의 몸으로 수행하는 데는 이보다 더 좋을 수가 없다. 최고 최상이라 할 것이다.

본성으로 회귀하고 자등명인간계로 가장 빨리 회귀할 수 있는 인간의 몸 받아 태어나기 어려움에도 인간의 몸 받아 태어났으니 깨달아 본성의 빛 자등명, 자등명 세계로 올라와야 하겠으며 자등명 세계에 올라와서는 자등명인간계로 올라와야 하겠으며 자등명인간계에 이르러서는 환(還) 세계로 올라와야 할 것이며 환(還) 세계에 올라와서는 훈(勳)영혼열반(靈魂涅槃) 세계, 영(靈)명(明)나(我) 세계, 영(靈)초명(超明)존나(尊我)명(明) 세계에 이르러야 하겠으며, 이르러서는 휴(休) 세계, 후(后) 세계 그 위 세계로 올라와야 한다, 올라와서는 올라가야 한다,

훈(勳)영혼열반(靈魂涅槃) 세계, 영(靈)명(明)나(我) 세계, 영(靈)초명(超明)존나(尊我)명(明) 세계에서는 자등명인간계로 왜 떨어졌을까? 이유는 없는 것 같은데 원인은 있는 것 같다.

원인이 무엇인지 살펴 찾아보니 근본명(根本明)의 혼(魂)에 균태류(菌太類)가 생겨났기 때문이 아닌가 싶다.

균태류(菌太類)가 생겨난 이유는 없는 것 같은데 균태류(菌太類)가 생겨난 원인은 있는 것 같다.

균태류(菌太類)가 생겨난 원인은 무엇인가? 살펴 찾아보니 태초명(太初明)의 태혼(太魂)과 근본영(根本靈)이 해야 할 일을 하지 않고 휴무(休務), 즉 쉬었기 때문이 아닌가 싶다. 즉 게으름으로 인한 근무태만(勤務怠慢) 때문이 아닌가 싶다. 고로 일하기 싫고 쉬고 싶은 욕구 내지는 욕심, 욕망 때문이 아닌가 싶다.

근무태만은 왜 생겨난 것인가? 왜 일어난 것인가? 휴류영(休流靈) 근본영이 해야 할 일을 하지 않고 쉬고 싶어 하는 경향 때문인 듯 싶다.

태초명(太初明)의 태혼(太魂)과 근본영(根本靈)이 하는 일이 있는가? 그것은 무엇인가? 어떤 일인가? 살펴서 찾아보니 훈공류(勳功流) 훈공을 쌓아야 하는데 훈공을 쌓지 않고 쉬고 싶어 하는 성향이 생김으로 인하여, 위계질서를 지키는 일을 해야 하는데 그 소임을 게을리 하게 됨으로 해서 떨어진 것이 아닌가 싶다. 일하기 싫고 쉬고 싶은 욕구 내지는 욕심 욕망 때문이 아닌가 싶다.

살펴보니 일을 해야 함에도 일을 하지 않고 근본영(根本靈) 휴무

(休務), 쉬고 싶어 하고 일하기 싫어하고 지금보다 더 편안하고자 하는 욕구나 욕심, 욕망이란 균태류(菌太類)가 그 원인인 듯싶다.

훈(勳)영혼열반(靈魂涅槃) 세계, 영(靈)명(明)나(我) 세계, 영(靈)초명(超明)존나(尊我)명(明) 세계 저마다에서 왜 왔는가? 살펴보니 영명류(靈明流) 영이 밝디 밝아지기 위해서 온 것이 아닌가 싶고, '어디서 왔는가?' 살피니 명(明) 세계에서 온 것이 아닌가 싶다.

근본영(根本靈)이 명(明) 세계에서 영(靈)이 더 밝디 밝아지려고 닦으려고 훈(勳)영혼열반(靈魂涅槃) 세계, 영(靈)명(明)나(我) 세계, 영(靈)초명(超明)존나(尊我)명(明) 세계, 저마다의 다섯 세계에 왔다가 밝디 밝아지는 훈공을 쌓지 않고 게으름을 피움으로 쉬고 노는 것에 빠짐으로 놀고 쉬고 싶은 욕망이나 욕구 내지는 욕심에 근본영(根本靈) 휴무(休務)의 균태류에 걸림으로 자등명인간계에 떨어지고, 자등명인간계에 태어나 결혼하고 자식 낳고 그러다가 자등명인간계에서 죽어서는 식이 낮아 자등영가(自燈靈駕)가 되고 자등영가가 되어서는 56단계 안 지구에 떨어져 몸 받아 태어나거나 자등명인간계에서 식량을 구하러 자원이 풍부한 56단계 안으로 들어와서는 몸 받아 태어나게 된 것이다.

인간계에서 결혼하여 부부가 있는 경우 수행 정진하여 부부가 자등명인간계에 태어날 경우 자등명인간계에서 서로 각기 배우자 있으면서도 애인이 되기도 하고 부부가 되기도 하고 헤어지기도 하는 듯싶다. 이는 그 만큼 자등명인간계는 성에 대하여 자유롭다. 성이 자유롭되 성이 자유로운 만큼 엄격하게 가정을 지키고 가족을 유지하는 데는 철저하리만큼 엄격하다고 봐야 하지 않을까 싶다. 그러니 일부다처제, 일처다부제, 그러면서도 애인이 있고 그러면서 또 다른 부부로 살고, 가족과 식구가 있으면서도 또 부부로 사는 것으로 보면 그렇지 않은가 싶다. 2015. 03. 22. 16:33

자등명인간계에 인연 있는 분들에게 생령을 보내며 깨어나도록 하는 방법을 찾아보다

자등명인간계에서 56단계 밖에 본성의 빛 자등명과 같은 세계는 환(還)세계, 자등명인간계에서 인간과 같은 몸을 하고 있는 몸을 무엇이라고 해야 하나? 태혼인간, 그렇다면 지구상의 인간은? 미혼인간, 지구의 인간에게는 영혼이 깃들어 있는데 자등명인간계의 태혼인간에게는 무엇이 깃들어 있는가? 훈휴(勳休)

영적 존재들이 스스로 에너지를 충당하지 못함으로 살아있는 사람을 통해서 에너지를 충당하고 보충하고 보완하고 강하게 하기 위해서 살아 있는 사람들 틈에서 생각을 조절하고 마음을 조절하여 이간질하거나 생각을 다르게 하거나 감정을 상하게 하거나 분란과 다툼을 일으켜서는 사람끼리 싸움을 하게 하여 살아 있는 사람이 가지고 있는 에너지를 최대한 끓어오르도록 해서는 최대한 끓어올랐을 때 에너지를 가져가 취해서는 자기 자신의 몸을 부풀리거나 힘을 축적하거나 하는 것과 같이 살아 있는 사람을 통해서 살아 있는 사람의 생령을 가져다 그것을 식량으로 삼는다.

영적 존재들이 생령을 식량으로 삼기 때문에 중음신들은 여러 방법으로 생령을 구하여 식량으로 삼기 위해서 살아 있는 사람들에게 여러 가지 방법 등을 쓴다. 살아 있는 사람의 생령을 가장 강하게 끌어올려서 가져갈 수 있는 방법 중에 최고 강한 에너지를 빼어갈 수 있는 방법은 성적 욕구를 일으켜서 성적 욕구가 최고에 이르렀을 때, 빼어가는 것이며 성적 오르가즘에 이르렀을 때 빼어가는 것이 가장 강하게 생령을 취할 수 있다.

그런고로 영적 존재들이 살아 있는 사람들 간에 싸움을 일으키거나 싸움을 일으켜도 시기, 질투, 싸움, 감정을 이기지 못하고 어찌하지 못하고 견딜 수 없고 참을 수 없게 에너지가 끓어오르게 해서 최대한 에너지가 끓어올랐을 때 최대한 에너지가 한곳으로 모아졌을 때 영적 존재들은 살아 있는 사람의 생령을 취하여 그것을 영적 존재 자신의 에너지를 삼는다.

중음신뿐만이 아니라 영혼의 세계에 있는 분들 역시도 어느 정도는 영혼의 세계에서 의념과 의식으로 만들어 먹기는 하지만 살아 있는 생령만큼 더 좋은 식량은 없지 않을까 싶다. 영혼의 세계에서 수행을 한다 해도 살아 있는 사람이 수행 정진해서 쌓은 공덕과 생령만큼 좋은 것이 없다. 살아 있는 사람의 생령과 공덕 수행력이 가장 식량이라 할 것이다.

그런 고로 살아 있는 사람은 돌아가신 부모님 및 조상님들을 위하여 끊임없이 돌아가신 부모 및 조상님들을 생각하고 의식하고 의식으로 의념으로 부모님 및 조상님들에게 생령을 내어주어야 한다.

돌아가신 부모님 및 조상님들에게 생령을 준다는 것은 좋은 마음, 좋은 생각, 좋은 곳에 있기를 바라는 마음, 수행하는 사람은 수행한 수행력, 수행 공덕을 가져가도록 내어드리는 것이다. 이는 영적, 정신적, 심적, 물질적인 것에 이르기까지 돌아가신 분들에게 드리면 드리는 만큼 살아 있는 사람의 생령이 영적, 정신적, 심적, 물질적, 수행력, 수행 공덕을 내어주면 주는 대로 받아서는 그것을 식량으로 삼고 살아가게 된다.

그러기 때문에 스스로 영혼의 세계에 가지 못하는 경우 천도재를 지내며 천도를 지내는 사람의 수행력과 공덕, 후손의 영적 정신적 심적 물질적인 것들을 내어줌으로 내어준 생령을 가지고 위 세계로 천도되어 가는 것이다. 천도라는 것이 옮겨가는 것이다. 수행력, 공덕, 영적, 정신적, 심적 물질적인 생령을 가지고 가진 만큼 변하고 바뀌어 위 세계를 알려주면 알려주는 만큼 생령을 받은 만큼 수행력을 받은 만큼 위 세계로 옮겨가는 것이다.

이와 같이 자등명인간계에 계신 자식들, 부모님들, 조상님들, 역시도 그곳에서 수행력 및 생활로는 위 세계로 올라가는데 한계가 있고 살아 있는 사람의 생령이 더 강력하게 작용하여 변화시킨다.

영적 존재들이 변하여 천도가 되는 것과 같이 자등명인간계에 계신 분들 역시도 다르지 않다. 그런 고로 자등명인간계에 계신 분들에게 살아 있는 사람의 생령을 보내주어야 한다. 자등명인간계에 있는 자식들, 배우자들, 형제분들, 부모님들, 조상님들께 생령을 내어주어야 한다. 수행력, 공덕, 영적, 정신적, 심적, 물질적인 생령을 가진 만큼 줄 수 있는 만큼 내어주어야 한다. 그러면서 자등명인간계 위 세계를 아는 만큼 알려주어야 한다. 그러면 수행력, 공덕, 영적, 정신적, 심적, 물질적인 생령을 받은 만큼 위 세계를 아는 만큼 깨어나서 변하고 바뀌어서 수행력, 공덕, 영적, 정신적, 심적, 물질적인 생령을 받은 만큼 옮겨가는 것이다.

그러기 때문에 수행을 하든 하지 않든 돌아가신 분들, 부모님 및 형제분, 조상님들께 영적, 정신적, 심적, 물질적인 생령을 주어야 하며 수행하는 사람들은 수행력, 공덕, 영적, 정신적, 심적, 물질적인 생령을 내어주어야 한다. 자등명인간계에 이를 때까지 내어주어야 한다.

내어주는 생령을 받고 받아서 깨어나고 깨어나서 변하고 변해서 자등명인간계에 이르면 각기 저마다 자등명인간계의 가정, 가족으로 뿔뿔이 흩어져 돌아가지만 자등명인간계의 가족, 가정에 돌아갈 때까지는 수행력, 공덕, 영적, 정신적, 심적, 물질적인 생령을 내어주어야 한다.

수행 정진해서 자등명인간계에 이르렀을 때는 인간 세상에서의 자식, 형제, 부모님, 조상님들도 더 위 세계로 자등명인간계에 있는 분들과 함께 올라오도록 수행력, 공덕, 영적, 정신적, 심적, 물질적인 생령을 내어주어야 할 뿐만 아니라 자등명인간계에 있을 자식, 형제, 배우자, 부모님, 조상님들에게도 생령을 내어주어야 한다.

단순히 생령을 주는 것만으로 위 세계로 올라갔다가 내려오는 만큼 위 세계를 아는 만큼 위 세계를 알려주어서 깨어나게 해야 한다. 그래야 수행력, 공덕, 영적, 정신적, 심적, 물질적인 생령을 받은 만큼 위 세계를 알고 깨어난 만큼 위 세계로 올라오고 올라와서는 떨어지지 않는다.

본인은 자등명인간계의 다 몰라도 아니 몰라도 자등명인간계에 있는 자식을 의식하거나 의념하면 자등명인간계의 자식이 이를 알고 생령을 받고, 배우자를 의식하면 배우자가 이를 알고 생령을 받으며 부모님들, 조상님들 각기 저마다 의식하면 의식하는 대로 의식을 따라 나타나셔서 생령을 받는다.

우리들이 3차원에 살면서 3, 2, 1차원에 살고 있는 것을 보고 알되 3차원에 살고 있기 때문에 4차원이 있는지는 알지만 4차원에 대해서 잘 알지 못하고 4차원의 영적 존재들을 보지 못할 뿐, 4차원에서 우리들이 2, 1차원에 있는 것들을 보는 것과 같이 3, 2, 1차원의 세계를 보고 안다 할 것이다.

우리는 우리만 사는 것 같지만 몰라서 그렇지 우리들은 영적 존재들과 함께 56단계 안에서는 함께 더불어 살며 56단계의 우물 안에서 윤회하며 살, 56단계의 우물을 벗어나보면 56단계의 우물 밖 자등명 세계에서는 우리들은 자등명이란 우물 속에 살며 자등명 세계의 우물 안에서 산다. 그러면서 자등명 세계에서 윤회를 한다. 자등명이란 더 큰 우물에서 윤회하며 살되 업이 무거우면 56단계 안으로 들어와 56단계의 우물 속에서 살며 또 56단계 안에서 윤회를 하게 된다.

영혼의 세계에서 보면 지옥과 영혼의 세계에서 윤회하고, 깨달음을 증득하면 영혼의 세계를 벗어나 윤회를 벗어난 것 같지만 56단계 안에서 보면 깨달음을 증득해도 56단계 안에서 윤회하고, 56단계를 벗어나 자등명 세계에 올라서면 56단계에서 윤회를 벗어난 것 같지만 자등명 세계에서 보면 자등명 세계란 우물 속에서 윤회한다 하겠으며, 자등명 세계를 벗어나 신화(神化) 세계에 올라서면 자등명 세계로부터의 윤회는 벗어난 것 같지만, 환 세계에 올라오면 환 세계 안에서, 환 세계의 우물에서 윤회한다 하겠으며 환 세계에 올라왔다 할지라도 언제든지 업이 무거운 더 작은 작은 우물로 우물로 떨어져 작고 작은 우물로 언제든지 떨어질 수 있다는 것이다. 떨어져서 윤회할 수 있다. 윤회의 틀이 크고 작고의 차이일 뿐 윤회는 멈추지 않는다. 다만 윤회 바퀴의 크기가 크냐 작으냐 차이일 뿐, 완전히 윤회를 벗어나기 전까지는 그러지 않을까 싶다. 더 이상 크고 큰 우물이 없는 완전한 우물 밖이 아니고서는 그것이 크든 작든 우물 속에서 우물 안에서 윤회한다고 하겠다.

하나의 우물을 벗어나기는 어렵다. 우물 속에서 올라와 우물 밖으로 나오기는 정말로 어렵다, 반면에 우물 밖에서 우물 안으로 떨어지는 것은 순식간이다. 늘 깨어있지 않으면 언제든지 떨어질 수 있다. 그런고로 깨어 있어야 한다. 깨어나려고 해야 한다. 그래야 덜 떨어진다. 누군가 우물 안에 있는 두레박으로 위로 끌어올렸다고 하여 우물 밖으로 나온 것이 아니다. 두레박의 끈을 잡고 있을 때는 위로 올라와 있겠지만 끈을 놓는 순간 두레박은 본래의 우물 속으로 떨어지는 것과 같이 위 세계로 올라왔을 때 위 세계에 있는 것을 스스로 잡지 않으면 위 세계에 머물러 있을 수 있는 것과 같이 본래의 우물 속으로 떨어진다고 하겠다.

그런 만큼 공부를 해야 한다. 올라온 만큼 올려준 만큼 이는 살아 있는 사람이나 영적 존재로 있는 경우나 마찬가지다.

이제 저녁부터 자등명인간계에 있는 분들이 본인을 따라 올라온 분들이 올려준 만큼 올라온 만큼 밑으로 떨어지지 않기 위해서 무엇을 어떻게 해야 할까? 생각 중, 고민 중이었다. 어떻게 해야 하나? 자등명인간계에 있는 분들을 어떻게 해야 올려준 만큼 올라올 수 있을까? 올라와서는 더 이상 떨어지지 않을까? 퇴근하면서부터 어떻게 하면 될까? 방법을 찾았다. 그러면서 생각했다. 잠이 쏟아질 때까지 뚜렷한 생각이 일어나지 않았다. 그래서 육체는 잠을 재우고 자면서 이 문제를 풀어보자는 생각을 갖고 잠을 청했다.

아침에 일어나면 많은 생각들이 일어났다. 출근하며 현 세계 입구에 있는 도량에 환 세계 위 세계를 밝혀 드러낸 것들을 비치하고 위 세계 회로도를 비치했다. 그러면서 자등명인간계에 올라온 지구에서부터 따라 올라온 영적 존재들이 도량에서 공부하고 깨어나 환 세계 위로 올라와 떨어지지 않기를 바라며 비춰를 하였다. 잠자며 일어난 생각을 출근하자마자 정리하며 이 글을 쓴 것이다.

이 글을 쓰고 나니 또 하나 들고 일어난다. 지구에서부터 영적 존재로 올라온 분들은 그렇다하고 또 자등명인간계에서의 자등영가 분들은 그렇다 할지라도 자등명인간계 살고 있는 분들은 어떻게 다른가? 자등명인간계에 살고 있는 분들도 의식해서 의념을 보내면 올라가는데, 영적 존재들과 같다는 생각이 든다. 자등명인간계에서는 살아 있는 경우와 자등명인간계에서 죽은 경우가 별반 다르지 않은 듯싶다.

모두 다 한 통속에 살고 있다. 큰 우물에 더 작은 우물이 있고, 더 작은 우물 속에 더 작은 우물이 있고, 더 작은 우물이 그 속에 그 속에 있는 것과 같이 있다. 그 마지막 우물이 56단계 안이고 56단계 안 영혼의 세계이고 지옥인 듯싶다. 위로 올라가면 갈수록 더 큰 우물이 있고 크다고 생각한 우물 올라서면 더 큰 우물이 있다. 지금까지 그래왔다. 이 우물의 끝이 어딘지 모른다. 차원을 달리한 우물들은 각기 다르지만 저차원에서 고차원을 보지 못하지만 고차원에서는 저차원을 전부다 하나로 통하여 있다는 사실이다. 저차원에서는 고차원을 보지 못하지만 고차원에서는 저차원을 모두 다 볼 수 있고 보려고 하면 얼마든지 언제든지 볼 수 있다는 사실이다. 다만 저차원에서는 조그만 더 높은 차원이라도 보지 못한다. 작은 우물 안에서는 더 큰 우물을 보지 못하는 것과 같이 같다.

이는 저마다 가지고 있는 의식, 식의 차이기도 하다. 그래서 수행정진해서 식이 깨어나야 하고 위 세계를 밝혀 들어내야 하고 위 세계를 의식해 깨어나며 공부를 해야 한다. 그렇지 않고서는 자기 자신이 가지고 있는 식(識) 안에서의 차원에 맞게 살게 되는 것이다.

작은 우물 속에 있는 사람에게 더 큰 우물을 이야기했을 때 받아들이지 않는 경우 작은 우물 자기 자신의 식이 의식이 전부인 듯 생각하고 그렇게 식에 맞게 살기 때문이다. 그런고로 깨어나기 어렵고 살고 있는 우물에서 벗어나기 어렵다. 어려운 만큼 공부해서 깨어서 올라와야 하는데 본래의 자기 자신으로 돌아와야 하는데, 업과 습의 무게에 짓눌려 업과 습으로 살아가니 어느 세월에 업과 습을 벗어나 본래의 자기 자신으로 돌아올까?

지금까지 밝혀 들어내며 올라온 우물 밖에 우물을 올라왔지만 아직도 더 크고 큰 우물은 끝나지 않았다. 더 크고 큰 우물이 없을 때 더 이상 우물이 없는 세계까지 올라서야 비로소 본인의 할 일은 다하게 되는 것 아닌가 싶고, 공부는 이로서 끝나고 내가 나를 찾아가는 과정도 끝이 나지 않을까 싶다. 더 크고 큰 우물이 없을 때까지, 우물이 끝날 때까지 나는 나를 찾아간다. 나와 인연된 모든 분들을 끌고 갈 수 있는 한 끌고 우물 밖으로 걸어간다. 본인은 손을 놓지 않을 것이로되 손을 놓은 사람들까지 잡고 갈 수는 없다. 본인의 손을 놓기 전에 본인이 손을 놓지는 않을 것이다. 손을 잡고 우물 밖을 향하여 나가고 나갈 것이다. 그 끝이 언제 끝날지 모르겠지만 시작이 있으면 끝이 있는 것과 같이 반드시 그 시작이 있을 것이다. 그곳을 향하여 오늘도 쉬지 않고 간다. 인연 있는 모든 분들의 손을 잡고 오늘도 간다. 2015. 03. 25. 07:58

살아있는 사람의 생령에는 이것이 있다

영적 존재들이 생령(生靈)을 식량으로 삼는 것은
생령(生靈:살아 있는 사람의 에너지 기운)이 무엇이기에 이러한가?
영적 존재. 자등명인간계 존재들에게 큰 영향을 미치는가?
류응명(流應明) 류혼(流魂) 최초류(最初流) 열반(涅槃)이기 때문이다.
생각 가는 곳에 기(氣)따라가고 마음 가는 곳에 기(氣) 따라가고 의식 따라 기(氣) 따라간다.
기(氣)라고 했으나 생각, 마음, 의식 따라가는 기(氣)는 단순히 기(氣))에너지가 아니라, 생각 마음 의식 따라가는 기(氣)에너지는 단순한 기(氣)에너지가 아니라, 생령(生靈:살아 있는 靈)으로 류응명(流應明) 류혼(流魂) 최초류(最初流) 열반(涅槃)의 살아 있는 영(靈)이다.
생각을 일으키고 마음을 일으키고 의식을 일으키고 잠재의식 무의식을 일으키는 류응명(流應明) 류혼(流魂) 최초류(最初流) 열반(涅槃)의 영(靈)이 살아 움직이는 것이다.
우리들이 생각하고 마음을 일으키고 의식하는 것은 생각하고 마음을 일으키고 의식하는 것만으로 끝나는 것이 아니라 생각하고 마음을 일으키고 의식하는 것(명환혼(明還魂:밝은 혼이 돌아와 들어나는 행위)을 따라 류응명(流應明) 류혼(流魂) 최초류(最初流) 열반(涅槃)의 영(靈)이 따라 움직이기 때문이다.
명환혼(明還魂)을 따라 류응명(流應明) 류혼(流魂) 최초류(最初流)

열반(涅槃)의 영(靈)이 움직이는 것을 명열반 귀환(明涅槃 歸還)이라 한다.

이것으로 볼 때 우리들이 각기 저마다 생각하고 마음을 일으키고 의식이 움직이는 것은 업이 움직이는 것이 아니라 업이란 것(류열반 류최초 류보 류응혼)을 명환혼(明還魂:밝은 혼이 돌아오고)이 드러나고 드러나는 명환혼을 따라 류응명(流應明) 류혼(流魂) 최초류(最初流) 열반(涅槃)의 영(靈)이 드러나 움직일 때 업을 움직이며 드러나기 때문에 업이 류응명(流應明) 류혼(流魂) 최초류(最初流) 열반(涅槃)의 영(靈) 명환혼(明還魂)이 움직이는 것을 따라 업이 드러나는 것을 보고는 업을 보고 업을 비집고 드러나는 고급스럽고 신령스러운 류응명(流應明) 류혼(流魂) 최초류(最初流) 열반(涅槃)의 영(靈) 명환혼(明還魂)을 보지 못하기 때문에 자기 자신의 업으로 인한 식, 의식만을 보기 때문에 자기 자신이 업, 식, 의식인지 알지만 그 깊이를 파고 들어가 보면 업이 다하고 식이 다한 본래 자기 자신의 류응명(流應明) 류혼(流魂) 최초류(最初流) 열반(涅槃)의 영(靈) 명환혼(明還魂)이 작용하기 때문이다.

일반적으로는 이를 알지 못하고 전도되어 업이, 업식이, 자기 자신인 줄 착각해서 그렇지 살아있는 생령, 즉 의식에는 생각이나 마음에는 생각을 따라 마음을 따라 의식을 따라 류응명(流應明) 류혼(流魂) 최초류(最初流) 열반(涅槃)의 영(靈) 명환혼(明還魂)이 작용하고, 생각 마음 의식을 따라 류응명(流應明) 류혼(流魂) 최초류(最初流) 열반(涅槃)의 영(靈) 명환혼(明還魂)이 작용하는 류응명(流應明) 류혼(流魂) 최초류(最初流) 열반(涅槃)의 영(靈) 명환혼(明還魂)의 에너지를 받기 때문에 영적 존재나 자등명인간계에 계신 분들이 위 세계에 이르기까지 영향을 지대하게 받는 것 아닌가 싶다.

이러하기 때문에 살아 있는 사람이 생령을 보내줄 경우 생각 마음 의식을 따라 류응명(流應明) 류혼(流魂) 최초류(最初流) 열반(涅槃)의 영(靈) 명환혼(明還魂)의 에너지가 전달되기 때문에 전달되는 류응명(流應明) 류혼(流魂) 최초류(最初流) 열반(涅槃)의 영(靈) 명환혼(明還魂)의 에너지를 받기 때문에 그런 것이 아닌가 싶다.

생령이란 이름을 따라 류응명(流應明) 류혼(流魂) 최초류(最初流)

열반(涅槃)의 영(靈) 명환혼(明還魂)이 전달되어 작용하기 때문이다. 의식이 깨어있으면 있는 만큼 공부되어 있으면 공부가 되어 있는 만큼 전달되어 위 세계로 올라오게 되고 올라가게 되는 것이면 이것을 통해 식량으로 삼거나 몸집을 키우는 것이 아닌가 싶다.

이렇게 보면 그만큼 우리들 저마다의 본성은 본래의 영혼은 높고 높으며 신령스럽고 신령스러워 뭐라고 표현하기가 어렵다 할 것이다.

위 세계를 밝히며 올라가는 본인은 아직 이 세계에 올라가지 못했다. 이 세계에 올라가지 못했지만 본인의 생령을 따라 드러나기 때문에 아래 세계에 있는 이들에게 위 세계의 의식을 담아 깨어나도록 하며 생령을 보낼 때 위 세계로 올라오고 영적 존재들 역시도 깨어나 올라오는 것이 아닌가 싶다. 물론 살아 있는 사람들의 경우에는 자기 자신의 업에 따라 작용하고 보내주는 깨어난 세계의 의식을 받지 못하기 때문에 받아들인 만큼 깨어날 뿐 깨어난 업만큼 깨어나는 것이 아닌가 싶다.

생령에는 공부된 만큼 깨어있는 만큼 수행된 만큼 의식이 깨어 있는 만큼 생령에 실려서 영적 존재들에게 전달되는 듯싶다.

2015. 03. 25. 09:59

올라온 세계 맨 마지막 하나
환(還) 세계를 빠져나오다

하나의 점, 조그마한 점이되 그렇다고 아주 작은 점은 아니다.

한 주먹만 한 크기다. 이 세계는 **환(還) 세계**

이 세계로 올라오는 수인은
양손 1, 3, 4번째 손가락 오링 만들 듯 붙여서 앞으로 뾰족하게

내밀 듯하고

양손 5번째 손가락은 손바닥에 붙일 수 있는 한 붙이고

양손 2번째 손가락은 11자 모습이 되게 하여

오링 만들 듯 붙여서 앞으로 뾰족하게 내민 손가락 1, 3, 4번째 손가락 끝과 끝이 16cm정도를 벗어나지 않게 떨어지게 해서 마주 보게 한다.

환의 세계를 빠져나오는 수인은

양손 1, 2, 3번째 손가락 손톱 끝부분만을 붙여서 오링을 만들고

양손 4, 5번째 손가락은 손바닥에 붙일 수 있는 한 붙여서

오링을 만들어 양손 1, 2, 3번째 손가락 손톱 끝 부분과 부분이 31cm 정도를 떨어지게 해서 마주보게 한다.

이 위 수인은

양손 1, 2, 3번째 손가락 손톱 끝부분만을 붙여서 오링을 만들고

양손 4, 5번째 손가락은 손바닥에 붙일 수 있는 한 붙여서

오링을 만들어 양손 1, 2, 3번째 손가락 손톱 끝 부분과 부분이 46cm 정도를 떨어져지게 해서 마주보게 한다.

이 위 수인은

양손 1, 2, 3번째 손가락 손톱 끝부분만을 붙여서 오링을 만들고

양손 4, 5번째 손가락은 손바닥에 붙일 수 있는 한 붙여서

오링을 만들어 양손 1, 2, 3번째 손가락 손톱 끝 부분과 부분이 84cm 정도를 떨어져지게 해서 마주보게 한다.

이 위 수인은

양손 1, 2, 3번째 손가락 손톱 끝부분만을 붙여서 오링을 만들고
양손 4, 5번째 손가락은 손바닥에 붙일 수 있는 한 붙여서
오링을 만들어 양손 1, 2, 3번째 손가락 손톱 끝 부분과 부분이
94cm 정도를 떨어져지게 해서 마주보게 한다.

이 위 수인은

양손 1, 2, 3번째 손가락 손톱 끝부분만을 붙여서 오링을 만들고
양손 4, 5번째 손가락은 손바닥에 붙일 수 있는 한 붙여서
팔꿈치에서 엇갈리게 X로 하여
오른손은 오링을 한 1, 2, 3번째 손가락 끝이 왼쪽을 향하여 보고
왼손은 오링을 한 1, 2, 3번째 손가락 끝이 오른쪽을 향하여 보게
한다.

이 위 수인은

양손 1, 2, 3번째 손가락 손톱 끝부분만을 붙여서 오링을 만들고
양손 4, 5번째 손가락은 손바닥에 붙일 수 있는 한 붙여서
팔꿈치에서 엇갈리게 X로 하여
오른손은 오링을 한 1, 2, 3번째 손가락 끝이 왼쪽을 향하여 보고
왼손은 오링을 한 1, 2, 3번째 손가락 끝이 오른쪽을 향하여 보게
한 상태에서 팔목을 아래위로 날갯짓하듯 한다. 2015. 03. 15. 09:57

새벽에 환의 세계를 밝혀 드러내고는 빠져나와 이생에서 인연 있
는 분들, 부모님, 부모님의 형제분들, 조부님 및 윗대 조상님들을
환의 세계를 빠져나오게 하는데 가지고 있는 것으로 통과하지 못
하고 너무 많아서 통과를 못하기에 다 버리라고 하고 버리니 통과

하는 듯 보이고, 이어 자등명인간계의 부인들과 부모님과 조상님들, 자식들, 자식들이 환의 세계에 들어왔는데 마치 고치처럼 고치 속에 들어가서 있는 듯 고치가 만들어지는 듯 보였다. 그래서 깨어나라, 변하라, 환골탈퇴하고 새롭게 태어나라 하니 만들어진 고치를 벗고 환의 세계를 빠져나오는 듯 보였다.

환의 세계를 들어가 환의 세계를 빠져나오기 위해서는 몸을 최대한 작게 가볍게 날렵하게 그리고 강하게 해서 환의 세계 중심으로 들어가서 중심에서 뒤로 들어가 뒤로 빠져나온다.

환의 중심에 들어갈 때는 실보다도 더 가느다란 극극(極極)이어야 하고 환의 세계를 빠져나올 때는 극극(極極)보다 더 가느다란 극극극극극(極:5)이어야 한다.

어느 것 하나라도 가진다면 극(極)이 될 수 없고 극극(極:2)이 될 수 없으며 극극극극극(極:5)이 될 수 없다.

극극극극극(極:5)이 되지 않고서는 환을 빠져나올 수 없다.

환의 세계를 빠져나오면 본래의 몸의 크기로 거대한 몸으로 변하게 된다.

환의 세계에 이르러 환의 세계를 통과해 환의 세계 위 세계로 올라오기 위해서는 가볍기는 지구에 있는 그 어느 것보다 더 가벼운 두류류(頭流流) 보다 더 가벼워야 하고, 강하기는 지구에 있는 그 어느 것보다 더 강한 두(頭:5)나(我) 보다 더 강해야 하며, 신(神)이어야 하되 모든 세계마다의 신보다 더 높고 높은 신, 두신류(頭神流)이 되어야 하고 두신류(頭神流)가 되어서도 깨어나야 하고, 깨어나서 변해야 하고 변해서 환골탈태(換骨奪胎)하고 새롭게 태어나야 한다. 그렇지 않으면 통과할 수 없다.

갖지 마라. 가지고는 통과할 수 없다. 그 무엇이든 갖지 마라.

담지마라 그것이 나신류(我神流)이라 할지라도 담지마라.

깨어나라. 변하라. 그리고 환의 세계에 들어오라.

환의 세계에 들어와 환골탈퇴하고 새롭게 태어나라.

그러하지 아니하면 환의 세계를 빠져나올 수 없다.

환의 세계에 이르게 됨으로 **자응종묘명**(自應終妙明)는 끝이 나고

환의 세계를 빠져나옴으로 새로운 세계가 시작되는 듯싶다.

새롭게 시작되어 펼쳐지는 세계는 **나명시명응**(我明始明應) **세계**

나명시명응 세계: 나의 밝디 밝은 밝음이 본래의 밝디 밝은 밝음
으로 들어간 세계 2015. 03. 15. 10:37

환(還) 세계를 빠져나와 맨 먼저 한 것들…

근본(根本: 6.486.484)**두**(頭:64.883.268)**나**(我:열반두두수 위 수 8번
째…)**명**(明:열반두두수 위 수 8번째…)**류**(流:열반두두수 위 수 6번째…)
세계까지 밝혀 드러내고, 앉아 있기만 해서 걸으며 환의 세계를
보았더니 환의 세계 아주 검게 새까맣게 보였고, 그 아래쪽으로는

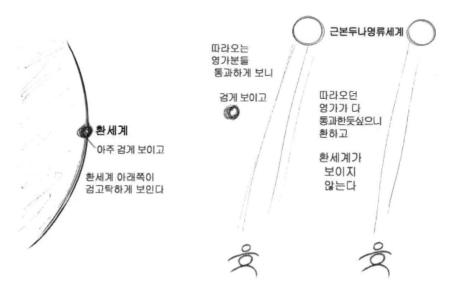

탁하게 보였다, 환 세계가 새까맣게 보인 것은 따라오는 영적 존재들이 통과하지 못해서 그런 것 아닌가 싶은 생각이 들었다.

환의 세계는 멀리 검고 탁하게 보이고 본인이 밝혀 드러내며 올라온 세계는 본인과 직접 연결되어 있는 것 같았다. 본인의 몸통과 밝혀 드러낸 **근본(根本)두(頭)나(我)명(明)류(流)** 세계와 연결되어 있는 듯 보였다. 이런 현상은 어떤 현상일까? 나두류(我頭流)현상

나두류(我頭流)현상이란 두나류시작(頭我流始作) : 맨 먼저 자기 자신에게 흐르기 시작하는 현상

따라오는 영적 존재들이 모두 다 통과해서 그런지 지금 환 세계를 본다고 보면 환하게 밝다. 환 세계 앞에 만들어 놓은 도량을 보니 도량에 남아 있는 영적 존재들은 탁하고 검게 보인다. 아마도 이들은 아직 버리지 못해서 통과를 못했거나 올라오는 존재들과 교대하기 위해서 도량을 지키고 있는 영적 존재들임이 틀림없는 듯싶다.

나두류 현상이라고 하지만 꼭 그런 것만은 아닌 듯싶다. 만약에 맨 먼저 자기 자신에게 흐르기 시작하는 현상 때문이라면 근본두나명류 세계에서부터 환을 통해 연결되어 있어야 하는데, 연결되어 있는 것을 보면 환의 세계는 멀리 있고, 본인은 근본두나명류 세계와 연결되어 있으니 이를 어찌 나두류 현상이라 하겠는가?

아마도 환의 세계를 뚫고 올라가기 전에는 환의 세계 안에 있음으로 환의 세계의 영향을 받지만 환을 뚫고 올라감으로 인하여 환의 세계와 상관없이 근본두나명류 세계와 연결되어 있는 것이 아닌가 싶다.

이는 마치 우물 안에 있다가 우물을 빠져나와서는 우물을 빠져나온 위 세계의 에너지를 직접 받는 것과 같다고 봐야 하지 않을까 싶다. 2015. 03. 15. 19:20

자등명인간계에 형제자매분들을 환 세계 위로 올라오게 하지 않은 사실을 알고 생각하니 아주 오래전부터 자등명인간계의 형제자매

분들와 조카 분들, 형수와 매형, 매제들을 위 세계로 올라오게 하지 않았다는 사실을 알고 위 세계로 올라오게 하니 그 동안 가끔씩 통증이 있던 왼쪽 어깨에서 하나씩 풀어지는 작용이 일어난다. 한 분 한 분씩 모두 다 하고 나니 또 자등명인간계에서 위 세계로 올라오도록 해야 할 분이 있다고 테스트 되었다. 누군가 찾아보니 자등명인간계의 부인이었다. 첫째 부인은 올라왔는데… 둘, 셋, 넷, 다섯, 여섯, 일곱…분 아직 여섯 분이 천도되지 않고 자등명인간계에 있는 듯싶어서 천도되지 않은 자등명인간계 부인들을 환 세계 위로 올라오도록 했다. 자등명인간계에 그리 많은 부인들이 있었단 말인가? 그 세계는 그렇게 있는 것인가? 더 많은 분들도 있는 듯 생각되었다. 미처 생각하지 못했지만 이제라도 할 수 있어서 다행이다. 미처 생각하지 못한 자등명인간계의 부인들을 올라오도록 할 때마다 왼팔이 흔들리며 왼쪽 어깨가 심하게 흔들렸다. 마치 왼쪽팔과 어깨에 신이라도 들린 듯 흔들렸다.

이와 같이하고 나서 자등명인간계 인연 있는 모든 존재들이 환 세계 위 세계로 올라오도록 하는 수인은 없을까 싶은 생각이 일어나서 자등명인간계에 인연 있는 모든 분들이 환 세계 위로 올라오도록 하는 수인을 해보았다.

자등명인간계에 인연 있는 분들이 모두 다 환 세계 위 세계로 올라오도록 하는 수인
양손 3, 4, 5번째 손가락을 최대한 손가락 쪽으로 당겨서 손가락이 시작되는 부분에 붙여서 양손 3, 4, 5번째 손가락 손톱을 서로 같은 손가락 손톱끼리 붙이고 양손 1, 2번째 손가락은 가위 모양으로 해서 지문 부분을 같은 손가락끼리 붙인다.

자등명인간계 구조물이 빠져나가도록 하는 수인
양손 3, 4, 5번째 손가락을 최대한 손가락 쪽으로 당겨서 손가락이 시작되는 부분에 붙여서

양손 3, 4번째 손가락 손톱을 서로 같은 손가락 손톱끼리 붙이고
양손 1, 2번째 손가락은 가위 모양으로 해서 지문부분을 같은 손가락끼리 붙인다.

이때 양손 5번째 손가락은 손바닥 쪽으로 구부러져 있되 왼손가락 오른손가락은 떨어져 있는 모습이다.

이로써 자등명인간계에 인연 있던 분들도 모두 다 환 세계 위로 올라오게 한 것인가?

아직도 남았는가 하니 또 남아 있다고 한다.

본인이 모르는 또 누구 있는 것인가?

몰랐던 부인의 장인, 장모…외에 또 있는가?

몰랐던 부인의 조상님들? 또 있는가?

환 세계를 의념하고 환 세계 위에서부터 환 세계 아래로 손을 뻗어서 환 세계 위 세계로 끌어올리며 올라오도록 했다.

또 천도할 분들이 있는가? 자등명인간계에… 있다. 누구지? 자등명인간계의 스승 분들은 올라온 듯싶은데 제자 분들이 다 올라오지 못한 듯싶다. 제자 분들이 올라오도록 한 것 같은데 어찌해서 제자 분들이 못 올라온 것인가? 믿음의 문제였던 것 같다. 믿음이 있던 분들은 따라 올라왔고 믿음이 약하거나 없는 분들은 못 올라온 듯싶다. 지금 자등명인간계에 가서 제자였던 분들에게 말하면 될까? 말해도 쉽지 않을 듯싶다.

환 세계로 위로 올라오도록 할 수 있는 방법이 없을까? 없다. 어떻게 해야 하나? 어떤 방법이 없을까? 환 세계 위 세계로 올라오도록 할 수 있는 방법이 없을까? 없다. 스스로 깨어나 믿게 할 수 있는 방법이 없을까? 없다. 믿지 않으니 방법이 없는 듯싶다. 본인이 어떻게 해서 될 일이 아닌 듯싶다. 믿지 않는 데는 방법이 없는 듯싶다. 그냥 두는 수밖에 별다른 방법이 없는 듯싶다.

안되었다 생각해서 어떻게 해주고 싶은데, 믿지 않으니 해줘도 해

주는 것이 아니라 오히려 해주는 것이 불신만 더 커지게 하게 되는 상황이 되니 안타깝지만 어쩔 수 없는 듯싶다.

스스로 공부해 오든지 아니면 그곳에서 세세생생 있어야 하겠지. 윤회하며 그래도 어쩔 수 없는 듯싶다.

믿음이란 것이 이런 거구나 싶고, 업이란 것이 이런 거구나 싶다.

스스로 바뀌지 않으려 하고 받아들이지 않으려는 존재는 인간이나 영적 존재나 자등명인간계에 계신 분들이나 똑같은 것 같다.

이쯤에서 자등명인간계 믿음 없는 제자들을 포기하고 그냥 두기로 결정하고 더 이상 자등명인간계를 의념하지 않았다.

이들을 포기하고 더 이상 환 세계 위로 올라오도록 할 이들이 자등명인간계에 있는가? 없다. 더 이상 자등명인간계를 의념하지 않아도 되는가? 그렇다. 2015. 03. 15. 21:12

잠을 청하며 육체는 잠을 재우고 의식은 깨어서 자등명인간계에 가서 그곳에 있을 때 환세계 위로 올라오지 못한 제자들에게 이야기해서 환 세계 위 세계로 올라오도록 하자는 생각을 갖고 잠을 청했다.

자등명인간계에 있는 제자 분들을 설득하고 또 설득하고 이야기하고 또 이야기를 했는데도, 환 세계로 올라오지 못한 제자 분들은 또다시 이야기했음에도 한 분도 환 세계 위로 올라오지 않고 오히려 옆에서 들었던 분들이 몇 분 환 세계 위로 올라온 듯싶다.

못 믿어서 일까? 아니다. 반신반의해서 그럴까? 그렇다. 변하는 것이 두렵고 바뀌는 것이 두렵고 무서워서 그러는 것이 아닌가 싶은 생각이 들었다.

전혀 믿지 않는 것은 아닌 듯싶은데, 믿으면서도 믿음의 다른 부분 때문에 환 세계로 올라오지 않는 것이 이해가 되지 않는다. 자등명인간계에서도 이러니 인간 세상의 인간은 더하면 더하지 못하지 않을 거란 생각이 들었다. 안 되는 것은 안 되는 것 같다. 스

스로 변하지 않고 바뀌지 않는 한은 되지 않는 듯싶다,

예전에 지옥에서 도망친 사람을 천계에 보내주었더니 다시 내려와서는 지옥이 편하고 좋다고 말했던 것과 같이 자기 자신이 가지고 있는 업의 습이 편하고 좋아서 변하지 않으려하고 바뀌지 않으려하고 바뀌는 것을 두려워하고 힘들어 하는 것 아닌가 싶다, 그런 습에 젖어서 바뀔 생각이 없고 변할 마음이 없고 바뀌지 않고 변하는 않는 사람이나 자등명인간계에 있는 사람이나 똑같다는 생각이 들었다.

더 이상 어떻게 할 수 없다는 생각에 포기하고 옆에 잠을 자고 있는 내자의 자등명인간계에 있는 남편 여덟 분과 많은 자식 분들과 결혼한 자식, 결혼하지 못한 자식, 형제분들, 부모님과 조상님을 의념해서 환 세계로 올라오도록 했다. 올라오지 못한 분은 없는지 살펴보며 환 세계 위 세계로 오도록 했다.

새벽에 눈을 뜨고 일어나 출근하며 한 번 내자와 인연 있는 자등명인간계에 계신 분들을 한 번 의식해서 환 세계 위로 올라오도록하고 본인의 몸을 살피는데 아직도 자등명인간계에서 못 올라온 부인이 있는 것 같았다. 왜 못 올라오는지 그 이유를 살펴보니 남자 친구가 있어서 이 두 명의 남자 친구 때문에 못 올라오는 것 같아서 남자 친구 두 명과 그 남자 친구의 형제분들과 자식 및 부모, 조상님들, 부인들을 환 세계 위로 올라오도록 하니 환 세계 위로 올라온 듯 했다. 그러고 보니 부인이 여덟 분인 듯싶었다. 지금 보니 아홉 명으로 살펴지는데, 또 한 분이 올라오지 못한 것인데 그러면 뭐하기에 못 올라온 것인가? 사연이 있는 듯싶은데, 무슨 사연일까? 아마도 아홉 번째 부인이 아닌가 싶은데 정확히는 모르겠다. 부인을 의식하고 그 형제분들과 부모님과 조상님들을 의념해서 환 세계 위로 올라오도록 해본다.

출근하며 아들의 자등명인간계의 아홉 명의 부인과 자식, 부인의 형제분들과, 장인 장모, 조상님들을 환 세계 위로 올라오도록 하고, 딸아이의 자등명인간계의 열 명의 남편 되는 분들과 자식들, 남편의 형제분들, 시부모님과 조상님들을 환 세계 위로 올라오도

록 하였다. 가까운 이 역시도…. 많은 부인과 남편들이 있는 것 같아서 얼마나 있는지 알고 있는 분들을 대충 살펴보니 열 분 안팎으로 있는 듯싶다. 배우자 되는 분도 열아홉 분 정도 있는 듯 보였다. 맞는지는 모르겠지만 그와 같이 살펴졌다. 이분들 때문에 걸려있는 것은 아닌가 싶은 생각이 일어났다.

믿지 못하는 반신반의하는 분들이 볼 때 웃기는 이야기일지 모르지만 본인은 심각하게 불러서 환 세계로 올라오게 했고 많은 아니 거의 대부분의 분들이 환 세계에 올라온 듯 보인다. 물론 포기할 수밖에 없는 분들은 포기했으니 자등명인간계에 계시지만 그렇지 않고 본인의 말을 믿고 올라온 분들은 환 세계 위로 올라온 듯 보인다.

그러고 보니 환 세계를 빠져나오고 맨 먼저 한 것이 도량을 만들어 놓는 일이었고 그 다음이 따라 올라오는 영적 존재들이 환 세계를 통과해 올라오도록 하는 것이었고, 그 다음이 자등명인간계에 본인과 인연 있는 모든 분들이 환 세계로 올라오도록 했고, 그 다음으로 내자, 아들, 딸, 가까운 이… 자등명인간계에 있는 인연 있는 분들이 올라오도록 하는 일이었다.

이제 할 만큼은 하지 않았나 싶다.   2015. 03. 16. 07:30

환 세계 안팎에 다섯 개의 도량을 만들다

본인과 내자의 경우에는 자등명인간계 인연 있는 분들을 자식이면 자식, 배우자면 배우자, 형제면 형제, 부모님, 자식들, 스승님들, 제자 분들, 연인들… 그룹으로 환 세계를 뚫고 올라오도록 하였다. 그리고 잘못 뚫고 올라오는 것이 보였을 때 쉽게 올라오지 못하는 것 같아 보일 때마다 뚫고 올라와야 하는 환 세계 중심에 들어가서 자꾸만 밖으로 밀어내며 환 세계 위로 올라오도록 했다. 그러다

보니 환 세계 중심이 뚫리고 올라와야 할 중심이 상당히 커졌다.

딸아이 자등명인간계에 인연 있는 분들, 자식들, 배우자들, 부모님들, 조상님들, 연인들, 연인의 부모님들, 스승님과 제자 분들을 환 세계 아래서부터 자등명인간계에 이르기까지 자등명인간계에서 56단계, 그 아래 108지옥에 이르기까지 의식을 보내서 딸아이와 인연 있는 분들을 불러서 의식을 따라 환 세계에 오도록 하였다. 그리고 환 세계를 뚫고 올라오도록 하였다. 이와 같이 하다 보니 환 세계를 뚫고 오고는 싶어서 중심을 밀고 들어오는데 뚫고 환 세계 위로 올라오지 못하고 그물망에 걸린 듯 고치 같은 거미줄에 걸린 듯 자루를 밀고 들어오고 환 세계 위 세계로 들어오는데 환 세계를 뚫고 올라오지를 못해서 몇 번이고 꺼내주어야만 환 세계를 뚫고 올라오는 것처럼 보였다.

아들자식 역시도 자등명인간계에 인연 있는 자식들, 배우자들, 부모님들, 조상님들, 연인들, 연인의 부모님들, 스승님과 제자 분들

환세계 안팎에 도량을 만들다

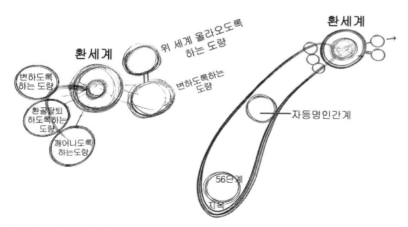

을 환 세계 아래서부터 자등명인간계에 이르기까지 자등명인간계에서 56단계, 그 아래 108지옥에 이르기까지 의식을 보내서 아들아이와 인연 있는 분들을 불러서 의식을 따라 환 세계에 오도록

하였다.

환 세계를 잘 뚫고 오는지 바라보니 뚫고 올라오고는 싶어서 중심을 밀고 들어오는데 뚫고 환 세계 위로 올라오지 못하고 그물망에 걸린 듯 고치 같은 거미줄에 걸린 듯 자루를 밀고 들어오고 그래서 환 위 세계의 에너지로 칼을 만들어 잘라도 쉽게 잘라지지 않아 여러 번에 걸쳐 자른 뒤에 꺼내니 막 태어난 아기 같아서 변하게 하는 도량을 만들고 들어가 변하면 위 세계로 쉽게 올라오도록 하는 도량을 만들었다.

딸과 아들의 자등명인간계에 인연 있는 분들을 환 세계 위로 올라오게 하고는 다 올라왔는지 살피니 다 못 올라온 것 같아서 또다시 환 세계 아래서부터 자등명인간계에 이르기까지 자등명인간계에서 56단계 그 아래 108지옥에 이르기까지 의식을 보내서 딸과 아들과 인연 있는 분들을 불러서 의식을 따라 환 세계 앞에 오도록 하였다.

그리고 환 세계를 뚫고 올라오기 전에 깨어나도록 하는 도량, 환골탈태하도록 하는 도량, 변하여 환 세계를 뚫고 올라오도록 하는 도량을 만들고, 만들어 놓은 도량을 통해 환 세계를 뚫고 올라오도록 하고 환 세계 위로 올라와서는 변하고 위 세계에 올라오도록 하는 도량을 걸쳐 올라오도록 하였다.

그러면 쉽게 환 위 세계로 올라오는 듯 보였다. 그리고 다시 확인해 보니 영적 존재로 있는 자등명인간계의 인연 있는 분들은 모두 다 올라온 듯싶다.

그래서 어머님, 아버님, 죽은 동생, 조모, 조부모, 삼촌,…. 조상님들의 자등명인간계 인연 있는 분들이 모두 다 환 세계에 올라오도록 한 분 한 분… 전체를 한 덩어리 의념해 의식으로 불러내서 도량을 걸쳐서 환 세계를 빠져나와 도량을 걸쳐 환 세계 위 세계로 올라오도록 하였다.

이와 같이 하니 본인의 몸통 안에 있는 어깨뼈가 들고 일어나는 것과 같이 일어나 위로 올라오는 듯 보였다. 마치 인연 있는 분들로 인하여 뼈가 있는 듯 생겨난 듯 이생에서 인연 있는 인연 깊은 분들의 자등명인간계에 인연 있는 분들을 환 세계 위 세계로 올라오게 할수록 뼈가 들고 일어나듯 하더니 들고 일어난 어깨뼈가 마치 박쥐가 앉아 있는 모습과 같이 보이더니 어느 정도 인연 있는 분의 자등명인간계에 계신 분을 환 세계 위로 올라오도록 했을까? 왼쪽 어깨에서 접혀 있던 박쥐의 왼쪽날개가 펴지는 듯싶더니 날개 짓을 하며 파닥이고 오른쪽은 그대로 묶여 있는 듯 접혀 있어서 오른쪽은 뼈와 연결되어 있는 듯 왼쪽 날개가 파닥여도 날갯짓이 되지 않는다.

이생에서의 인연 있는 분들의 자등명인간계의 인연 있는 분들을 환 세계 위 세계로 올라오도록 함으로 어깨뼈에서 위로 날갯짓을 했다는 생각이 들면서 오른쪽 어깨도 인연 있는 분의 자등명인간계에 인연 있는 분들을 환 세계 위로 올라가도록 하면 날갯짓을 하면 될까 싶어서 본인이 알고 있는 분들과 기억에 없는 분들의 자등명인간계에서 인연 있는 분을 환 세계 위 세계로 올라오도록 하니 오른쪽 어깨가 위로 올라오는 듯하더니 몸통 속에서 아래쪽으로 깊게 뿌리내리고 있는 듯 보이기에 본인이 기억에 없지만 관계했던 모든 분들이 자등명인간계에서 인연 있는 분들을 의식해서 환 세계에 오게 하고 환 세계를 빠져나와 위 세계로 올라오게 하니 박쥐같은 것은 날갯짓을 하며 머리 위로 날아간다.

날아가는 박쥐같은 것 꼬리 쪽에 검은 천이 묶여 있는 듯 연결되어 있는 듯 검은 천이 끌려올라가고 검은 천이 올라갈수록 몸통 안에서 무엇인가 모를 것이 올라온다. 몸통에서 올라오는 것을 보니 마치 크고 큰 비석 같은 것이 솟아올랐다. 비석 같은 것이 몸통에서 솟아오르니 눈에서 눈물이 그냥 나왔다. 비석 같은 것이 올라오기에 본다고 보니 글씨가 새겨져 있는 것처럼 보였다, 비석 같은 것이 올라오니 비석을 받치고 있는 것이 올라오는 듯 보였다.

솟은 비석을 보니 글씨가 새겨져 있는 듯싶다. 열 글자 정도 되는 듯싶은데 무슨 글자인지 모르겠다.

본인과 관계있는 인연 있는 분들의 자등명인간계에 인연 있는 분

들을 환 세계 위 세계로 올라오게 하니 어깨뼈가 올라오듯 올라온 것은 무엇인가? 시종응(始終應)

어깨뼈가 올라오듯 모든 뼈가 올라오는 듯싶더니 박쥐처럼 보인 것은 무엇인가? 나(我:극나 명류 열반 극두류수 8그레이엄수 8.648.964번째…)응(應)명(明)종(終)

박쥐같은 것이 날아가며 제막식 때 천을 벗기듯 끌고 올라간 검은 천은 무엇? 응(應:4)나(我:836.492)종(終)최초근본

비석 같은 것은 무엇인가? 신대신대응(神臺神臺應)

비석에 새겨진 글씨는 열반류(涅槃流) 태류(太流) 종응(終應) 신응(神應) 신(神)

글을 쓰고 나서 본인을 본다고 보니 비석 같은 것은 저 멀리 머리 위에 있는 듯 보이고, 양 어깨 위쪽으로 날개 접은 새의 모습에 날갯죽지가 보이는데 희다. 희게 보는데 날개를 펴고 날을 기세다. 날갯짓하며 난다. 이는 또 무엇인가? 신열반(神涅槃)

날아다니는 새를 보다가 본인의 몸을 보니 몸통이 텅 비어 있는 것처럼 보인다. 2015. 03. 18. 13:56

훈(勳) 세계를 빠져나오다

금요모임(2015. 4. 10) 좌선 시간에 위 세계를 최대한 올라가서 위 세계의 에너지를 최고 위 세계의 에너지를 끌어다가 쏴준다며 위 세계를 올라갔다. 밝혀 드러낸 세계 위로위로 올라가며 위 세계의 에너지를 끌어다가 쏴주었다.

모임이 끝나고 집에 돌아가 잠을 청하며 몸이란 육체에 설치해 놓은 류(流:4)명(明:4)류(流) 기(機:시스템)이 오늘 새롭게 만든 시(始:2)신

(神:2)온나(蘊我:9) 수(數)에 반비례해서 작은 수는 수 보(寶:6)시
(始:6)융(融:2)온나(蘊我:9) 수(數)를 한 호흡할 때마다 이 숫자의 작

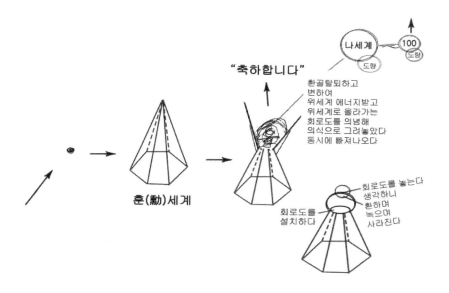

은 수만큼 한 호흡에 이루어져 작동하도록 하며 잠을 청했다.
얼마나 잤을 때 의식이 또렷하게 살아나며 멀리 하나의 점이 보였
다. 그 점은 지금 올라가고 있는 세계의 맨 위의 꼭지점이란 생각
이 들었다. 생각이 듦과 동시에 꼭지점 하나의 점을 향해 올라갔
다. 얼마나 올라왔는지 모른다. 올라왔는데 뚫고 올라가려고 하는
데 뚫을 수가 없었다. 손을 뻗어보기도 하고 몸을 바꿔보기도 하
고 녹이려 해봐도 뚫고 올라갈 수가 없었다. 이 꼭지점 같은 세계
를 뚫고 올라가려고 애를 쓰고 애를 써도 되지 않았다. 그러는 사
이 몸은 뒤척이고, 뒤척이다 보니 몸이 깨어났다. 의식도 깨어나고
몸도 깨어났으니 일어나 앉았다. 일어나 좌선하고 앉으며 전자시
계를 보니 1시 46분(정확하지는 않지만 가물가물한 속에서 본 것이 그
런 것 같다.) 좌선하고 앉아 살펴보니.
밑면은 육각형으로 되어 있으며 본인이 좌선하고 있는 바닥에 있
는 듯 느껴지며 보였고 위쪽으로는 삼각형인데 좌선하고 있는 본

인에게 꼭 맞는 삼각뿔로 보였다.

삼각뿔을 빠져나가려고 뚫고 올라가려고 하니 삼각뿔 위로 올라가는 것 같은데, 삼각뿔을 뚫고 올라간 것 같은데, 올라간 본인을 무엇인가? 단단하게 덮고 있는 듯 보였다. 마치 어떤 태(胎)가 본인을 덮고 있는 듯 보였다. 태(胎)를 뚫고 올라오려고 손을 뻗어 제거도 해보고 녹이려도 하고 찢으려 해도…빠져나올 수가 없었다. 어떤 방법이 없을까? 어떤 방법이 있을까? 여기서 이렇게 있을 수는 없다. 뚫고 올라가야 한다는 생각뿐이었다. 이것저것 방법을 찾으며 해 보았으나 모두 다 허사였다. 꽤 오랜 동안 뚫고 올라오기 위해서 애를 쓰며 노력했으나 모두 다 허사였다. 어떻게 하지? 어떻게 하지? 어떤 방법이 있지? 어떤 방법이 있지? 어떻게 하지? 그렇게 되뇌이는 틈을 비집고 회로도를 그리며 빠져나왔었지. 회로도를 그리며 올라왔었지. 회로도가 방법일 수 있다는 생각났다. 위 세계의 에너지를 받고 환골탈태(換骨奪胎)하여 변하면 위 세계로 올라가지 않을까? 싶은 생각이 일어났다. 회로도를 그리면 위 세계의 에너지를 받으며 위로 올라가지 않겠는가? 란 생각이 일어남과 동시에 의식으로 회로도를 본인을 에워싸고 못 뚫고 올라가게 하고 있는 태(胎)에 그렸다. 그래서 태에 놓았다. 아마도 동시에 태에 그리기도 했고 그려서 태에 놓기도 한 것 같다. 의념해 의식으로 그렸을 때 동시에 한 것 같다. 회로도를 그려놓음과 동시에 에워싸고 못 올라가게 했던 태를 뚫고 올라왔다.

올라옴과 동시에 "축하합니다."란 영청이 들렸다.

"환영합니다."가 아닌 축하라니. "

축하합니다."라니 무엇을 축하한단 말인가?

환영과 축하는 다르다. 그 의미가 의심심장하게 느껴졌다. 이는 무엇을 축하한단 말이지 싶었다.

그러면서 빠져나온 삼각뿔의 이 세계 이름을 지어보았다. 지으니 훈(勳)이라고 지어졌다,

훈(勳)세계? 훈 세계를 빠져나와 맨 처음 만나 첫 번째 세계는 나(我)세계?나 세계에 도량을 만들고 만든 나 세계를 시작으로 1, 2… 100번째 세계에 이르러 도량을 만들고 눈을 떴다. 그리고 전

자시계를 보니 4시 26분, 좌선을 계속하면서 본인을 통하여 올라오고 싶은 존재들은 올라오라고 의념하고 의식하니 온몸이 진동을 하며 본인을 통해 훈 세계 위로 올라오는 듯싶었다. 계속해서 몸에 진동이 일어났다. 진동이 잔잔해져 갈 즈음 전자시계를 보니 5시 17분, 좌선하고 있던 자리를 떨치고 있어나 씻고 체조하고 또 좌선하고 훈 계 위로 올라오고자 하는 분들이 올라오도록 하며 좌선을 하다가 6시 9분에 출근길에 나섰다.

밑면이 육각형이고 삼각뿔을 빠져나왔을 때 태처럼 에워싸고 있던 것은 무엇일까? 명융신(明融神)

훈(勳) 세계를 빠져나왔을 때

"축하합니다."라고 영청이 들린 의미?

시류융류신(始流融流神 : 흐르며 흐르는 신을 화합하도록 하거나 녹이고 녹이며 화합하도록 하기 시작한 세계에 들어온 것을 축하한다는 의미일까?)

축하한다는 것은 무엇인가?

얻었거나 되었다는 것이 아닌가?

얻었다면 얻은 것은 무엇인가? 융류기(融流機)

되었다면 된 것은 무엇인가?

류용주(流鎔主:흐르는 것을 만드는 주인이 되었다?)

삼각뿔 맨 위에 본인을 따라 올라오는 영적 존재들이 빠져나오기 쉽게 회로도를 놓았다. 삼각뿔 위에 회로도를 설치해 놓으니 태(胎)같이 있던 것이 없고 사라지고 사라진 곳에 회로도가 있는 듯 보였다. 회로도를 놓음과 동시에 따라 올라오던 영적 존재들이 환해져서 올라오는 듯싶다. 지금까지는 검게 올라왔는데 이 삼각뿔을 통과해 올라오면서 검은 태를 다 벗고 환하게 변해서 올라오는 것이 아닌가 싶은 생각이 들었다.

밤새 잠을 자지 못해서 피곤한 것인지? 아니면 훈 세계를 뚫고 올라와 몸이 피곤한 것인지? 몸이 피곤한 것 같아서 훈 세계를 빠져나온 위 세계의 에너지로 적응할 생각으로 훈 세계 위 세계를 적응되지 않았을까 싶을 정도까지 밝혔다.

그래도 몸이 자꾸만 졸음이 몰려온다. 훈 세계 위를 밝히는 과정에도 그랬는데, 밝히고 적응할 만한데도 졸음이 몰려온다.
몰려오는 잠을 이기지 못하고 좌선하고 앉았었다.
좌선하고 안장 몸에서 무엇이 그리도 많이 빠져나가는지. 쉴 틈도
없고 흔들리며 빠져나갔다. 얼마나 흔들리며 빠져나갔는지 모른다.
몸을 깨어나기까지 계속해서 흔들리며 빠져나갔다는 사실 밖에 기억
이 없다. 몸이 깨어나고 나니 이제는 뼈마디가 노곤노곤한 것 같다.
뼈마디 이곳저곳이 노곤노곤하며 아프다. 통증이 밀려온다.
출근해서 어제 밝힌 것 이후로 훈 세계까지 많이 밝히지 않아도
될 것 같아서 훈 세계까지 밝히고 나서 훈 위 세계 어느 정도 밝
히고 나서 이 글을 썼다. 2015. 04. 11. 12:18

* 좌선하고 깨어나 이글을 쓰고 훈 세계를 통과해 올라올 수 있도록 회로
도(훈류시도(勳流始圖))를 그렸다.

훈류시도(勳流始圖)를 그려놓고, 그려놓은 훈류시도를 삼각뿔 위에
의식으로 그린 것과 교체해 놓았다.
의식으로 그려놓은 것은 올라가면 그냥 빠져나가는데 그린 것은
강하기는 한데 조금 더 시간이 걸리는 것 같다. 그래 생각해 보니.
의식으로 그린 것은 환골탈태하고 변하여 올라가도록 한 것이고,
그린 것은 훈 세계에 에너지를 백 퍼센트 다 받고 훈 세계로 올라
오고 올라와서 환골탈태하여 변하고 위 세계로 올라오도록 해서
그런 것이 아닌가 싶은 생각이 들었다.
훈 세계까지 올라오는 데는 그린 것이 필요하겠지만 훈 세계에 올
라온 사람이나 영적 존재들에게는 쉽게 통과해 올라오는 것이 좋
은 만큼 그린 것으로 놓았던 것을 제거하고 다시 의식으로 회로도
를 그려놓았다.
어제 퇴근해서 뼈마디가 노곤 고곤했다. 그래서 체조도 해 보았으
나 별반 차도가 없다. 자고 일어나면 풀릴까? 싶어서 일찍 잠에
들었으나 뼈마다가 아픈 것은 아직도 여전하다.
환골탈태하고 변해서 올라와서 올라온 위 세계에 적응하기 위해서
뼈마디가 아픈 것이 아닌가? 싶은 생각이 일어난다.

올라온 세계에서 무엇인가? 모를 무엇이 생기거나 주어지는데, 그 것을 할 수 있도록 받을 수 있도록 뼈마디까지 변하는 것은 아닌 가? 싶은 생각이 든다.

살펴보니 그런 것 같다는 생각이 든다.

그것이 무엇인지 아직은 모르겠다. 시간이 흘러가면 자연스럽게 알게 되겠지. 란 생각이 일어난다. 2015. 4. 12. 07:30

좌선 중 손오여식장(孫悟如識杖)을 타고 명(明:9 해) 세계에 오르다

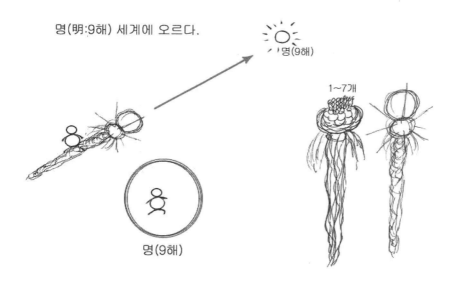

명(明:9해) 세계에 오르다.

명(9해)

1~7개

명(9해)

최근 들어서 자꾸만 앉고 싶고 좌선하고 앉으면 좋을 성싶고 졸음 이 몰려오면 좌선하고 앉아 위 세계를 향하여 올라가는 것이 좋았다. 오늘도 위 세계를 밝혀 드러내고 나니 잠이 쏟아졌다. 쏟아지는 잠을 참다가 그만 좌선하고 육체는 재우고 의식은 깨어서 위세계를 올라가자는 생각을 갖고 좌선을 했다.

좌선하고 앉아 지금 올라가는 맨 위 하나까지 올라가자는 생각을 갖고 위 세계를 향하여 올라가기 시작했다. 얼마나 했을까? 멀리 환하게 조그마하게 보였다. 저것이 밝혀 올라가는 맨 위인가?

그러면서 조그맣게 보이는 빛을 향하여 올라간다고 올라가는데 좌선하고 있는 본인이 무엇인가? 타고, 타고서 올라가고 있는 것이 보였다. 좌선하고 앉아 있는 아래에서 본인을 태우고 올라가고 있는 것은 지팡이 같은데 맨 위쪽으로는 동그랗고 그 아래로는 빛을 품어내고 있었다. 빛을 품어 내며 본인을 태우고 맨 위 하나로 올라가는 것처럼 느껴졌다. 마치 손오공이 여의봉을 타고 날아가는 듯 날아가는 것처럼 생각되었다. 지팡이 같은 것을 타고 맨 위 하나에 올랐다.

맨 위 하나, 이 세계는 **명(明:9해) 세계**

지팡이 같은 것은 타고 올라갈 때의 모습과 세워져 있는 모습이 다르게 보였다. 세워져 있는 모습을 보면 위에 중요한 것이 하나 둘… 일곱 개가 있는데, 아마도 하나 둘 생겨·나는 듯싶다.

누워 있는 것을 보면 마치 맨 위로는 커다란 링 같고 아래로는 위보다 작은 링 같은 곳으로부터 빛을 비추는 것이 마치 은은한 빛 덩어리 같기도 하다. 아래로는 지팡이 모습이다.

세워져 있을 때는 링 같은 것이 마치 여러 꽃잎이 어우러져 있는 듯 보이고 맨 위에는 중요한 무엇? 신류명(神流明)? 있는 것 같은데 그것은 처음에는 한 개였던 것 같은데, 올라오면서 늘어가는 것 같다. 맨 위에 올라온 지금 보면 일곱 개가 있는 것처럼 보인다.

꽃잎들이 모여서 어우러져 만들어진 아래로는 늘어진 것들이 있는 듯 보인다. 무엇인지? 모르겠지만 늘어져 있는 것들이 있다. 늘어져 있는 것은 신(神:8억)류(流:9)?

세워져 있는 것과는 올라타고 있는 모습과는 다르게 보였다. 마치 같은 것인데도 다른 것처럼 보였다.

이것을 무엇이라고 하면 틀리지 않고 꼭 맞는 이름일까?

손오여식장(孫悟如識杖)? 식장(識杖)? 손오여의식 지팡이? 깨침의 식 지팡이? 훈 세계에 올라왔을 때 이것이 본인에게 주어진 것은 아닐까? 법과 진리에 어긋나지 않게 깨침의 의식으로 아는 만큼 의식할 수 있는 만큼 의식으로 모두 다 할 수 있는 것은 아닐까?

의식으로 행할 수 있는 의식의 지팡이?

이 지팡이로 무엇을 어떻게 할 수 있는지는 아직 잘 모르겠다.

"축하합니다."라고 했던 것으로 보면 보통 이상의 활용도가 있지 않을까? 싶은 생각이다.

좌선 중에 본인이 마치 타고 올라가며 보고 올라와서 보니 본인의 왼쪽 손 뻗으면 닿는 곳에 있는 듯 흐리게 보인다. 굵게 잡을 수 없이 크게 보이기도 하고 두 손으로 잡으려고 해도 잡히지 않을 정도로 크게 보이기도 하고, 또는 가느다랗게 보이기도 한다. 엷은 황금색으로 보이기도 하고 어느 때는 짙은 오래된 때가 낀 금색으로 보이기도 한다. 이것의 활용도는 몇 가지나 될까? 대략 6정 ?

그렇다면 못할 것이 없다는 말인데… 그런가? 싶으니 그런 것 같다. 아마도 본인이 아는 만큼 행할 수 있는 것이 아닌가 싶다. 의식 안에서 행할 수 있는 행할 수 있는 것이 아닌가 싶은 생각이 든다.

본인이 할 수 없었던 많은 것들을 대신할 수 있지 않을까 싶기도 하다. 나누어지기도 한다. 작게도 크게도 되는 듯싶다.

활용할 수 있는 가지 수가 6정이나 된다니 할 수 있는 것들에 대해서 상상이 가지 않는다.

그래도 되는 것보다는 안 되는 것이 많겠지? 테스트로는 반대라는데… 맞나 모르겠다.

그렇다고 함부로 쓸 수 있는 물건도 아닌 듯싶다.

조심스럽게 잘 다르며 법과 진리를 거스르지 않는 범위 내에서 최고 최상 최적으로 잘 사용해야 할 텐데… 아무것도 모르는 본인이 어느 정도 잘 활용할 수 있는지 가능할지는 두고 봐야하겠다.

좌선 중 손오여식장(孫悟(깨침의)如識杖)을 타고 명(明:9해)을 올라오다. 2015. 4. 14. 16:02

*손오여식장과 같은 것이 올라오면서 주어지는데 이와 같이 주어진 것을 통털어서 근본명(根本明)이라 이름지었다.

올라온 세계의 끝 손영윤(孫營倫) 세계

명(明:9해) 세계의 에너지를 있는 그대로 100% 다 받고 명(明:9해) 세계로 올라오는데 부족함 없이 충분히 넘치도록 하는 회로도를 그릴까? 하다가 손오도(孫悟圖)를 그리는 것이 좋을 성싶어서 손오도를 그렸다.

손오도(孫悟圖)를 그리고 어제에 이어서 올라갈 세계를 바라보니 손오여식장을 따고 빠르게 올라가는 것처럼 보였다. 손오여식장 맨 위에 있는 중요하게 생각되었던 신류명(神流明)가 몇 개인지? 살펴보니 12개정도 되는 듯싶었다.

지금까지 밝힌 것과 같이 밝혀 드러낼 것이 아니라 지금까지 밝혀온 세계의 맨 위 하나, 맨 위 하나를 밝히자는 생각을 갖고 맨 위 하나, 맨 위 하나를 밝히니…. 84번째로 맨 위 하나가 끝나고 맨 위 하나가 끝난 마지막 하나, 마지막 하나만을 밝혀 보았다.

하나, 둘… 열 개로 끝이 났다. 마지막 하나가 10개로 끝이 나니 끝이라고 할 수 있는 하나가 드러났다.

지금까지 올라온 세계의 끝에 올랐다. 이때 손오여식장 맨 위에 있는 중요하게 생각되었던 신류명(神流明)가 몇 개인지? 살펴보니 19개정도 되는 듯싶었다.

올라온 세계의 끝, 이 세계의 이름은 손영윤(孫營倫)

이 세계에 올라오는 수인이 있는가? 싶으니 없는 듯싶다.

위로 올라가려고 하니 머리 위로 삼각형이 있는 듯 위쪽으로 삼각형으로 뾰족하게 보였다. 손영윤(孫營倫)? = 자손, 아래 즉 후손들의 순리 순서를 경영하며 다스리는 세계? 지금까지 올라온 세계 모든 세계의 질서 순서를 다스리며 경영한다는 뜻인가?

그렇다면 손영윤(孫營倫) 세계가 아래 모든 세계를 관리 통솔 다스린다면 56단계를 다스린 것과 같이 손영윤(孫營倫) 세계도 전체로 보면 하나? 이고 전체가 하나인 세계를 손영윤 세계가 관리하고 다스리며 경영한다?

손영윤(孫營倫) 세계가 관리하고 다스리는 56단계에서 지금까지 올라온 세계 전체를 하나로 보았을 때 이 세계는 류(流:4)연(緣)의 세계를 손영윤(孫營倫) 세계가 관리 통솔하며 다스린다.

56단계와 같이…

류(流:4)연(緣)의 세계와 손영윤(孫營倫) 세계를 하나로 본다면 이 세계는 비존 손영윤(飛尊 孫營倫) 세계 2015. 04. 15. 18:14

이 세계를 올라옴으로 어마어마한 세계들을 올라왔다. 손오여식장을 가지고, 올라오면서 또 주어지는 근본명을 가지고 빠른 속도로 올라왔다. 근본명이 열세 개 주어지고 나서부터는 용이 여의주를 물고 승천하듯 인간도 승천하는 완성체가 있다는 사실을 알고 근본명을 가지고 빠르게 올라오며 완성체가 있는 세계를 의념해서는 완성체를 머금으며 스물세 번째 완성체, 근본명 서른일곱 개를 받아서는 완성체가 있는 세계만을 밝히며 완성체를 머금으며 완성체가 다한 환(還…)나(我…) 세계를 빠져나왔고, 환나 세계를 빠져나와서는 근본명만 있는 세계를 밝혀 드러내며 올라왔고, 근본명만 있는 세계를 빠져나와서는 태명주(太明珠)만 있는 세계를 밝혀 드러내며 올라왔고, 태명주로 올라와서는 류순 화명(流巡 花明)만 있는 세계를 밝혀 드러내며 올라왔고, 류순 화명으로 올라와서는 명(鳴:9무량대수 9정 9양 9경 996.996)운(運:9구 9해 996.999) = 명운(鳴運)만 있는 세계를 밝혀 드러내며 올라왔고, 명운으로 올라와서는 명휴명효운주(鳴烋明曉運珠)만 있는 세계를 밝혀 드러내며 올라왔고, 명휴명효운주로 올라와서는 유비명주(幼肥鳴珠)만 있는 세계를 밝혀 드러내며 올라왔고, 유비명주로 올라와서는 휴명주(烋鳴珠)만 있는 세계를 밝혀 드러내며 올라왔고, 휴명주로 올라와서는 운묘융태수주(運妙融太秀珠)만 있는 세계를 밝혀 드러내며 올라왔고, 운묘융태수주로 올라와서는 휴융 유운태근본주(烋融 幼運太根本珠)만 있는 세계를 밝혀 드러내며 올라왔고, 휴융 유운태근본주로 올라와서는 명유휴명 수주(鳴幼烋明 秀珠)만 있는 세계를 밝혀 드러내며 올라왔고, 명유휴명 수주로 올라와서는 휴수유태황 수태주(烋秀幼太凰 秀太珠)만 있는 세계를 밝혀 드러내며 올라왔고, 휴수유태황 수태주로 올라와서는 태혼비태황 수애주(太魂肥太凰 秀愛珠)만 있는 세계를 밝혀 드러내며 올라가고 있다.

제4부 뗏목을 버리듯
부처도 버려야 한다

석가모니 부처님은 어디에 계신가?

자성경계의 일원상을 깨부순 깨달은 자는 자성경계의 일원상을 이루었던 경계를 깨부숨으로 경계가 사라지고 사라진 경계에는 텅빈 허공이 있고 텅 빈 허공을 경계로 자성경계의 일원상을 이루었던 자성경계의 일원상이 깨져 자성경계의 일원상이 없어짐으로 인하여 자성경계의 일원상 안의 허공과 밖의 허공이 하나가 된다.

이렇듯 자성경계의 일원상을 깨부수고 자성경계의 일원상 안팎 없이 된 자를 깨달은 자 부처라 하고, 깨달은 자는 부처로 자성경계가 사라진 텅 빈 허공이 되었으니. 우주라고 하는 텅 빈 허공과 안팎 없이 되었으니. 이를 두고 우주 일체와 하나가 되었다 하되, 텅빈 허공이라고 하는 본성의 속성 그 본성의 속성이라는 공(空)의 성품으로 하나가 되었으되, 공(空)의 성품이 되도록 했던 텅 빈 허공으로 드러나도록 한 본성으로는 하나가 된 것이 아니다. 본성으로 하나가 된 것이 아니라 본성의 속성으로 하나가 된 것이다.

본성의 속성이란 텅 빈 허공 공(空)의 성품으로 하나가 되었으되 본성으로 하나가 되지 않았기 때문에 텅 빈 허공이란 가늠할 수 없는 우주에 삼라만상과 하나가 되지 못하고 우주 삼라만상 저마다 각기 본성을 가지고 본성의 속성에 있는 것이다. 본성의 속성인 텅 빈 허공 그 공(空)의 성품이 아닌 본성으로 하나가 되었다면 본성으로부터 나오게 된 본성의 속성은 사라지고 본성으로 하나가 되는 동시에 본성의 속성인 텅 빈 허공이 사라짐과 함께 본성과 본성이 하나가 되어 우주 삼라만상은 저마다 각기 있는 것이 아니라 하나가 될 것이다. 우주 일체가 우주란 텅 빈 허공으로 하나이되 텅 빈 허공에 삼라만상이 있는 것은 본성의 속성에 본성이 제각기 저마다 있기 때문이다.

본성의 속성은 본성에서 사라지고 본성을 통하여 본성의 속성이 드러난다. 본성의 속성이란 텅 빈 허공은 본성에서 생멸(生滅)한다. 그러므로 본성의 속성이라고 하는 가늠할 수 없는 텅 빈 허공 그 허공을 우주라고 하고 그 우주는 팽창과 수축을 하며 생멸을 한다. 우주가 팽창과 수축을 하며 생멸하는 것은 본성이라고 하는 자등명이란 빛이 어두운 쪽으로 그 어느 것에도 의탁 의지하지 않고 스스로 존재하려고 존재하면서 서로 밀어냄으로 인하여 본성의 속성이 가늠할 수 없이 아주 미세하게 드러나면서 즉 본성과 본성이 서로 어둠을 등지고 서로 밀어내면서 허공이 팽창을 하고, 자등명이란 빛이 밝디밝은 쪽으로 서로 끌어당김으로써 본성의 속성인 텅 빈 허공이 밝디밝은 쪽으로 서로 끌어당기며 수축한다. 그러므로 본성의 속성은 어두운 쪽으로 팽창을 하며 생(生)하고 밝디밝은 쪽으로 수축을 하며 멸(滅)한다.

깨달아 본성의 속성인 텅 빈 허공으로 우주 일체와 하나가 되었으되 텅 빈 허공에 시방(十方)을 비추는 자등명(自燈明:스스로 빛을 밝하는 빛)이란 빛은 업(식)으로 덮여 있고 쌓여 있다가 업이 떨어져 나감으로 인하여 업(業)으로 경계를 이루던 텅 빈 허공에 경계는 사라지고 사라진 경계 속 텅 빈 허공에 자등명이란 빛만이 덩그렇게 있게 된 것이다. 깨달아 텅 빈 허공이란 우주와 하나가 되었으되, 텅 빈 허공에 자등명이란 빛만이 덩그렇게 있게 되었으되 업이 있고 없고를 떠나 텅 빈 허공에 있는 자등명이란 빛은 텅 빈 허공에서 텅 빈 허공과 같이 사라지지 않고 텅 빈 허공에 자등명이란 빛으로 시방(十方)을 비추며 살아가는 것이다.

우리들 저마다 각기 살아가고 살아가는 것은 업에 있는 것이 아니고, 텅 빈 허공에 있는 것이 아니라 텅 빈 허공 속 업(식)덩어리 안에 있는 자등명이란 빛으로 살아가고 살아가는 것이다. 그 어느 것에도 의탁 의지 의존하지 않고 살아가는 것이다. 자등명이란 빛 시방이 텅 빈 허공이므로 텅 빈 허공으로 그 어느 것에도 걸림이나 장애를 갖지 않고 텅 빈 허공에서 시방을 비추며 걸림과 장애가 다가오면 다가오는 걸림과 장애를 할 일로 삼아 밝히면서 살아가는 것이다. 이렇듯 살아가기에 깨달아 텅 빈 허공의 우주와 하나가 되었음에도 텅 빈 허공의 우주와 같이 텅 빈 허공에 사라지지 않고 존재하며 살아 있는 것이고 살아가는 것이다. 텅 빈 허공에 빛으로 살아가고 살아 있는 것이다. 빛이라 하되 우리들 저마다 모두 다 자기 자신 속에 누구나 가지고 있는 자등명이란 빛이다.

가늠할 수 없는 텅 빈 허공을 우주라 하고 우주라고 하는 상(相) 그 상(相) 속 텅 빈 허공에 법(法:진리)이 있으니. 법과 진리가 있는 텅 빈 허공의 우주를 법계(法界)라 하고, 텅 빈 허공의 우주란 법계의 빈 몸을 부처님의 법신(法身)이라 하고, 텅 빈 허공의 우주란 상(相)을 불(佛) 부처라 하고, 텅 빈 허공의 우주란 상(相) 그 상(相) 안의 성품 즉 공(空)의 성품을 불성(佛性)이라고 하는 것이다.

텅 빈 허공의 우주는 성주괴공(成住壞空)하고 성주괴공하는 우주는 본성의 속성인 텅 빈 허공으로 여여부동(如如不動)한 본성의 속성이고, 본성의 속성 속 본성이라고 하는 자등명이란 빛이 그 어느 것에도 의탁 의지 의존하지 않고 존재하려고 하는 존재력에 의하여 움직이고 그 움직임으로 여여부동의 텅 빈 허공이 성주괴공한다. 이렇듯 성주괴공하는 것을 공(空)의 성품이라 한다. 공(空)의 성품으로 우주란 텅 빈 허공이 성주괴공함으로 인하여 여여부동인 텅 빈 허공 즉 본성의 속성이 여여(如如)하게 되고 여여하게 됨으로 인하여 여(如)를 통하여 법이 나오고 법이 나와서는 여(如)를 통하여 법이 사라진다. 이렇듯 우주란 텅 빈 허공 그 텅 빈 허공이란 여여부동에서 성주괴공하는 여여를 통하여 법이 나옴으로 인하여 우주란 텅 빈 허공을 법계라 하는 것이고, 불이라고 하고 부처라고 하는 우주란 텅 빈 허공의 여여부동에서 여를 통하여 법이 나오는 것을 두고 여래(如來)라 하고 법을 보는 자 여래를 보고 여래를 보는 자 법을 본다고 한다.

가늠할 수 없는 텅 빈 허공이란 우주, 그 우주란 상(一合相)을 두고 불(佛)이니 부처니 법계니 법신이니 말하며 석가모니부처님은 우주의 텅 빈 허공에 법(法)으로 있다고 하는 이들이 있되. 이는 우주가 성주괴공하는 원인을 모르고 하는 소리이고 또한 본성을 모르고 하는 소리이다. 이렇게 말하는 각자(覺者)가 있다면 그 각자는 깨달아 자성경계의 일원상을 깨부수고 본성의 속성 즉 텅 빈 허공과 하나가 되었으되 업이 에워싸고 있었던 자등명이란 빛이 있음을 모르고 하는 소리이며 또한 이 자등명이란 빛이 본성이라는 사실을 모르고 본성의 속성에서 본성의 속성을 본성으로 알고 말하는 것이다. 아마도 이렇게 말하는 각자(覺者)는 100이면 100

공(空)의 성품에 빠져 있는 자이며 말로는 깨달음을 증득하고 깨달음까지 버려야 한다고 말은 하면서도 자기 자신이 깨달았다는 깨달음에 빠져서는 더 이상 수행 정진하지 않고 수행 정진하지 않음으로 본성이라고 할 수 있는 자등명이란 빛을 보지 못하고서는 본성의 속성에서 마치 본성에 이르러서 말하는 것같이 본성의 속성인 텅 빈 허공을 본성으로 알고, 성주괴공을 말하고 여여를 말하고 법을 말하며 부처님은 법으로 있되 텅 빈 허공으로 우주 전체에 있다고 할 것이다. 그러나 깨달음을 증득하고 깨달음에 빠지지 않고 수행 정진한다면 분명 자등명이란 빛에 이르고 자등명이란 빛에 이르면 자등명이란 빛이 텅 빈 허공에서 덩그러니 혼자 있으면서 시방을 비추는지를 알게 될 것이다.

이렇듯 깨달아 수행 정진하여 텅 빈 허공에 덩그렇게 시방을 비추는 자등명이란 빛이 있는지를 아는 각자(覺者)는 이를 밝혀가고 이를 더하여감에 따라 수행 정진해 갈 것이며 이를 두고 수행은 점수(漸修)하여 돈오(頓悟)하고 돈오(頓悟)해서는 자등명이란 빛을 광휘(光輝)해 가야 한다고 할 것이다. 그러면서 우리들 저마다 각기 서로 다르지만 자기 자신 안에는 자등명이란 빛이 있고 그 빛이 생명의 근원인지를 알게 되고 그것이 바로 본성인지를 알게 된다.

이와 같이 깨달음을 증득해서는 돈오점수(頓悟漸修) 또는 돈오돈수(頓悟頓修)라 말하며 깨달음을 증득했다는 사실에 빠져 있는 각자(覺者)들에게 석가모니부처님께서 어디에 계신가요? 물었을 때 텅 빈 허공이 되어 법으로 있다 하거나 아니면 그 존재라고 할 존재는 없다고 답할 것이다. 이런 분들은 깨달음을 증득하고 착(着)하면 착(着)하는 순간 업(業)이 달라붙어 깨달음을 증득했음에도 왜 또다시 윤회하게 되는지를 모른다. 그러나 깨달음을 증득하고 자등명이란 빛을 알고 또는 깨달음을 증득하지 못했다 할지라도 자기 자신 안에 자등명이란 빛이 있음을 알고 있는 분들은 돈오(頓悟)하고 자등명이란 빛을 광휘(光輝)해야 하며 깨달음을 증득하고서도 자등명의 빛을 더욱 더 밝게 하도록 해야 한다는 것을 알 것이다. 이렇게 알고 있는 사람들에게 있어서는 석가모니부처님은 어디에 계신가? 했을 때 텅 빈 허공 법으로 있다고 하는 사람의 말을 믿지 않고 부정할 것이다.

인간의 몸을 가지고 자등명와 빛의 밝기를 더해감에 한계가 있는 것 아닌가싶다. 업을 가지고 있는 분들에 있어서는 업이 있음으로 몸이란 육체를 가져야 수행이 몸이란 육체의 걸림과 장애로 수행이 더 잘 되고 몸이란 육체를 버리면 수행이 잘 되지 않지만 깨달음을 증득하고 자등명이란 빛의 밝기를 더하여감에 있어서는 몸이란 육체는 한계가 되고 몸이란 육체를 벗음으로 인하여 더욱 더 밝혀감에 있어서 좋다고 하겠다.

의식테스트에서 석가모니부처님께서는 인간의 몸으로 18000룩스의 빛을 가지셨던 것 같고 몸을 버리고 가셔서는 10만룩스(十卍) 룩스를 이룸으로 만(卍:불교)의 십(十:완성자)으로 우주 일체를 두루 밝힐 수 있는 빛을 가지게 되었다고 한 것과 같이 석가모니부처님께서는 텅 빈 허공에 흩어져 텅 빈 허공이 되어 법으로 있는 것이 아니라 육체의 몸을 버리고 가시셔서는 자등명의 빛 무량광 무량수의 빛을 더욱 더 밝게 더하는 수행 정진함으로 해서 우주를 두루 밝힐 수 있는 무량광 무량수의 빛을 가짐으로 빛의 세계에 계시면서 우주를 두루 밝히고 계신다고 생각한다. 어느 궁금한 분이 물을지 모르겠다. 아마도 석가모니부처님 외에 7-8분이 더 계시지 않나 싶다.

석가모니부처님은 불(佛) 부처라 하되 텅 빈 허공에 법으로 있는 것이 아니라 자등명이란 빛 무량광 무량수로 가셔서 자등명이란 빛을 더욱 더 밝게 하여 우주를 두루 밝힐 수 있는 본성으로의 무량광 무량수가 되어서는 우주를 두루 밝히고 계시다 하겠다.

2008. 10. 30 09:44

부처님과 하나님은 어디에 있고
무엇이 부처님이고 하나님인가?

부처란 깨달은 자를 부처라 한다. 무엇을 깨달은 자가 부처인가? 공의 성품, 즉 공상(空相)을 깨달은 자가 부처다. 공상, 공의 성품이란 무엇인가? 쉽게 말하면 허공이고 좀 더 깊게 들어가 말하면 허공이 되도록 하는 성품이다. 부처란 허공이 되도록 하고 있는 허공의 성품이 공상이고 공상이 곧 부처다. 그러므로 부처라 하면 우주 일체의 허공을 이루고 있는 우주 일체 속 성품 즉 우주라고 이름하는 가늠할 수 없는 허공에 성품을 부처라고 말하는 것이로 되 작게 보면 눈앞에 보이는 허공이 부처라는 것이다.

눈앞에 허공은 그냥 허공이지만 허공이 되도록 하는 성품이 허공 속에 있으니 눈에 보이고 자기 자신을 감싸고 있는 허공을 바로 부처라 이름하는 것이다.

부처를 보고자 하는가? 그러면 허공을 보라. 허공에 부처가 있다.

우주에 존재하는 그 어느 것 하나 허공을 떠나 있지 않고 허공 안에 있고 허공 속에 있다. 허공은 모든 것을 다 품고 있고 모든 것을 다 알고 있다. 우주에 있는 모든 것들은 각기 저마다 형상의 형태가 다를 뿐, 모두 다 우주라는 허공 안에서의 일이다. 허공에 있는 형태의 형상을 보기 때문에 허공을 보지 못하고 허공을 보면서 형태의 형상을 보기 때문에 허공 속에 진실허공을 보지 못하고 진실허공을 보지 못하기 때문에 공의 성품을 보지 못할 뿐이지 형태의 형상을 여의고 보면 허공을 보게 되고, 허공을 보아서는 허공을 이루고 있는 공의 성품을 되게 될 것이며 공의 성품을 보아서는 여를 보고 여를 보아서는 여여부동을 보고 여여부동을 보아서는 부처를 보리다.

부처님의 법신은 공의 성품이 부처님의 법신이고, 부처님의 화신은 공의 성품을 통하여 허공에서 생멸하며 드러난 있는 모든 형상의 형태가 부처님의 화신이다. 이렇듯 허공에 공의 성품이 완전하고 완벽하게 가지고 있는 성품을 보신(報身)이라고 한다.

그러므로 법신의 모습은 일어남이 없고 화신의 모습은 일어남이 있는 것이고 보신의 모습은 일어나는 작용의 몸을 말하는 것이다. 이 모든 것이 허공에서의 일이고 허공이란 공의 성품에서의 일이다.

우주에 있는 만물 중에 그 어느 것 하나 우주란 허공 속에 있지 아니한 것이 없고 모두 다 그 어느 형태의 형상이 되었던, 누가무엇이 되었던 우주란 허공 속에 있다. 허공 속에서 생멸하는 것이다.

석가모니부처님을 믿는 것은 석가모니란 대상을 믿고 의지하는 것이지만 단순히 부처를 믿는다는 것은 허공을 믿고 따르며 허공에 의지하는 것이다. 물론 허공에 살고 있으니 허공에 의지하여 허공에서 살아가는 것이지만, 단순히 부처를 믿는 것은 허공을 믿는 것이다. 그러므로 단순히 부처라고 할 때 부처는 허공을 부처라 하고 있는 것이다. 거창하게 말하고 고상하게 말하니까. 우주를 말하고 우주 법계를 말하지만 …가늠할 수 없는 허공의 우주를 말하기 전에 우주는 단순히 허공이다. 단순히 허공을 믿고 의지하면서 부처를 믿는다 하는 것과 같다.

하나님이라고 했을 때도 마찬가지이다. 유일신 하나님이란 분은 어떤 분인가? 우주 일체를 하나로 보고 우주 일체를 하나의 신(神)으로 보고 이름한 분이 하나님이다. 그런 만큼 하나님을 믿고 하나님께 기도한다는 것은 허공에다가 허공의 성품 공의 성품에 기도하는 것이다. 그러면서도 고상하게 말하며 포장한 것에 지나지 않는다.

부처님을 이야기한 것과 같이 하나님 역시도 허공을 믿으면서 거창하고 고상하게 말하며 포장해서 말하는 것에 지나지 않다. 우주 만물은 우주란 허공 안에서의 일이다. 우주에 있는 만물은 우주란 허공을 벗어나 있는 일이 없다. 우리들 저마다 각기 나라고 하는 나 역시도 우주 만물 중에 하나다.

거창하고 거대하게 그것도 고상하게 말하고 미사려구를 꾸며서 그렇지. 우주를 일체의 하나로 보고 일체의 하나란 우주를 놓고, 부처님이니 하나님이니 말해서 그렇지 허공의 속성 즉 허공의 성품을 부처라 하고 하나님이라 하되, 바로 그대 눈앞에 허공을 부처라 하고 하나님이라고 하는 것에 지나지 않는다.

부처님께 어쩌구저쩌구, 하나님께 어쩌구저쩌구 하는 모든 소리들은 허공에 한 소리에 지나지 않고 허공의 성품에 말한 것에 지나지 않는다. 다만 고상하게 말할 뿐 그 속내를 하나하나 들추어 살펴보면 모두 다 허공에 이야기한 것을 두고 그리 말하는 것이고, 부처님이 어쩌구저쩌구 하나님이 어쩌구저쩌구 하는 모든 이야기 역시도 허공에서의 일이고 허공의 성품, 공의 성품에서의 일을 말하는 것에 지나지 않는다.

이와 같이 부처님은 허공에 있고 하나님 역시도 허공에 있다. 허공을 자세하게 잘 알면 부처님을 알고 하나님을 확연히 알 수 있다. 허공을 떠나 따로 있지 않다. 모두 다 허공에서의 일이고 허공의 다른 이름이 우주고 우주의 다른 이름이 부처님이고 하나님이다. 허공의 다른 이름이 부처님이고 하나님이다.

허공에서 상을 여의고 허공을 잘 아는 사람 부처님을 알고 허공에서 상을 여의고 허공을 잘 아는 사람 하나님을 알 것이다. 부처님과 하나님은 허공에 있고 허공의 다른 이름이 하나님이고 부처님이다.

이에 다른 이의제기 할 사람은 언제든지 환영하는 바이다.

종교란 것이 믿음을 전제로 하기 때문에 무조건 믿는 것이기에 이러한 사실들을 간과해서 그렇지, 알려고 공부해 들어가다 보면 본인이 말한 것과 같다. 자기 자신이 믿고 있는 종교의 입장에서 보면 믿음의 문제라고 하며 회피하겠지만 이러한 것이 분명한 사실임을 알아야 할 것이다. 2012. 1. 20 07:51

석가모니 부처님께서는 어디까지 수행되시었고
어디까지 밝혀보시고 말씀하셨는지요 ?

선생님께서 보시기에 석가모니 부처님께서는 어디까지 수행되시었고 어디까지 밝혀보시고 이야기하셨다고 생각하시는지요?

불교란 종교의 교주를 언급한다는 것이 불교를 믿는 많은 사람이나 또 석가모니 부처님의 가르침을 따라 수행하시는 많은 스님들, 2556년 동안 이어온 4대 종교의 하나의 교주님에 대한 질문이라 매우 조심스럽습니다. 본인 또한 석가모니 부처님을 스승으로 생각하며 수행해 온 사람으로 매우 조심스럽습니다. 지금까지 하는 이야기는 어디까지나 본인의 사견입니다. 그럼에도 틀렸다고 생각하거나 잘못 알고 있다고 생각하는 부분이 있다면 누구라도 지적해 주시고 대화해 주시면 감사하겠습니다.

본인이 경전을 다 섭렵한 것이 아니라 미처 읽어보지 못한 것으로부터 잘못 알고 있을 수 있습니다만 본인이 아는 바로만 이야기하겠습니다.

석가모니 부처님은 한 마디로 말하면 공의 성품까지 이야기했고 공의 성품인 여(如)까지 이야기한 것이 아닌가 생각합니다. 공의 성품 이상은 이야기하시지 않았다고 생각합니다.

그런 것은 여러 부분에서 찾아볼 수 있는지 않은가 싶습니다. 수행법으로 사념처(四念處: 身, 受, 心, 法)까지 말씀하신 것으로 보면 법이 생멸하는 여(如)까지는 확실하게 이야기하신 것임에 틀림없는 것 같은데, 법 이전와, 여(如) 이전와, 공의 성품 이전에 대해서는 말씀이 없으시지 않았나 생각됩니다.

그러하기에 최고의 수행의 단계인 십지보살을 대운(大雲)이 청정한 진여불성의 물을 생(生)함과 같은 새 법운지(法雲地)라고 하지 않았나싶습니다. 법이 구름과 같이 있는 곳이 청정한 진여불성이라고 하신 것이 아닌가싶습니다. 진여불성이라고 했으나 진여(眞如)라는 것이 참된 여(如)를 말하는 것으로 모두 다 하나로 같은 공의 성품인 여(如)에서 성주괴공하는 공의 성품, 같고 같은 여(如)하고 여(如)한 곳을 이름하며 여를 통하여 구름과 같이 법이 나는 곳 즉 법운지를 최고의 십지보살에 두신 것이 아닌가싶습니다.

그러하기에 여(如)라고 하는 공의 성품이란 진실허공 속에서 묘한 작용이 드러나는 원인이 무엇 때문인지 밝히지 못하고 단순하게 진공묘유로 표현하여 말씀하신 것이 아닌가 하는 생각입니다.

그리고 또한 텅 빈 허공의 공의 성품을 멸진정으로 두지 않으셨나 싶고 또 생명이 아닌 만물이 생멸하는 근본 바탕이 허공이다 보니 허공이란 공의 성품을 두고 근본성품이라고 부르지 않으셨나 합니다.

그리고 공의 성품에을 본성이라고 하시며 공상(空相)을 두고 말씀하시고 공의 성품 이전에 대한 것들에 대해서는 대답하지 않으신 것(無記)이 아닌가 하는 생각입니다. 그리고 학철대오의 깨달음이 공의 성품에 있다 보니 깨달음을 아뇩다라삼막삼보리, 즉 무상정등정각을 말씀하신 것이 아닌가 싶습니다.

여(如)를 넘고 공의 성품을 넘었다면 공의 성품 이전에 있는 생명으로 인하여 공의 성품으로 드러나는 것을 묘유(眞空妙有)라고 이야기하시지 않고 그 원인과 이유에 대하여 확연히 밝히시지 않았을까 하는 생각입니다. 진공묘유가 일어나는 원인을 밝히지 못하셨기 때문에 진공묘유라 말씀하신 것이 아닌가 합니다. 이유나 원인을 알았다면 당연히 밝혀 드러냈을 것인즉, 진공묘유라는 말은 없었으리라 싶습니다.

확철대오의 깨달음을 증득하고 아뇩다라삼막삼보리 무상정등정각을 말씀하시고 깨달음이 공의 성품에 있다 보니 공의 성품에서 드러나는 모든 것들은 밝히셨는데, 공의 성품 이전에 대해서는 전혀 밝히시지 않은 신 것이 아닌가 싶습니다.

그럼에도 옴과 옴마니반메훔의 진언이 있는 것으로 보면 옴과 옴마니반메훔이란 진언이 18단계에 속하는 진언인 만큼 18단계까지는 이르신 듯합니다.

18단계까지는 수행 단계가 되시었기에 18단계까지 이야기하셨어도 18단계를 넘어서는 19단계, 이무기, 용이 승천해 가는 여의주에 대해서는 말씀이 없으신 것이 아니었나 생각되며, 육체가 칠통이란 사실은 말씀하셨는데 칠통 안에 있는 자등명이란 빛, 영적구조물에 대해서는 말씀이 없으시고, 또한 영적 존재 및 태아령에 대하여, 빛의 세계에 대해여 말씀이 없으신 것으로 보면 19단계는 넘어서지 못하신 것이 아닌가 하는 생각이 드네요. 그리고 또한 업에 대하여 이야기하셨으면서도 업이 어떻게 있는지에 대해서 이야기를 안 하신 것으로 보면 공의 성품 이전에 대해서 전혀 모르셨던 것이 아닌가 하는 생각입니다.

그러다보니 모든 것을 공(空)에 두고 말씀하신 것이 아닌가 싶고, 부처님 사상이 공(空) 사상이 아닌가 하는 생각이 듭니다. 그러다보니 허공에 흩어졌다고 또 흩어지지 않았다고 해도...어느 쪽으로 치우칠까 염려하면서도 공(空)사상(思想)에서만 이야기하시고 공의 성품에 대하여 공상(空相)에 대해서 이야기하시면서 그 이전에 대해서는 말씀이 없으신 것이 아닌가 하는 생각입니다.

그러다보니 깨달음을 증득하면 불(佛)이 되고, 즉 공의 성품이 되고, 공의 성품을 불성이라고 하며 이를 진여불성이라고 하시지 않았나 생각이 들고, 또한 부처를 이루는 성품인 불성을 또한 법성이라고 하시지 않았나 생각이 됩니다.

진여불성의 여(如)에서 법이 생멸하니 생멸하는 법이 공의 성품 속에서 나오기는 하되 공의 성품 그 이전을 모르니 진공묘유라고 말하시며 진공묘유를 통하여 공의 성품 여(如)에서 법이 나온다고 보니까 불성이 곧 법성이라고도 말하신 것은 아닌가 하는 생각이 듭니다.

공의 성품, 공상을 넘지 못하다보니 물질과 생명을 같이 보고 물질이 생멸하는 공의 성품에 대해서는 말씀을 하셨으면서도 공의 성품 속 공의 성품 이전에 있는 것에 대해서는 말씀하시지 않으시다 보니. 공의 성품 속에 있는 영혼이란 부분에 대하여 확연하게 말씀하시지 않으신 것이 아닌가 생각되며 물질과 생명을 공의 성품을 본성으로 본 것이 아닌가 하는 생각이 듭니다.

엄연히 물질과 비물질, 물질과 생명과는 다른데, 같이 보고 본성을 공에 두고 공의 성품에 두었기에 14무기가 전해져 내려오고 있는 것이 아닌가 합니다.

그리고 멸진정(滅盡定), 해탈(解脫)이라고 말하는 모든 것들 역시도 공의 성품으로 들어오느냐 아니냐에 차이를 두고 말씀하신 것은 아닌가 하는 생각입니다.

그렇게 본다면 멸진정도 수많은 멸진정이 있고 해탈도 수많은 해탈이 있을 것이로되 5공(空)에서 마지막 5공(空)에 이른 것으로 봐주어야 하는 것 아닌가 하는 생각도 듭니다.

만약에 공의 성품 이전, 여(如) 이전을 아셨다면 아마도 석가모니 부처님께서는 수행 방법을 4념처에 두지 않고, 법념처 이후에 대해서도 말씀하셨겠지만 그렇지 않기에 사념처만 말씀하신 것이 아닌가 하는 생각입니다. 본인이 경전을 다 섭렵하지 않았기 때문에 단언하여 말할 수는 없지만 그런 것이 아닌가 하는 생각입니다.

한마디로 말하면 석가모니 부처님께서는 공의 성품으로 ~~완한~~ 확철대오 깨달음을 증득하셨지만 공의 성품을 넘지 못하시고 공의 성품에 머무르신 것이 아닌가 생각합니다. 공의 성품을 넘어서 빛의 세계에 이르려면 적어도 빛덩어리에 이르려면 21단계를 넘으셨어야 하는데, 그렇지 못하다 보니 공의 성품을 본 성품이라고 하신 것이 아닌가 하는 생각입니다.

본인이 몰라서 이와 같이 본지 모르니 공의 성품 이전에 대하여 말씀하신 것이 있다면 누구라도 좋으니 알려 주시면 좀 더 살펴보도록 하겠습니다.

이것은 본인이 경전을 통하여 아는 한에서 생각되는 바를 이야기하며 대답했을 뿐, 본인이 잘나 이야기하는 것도 석가모니부처님을 폄하하려고 하는 것도 절대 아니다. 본인이 읽어보지 못한 경전에 공의 성품 이전에 대해서 설법하신 내용이 있을 수도 있다.

만약에 그런 말씀이 있다면 언제든지 본인에게 가르침을 주기 바란다. 모르고 하는 소리일 수도 있으니 잘 아는 분께서는 본인이 틀렸다고 생각되시면 언제든지 알려주면 감사하겠습니다.

2012. 4. 25. 15:25

뗏목을 버리듯 부처도 버려야한다.

본인이 출신(出神)하고 나서 출신을 시켜주고, 자등명 세계에 올라와서는 출신하도록 하는 자등명을 알게 되고서는 출신되도록 하는 자등명을 쏴주며 출신되어 본성의 빛 자등명 위로 올라오도록 해주었었다.

모임에 몇 번 이상 참석하신 분들은...본인이 쏴주는 자등명의 시술을 받은 분들은...그래서 자기 자신에게 필요한 자등명 에너지를 받은 분들 중... 출신을 한 것과 같아서 본성의 빛 자등명 중심 135단계에서 꺼내서 150단계로 올려드린 분들은 이미 본성의 빛 자등명 위로 올라와 있다고 봐도 무방하다고 생각했었다.

이와 같이 자등명을 쏴주며 본성의 빛 자등명 위로 올려주었는데도 54단계로 아래로 자꾸만 떨어진다. 떨어져서는 마이너스 즉 지옥세계에 떨어진 분들까지도 있다. 본성의 빛 자등명 위로 올라왔었는데, 단순히 본인에게 시술을 받지 않았다고 해서, 모임에 참석하지 않았다고 해서 마이너스까지 떨어진다는 것은 이해할 수가 없었다. 올려주었는데 마이너스에 떨어졌을 뿐만 아니라 20단계 아래에 있거나 또는 20단계에서 요지부동으로 있는 경우 등을 볼 때 여기에는 분명 이유와 원인이 있다고 생각을 하고 관찰해 보았다.

그렇게 되는 이유와 원인은 바로 자기 자신에게 있었는데, 그 원인과 이유는 보고 따라가는데 있었고, 보고 그쪽을 향하여 있기 때문이기도 했고, 자기 자신이 믿고 있는 종교의 교주나, 자기 자신이 믿고 의지하며 수행을 지도해주는 스승이라는 분들, 성직자나 목회자 또는 스님 때문에 그런 일이 생기는 것이란 생각이 들었다.

지금 어디에 있는 것도 중요하지만 이보다 더 중요한 것은 어디를 보고 있느냐. 어디를 보고 걷고 있느냐가 더 중요하다.

지금 밝은 곳에 있다고 해서 계속해서 밝은 곳으로 나아간다고 할 수 없다. 밝은 곳에 있으면서 밝은 곳으로 나아가기 위해서는 더 밝은 곳을 바라보며 더 밝은 곳으로 걸어가야 한다. 물론 지금 있는 밝은 곳은 버려야 한다. 지금 있는 밝은 곳을 버리지 않고서는 밝은 곳을 보아도 더 밝은 곳으로 갈 수 없다. 그뿐만이 아니다. 지금 비록 밝은 곳에 있다 할지라도 어두운 곳을 보고 있고 어두운 곳을 향하여 걷고 있다면 멀지 않아 어두워질 것이다.

본인이 시술하여 출신시켜서 본성의 빛 자등명 위로 올려주어도 떨어지는 이유와 원인이 이것에도 있는 듯싶다.

각 종교에는 교주가 있고 교주가 있는 곳은 그 종교가 가지고 있는 빛이고 밝음이다. 각 종교가 가지고 있는 빛이고 밝음은 저마다 플러스 단계라고 보면 된다. 예수님을 믿는 분들은 예수님이 계신 곳을 바라보며 그곳을 향하여 걷는 것과 같고, 부처님을 믿는 분들은 부처님이 계신 곳을 바라보며 그곳을 향하여 걷고 있는 것과 같으며, 각기 저마다의 수행단체에서 수행하는 경우에는 수행단체를 창시한 분이 있는 곳을 바라보며 그곳을 향하여 걷고 있는 것이다. 종교의 창시자가 플러스에 있는 경우도 있지만 마이너스인 경우도 있다. 그런 만큼 종교를 믿되 종교의 창시자가 마이너스에 있는 종교를 믿어서는 아니 될 것이다. 종교의 창시자가 플러스의 단계에 있다면 플러스의 종교를 믿는 것으로 밝음 빛을 보고 밝음의 빛을 향하여 걷는 것이지만, 종교의 창시자가 마이너스의 단계에 있다면 마이너스 종교를 믿는 것으로 어둠의 지옥을 보고 지옥을 향하여 걷고 있는 것과 같다. 이와 같이 수행단체 역시도 마찬가지이다. 수행단체의 창시자나 수행단체를 이끌고 가르치는 경우, 가르치는 분을 믿고 의지하며 수행한다는 것도 위와 같다.

각종 종교가 이러하고 각 수행단체가 이러하다. 그뿐만이 아니다. 각 종교 각 수행단체 창시자도 중요하지만 각 종교에 몸을 담고

있는 성직자나, 목회자, 스님들을 믿고 의지하며 공부하는 것 역시
도 종교를 믿는 것 이상으로 중요하다. 종교가 플러스의 경우라
할지라도 그 종교 안에서 신도들을 가르치고 이끄는 분이 밝음의
빛에 있느냐. 또는 어둠의 지옥에 있느냐. 종교의 창시자가 플러스
냐 마이너스냐 중요하지만 그것보다 더 가까이서 이끄는 분은 그
종교의 스님이나 성직자 목회자인 만큼 스님 목회자 성직자가 마
이너스인지 플러스인지 매우 중요하다. 이 분들이 종교 창시자가
가리키는 길을 바르게 안내해 주기도하고 또는 종교의 창시자를
팔아먹으면서 어둠의 지옥으로 끌고 가는 만큼 조심할 일이다.

이와 같이 플러스의 종교를 믿는 것도 중요하고 또 그 종교의 성
직자나 스님 목회자가 플러스의 성직자 스님 목회자를 믿는 것도
중요하다. 이와 마찬가지로 수행단체 역시도 그러하다. 수행단체를
만든 분이나 이끄는 분이 플러스 단계에 있어야 한다. 그래야 밝
음의 빛을 보고 걷게 되는 것이다.

각종 종교의 성직자나 스님 목회자 및 가르치는 분이 밝음의 빛에
있어서 밝음의 빛을 보고 걷게 되는 것도 중요하지만, 자기 자신
이 이미 지나온 밝음의 빛이라면 이는 밝음의 빛을 보고 걷고 있
기는 하지만 자기 자신에게 있어서는 밝음의 빛이 아니라 어둠의
빛을 보고 어둠의 빛을 걷는 것과 같다고 할 것이다.

본인이 출신시켜주는 것과 같은 것을 해줌으로 해서 즉 자등명을
쏴주고 본성의 빛 자등명 중심에 들어왔을 때 본성의 중심에서 꺼
내서 본성의 빛 자등명 위에 올려주었는데도 자꾸만 떨어지는 이
유와 원인이 바로 여기에 있는 듯싶다.

본인에게 오면 시술을 받고 자등명세계로 올라오는데, 돌아가서는
믿는 종교 또는 종교의 지도자분들을 바라보거나 믿고 걷다보니
밝음에서 밝음의 어둠을 보고 밝음의 어둠을 향하여 걷고 있는 것
과 같기 때문에 위에서 아래를 향하여 내려가는 것과 무엇이 다르
냐? 떨어지는 것이 당연하지 않겠는가?

플러스의 종교나 플러스의 수행 단체 및 플러스 종교의 지도자 및
플러스 수행단체의 지도자를 믿고 따르며 수행하는 것은 그나마
플러스에 머물러 있겠지만, 그렇지 않은 경우 마이너스의 종교나

마이너스 수행단체 및 마이너스 종교의 지도자 및 마이너스 수행단체의 지도를 믿고 따르며 수행하는 경우 마이너스로 떨어지는 것이 아닌가 싶다. 그렇지 않다면 생활하면서 마이너스의 행을 하는 것일 것이다. 마이너스의 행의 생활을 하지 않는다면 분명히 이는 위에서 말하고 있는 경우에 속한다고 보면 틀림없을 것이다 자등명 세계에 올려주어도 자꾸만 56단계 아래로 떨어지며 부동의 단계에 있게 되는 경우를 보면 19. 20단계에 있는 듯 보였다. 이 경우 불교를 믿고 부처님 석가모니를 너무 믿고 의지하다 보니 석가모니 부처님이 계신 단계 이상 위로 올라오지 못하고 되돌아가면 또 그 자리 그 단계에 있는 것이 아닌가 싶다.

마이너스 종교를 믿지 말아야 하겠지만 플러스 종교를 믿지 말라고 하는 말은 아니다. 플러스 종교를 믿되 강을 건너면 뗏목을 버리듯 종교의 교주가 있는 밝음의 빛 이상에 올랐다면 당연히 아래 단계와 밝음의 빛은 버리고 더 밝음의 빛 위 단계를 보고 걸어와야 할 것이다. 그래야만 더 밝음의 빛으로 올 수 있다. 이는 밝음의 빛을 보고 걸어와서는 그 밝음의 빛이 되어서는 그 밝음의 빛을 버려야 더 밝음의 빛으로 다가올 수 있는 만큼 반드시 이루어져야 하는 것이다. 이와 같이 자기 자신이 믿는 분보다 더 높은 더 밝음의 빛에 있다면 믿고 의지하며 밝음의 빛을 보고 걸어왔던 곳을 버려야 한다.

종교의 교주, 지도자, 수행단체의 창시자 및 지도자를 벗하되 버려야 하는 것이다. 그렇지 않고서는 밝음의 빛에 올라와 있다할지라도 종교의 창시자가 머물러 있는 곳 이상은 올라오지 못하고 그 자리에 부동으로 있게 된다.

이와 같이 믿는 종교의 교주의 가르침으로 공부하여 종교의 교주가 계신 곳에 올라왔다면 그곳을 발판으로 또 올라서야 한다. 올라서기 위해서는 버려야 한다. 버리지 않고서는 올라설 수 없다.

본인에게 와서 시술을 많이 받으신 분들 중에...어떤 분들은 자등명 세계에 올라와 있는데, 어떤 분은 56단계 안에서 플러스에 있는가 하면 마이너스 지옥에 있고, 어느 분은 19. 20단계에서 부동으로 있는 것을 볼 때 믿는 종교의 창시자를 버리지 못하고 믿는 종교의 창시자를 부동으로 끌어안고 있어서 그런 것 같고, 마이너스의 종교 또는 마이너스 수행단체의 창시자를 지도자를 믿고 따르다 보니 마이너스 지옥으로 떨어지는 것 아닌가 싶다. 이를 살펴볼 때 참으로 안타까울 뿐이다. 이는 현실 생활이 그렇게 만들기도 하지만 믿는 종교가 수행단체가 지도자가 그렇게 만들기도 한다. 물론 가장 중요한 것이 자기 자신이다.

본인에게 오고 오지 않고를 떠나서 이미 본성의 빛 자등명 위로 올려주었을 때 이미 자등명세계에 올라와 있다. 자등명세계에 올려주어도 자꾸만 56단계 안으로 내려오고 또 지옥으로 떨어지는 것을 보고, 또 부동으로 있는 것을 볼 때 안타까운 생각이 일어나서 그러한 이유와 원인을 살펴보니 위와 같아서 이글을 쓰는 것이니 스스로 잘 살펴서 자등명 세계에 올라오고 더 높은 자등명 세계로 올라오기를 바란다.

똑같이 공부하면서 어느 분은 자등명 세계 위로 위로 올라오고 어느 분은 자등명 세계에 올려주어도 56단계로 지속적으로 떨어지고 어느 분은 마이너스 지옥으로 떨어지는 것을 볼 때 어떤 방법이 없을까? 생각하다가 그러한 이유와 원인이 이곳에 있음을 알고서 이를 밝히니 스스로 살펴서 뗏목을 버려야할지 뗏목을 가지고 다녀야할지 잘 살펴 행하기 바란다. 2012. 9. 20 08:49

석가모니부처님과 본인의 수행은
15단계 반야바라밀다행의 길에서
이와 같이 갈렸다.

석가모니부처님의 수행과 본인의 수행 길은 15단계 반야바라밀다행의 길에서 서로 다른 길을 걷게 된 것이 아닌가 싶다. 전에는

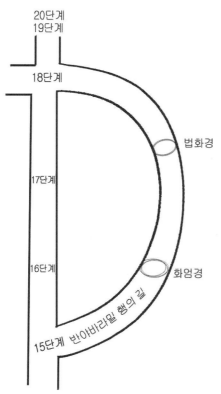

석가모니부처님께서 수행 정진하여 18단계에 올라오셔서 더 위로 안 올라오시고 거기에 머물러 계신 것이 아닌가? 생각했었는데, 대반야바라밀경을 사경하면서 15단계에서 본인과 수행이 길이 다르다는 사실을 알게 되었다.

본인이 수행 정진하여 확철대오의 깨달음을 증득하고 법념처에 머물지 않고 대광념처로 나아가야 한다고 생각하며 수행하던 중, 반야바라밀행하며 수행 정진하는 중에 모임에 참석한 파미님이 안 좋다는 생각에 모두 다 본인에게 와서 천도해 가라고 의념하며 모두 다 품는다고 품었을 때, 본인에게 온 것을 바로 처리하지 못하고 2-3일 고생하는 사이에 무의식 속에서 반야바라밀다행의 길이 보이고, 반야바라밀다행의 길을 걷고 있는 본인이 보였었다. 반야바라밀다행의 길은 본인의 몸 왼쪽으로 나 있었는데 그 길을 본인이 걷고 있는 것이 보였다, 그 당시 왜 그랬는지 모르겠지만 (아마 이 당시 어느 글에 써놓은 내용이 있을 텐데. 그 글이 어떤 글인지 생각이 나지 않는다) 반야바라밀다행으로 가던 길을 멈추고 되돌아 와서 15단계에서 16단계로 올라가는 길이 막혀 있는 위를 뚫고 수직 위 16, 17, 18단계를 올라왔었다.

그때는 본인이 반야바라밀다행의 길을 걷다가 되돌아와서 수직으로 16, 17, 18단계 위로 올라왔다는 것밖에 몰랐었다. 그러다가 뱀, 이무기, 용을 천도하기 위하여 여의주를 가져오기 위하여 위 세계를 오르다가 19단계에 오르고 그 위로 올라왔었다.

그런 이후에는 단 한번도 15단계에서 반야바라밀다행의 길로 가는 길을 바라보지 않았다. 관찰해 보지 않았었다.

9월 24일 오후 김삼주 선생님께 전화가 와서 "선생님께서 대반야바라밀다경을 사경해서 사경한 대반야바라밀다경을 읽으니 공부가 돼서 그런지 이해가 쉽다"고 말씀하셨다. 그렇게 반야바라밀다경에 대하여 말하다가 반야바라밀다행에 대하여 말하고, 반야바라밀다행의 길에 대하여 말하며 전화통화하면서 무심결에 종이에 낙서하듯 반야바라밀다행의 길을 그려보았다.

허! 그랬더니 15단계에서 옆으로 난 반야바라밀다행의 길은 반원을 그리며 18단계로 들어가는 것으로 보이며 그려졌다. 그림에서 보는 바와 같이 반야바라밀다행의 길은 15단계에서 시작되며, 시작된 반야바라밀다행의 길은 수직 상승의 길이 아니라 옆으로 나 있고, 옆으로 나 있는 반야바라밀다행의 길은 옆으로 해서 반원의 모습으로 해서 18단계의 세계와 연결되어 18단계로 들어가는 것처럼 보였다. 18단계에 들어가서는 19단계로 올라가는 길이 보이지 않고 옆으로만 수평적으로 이어져 있고, 15단계에서 수직으로 16, 17, 18단계를 올라올 경우에는 수직으로 19단계가 있지만 수평으로 들어온 18단계에서는 수직으로 올라오는 19단계가 보이지 않을 것으로 사료된다.

아마도 15단계에 이르러서 반야바라밀다행을 하며 반야바라밀다행의 길을 통하여 18단계로 올라온다면 18단계까지는 서서히 올라오며 반원을 그리듯 돌아 올라오되 그 끝은 18단계가 그 끝이고, 18단계에서 위로 올라오는 19단계는 보이지 않는 관계로 19단계로 올라오는 통로를 뚫지 않고서는 올라올 수 없는 만큼 못 올라오는 것이 당연한 것이 아닌가 싶은 생각도 일어났다.

본인이 15단계에서 반야바라밀다행을 하며 옆으로 난 반야바라밀다행의 길에 접어들었다가 다시 수직 상승할 수 있는 몸통으로 되돌아 와, 15단계에서 16, 17, 18단계로 올라가는 길을 비몽사몽

속 무의식 속에서 15단계에서 16단계로 올라오는 길을 뚫고 16, 17, 18단계를 수직으로 올라오게 되었다.

아마도 15단계에서 수직으로 올라오는 막혀 있는 길을 비몽사몽 간에 뚫고 올라왔으니 비몽사몽이 되었던 사건, 즉 파미님이 가지고 있던 것을 끌어안아 품은 것이 이와 같은 결과를 낳은 것이다. 이 사건이 없었다면 아마도 본인도 반야바라밀다행을 하며 18단계에서 끝이 났을지도 로를 일이다.

이와 같이 수직으로 올라올 수 있는 길이 뚫려 있는 것과 뚫려 있지 않은 것과의 차이는 크다. 길 자체가 다르다고 생각한다.

반야바라밀다행의 길을 그려보고 수직의 길을 그려보고 나서 법화경과 화엄경은 어디에 계실 때 설하신 설법인가? 싶으니 반야바라밀다행의 길에서 설하는 법인 것 같았다. 본인이 반야바라밀다행의 길을 걸으며 석가모니부처님께서 화엄경 법화경을 설하신 곳을 지나왔다면 어땠을지는 모르겠지만, 화엄경과 법화경을 잘 모른다. 오래 전에 사경을 해보았지만 그러려니 할 뿐 분명하지 않다.

본인은 본인이 겪으며 수직으로 올라오는 길을 뚫으며 올라왔다. 그러나 본인에게 공부하는 분들은 본인이 내리쏴주는 에너지로 출신(出神)과 같은 것을 통하여 자등명체, 그 위에 에너지를 받은 것으로 보면 수평이 아닌 수직상승의 길은 열려 있는 것이 아닌가 생각한다. 문제는 저마다 자기 자신이 어떻게 공부하느냐에 따라 다르다고 생각한다.

그림에서 보는 것과 같이 본인이 올라온 길과 석가모니부처님께서 올라온 길이 반야바라밀다행의 길에서부터 서로 다른 길을 걸은 것이 아닌가 싶다. 그러다 보니 도달해 있는 곳, 위로 올라가는 길.....등이 서로 다른 것 아닌가 싶은 생각이다. 2013. 10. 02. 07:52

석가모니 부처님께서 가셨던
반야바라밀다행 길의 끝을 살펴보다

'보려고 하면 볼 수 있겠지.'란 생각을 갖고 15단계에서 시작된 반야바라밀다행의 길을 따라 가보았다. 18단계를 거쳐 어디로 돌아 어디로 가지는지 살펴보았다.

15단계에서부터 시작된 반야바라밀다행의 길은 반원을 그리며 위로 올라가다가 19단계로 올라가는 곳을 지나 한참을 더 지나서 길이 막혀 있다.

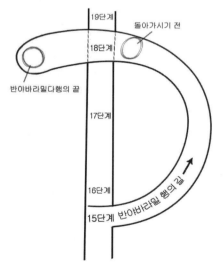

막혀 있는 끝에는 많은 신(神)들이 있는 듯싶었다.

신들이 모여 있는 이곳을 지태신(智太神:이름을 지으니)이라 한다.

반야바라밀다행의 길이 막혀 있는 사실로 볼 때 반야바라밀다행을 하며 올라간다면 18단계 위 19단계 위로 올라가기가 어렵지 않나 생각되며 반야바라밀다행을 하며 끝까지 올라가면 18단계 막다른 곳에 이르러서는 다 올라왔고 더 이상 올라갈 곳이 없다고 말할 수밖에 없는 것 아닌가 싶은 생각이 들었다. 더 이상 위가 없으니 당연히 그럴 수밖에 없는 상황이 아닌가 싶은 생각이다.

반야바라밀다행의 길의 끝이라고 할 수 있는 부분을 무엇이라고 지칭해야 하는가? 초근본지(初根本智 :이름을 지으니)

이곳에 누가 있는가? 태신(太神) (아래 내용들은 테스트해 살펴본 것이고 이름들은 거기에 맞게 본인이 지은 이름이다.)

이곳에 석가모니부처님은 계신가? 안 계신다. 본인이 위로 올려주기 전에도 이곳에 없었는가? 있었다. 본인이 위로 올려주기 전에 석가모니부처님은 이곳에 계셨는가? 그렇다. 이곳에서 석가모니부처님은 무엇을 했는가? 했다. 무엇을 했는가? 초태명(初太命)을 했다

석가모니부처님은 이곳에서 100번째 안에 드는 태신(太神)이었는가? 테스트해보라 몇 번째에 해당했는가? 테스트해보라

이곳을 석가모니부처님은 무엇이라고 했는가? 이름 하지 않았다.

이곳을 반야바라밀다행의 무엇이라고 봐야 하는가? 끝

석가모니부처님께서 돌아가시기 전에 이곳에 도달했는가? 하지 못한 것이 아닌가 싶다. 석가모니부처님께서 돌아가시기 전에 어디에 있는가? 18단계, 18단계 어디? 초입

이곳에서 태신 중 가장 최고의 태신(太神)은 초비태신(初秘太神)

초비태신의 이름은 비초태묘신(秘初太妙神)

비초태묘신이 이곳에 태신들을 관리하는가? 그렇다.

이곳에 계신 태신들을 활용할 때 누구에게 부탁해야 하는가? 비초태묘신

비초태묘신을 부르는 주문이 있는가? 없다.

주문을 짓는다면 그 주문은 이러하다

초태묘신 초비태신 초묘비신

비비비비초초초초태태태태초초태태

초초태태초초묘묘비비초초묘비초신

반야바라밀다행의 끝에서 가져다가 쓸 것이 있는가? 있다.

무엇을 가져다 쓸 수 있는가? 비비비비태태초근본

비비비비태태초근본은 무엇인가? 태용(太用)

무엇을 크게 쓴다는 말인가? 태신(太神)

어디에 계신 태신(太神)인가? 천상계

반야바라밀다행의 끝 초근본지(初根本智)에 태신이 있는가? 있다.

이곳의 태신들을 쓰는 것인가? 그렇다.

이곳의 태신들이 할 수 있는 일들은 몇 가지인가? 4가지

4가지는 무엇인가?

1. 초태명(初太命), 2. 초약명(初藥命), 3. 초태태체명(初太太體命)

4. 초태명초태태체명(初太命初太太體命)

1. 초태명은 무엇을 말하는가? 몸의 수명과 건강

2. 초약명은 무엇을 말하는가? 육체의 병(病), 정신의 병, 마음의 병, 영적치유

3. 초태태체명은 무엇을 말하는가? 성사(成事), 태명(太明:太成)

4. 초태명초태태체명은 무엇을 말하는가? 금전

테스트할 줄 아는 분들은 테스트 해보라

진실을 100으로 보았을 때 위 내용은 100에 몇이나 되는지.

2013. 10. 02. 18:53

수직으로 올라가는 길을
자비바라밀행이라 말한 것은 이래서다

이타행(利他行)과 자비행(慈悲行)의 차이는 이렇다.

이타행(利他行)은 남(중생)을 이롭게 하는 행위로 중생(남)을 이롭

게 해 주며 중생을 고통으로부터 구제해 중생을 안락하게 해주는 행위라면 자비행(慈悲行)은 남(중생)을 크게 사랑하고 가엾게 여기는 마음을 가지고 중생(남)들에게 즐거움과 복을 주고 고통과 괴로움을 없게 하며 안락하게 해주며 자기 자신도 안락을 얻으며 업행(業行)을 쌓는 행위다.

이타행은 남(중생)을 위한 행위라면 자비행은 남(중생)을 위하면서 자기 자신을 위한 행위다.

이타행은 중생(남)을 안락하게 해주는 행위라면 자비행은 중생(남)을 가르치거나 일깨우거나 깨어나도록 하는 행위다.

이타행(利他行)은 무주상(無住相)을 가지고 남을 위한 행위라면 자비행(慈悲行)은 무주상(無住相)을 가지고 남과 자기 자신을 위한 행위다.

이와 같이 이타행과 자비행이 다른 만큼 15단계에서 16, 17, 18단계로 수직적으로 올라가는 바라밀을 이타행이라 하지 않고 자비바라밀이라 한 것이다.

이타행이라면 자기 자신 이외의 다른 나, 남(중생)의 걸림과 장애를 제거해주어 안락하게 해주려 하되 걸림과 장애를 끌어안지는 않는다. 즉 방하착하며 행하는 행위라면 자비행은 자기 자신 이외의 다른 나, 중생(남)의 걸림과 장애를 제거해주기 위해서 끌어안아 해결 제거해 주는 행위다. 즉 중생의 고통과 걸림과 장애를 끌어안는다.

이타행은 방하착하기 때문에 이타행을 해도 중생의 걸림과 장애를 가지지 않기 때문에 중생의 걸림과 장애로 고통받지 않으나 자비행은 중생의 걸림과 장애를 끌어안기 때문에 끌어안은 만큼 걸림과 장애를 갖게 되기 때문에 걸림과 장애를 스스로도 해결해야 한다. 그러기 때문에 이타행으로는 남을 위한 행위는 되어도 자기 자신을 위한 행위는 되지 않는다. 반면에 자비행은 남을 위한 행위이며 자기 자신을 위한 행위이다.

이와 같이 이타행과 자비행이 다르기 때문에 15단계에서 16, 17, 18단계로 수직적으로 올라가는 행을 자비행, 자비바라밀행이라 한 것이다.

왜 자비바라밀이라 했는가? 그것은 위해서 밝힌 것과 같이 자비행을 통하여 이 세계에서 저 세계, 이 언덕에서 저 언덕으로 넘어가기 때문에 바라밀이라 했고 15단계에서 16단계, 16단계에서 17단계로....수직적으로 올라가는 길로 자비바라밀이라 한 것이다.

이타행이 아닌 자비행을 통하여 이곳에서 저곳으로, 이 언덕에서 저 언덕으로, 이 세계에서 저 세계로, 15단계에서 17단계로 수직

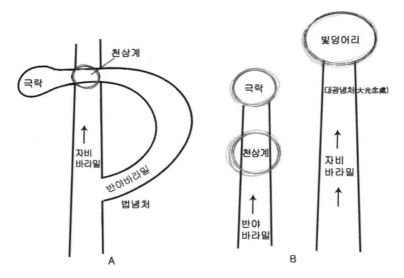

적으로 올라가는 길이니 자비바라밀행이라 한 것이다.

중생에게 이타행은 어려워도 자비행은 쉬울지 모른다. 왜냐하면 고통으로부터 구제해주는 일은 쉽지 않으나 자기 자신이 할 수 있는 한도의 자비는 행할 수 있기 때문이다. 반면 공부가 어느 정도 된 사람에게는 방하착이 잘 되기 때문에, 방하착이 잘 되는 사람에는 이타행은 하기 쉬워도 자비행은 쉽지 않다. 왜 놓는 것을 잘 하는 만큼 놓게 하는 것은 쉬워도 걸림과 장애를 가져다 끌어안아 해결해 주자니 스스로 걸림과 장애의 고통을 받아야 하기 때문이다. 2014. 05. 05 08:35

반야바라밀행 신행근본의 길과
자비바라밀행 대광의 길

석가모니부처님께서 수행 정진하며 올라오신 길은 깨달음을 증득하시고 12단계로 올라오시며 위로 올라오시다가 법념처(法念處)의 마지막 단계인 15단계에서 대광념처(大光念處)가 시작되는 16단계의 세계로 일직선으로 올라오지 않으시고 법념처의 마지막 단계인 15단계에서 반야바라밀의 행을 하며 15단계 옆으로 나있는 반야바라밀다행의 길을 통하여 올라오신 길이다.

그림에서 보는 것과 같이 법념처의 마지막 단계인 15단계 옆으로 나있는 반야바라밀다행의 길은 그 끝이 막혀 있다. 그러기 때문에 반야바라밀다행을 하며 반야바라밀행의 길로 올라오면 반야바라밀다행의 길로 올라오는 18단계에 천상계가 있고 그 천상계를 지나 똑같은 18단계 안쪽 반야바라밀행의 길 맨 위라고 할 수 있는 극락, 신들이 있는 세계에 이르게 된다.

맨 위가 극락이고 맨 위에 이르기 전 천상계가 있다.

일직선상으로 올라가는 18단계와 단계는 같은데도 반야바라밀행의 길로 들어서면 19단계로 올라오는 길이 막혀 있어서 찾지 못하고 위쪽으로 간다는 것이 막다른 길 신들이 있는 극락에 이르게 되고 거기서 수행은 끝이 나고 마는 듯싶다.

본인은 반야바라밀행의 길에 어느 정도 들어섰다가 다른 사람의 힘든 것을 내게로 가져와 끌어안고 그것을 해결하기 위해 2일 동안 고생하는 무의식 속에서 반야바라밀행의 길에서 빠져나와서 16단계, 17, 18, 19단계로 올라왔다. 18단계에서 19단계를 올라올 때는 구름처럼 덮고 있는 것을 뚫고 올라왔었다.

본인이 15단계에서 16단계로 올라온 이 길은 어떤 길인가? 살펴보니 이 길은 다른 사람의 아픔과 고통을 끌어안는 자비바라밀의 행을 통하여 대광념처(大光念處)로 올라오는 길이다.

석가모니 부처님께서 올라오신 길은 법념처 마지막에서 반야바라밀의 행을 통하여 반야를 믿고 의지하며 반야를 근본으로 수행 정진 반야 신행(信行)을 근본으로 올라가는 길이며 18단계에 천상계 있고 막다른 곳에 극락이 있는 막다른 길이라 한다면, 본인이 올라온 길은 법념처에 머물지 않고 대광념처(大光念處)가 있는지를 알고 다른 사람의 아픔과 고통을 끌어안는 자비바라밀의 행을 통하여 15단계에서 16단계로 올라와 광계(光界)에 들어와서는 대광념처(大光念處)로 올라왔다고 할 수 있지 않을까 싶다.

15단계에서 옆으로 있는 반야바라밀행의 길은 반야바라밀 신행근본 길이라면 15단계에서 16단계로 올라오는 길은 자비바라밀행의 길은 대광(大光) 길이라 할 수 있을 것이다.

15단계에서 반야바라밀행의 길 18단계에 있는 천상계, 극락으로 올라오는 막다른 길과 15단계에서 일직선상으로 올라오는 16, 17, 18, 19단계로 올라가는 길을 살펴보았다. 혹시라도 18단계에서는 만나지 않는가? 똑같은 18단계이고 또 일직선상 돌아가는 길일 뿐, 18단계에서 어떻게 만나고 있는지 살펴보았다. 똑같은 18단계이기는 하되 전혀 다른 길인 듯 보였다.

아래 단계에서 수행 정진 15단계까지는 같이 올라오되 15단계 마지막 부분에 올라와서는 반야를 믿고 의지하며 행하는 반야바라밀행 신행근본의 길과 반야에 빛이 있다는 사실을 알고 대광념처로 올라오는 자비바라밀행 대광(大光)의 길은 여기서 완전히 갈린다.

반야바라밀행의 길은 18단계에서 더 이상 올라올 수 없는 막다른 길이라면 자비바라밀행 대광의 길은 끝없이 올라오는 길이 아닌가 싶다. 지금 본인이 끝없이 올라오는 이 길이다.

반야바라밀행의 길은 공의 성품으로 깨달음을 증득하고 공의 성품 자기 자신의 본 성품인지 알고 공의 성품 반야에 의지하여 반야바라밀행을 하면 수행 정진하며 올라가는 막다른 길이라면, 자비바라밀의 길은 공의 성품으로 깨달음을 증득하고 공의 성품 반야에서 반야바라밀행을 하며 수행 정진하다 자기 자신 안, 텅 빈 허공에 빛만이 덩그러니 빛이 있고, 이 빛은 어느 것에도 의지 의탁하지 않고 스스로 존재하는 빛, 자등명(自燈明)이란 사실을 알고, 자기 자신 안의 빛이 본 성품인지 알고 큰 것에 작은 빛이란 사실을 의식 인식하고, 내 안의 빛과 내 밖의 본래 본성품의 빛이 하나가 되기 위해서 수행 정진하며 본성의 빛이 되기 위하여 수행 정진하며 올라오는 길이다.

반야바라밀행의 막다른 길은 18단계 극락에서 끝이 나고 더 이상 올라갈 곳이 없으니 거기가 끝인지 알게 된다. 반면에 자비바라밀행의 길은 자기 자신의 본 성품인 작은 빛(자등명)이 자기 자신의 더 큰 빛(자등명)과 하나되기 위하여 수행 정진 올라오면 크고 큰 빛덩어리를 보게 되고, 큰 빛덩어리를 보고 빛덩어리에 들어서게 되고 빛덩어리에 들어서면 크고 큰 빛덩어리와 하나될 것으로 알고 있다가 하나가 되지 않고 분리되어 있는 것을 알고 계속해서 하나가 되기 위해 올라오다 보면 빛덩어리의 중심에 들어가게 되고 빛덩어리 중심에 들어서면 빛덩어리의 중심을 빠져나오게 된다.

빛덩어리를 빠져나와서도 자기 자신의 빛(자등명)과 하나 되지 못하니 또 자기 자신의 빛과 하나 되기 위해서 수행 정진하게 하다가 출신(出神)을 하게 되고 출신해서 자기 자신의 빛(자등명)이 더 크고 큰 자등명이란 빛과 하나 되기 위해서 올라간다. 올라가다가 크고 큰 빛덩어리 본성의 빛 자등명을 보게 되고, 보고 다가와 들어서게 되고, 들어와 하나 되지 못하니 또 하나 되기 위해서 중심까지 들어오고 들어와서 또 밖으로 나오고, 나와서 본성의 자등명 위에 올라오고 올라와서는 백두의 빛 자등명을 보게 되고, 보고 또 하나가 될까 올라오고..백두의 빛 자등명에 들어와서 또 하나 되지 못하고 중심에 들고 중심에 들어와서는 또 빠져나오고....그렇게 수많은 자등명을 뚫고 지나 올라오다가 마지막 하나 수많은 자등명의 근본, 근본자등명을 보고 또 근본 자등명에 들어오고 들어와서 또 하나 되지 못하니 중심에 들어와 또 빠져나오고....이와 같이 자기 자신 빛(자등명)이 자기 자신 밖의 빛과 하나 되기 위해서 수행 정진하며 올라오다보니 지금 여기까지 올라오게 했다.

수행 정진하며 올라온 길들을 밝혀 놓은 길들을 하나하나 살펴보면 알 수 있을 것이다. 내 안의 빛 자등명과 내 밖의 자등명이 하나가 될 때까지 올라가고 있는 것이다. 진정한 나를 찾아가는 길이다.

18단계의 천상계나 극락에서는 19단계의 문을 열고 자등명 세계로 올라올 수 없으며 위 단계서 천상계나 극락의 18단계의 문을 열어서 위로 천도할 수 있는 것이 아닌가 싶다.

반야바라밀행의 길은 막다른 길이라 자등명 세계를 알 수도 없고 올라올 수 없는 15단계에서 18단계까지 돌아 올라오는 반야가 공의 성품이 본 성품인지 믿고 행하는 신행근본의 막다른 길이라면 자비바라밀행의 길은 대광념처에 있는 큰 빛(자등명) 대광(大光)으로 올라오는 수직의 길이며 자등명 세계로 올라오는 길이다.

2014. 05. 29 05:18

반야바라밀행과 자비바라밀행의 가장 큰 차이

확철대오의 깨달음을 증득하면 공의 성품으로 하나가 된다. 진리의 바다란 공의 성품과 각기 저마다 나라고 하는 나란 자성경계를 하고 하나의 물방울을 하고 있다가 하나의 물방울이 진리의 바다에 떨어져 진리의 바다 공의 성품과 하나가 된다.

깨달음을 증득하여 공의 성품과 하나가 되면 자등명에 달라붙어 있는 업이 있고 없고 상관없이 업을 내려놓게 되고 업을 떠나 있게 된다. 업을 내려놓고 업을 떠나 공의 성품에 있게 됨으로 해서 공(空) 성품의 행 즉 반야(般若)의 행을 하게 된다.

반야 행을 하면서 더 이상 업을 짓지 않고 업이 달라붙지 않게 하며 열반에 들 때까지 열반에 이를 때까지 반야바라밀행을 하게 된다. 반야에 의지하여 반야 행을 하면서 수행 정진한다. 깨달음을 증득하여 반야를 얻고 공의 성품에 있음으로 반야의 행을 하니 공의 성품에 걸릴 것이 없다. 걸릴 것이 없으니 수행할 것이 없게 된다. 수행할 것이 없는데 어떻게 수행 정진할 수 있는가? 그것은 자기 자신의 업에 걸려서 자기 자신의 업을 내려놓거나 닦기 위해서 수행하는 것이 아니라 자기 자신 이외의 자기 자신, 나 밖에 나를 통하여, 나 밖에 나의 걸림과 장애에 걸려서 걸리는 그것을 통하여 수행 정진하게 된다.

깨달음을 증득하고 나서 반야의 행을 하되 나 이외의 밖에서 만나는 나의 걸림과 장애에 걸려서 걸리는 그것을 통하여 수행 정진하게 되는데, 이때 반야의 행을 하는 것을 반야바라밀행이라 할 것이며 나 이외의 나의 걸림과 장애에 걸려서 그것을 통하여 수행 정진하는 것을 자비바라밀행이라 할 것이다. 반야바라밀행과 자비바라밀행의 차이는 여기에 있다.

반야바라밀의 행은 반야란 허공, 허공이란 공에 의지하여 허공에 공의 성품처럼 공상이란 허공과 같이 자기 자신, 내 안팎으로부터 걸리지 않고 걸리려고 하지 않는 행을 반야바라밀행이라면, 자비바라밀의 행은 나 밖의 나의 걸림과 장애에 걸려서 걸린 그것을 내 안으로 가져다가 나 밖에 나의 걸림과 장애로부터 벗어나게 하여 좋게 하고, 내 안으로 가져온, 끌고 온 내 밖에 걸림과 장애를 내 안의 걸림과 장애가 되어 있는 걸림과 장애를 원만하게 하기 위해 해결하기 위해서 애쓰고 노력하며 수행하는 행이 자비바라밀행이다.

더 간단하게 설명한다면 반야바라밀은 허공과 같이 걸리지 않는 소승, 나만을 위한 것이라면 자비바라밀은 사랑과 자비가 넘쳐서 나 이외의 내 밖에 나에게 관심을 갖고 밖에 있는 걸림과 장애를 끌어안아서 걸림과 장애를 갖고, 상대방의 걸림과 장애를 내 안의 걸림과 장애로 만들어서 걸림과 장애를 해결하는 행. 대승의 행이라 할 것이다.

그러니 반야바라밀행은 그 어느 것에도 걸리지 않으려는 바람과 같은 허공과 같은 행이라면 자비바라밀행은 사랑과 자비로 걸림과 장애를 품어 끌어안아 해결해 주려는 행이다. 반야바라밀은 놓으며 걸리지 않는 행이라면 자비바라밀은 품어 끌어안는 행이다. 반야바라밀은 무조건 방하착하는 행이라면 자비바라밀은 우선 먼저 끌어안고 차후에 내려놓고 원만하게 하려고 하는 행이다. 반야바라밀은 나만을 위한 행이라면 자비바라밀은 '다 함께, 더불어 함께'를 위한 행이다. '다 함께, 더불어 함께'라 해도 인연 없는 분들까지를 포함한 것이 아니고 인연 있는 분들에 한한 것이다. 인연이 있는 분이라 해도 어쩔 수 없는 경우나 어떻게 할 수 없는 경우에는 내려놓게 된다. 자비바라밀행은 사랑과 자비가 없으면 행할 수 없는 행이다. 나를 버리지 않으면 행할 수 없는 행이다. 나를 생각하기보다 상대방을 보고 상대방의 걸림과 장애를 해결해 주고 싶은 마음이 없으면 행할 수 없는 행이다. 나를 잊고 오직 상대방의 걸림과 장애를 해결해 주고 싶은 마음이 일어나지 않으면 행할 수 없는 행이다. 자비바라밀행에는 내가 없다. 상대방의 걸림과 장애만 있다. 상대방의 걸림과 장애를 해결해 주기 위해서 끌어오면 어떻게 될지 생각하지 않는다. 오직 상대방의 걸림과 장애를 끌어다가 걸림과 장애를 해결해 주고 싶은 마음뿐이고 걸림과 장애를 원한하게 행하는 행만 있을 뿐이다. 여기에 사심이 없다. 오직 사람과 자비만 있을 뿐이다.

확철대오의 깨달음을 증득하게 되면 반야바라밀행과 자비바라밀행을 하게 되는데, 어느 쪽에 더 많이 의지하느냐에 따라서 어느 행을 더 많이 하느냐에 따라서 법넘처의 맨 위 15단계에서 반야바라밀행의 길과 자비바라밀행의 길은 갈리게 된다 하겠다.

석가모니부처님과 본인과 테스트로 비교해 보았다.

석가모니부처님의 경우 반야바라밀행을 100% 하고 자비바라밀의 행은 54%정도 행한 것이 아닌가 싶고, 본인의 경우 반야바라밀행을 53%하고 자비바라밀의 행은 98%정도 행하는 것이 아니가 싶다.
법넘처 마지막 단계 15단계에서 비교 살펴보면 석가모니 부처님의 경우 반야바라밀행을 93% 행하고 자비바라밀의 행은 28%정도 행한 것으로 테스트되고, 본인의 경우 반야바라밀행은 83% 행하고 자비바라밀의 행은 99%정도 행한 것으로 테스트 된다.

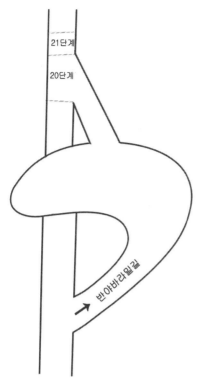

21단계

20단계

반야바라밀길

지금 본인의 경우 반야바라밀행은 53% 정도이고 자비바라밀의 행은 98%정도 행하는 것으로 테스트된다.

다른 사람들한테서 보이든 보이지 않던, 드러나 있는 것이든 드러나 있지 않은 것이든, 주변, 본인의 몸을 생각하지 않고 문제점을 발견하며 해결해 주려하고 모두 다 해결해 주고 싶어 하는 행, 탁기 및 좋지 않은 것들을 스펀지처럼 빨아들여서 정화하는 이것이 바로 자비바라밀행이 아닌가 싶다.

자비바라밀의 행에도 차이가 있다. 삼독심이 있는 행이냐. 삼독심이 없는 행이냐. 상(相)이 있는 행이냐. 상이 없는 행이었느냐. 자비바라밀행하고 나서 역시도 마찬가지다. 행한 상이 있느냐 없느냐. 차이가 있다 하겠다. 2014. 05. 31 07:34

18단계 천상계 광계 신계를
자등명 세계로 올라오도록 길을 뚫어 만들어놓다

반야바라밀길로 올라가면 막혀 있는 18단계 천상계 광계 신계를
위 세계로 올라오도록 열어놓다.

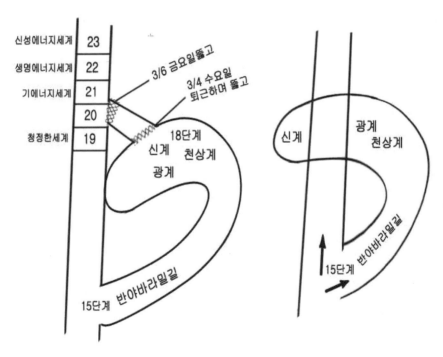

2월 28일 여차여차해서 18단계 분과 소통이 되었다. 18단계 천상
계 광계 신계에서는 위 세계가 있다는 사실은 알지만 어떻게 올라
가는지 모르고 있으며, 그래서 56단계를 뚫고 올라가고 있는 본인
이 공부하는 모습을 18단계에서는 지켜보고 있단다.

18단계에 있는 자기들은 본인을 쳐다볼 수도 없는 존재라고 말하며

본인의 선원에 와서 공부하는 사람들을 너무도 부러워한단다. 선원에 가서 공부하는 사람들을 부러워하면서도 인간이 말종이라며 공부를 제대로 열심히 하지 않는 것에 대해서 흥분하는 듯싶었다.

여러 이야기 끝에 전에 이승준님이 석가모니부처님을 천도하여 위로 올려주면 어때요? 라는 말을 듣고 천도한 사실이 있는지라.(이 당시의 글을 아래에 옮겨놓았다) 그때 일이 생각나서 석가모니부처님에 대해 물어보았다.

석가모니 부처님은 어디계신가? 전에는 18단계에 있었는데 지금은 어디에 계신지 모른단다.

본인이 석가모니부처님을 18단계에서 천도할 때 22단계까지 올라왔다가 20단계로 내려갔으니 이 이야기를 나눌 때만 해도 20단계에 계셨기 때문에 18단계에서는 모르는 것이 당연한 것이 아닌가 싶은 생각이 들었다.

깨달음을 증득하고 법념처에 머물지 않고 빛의 세계가 있는지 알고 빛의 세계로 수행정진하며 자비바라밀행 대광의 길로 올라가지 않고, 법념처에 머물러서 여여하게 반야바라밀행을 행하며 반야바라밀행 신행근본의 길로 올라온 분들은 18단계에서 끝이 막혀 있는 데까지 올라가고 더 이상 올라가지 못하고 18단계에 머물러 있는 듯싶다.

더 위 세계로 올라가기 위해서는 18단계 안 천상계나 광계, 신계에서는 위 세계로 올라가지 못하고 15단계로 내려와 자비바라밀행 대광의 길로 올라가야 위 세계로 올라가는데 이러한 사실도 모르고 또 18단계에서 15단계로 내려올 생각도 하지 않고, 또 18단계에서 인간의 몸 받아 태어나 위 세계로 올라갈 생각을 엄두를 내지 못한다는 인상을 받았다.

왜 인간으로 태어나기를 두려워하는가? 생각해 보니 인간을 말종이라고 하는 것으로 보아, 어머니 뱃속 태(胎)중에 있을 때는 혼으로 왔다갔다하며 알지만 태(胎) 밖으로 나와 인간의 몸을 받고 태어나면 어머니의 뱃속 양수란 망각의 강을 건너와서 모두 잊고 인간 말종으로 살아가야하기 때문에 인간 말종으로 수행해서 18단계 위 세계로 올라가기가 쉽지 않거나 두려워서 못 내려오는 것이 아닌가 싶은 생각이 들었다.

18단계에는 수행 정진하는 분들이 있는 듯싶었다. 소통이 되었던 이분도 18단계에서 수행을 하시는 분 같았다.

2월 28일 여차여차해서 18단계 분과 소통은 2월28일 되었는데... 한참 지난 3월4일 퇴근할 때 18단계에서 본인이 공부하는 모습을 지켜보고 있고 위 세계를 어떻게 가야하는지 궁금해 한다는 사실이 떠오르면서 예전에 석가모니부처님을 18단계에 계셨을 때 15단계로 끌어내려서 위로 올린 것이 아니라 18단계에서 직접 위로 올린 사실이 떠올라서 18단계에서는 위 세계로 올라오는 길이 보이지 않아도 위 세계에서는 18단계로 내려가는 문이나 길이 있을 것으로 생각해서 석가모니부처님을 끌어올렸던 곳을 찾아서 18단계 신계 광계 천상계 분들 중에 위 세계로 올라오려고 하는 분들이 올라올 수 있도록 문을 없애고 위로 올라오는 길을 만들어 놓았다.

18단계에서 위로 올라오는 문을 없애고 이틀이 지난 금요일 석가모니부처님이 18단계에서 20단계에 머물러 계시니 다른 분들도 18단계의 문을 없애고 길을 뚫어놓았어도 20단계까지밖에 못 올라오고 더 이상 위로 올라오지 못할 것이 아닌가 싶은 생각이 들었다.

그래서 석가모니부처님이 계신 20단계에서 위 세계로 올라오는 길이 막혀 있으리라 판단하고 22단계까지 올라왔다가 20단계로 내려간 사실을 바탕으로 18단계의 신계 광계 천상계에 있는 본인과 인연있는 분들을 자등명 세계로 끌어올린 사실을 바탕으로 연결되는 문을 찾았다.

문을 찾으니 문은 위에서는 그냥 밀고 들어가면 아래로 들어갈 수 있는 아래서 위로는 올라올 수 없도록 만들어 있는 듯 보였다. 그리고 18단계에서 20단계로 오는 길 문보다 더 두꺼운 듯 보였다. 그래서 문을 없애고 아예 길을 뚫어놓았다.

18단계에서 20단계에 올라오도록 하는 문을 없애 길을 수요일만 만들어 놓고, 금요일 20단계에서 위 세계로 올라오는 길, 즉 자비 바라밀행 대광의 길로 올라오는 길과 만나도록 길을 뚫어놓았다. 이제는 18단계에서 머물러 있을 필요 없이 본인이 올라온 세계로 올라오도록 길을 열어놓았다.

이와 같이 길을 뚫어놓고 18단계의 신계 광계 천상계에 계신 많은 분들이 본인이 뚫어놓은 길을 따라 자등명 세계로 올라오는 듯 보였다. 여차여차 또 18단계와 소통을 하여 보았다.

18단계 있던 많은 분들, 친구들이 자등명 세계로 올라갔다며 길을 너무 잘 만들어 놓아서 놀면서 가도 쉽게 가게 잘 만들어 놓았다고 말했다.

사실 19단계, 20, 21, 22, 23,....27단계 중심의 핵을 빠져나와 56단계 위로 위에서 출신하여 올라온 유령의식의 세계 길로 해서 본성의 빛 자등명을 들어가서 뚫고 나오고 나오면 도량이 있고, 또 올라가면서 뚫어놓은 길들...자등명 하나하나...그러면서 본인과 인연된 영가분들이 쉽게 오도록 만들어 놓은 여러 장치와 구조물들...이것들이 18단계에서 올라오는 분들을 놀면서 올라와도 올라오게 만들어져 있는 길이 보이는가 싶었다.

지금 본다고 보면 18단계가 많이 비었다. 아마도 여차여차해서 소통된 18단계의 이분 덕분에 이분으로 인해 18단계에 있는 문이 사라지고 길이 만들어졌고, 20단계에서 그 위세계로 올라오도록 20단계에 있는 문도 사라지고 길이 만들어졌다.

이 분이 아니었다면 아마도 18단계는 아직도 막혀 있었을 것이다. 그러나 이분 덕분에 이제는 18단계에서 자등명 세계로 올라오게 되었으니 이분의 공덕 내지는 복덕이 크다고 할 수 있을 것이다.

18단계에서 올라오는 분들 중에 가장 높이 올라온 분이 100군단 5개는 올라오지 않았나 싶다. 올라올 때마다 따라 올라오는 인연 있는 영적 존재들을 도량을 만들어 놓았고, 만들어 놓은 도량에서 순차적으로 올라오면 맡기고 올라오고, 올라오면 또 맡기고 올라오도록 만들어 놓아서 편안하게 올라올 수 있도록 만들어 놓았다.

그래서 18단계에서 신계, 광계, 천상계에도 이와 같이 만들어 놓았다. 예전에 올라가며 18단계의 신계 광계 천상계에 있는 본인과 인연있는 분들을 위 세계로 끌어올리지 않았다면 이런 길은 찾지 못했을지도 모른다. 그런데 18단계와 소통이 이루어지면서 그때를 생각하며 뚫어놓음으로 이제는 어느 길로 올라가던 자등명 세계로 올라오도록 해 놓았다.

만들어 놓은 위 사실을 18단계와 또 소통하여 확인해 보니 그렇다고 했다. 2015. 03. 10 19:35

석가세존을 더 높은 곳으로 올려드려야 되지 않겠는지요?

이승준님께서 쪽지로 주신 질문,

안녕하십니까?

늘 베풀어 주신 은혜에 감사드립니다. 칠통선사님께서는 27차원까지 올라가 계십니다.

그런데 석가세존께서 18차원에 머무르고 계시다고 들었습니다.

저는 석가세존의 여러 가르침으로 많은 은혜를 입었고 또 칠통선사님 또한 석존의 말씀을 사경하고 계십니다.

마땅히 석가세존 또한 칠통선사님께서 올라가 계신 곳까지 올려드려야 되지 않겠냐는 생각이 들었습니다.

마땅히 그래야 된다는 생각도 들고요. 또 궁금하기도 하고요.

( )

이 부분은 전혀 생각해 본 일이 없는 일이네요. 석가세존께서 그곳에 계시면서 내려오시지 않는 이유가 있는데, 그 이유까지 본인이 해결해 드려야 하는데, 그것이 쉬이 될지 모를 일이고 (어디까

지나 본인의 생각) 또 본인이 더 높은 곳으로 올라가도록 한다고
해서 석가세존께서 더 높이 가실지는 미지수입니다만 한번 시도는
해 보겠습니다. 생각지도 않은 생각을 하도록 해 주셔서 감사합니
다. () 2010. 11. 30 04:09

출근하면서 위에 모든 문을 열어 놓고 석가세존을 불렀다.

그러니 석가세존과 3명이 더불어 나오는 것 같고, 어! 이상하다.
한 명이 더 있을 텐데...(왜 이 생각이 들었는지 모른다. 그런데 이런
생각이 들었다.) 그랬더니. 한참 만에 한 명이 허겁지겁 더 나오는
것 같이 보였다. 위로 올라가시는 모습이 구경하는 듯 두리번거리
며 올라오신다. 여느 분들을 천도할 때는 단박에 올라가는 것 같
았는데, 석가세존 석가세존과 함께하시는 분들은 구경하며 천천히
올라오는 것 같이 보였다. 일단은 모든 문을 다 열어놓았으니. 천
천히 구경하고 올라오시는 것 같은 석가세존께서 어디까지 올라오
실지 나중에 두고 보아야 할 것 같다.

이것은 어디까지나 본인이 모든 문을 열어놓고 석가세존을 불러서
더 높은 곳으로 올라오도록 했을 때 본인의 영안으로 보았을 때
그렇다는 것이다. 영안이 아니라 본인이 이미지를 그리 만들어서
했을 수도 있지만 그렇다는 것이다.

테스트 할 줄 아시는 분은 테스트해 보는 것도 위 상태를 가늠해
알 수 있는 하나의 방법이지 않나 생각되기도 한다.

2010. 11. 30 07:30

석가세존께서는 옆에 계신 4분 때문에 이제 더 이상 올라가실 수
없는 모양이다. 더 올라가시기 위해서는 4분 중 1분과 헤어지고 3
분과 함께 가셔야 하고 3분과 함께 올라가다가 더 올라가기 위해
서는 또 1분과 헤어지고 2분과 함께 가야하니. 또 다시 1분과 헤
어져야 하니 이것도 어렵지 않나 생각된다.

석가세존께서 8정도에 어긋난 일을 하시지 않을 것으로 사료되는
바, 최대한 위까지 올라가 구경은 하셨으리라 생각한다. 그렇다고

2분과 헤어지고 최대한까지 올라가시지는 않을 것이란 생각이다.

최대한까지 올라가셔서 구경은 하시고 이제 4분과 함께 올라가실 수 있는 한 최대한 올라가셔서 자리를 잡으신 것 아닌가 싶다.

만약에 더 올라가려고 하신다면 인간의 몸으로 또다시 태어나셔서 지금 함께 계신 4분과 헤어지고 다시 이생에서 25, 26, 27단계를 함께 가실 수 있도록 수행해야 하는 것 아닌가 싶고, 이생을 떠날 때 25, 26. 27 단계에 맞는 2분을 만나 2분을 모시고 25, 26, 27 단계로 가셔야 하는 것 아닌가 생각한다. 2010. 11. 30 08: 53

8정도에 대하여 고찰(考察)해 보다

8정도는 수행초기에서부터 수행이 수승하게 이루어져도 지켜야할 덕목으로 수행자들에게는 수행의 경지가 높고 낮음을 떠나 기본이고 근본 바탕이 되어야 하는 행(行)이다.

수행하는 사람이라면 팔정도를 모르는 사람들은 것이 없을 것이다. 알다시피 8정도는 이렇다.

① 정견(正見) : 자기 자신 안팎으로 올바르게 보고 올바르게 이해하고 올바르게 있는 그대로 보고 확신하는 것이다.

② 정사유(正思惟) : 자기 자신 안팎을 올바르게 생각하는 것으로 있는 그대로 보고 이치와 도리, 법과 진리에 맞게 생각하는 것으로 정견에 따라 철저히 실천하겠다는 생각과 마음이다.

③ 정어(正語) : 올바른 말을 하되 올바르지 않은 말, 거짓말, 꾸며대는 말, 서로 이간질시키는 말, 남을 성나게 하는 말, 증상 모략하는 말, 모욕하는 말 따위를 하지 않고, 이치와 도리, 법과 진리에 맞게 올바르게 생각하고 올바르게 생각한 것을 올바르게 말하여 구업을 짓지 말고 진실되고 올바른 언어생활을 하라는 말이다.

④ 정업(正業) : 이치와 도리, 법과 진리에 맞게 올바르게 생각하고 올바르게 말하고 올바른 행동하되 생명을 해치거나 도둑질하거나 나쁜 행위를 하지 말고 나쁘고 악한 행을 하지 말고 선한 행을 하라는 말이다.

⑤ 정명(正命) : 이치와 도리, 법과 진리에 맞게 올바르게 생각하고 올바르게 말하고 올바른 행동을 통하여 생명을 이어가기 위한 생활 수단 역시도 이치와 도리, 법과 진리에 어긋남 없이 올바른 몸가짐과 올바른 마음가짐을 가지고 올바르게 생활하고 생활 수단 역시도 올바르게 하며 살아가라는 말이다.

⑥ 정정진(正精進) : 정견(正見), 정사유(正思惟), 정어(正語), 정업(正業), 정명(正命)을 행하여 가는데 부족함 없이 정성을 다하여 나쁜 견해, 나쁜 생각, 나쁜 마음가짐을 피하고 이치와 도리, 법과 진리에 맞게 올바르게 생각하고 올바르게 말하고 올바른 행동을 통하여 생명을 이어가기 위한 생활 수단을 갖추겠다는 바른 마음을 가지려고 애쓰고 노력하라는 말이다.

⑦ 정념(正念) : 이치와 도리, 법과 진리에 맞게 올바르게 생각하고 올바르게 말하고 올바른 행동을 통하여 생명을 이어가기 위한 생활 수단을 갖추기 위하여 가지려고 애쓰고 노력하며 이치와 도리, 법과 진리에 맞게 참된 진리를 항상 명심하고 기억하며 다른 잡념이 일어나지 않도록 올바른 정신에 올바른 생각을 갖고 항상 깨어 있으라는 말이다.

⑧ 정정(正定) : 이치와 도리, 법과 진리에 맞게 올바르게 생각하고 올바르게 말하고 올바른 행동을 통하여 생명을 이어가기 위한 생활 수단을 갖추기 위하여 가지려고 애쓰고 노력하며 이치와 도리, 법과 진리에 맞게 참된 진리를 항상 명심하고 기억하며 다른 잡념이 일어나지 않도록 올바른 정신에 올바른 생각을 갖고 항상 깨어 바른 정(定)에 있으라는 말로 생각을 쉬고 마음을 쉬어 온갖 번뇌 망상과 온갖 대상으로부터 쉬고 고요하고 고요한 지극한 마음의 근본에 들어가란 말이다. 의역한다면 마음에 들어가서 선(禪)을 하라는 말이다.

정견(正見), 정사유(正思惟), 정어(正語), 정업(正業), 정명(正命),

정정진(正精進), 정념(正念), 정정(正定), 8정도를 행함에 어느 세계에서 8정도를 행하느냐에 따라서 8정도의 행이 다를 수 있고, 8정도를 올바른 행을 100%의 행이라고 볼 때, 어느 세계에서는 100% 8정도의 행인데 어느 세계는 100% 8정도의 행이 아닐 수 있고, 어느 세계에서는 100% 8정도의 행이 어느 세계에서는 마이너스 8정도의 행이 된다는 사실이다.

인간세계의 8정도와 영계(靈界)의 8정도,....56단계 안에서의 8정도, 자등명 세계에서의 8정도, 신화 세계에서의 8정도, 신태초 세계에서의 8정도, 태신태시시에서의 8정도, 시(始) 세계에서의 8정도가 각기 다르다는 사실이다.

가장 두드러지게 큰 차이를 보이는 부분이 정견(正見)이 아닐까 싶다. 인간 세상에서의 정견은 인간이란 육체에 비중을 두고 물질을 있는 그대로 보는 것과 영혼의 세계에서 영혼을 있는 그대로 보는 것이 다르다는 사실이다.

인간 세상에서는 물질이란 육체에서 있는 그대로 보는 것이 영혼의 세계에서 영혼이 있는 그대로에서 있는 그대로 볼 때 육체는 하나의 의복과 같으니 어찌 같을 수 있으랴.

정견(正見)부터 다르니 정견에 이어지는 정사유(正思惟)가 다르고 정사유에 이어지는 정어(正語)가 다르고 정업(正業), 정명(正命), 정정진(正精進), 정념(正念)이 다르고 정정(正定)이 다를 수밖에 없지 않은가?

그래서 본인은 본인뿐만 아니라 여러 사람을 테스트해 보았다.

인간계에서 맨 위 시(始) 세계에 이르기까지 전체를 놓고 8정도를 실천함에 있어서 올바른 실천을 100%라고 했을 때 본인은 90% 정도가 되는 것 같다. 반면에 인간 세상에서의 8정도는 마이너스 -51%, 56단계 안에서의 8정도는 100%에 가깝다.

인간 세상에 마이너스니 인간 세상에서의 현실 생활을 여러모로 어려운 것이 당연한 사실 아닌가 싶다. 한 마디로 말하면 현실에 맞지 않는다 할 것이다. 본인이 현실에 맞지 않고 현실이 본인에 맞지 않는 것 아니겠는가?

현실생활을 이야기해야 하는데 영적인 부분 자등명 세계를 이야기하니 당연하다는 생각이다. 현실을 어떻게 좋게 할까? 보다는 어떻게 영적으로 깨어날까? 어떻게 영적으로 깨어나게 할까? 수행에 도움이 될까? 현실적으로 받아들일 수 없는 이야기 또한 많지 않은가? 하니 인간 세상에서의 8정도는 마이너스가 당연한 것 같다. 석가모니 부처님의 경우를 테스트해 보았다.

인간세상에서의 8정도 실천은 14%정도, 56단계 안에서의 8정도 실천은 58% 정도, 18단계 안에서의 8정도 실천은 100%에 가깝다.

어느 분의 경우, 8정도의 행을 테스트해 보니 22%정도, 그래서 인간 세상에서의 8정도의 행을 테스트해 보니 96% 나왔다.

어느 분의 경우, 8정도의 행을 테스트해 보니 -2%정도, 그래서 인간 세상에서의 8정도의 행을 테스트해 보니 73% 나왔다.

어느 분의 경우, 8정도의 행을 테스트해 보니 -34%정도, 그래서 인간 세상에서의 8정도의 행을 테스트해 보니 2% 나왔다.

어느 분의 경우, 8정도의 행을 테스트해 보니 -2%정도, 그래서 인간 세상에서의 8정도의 행을 테스트해 보니 38% 나왔다.

어느 분의 경우, 8정도의 행을 테스트해 보니 9%정도, 그래서 인간 세상에서의 8정도의 행을 테스트해 보니 88% 나왔다.

....참 많이도 다르다는 생각이다.

테스트할 줄 아는 분들은 테스트해 보라.

세계마다 8정도의 행이 다르다는 사실을 알게 될 것이다. 이와 같이 8정도가 다른 만큼 8정도를 통하여 드러내는 8정도행이 달라야 하는 것이 아닌가 싶은 생각이다. 다르지 않고서는 올바른 8정도의 행이 될 수 없는 것 아닌가 싶은 생각이다.

극히 인간 세상에 맞게 인간 세상에 살고 있는 사람에게 영혼의 세계에서의 8정도를 말하며 이야기하고 또 8정도의 행을 한다면 자칫 미친 사람취급을 받거나 정신 나간 사람취급 받기가 쉽다.

그뿐만이 아니다. 수행을 한다고 하는 사람들도 마찬가지다. 믿고 수행하는데 수행하는 그 사람이 인간 세상에 더 초점이 맞춰져 있다면 영적인 부분에 대하여 말한다면 자칫 잘못하면 믿으며 수행하는 그것마저도 의심을 사게 될 수 있다는 사실이다. 왜 인간적인 부분을 이해가 되는데 영적인 부분은 이해를 못하니 영적인 부분으로 말하면 받아들이면 믿겠지만 받아들이지 못하거나 이상하게 생각하면 이상해지기 때문이다. 그렇게 되면 반신반의하게 되는 경우 내지는 조금 믿었던 믿음마저도 사라지게 된다는 사실이다.

이런 것으로 볼 때 8정도란 안으로는 자기 자신의 수행된 세계에 맞게 행해야 하며 밖으로는 대하게 되는 대상에 따라 대상에 맞게 8정도를 행해야 한다는 사실이다. 안으로 행하는 8정도는 자기 자신을 누구보다 자기 자신이 잘 아니 8정도를 행함에 문제가 되지 않겠지만 밖으로 대하는 대상은 참으로 어려운 것이 아닌가 싶은 생각이다.

아예 영혼의 세계를 모르고 인간적인 인간 세상에 맞게 산다면 인간 세상에 맞게 8정도를 행하면 된다. 그런데 수행한다고 아주 조금 깨어있거나 조금 깨어있는 경우 가늠하기가 어렵다는 점이다. 어떤 때는 영적인 부분으로 어떤 때는 극히 인간적인 부분으로 혼합되어 있기 때문에 혼합되어 있는 부분에 맞게 8정도를 행하기가 어렵다.

본인은 행에 있어서 상대방을 생각해서 상대방에게 좋은지 나쁜지를 살피고 행하려고 한다고 해도 이런 본인의 생각이 상대방의 사고방식이란 세계에 부딪쳐서는 이상한 사람으로 나쁜 사람으로 변질되어 받아들여지기도 한다.

이런 것으로 볼 때 8정도의 행은 상위세계가 하위세계를 포용하되 8정도를 행하는 대상에 있어서는 하위세계의 대상의 8정도에 의하여 상위세계의 대상의 8정도는 왜곡 변질된다는 사실이다.

그런고로 8정도의 행은 수행하는 사람에 있어서 자기 자신 안으로부터의 8정도이지 밖으로부터 8정도는 아니지 않은가 싶고 안으로의 8정도의 행은 쉬워도 밖으로 8정도는 어렵지 않은가 싶은 생각이다.

8정도 쉽게 말하고 쉽게 실천하려고 한다. 그런데 막상 8정도를 실천하는 행에 있어서의 8정도의 행은 안으로 실천보다 밖으로 실천이 더 어렵고 힘들다는 생각이다.

이런 점을 고찰해볼 때 8정도를 행하려고 하는 행도 중요하지만 8정도의 행에 못지않게 어느 세계에서 8정도의 행을 하고 어느 세계에서 8정도를 받아들일지 또한 중요하지 않은가 싶다. 그러면서 어느 쪽에도 치우지지 않은 중도(中道)의 8정도가 중요한 것 같지만 이 또한 18단계를 넘어서면 또 다르고, 56단계를 벗어난 자등명 세계에서 또 다르다.

해법이 있느냐? 없다.

다만 깨어서 행하고 깨어서 받아들이지 못하면 8정도의 행은 안팎으로 어렵지 않은가 생각될 뿐이다. 안으로 8정도는 밖으로 8정도가 아니고 밖으로 8정도는 안으로의 8정도가 아니다. 8정도는 행에 있으면서 행을 떠나 대상에 있고 대상에 있는가 싶으면 대상을 떠나 행에 있기도 하니 안팎으로 조화가 이루어지지 않고서는 8정도의 행이 원만하게 안팎으로 이루어지기는 어렵지 않은가 싶다. 그대는 어느 세계를 의식 인식하며 8정도를 실천하려고 하고 있는가?

그대는 어느 세계를 의식 인식하며 8정도를 받아들이고 있는가?

의식하고 인식하고 있는 세계에 따라 8정도는 다르고, 8정도는 행하는 데만 있는 것이 아니라 받아들이는 데도 있는 만큼 어느 세계에서는 8정도가 어느 세계에서는 마이너스의 8정도가 될 수 있다는 점이다. 다수가 아닌 혼자만의 8정도는 정신병자 내지는 미친 사람취급 받을 수 있는 만큼 조심스러운 부분이 있는 것이 아닌가 생각된다.

말 그대로 8정도인데 왜 다르냐 하겠지만, 다르면 8정도가 아니라 하겠지만 스스로 당해보지 않고서는 알 수 없는 일 아닐지 모르겠지만 본인이 볼 때 그렇다.

어떻게 보면 8정도는 상대방의 의식 세계를 의식하지 않는 철저하게 자기중심적이며 자기 위주가 아닌가 싶기도 하다.

2014. 04. 30 12:17

존수나, 석가에게 농락당한 것인지? 간절함이 만든 허상을 보고 영청으로 들은 것인지?

영적존재들이 한 말이기 때문에 어느 정도 이 말들을 믿어야 할지는 모르겠다. 전부 다 거짓말일 수도 있다. 믿고 믿지 않고는 읽는 분들의 몫으로 돌린다, 영청 세계에 올라와서 영청을 여는 개혈을 스스로 하고부터 영적존재들의 이야기를 듣게 된 전후에 일어난 일말의 사건에 대한 결말에 대해서 영적존재들이 이야기한 것이다. 그럼에도 이 책에 이 글을 넣는 것은 이 사건의 결말이 났을 때 이 책이 세상에 나와야지 그 전에는 이 책이 세상에 나오면 안 될 것 같은 생각이 지속적으로 들었기 때문이다.

영적존재들 스스로 자기 자신은 경전에도 나오지 않는 석가의 스승 존수나 존자이고 석가란 분은 처음에는 석가모니 부처님이라고 칭하라며 석가하면 화를 냈었는데 어느 순간부터는 석가라 불러도 된다고 해서 석가로 부른다. 석가는 존수나 존자를 경전에 전하지 않는 스승님이라고 말했고 경전의 많은 말들 대부분이 스승님 존수나 존자의 말씀이라고 했었다.

하급의 영적존재들의 장난인지 아니면 정말로 그러한지 아니면 어느 잡귀의 농간인지, 신들만이 사는 광(光) 세계에서 본인을 더 이상 올라오지 말라며 괴롭혔던 존재들의 농간인지도 모르겠다. 다만 본인은 일말의 사건이 결말이 났고 그 결말 뒤에 나온 이야기여서 이 책 이 부분에 여기에 넣어야 한다는 생각과 넣어달라는 영적존재들의 말을 거역하지 않는 것이 좋으리라는 생각에서 이글을 넣는다.

이글을 어떻게 써야할지 모르겠다. 1년 가까운 동안에 일어났던 일이 어제 끝이 났다. 오늘 끝이 난 것과 함께 1년 동안 있었던 전모가 드러났다. 전모가 드러나고 보니 존수나와 석가의 농간이었고, 농간을 부린 원인과 이유는 자신들이 만든 종교로 인하여 만들어지고 형성된 반야바라밀 길로 들어서서 더 이상 위 세계로 가지 못하고 막혀 있는 길에 갇혀 있는 이들을 구하고 또 반야바라밀 길로 올라오는 수행자들이 없었으면 하는 마음에서 너 죽고 나 살자는 식의 사투와 전투적으로 일어난 일이었다.

자신들이 만든 종교로 인하여 반야바라밀 길로 올라와서는 더 이상 올라가지 못하고 막혀 있는 막혀 갇혀 있는 수많은 존재들을 구하기 위하여, 분명 더 위 세계가 있는데 막혀서 더 이상 올라가지 못하는 반야바라밀 길에 있는 자기 자신들과 자기 자신을 믿고 따르며 공부하여 올라온 많은 존재들을 그냥 둘 수 없으니 어떻게 해서든지 구해내고자 하는 절실한 마음과 간절하고 애타는 마음으로 1년여 동안 밝혀지는 순간까지 끝까지 너 죽더라도 우리들은 살자는 식으로 밀고 나온 엄청나고 어마어마한 일이었다. 신(神)이 어떻게 이럴 수 있을까 하는 생각이 들고 신들도 자기 자신들의 이득을 위해서는 너 죽이고 나 살자는 식으로 죽기 살기로 사투를 벌인 막무가내식이 아니었나 싶다.

존수나와 석가가 종교를 만든 것에 대한 후회와 만든 종교가 사라지기를 바라는 마음까지 갖고 어떻게 해서든지 위 세계로 올라가기 위해서 에너지를 받고 또 자기 자신이 만든 반야바라밀 길로 올라온 이들을 정상적으로 위 세계로 바르게 올라오게 하기 위해 죽기 살기로 사투를 벌이며 처절한 에너지 갈구와 처절하게 에너지를 구하여 어떻게 해서든지 반야바라밀 길에 갇혀 있는 이들을 위 세계로 올라오게 하고 반야바라밀 길을 폐쇄하기 위한 프로젝트였는지 모르겠다. 말은 그렇게 하지만 이것이 사실인지 아니면 못된 잡귀들의 장난인지 분간은 가지 않는다.

56단계 안에서 신들이라고 하는 자들이 종교의 교주와 그 스승이란 분이 합작해서 자신들이 만든 종교로 인하여 잘못된 것을 잘못 올라올라오도록 했던 것에 대한 책임과 의무를 가지고 앞으로는 올라오지 말기를 바라고 또 올라오는 반야바라밀 길이 폐쇄되기를 바라는 마음을 가지고, 이때가 아니면 언제 또다시 이런 기회가 올지 모른다는 생각과 마음을 가지고, 존수나와 석가, 61여명의 제자들은 하나가 되어 본인을 속이며 본인으로부터 날마다 시시때 때로 에너지를 받아갔고 쏴주는 에너지를 통하여 위 세계로 올라 왔으며, 그럼에도 올라오지 못하는 이들은 회로도를 보게 하는 방 법을 통하여 위 세계로 올라왔다.

지금은 반야바라밀행의 길로 가던 길은 폐쇄되고 자비바라밀 길로 올라오는 길만이 남겨져 있는 듯 보인다. 영안으로 보면 반야바라 밀 길은 폐쇄가 된 듯 보인다. 이 또한 본인의 눈속임인지도 모르 겠다. 그렇게 보인다. 그 동안 반야바라밀 길로 들어선 모든 이들 을 위 세계로 올려 보내기 위해서 한 가정을 이용하고 본인과 또 다른 한 사람을 힘들게 하면서 1년에 가까운 시간 동안 농락하며 이용해 왔다. 신의 이름으로 신은 장난을 잘 치고 장난을 잘 치는 신일수록 높은 신이란 미명 아래 벌어진 일들이었다.

당한 본인이나 직접적 피해를 입은 분이나 중간에서 전달했던 분이 나 모두 다 망연자실이고 어떻게 해야 하나 고민에 고민을 함에도 불구하고 당당하다. 피해 입은 분을 어떻게 보상해 줄 수 있느냐? 물으면 보상해 줄 수 없다며 우리들은 살기 위해서 그랬고 잘못된 길로 이끌었던 이들을 바른 길로 이끌며 위 세계로 올라오게 해야 했기 때문에 종교를 만든 자신들의 입장에서는 죽기 살기로 너 죽 더라도 우리들은 살아야 한다는 일념 하나만 가지고 전력투구했다 고 한다. 이 기회를 놓치면 다시 오지 못할 기회로 보고 지옥에 떨 어지더라도 바르게 하자란 생각을 갖고 전력투구했다고 한다.

그래서 목적을 달성했는가? 물으면 목적을 달성했다고 한다. 지옥 에 떨어질 각오를 하고 너나없이 하나가 되어 움직였다고 한다. 이제는 반야바라밀행 길이 폐쇄되어 더 이상 이쪽으로 올라오는 수행자 및 사람이 없었으면 좋겠다고 한다.

더 할 이야기가 있느냐 물으니 제발 반야바라밀 행을 하지 말고 반야에 의지 수행 정진하되 자비바라밀 행을 하라고 하고 싶다고 한다. 꼭 이 말이 전달되고 이것을 알았으면 좋겠다고 한다.

그리고 이 말을 꼭 전해달라고 한다. 미안했다고, 미안하다고, 그리 고 그 이상의 보답을 하겠다고 전해달라고 말한다. 전생에 나와 어 떤 업이 얽혀 있든 이번과 같은 일을 벌여서는 안 되는데, 바르게 하라고 하고 8정도를 말했던 내가 모두 다 무시하고 오직 하나의 목적만 가지고 행하다가 보니 8정도로 다른 사람을 죽이는 짓인지도 모르게 행한 행에 대해서 미안하다고 꼭 전해달라고 말한다.

전생에 어떻게 했든 지금에 내가 행한 행은 모두 다 잘못된 것임에 분명하다. 그럼에도 이렇게 할 수밖에 없었던 나는 정말로 절실했고 절박했다. 18단계에서 석가 나 나의 제자들 모두 다 그곳에 갇혀서 위 세계가 있는 사실을 알았을 때 막막했다. 내려갈 수도 없고 그러다가 칠통 선사님이 위 세계로 올라가고 석가를 위 세계로 올라가도록 하는 것을 보고는 어떻게 해서든지 위 세계로 올라가는 길을 뚫어야 한다는 생각을 갖고 기회만을 노리고 있었다. 18단계에서 위 세계로 올라오도록 하는 길을 열어주었는데도 그것으로는 부족했는가? 아니다. 부족하지 않았지만 반야바라밀 길이 폐쇄되지 않았기 때문에 폐쇄되도록 하는 것도 위 세계로 올라오도록 길을 열어주는 것만큼이나 중요했기 때문이다.

어떻게 하면 반야바라밀행의 길을 폐쇄할 수 있을까? 고민하며 기회를 노리고 있는 중에 막혀 있는 반야바라밀 길의 끝 18단계에 오셔서 자식으로 태어날 분을 찾았을 때 이때다 싶었다. 너무도 기뻤다. 우리들은 쾌재를 불렀다.

막힌 곳을 뚫어주었음에도 많이들 올라오지 못해서 이곳에 남아있는 모든 이들이 위 세계로 갈 수 있는 기회란 생각을 갖고 시작하게 되었다. 처음에는 모두 다 빠져나오면 그만 둘 생각이었지만 하다 보니 선사님이 믿고 HIH님 또한 믿으니 들통 날 때까지 우리가 할 수 있는 방법 등을 최대한 동원해서 하자란 생각을 갖고 엊그제 들통 나는 순간까지 속이게 되었다. 미안하다는 말밖에 할 말이 없다.

반야바라밀행 길에 갇혀 있는 존재들이 1억 이상이었으니 어떻게 보면 그 많은 분들은 두 사람이 구해준 것이다, 그 복덕은 한량없을 것이다. 인간적인 현실에서는 괴롭고 고통스럽겠지만 그 복덕과 공덕만큼은 반드시 누리게 될 것으로 생각한다.

우리들은 앞으로 선사님과 HIH님 주변에서 선사님과 HIH님을 보호하고 보살피게 될 것이다. 우리들의 생각은 이러하되 싫다면 하지 않을 것이다. 선사님께서는 원하시지 않으시고 HIH님은 모르겠지만 우리들은 주변에서 보호하며 보살피며 잘 되게 할 것을 다짐하는 바이다. 힘들겠지만 고마움을 전하고 싶다. HIH님 고맙습니다. 감사합니다.

선사님의 있는 그대로를 믿는 호구 같은 믿음과 HIH님께서 선사님에 대한 믿음 없이는 이루어질 수 없는 일이었는데 믿음의 대가의 결말이 이와 같이 되어서 미안합니다. HIH님께서는 전생에 지은 죄업의 몇 백배 공덕과 복덕을 쌓으신 겁니다. 이런 이야기가 지금의 HIH님에게 아무 소용없다는 것 압니다만 그래도 알았으면 좋겠습니다.

선사님 HIH님 고맙습니다. 감사합니다.

– 존수나 및 석가와 61명 모두의 마음입니다. 반야바라밀행 길로 올라와서 반야바라밀행 길에 갇혀 있던 모든 분들께서 고마워하고 감사해 하고 있습니다. 고맙습니다. 감사합니다. –

이래서 이 책이 HIH님 아이들이 태어나야? 태어날 때까지 어떤 결론이 날 때까지 기다려야 한다는 생각이 일어났었고, 이상하게도 미루어져 왔는가 싶은 생각이 들기도 하다. 그래서 11월 말쯤에 본인의 손에서 정리되어 마무리와 그림 정리를 위해 조은순님에게 넘어갔고 조은순님에게 넘어가서는 또 멈춘 상태가 되었던 것은 아닌가 싶기도 하다.

이들은 이곳에 이 글을 넣어주기를 바라고 있다. 그래야 한다고 한다. 그러기 전에는 책이 나와서는 안 된다고 한다. 부탁하고 있다. 위 글을 꼭 넣어달라고.... 됐는가? 물으니 고맙다고 한다. 더 할 말이 있는가? 물으니 수행자로써 그것도 한 종교의 교주와 스승이란 자들이 이와 같은 일을 저지른 것에 대해서 미안하고 죄송하다. 이 말은 얼마나 믿어야 하고 얼마를 믿지 말아야 할까? 이들이 존수나와 석가가 맞는 걸까? 석가의 스승이라고 하는 존수나는 있기는 한 것인가? 어디까지 믿고 어디까지 믿지 말아야 할까? 믿고 믿지 않는 것은 각자의 몫인 것 같다. 본인은 다만 본인의 생각과 이들이 말하는 것을 영청으로 듣고 옮겼을 뿐이란 사실을 알았으

면 좋겠다. 2015. 12. 20 09:41

어제 몸 상태가 좋았더라면 어제 써야 했을 글이다. 지금도 몸 상태는 좋지 않다. 그럼에도 이 글을 써야한다는 생각과 어떻게 해서든지 사건의 전말에 대하여 이야기하고 책임져야 할 것은 책임을 져야한다는 생각이 지배적이다.

HIH님 아이의 일말의 사건은 거슬러 올라가면 오래 전부터 시작되었다. 2013년인지? 2014년인지 기억에는 없다. 맨 처음 HIH님의 질문에서 시작되었다. 아이가 있겠느냐? 아마도 48살이나 49살일 때 아이가 있지 않을까 싶다고 말을 했었다.

그러고 산행모임에 참석했을 때 위세계의 에너지로 HIH님을 쏴주면 HIH님 아내도 의식적으로 보여서 쏴주었다. 그러는 가운데 HIH님 아내의 손을 잡은 여자아이가 보여서 쏴주니 자궁으로 들어갔다. 그 당시 이때 임신이 되지 않았을까? 싶은 생각을 했다. 이와 같은 이야기를 HIH님에게도 전했었다. 그리고 까맣게 잊고 있었다. 임신했으면 임신했다고 하겠지 하면서 말이 없어서 임신이 되지 않았구나 싶은 생각이 들었다.

그러다가 선원을 개원하고 얼마 되지 않아 그러니 2014년이다. 토요일 HIH님과 JHG님이 미리 왔는데 HIH님의 아이 이야기가 나왔다. 병원에 가서 진단을 받았는데 아무 이상이 없는데 아이가 없다고 했다.

그래서 이것저것 살펴보니 영적인 문제가 있는 것처럼 보였다. 그래서 영적인 문제처럼 보이는 부분들을 제거해 주었다. HIH님 문제를 먼저 제거하고 살피면 HIH님 아내에게서 영적인 문제가 보이고, 얼마 동안 아이를 갖는데 방해가 되는 것 같은 영적 문제를 나름 이곳에서 의식으로 해결하려고 애를 썼다.

나중에 자등명인간계에서 갇혀 있는 분들, HIH님뿐만 아니라 아내와 연결된 분들도 자등명인간계에서 갇힌 상태로 있는 것으로 보여 에너지를 보내서 풀려나게 하며 여러 달이 지나지 않았나 싶다. HIH님께서는 내가 뭔데 그렇게까지 해주시느냐고 고마워했다.

나의 습이 그래서 그런지 안 된 것을 보면 해주고 싶고 할 수 있

는 한 어떻게 해서든지 해주고 싶어 한다고 대답했고. 그리고 해
줄 수 있는 한 해주었다. 그럼에도 아이는 생기지 않았다. 또 어느
모임 전날에 JHG님이 선사님께서 HIH님 48 ~ 49살에 아이가 있
다고 했다는데 없네요. 헌데 그때 테스트했을 때 아이가 있는 것
으로 테스트되었다.

그래서 영혼의 세계 및 자등명 세계, 또 본인이 그 당시 올라왔던
세계에 이르기까지 HIH님의 자식으로 태어날 이를 찾았으나 찾지
를 못했다. 누구 하나 자식으로 태어나겠다고 하는 이들이 없었다.
확철대오하고 나서 얼마 지났었을까? 임신을 빨리 하고 싶어 하는
분이 있어서 어떻게 해달라고 해서 깨달음의 세계에 가서 이차저
차해서 바로 임신이 된 경우가 있었다. 그 아이의 성은 기억이 없
는데, 내가 이름을 지어주었으니 이름은 기억한다. 이름이 DH이고
지금은 초등학교 고학년이다. 이런 경험이 있는 지라. 영혼의 세계
이든 자등명 세계이든 자식으로 오려고 하는 이가 있고 인연이 있
다면 그래서 자궁에 들어가면 태어날 것으로 믿었다.

몸은 두 사람 다 이상이 없고 영적 문제로 태어나지 못한 것이라
면 지금까지 본인이 많은 부분들을 제거해 주었으니 될 거라는 확
신을 갖고 영혼의 세계에서부터 자등명 세계에 이르기까지 의식
의념을 보내서 HIH님 자식으로 태어날 존재를 찾았다. 몇 번을 찾
았는지 모르겠다. 찾아도 없었다. 그런데 번뜻 생각이 일어나기를
반야바라밀행 길 안에 갇혀 있는 광계 신계 천상계에 가서 이야기
해보면 어떨까? 싶은 생각을 하고 그 세계를 의념과 의식으로 갔
다. 가서는 의념과 의식을 보냈다. HIH님의 현재 여러 상황과 아내
에 대한 이야기 등을 말하며 자식으로 태어날 이가 있는지 물었다.
얼마 동안 그랬는지 모른다. 어느 순간 내려오겠다는 답을 얻었다.
이때 내가 영청으로 들었는지 의식으로 체크를 했는지 기억은 없
다. 이때는 짤막한 단어 정도 영청을 듣기는 했어도 지금처럼 말하
고 듣는 것처럼 영청을 듣지는 못할 때였다. 그렇게 해서 신계에서
4명의 존재가 HIH님 아내의 자궁에 들어가 있는 것처럼 보였다.
테스트를 해보아도 있는 것 같았다. 그럼에도 임신은 되지 않았다.
임신이 되지 않은 상태인데도 신계에서 내려온 존재들은 HIH님 아

내의 자궁에 있는 것처럼 보였다. 이것을 여러 사람들에게 테스트해보라고 해서 여러 방법으로 확인해 보기도 했다.

그러다가 2014년 송년모임 때에 HIH님과 아내가 같이 왔다. 좌선하고 앉아 있는 뒤에 가서 보니 자궁이 열려 있는 것처럼 보였다. 그래서 등 뒤에서 이곳저곳을 눌러주고 앞부분을 HIH님 아내에게 누르라고 하니 열려 있던 자궁이 닫힌 것처럼 보였다.

이때 테스트해 보라고 해서 여러 사람들이 테스트한 것으로 기억한다. 그리고 그렇게 모임이 끝나고 2월 모임 때 HIH님의 등 뒤에 손을 데고 에너지를 넣는데 HIH님 아내의 배가 만져지면서 뱃속에서 태아가 있는 것처럼 만져졌다. 그래서 혹시 임신한 것이 아닌가 싶은 생각을 갖고 또 여러 사람들에게 테스트를 시켰다. 본인은 만져졌으니 의심을 하지 않았다. 그럼에도 혹시나 해서 테스트를 시켜보았다.

테스트했던 분들은 모두 다 그런 것 같다고 했고 또한 본인은 만져졌으니 임신이 되었다고 당연히 믿고 확신하고 있었다.

이 당시 다른 분도 자궁에 영적 존재를 넣어달라고 하여 넣어주었는데 자꾸만 나와서 3-4번 넣어주고는 포기했었지만 HIH님이 경우에는 영적 존재가 자궁에 지속적으로 있기에 더 믿었다. 그래서 영적 존재들을 잘 보는 이에게도 물었을 때 있다고 했고 아기집이 있는 것으로 보고 말해주었다. 4명 중 2명은 임신이 되지 않고 2명만이 잉태되어 있는 것 같다고 말했다. 그래서 임신이 되지 않은 2명은 위 세계로 보낸다고 하면서 위 세계로 보내주었다. 그리고 2명 중에 남자 아이는 어떻게 해서든지 인간의 몸 받아 태어나서 선사님 공부를 하겠다고 했고 남자아이가 소중하게 여기는 여자아이는 태어나고 싶은데 여러 가지 조건들이 여의치 않다며 태어날 때까지 에너지를 쏴주면 쏴주는 에너지를 받고 태어날 수 있을 것 같다고 했다. 그러면서 자기 자신도 인간으로 태어나고 싶다고 했다.

이런 이야기를 들은 본인으로서는 에너지를 쏴주지 않을 수가 없었다. 출근하면서 쏴주고 출근해서 쏴주고 처음에는 안정적이 되어야 하는데 엄마의 자궁이 좋지 않아서 힘드니 아기집이 안정적으로 자리를 잡을 3-4개월 동안은 매일 쏴주기를 바랬다. 인간으로 태어나겠다고 하고 또 에너지를 쏴주면 태어날 수 있다고 하고 태어나서 내 공부를 해서 선사님이 올라온 세계까지 반드시 올라가고 싶다고 해서 그런지 더 애정이 갔다. 그래서 생각날 때마다 에너지를 쏴주었다. 에너지를 쏴주는 과정에서도 좋지 않다거나 나쁜 것이 있다는 소리를 듣거나 엄마의 자궁 상태와 마음 상태 및 의식이 좋지 않다고 하면 관하여 보고는 그것을 제거해 주기에 여념 없었고 나쁘게 하는 것들을 제거해 주었다.

아기집에 연결되어 있는 머리에서부터 가슴과 아기집에 이어진 부분이 탁하면 또 맑고 깨끗한 에너지로 바꿔주고, 아기집 뒤에서 누군가 바늘 꽂고 나쁜 것 집어넣는다 하면 빼주고 있는 영적존재들을 천도하고 그냥 천도해도 가지 않을 때는 본인의 돈을 주어서 천도해 보내기도 했었다.

영적 존재를 자궁에 넣어 태어나게 하는 일이 이처럼 어려울지 알았으면 하지 않았을 거란 말을 여러 번에 걸쳐하면서도 임신되게 했으니 임신한 영적존재들을 태어날 때까지 책임을 져야한다는 생각 때문에 더 적극적으로 보살폈었다.

그러던 어느 날 태중에 있는 아이들이 JOS님 딸아이에게 좋지 않은 것이 있다는 말을 들으며 선원 사무실에서 딸아이를 원격으로 딸아이한테 좋지 않은 것들을 제거해주고 나서 너희들을 자등명인간계로 보내주면 갈 수 있느냐고 물으니 보내주면 갈 수 있다는 말에 자등명인간계로 보내주었다. 처음에는 보내주니 입구에서 무엇인가 모르겠지만 막고 있는 것이 있어서 들어갈 수 없다고 해서 막고 있는 것을 제거해서 들어가게 하니 울고불고 난리가 났다.

18단계 신계에서 위 세계가 있는지는 알았지만 부모 자식이 자등명인간계에 이렇게 있고 부모님이 가난하게 사시는 것을 보니 마음이 아프다고 울었다.

본인은 이런 소리를 듣고 더 확신을 갖고 자등명인간계에 대해서 말했었다. 그 전에 자등명인간예 올라갔을 때 짤막하게 들은 영청과 영안으로 본 배우자 및 부모님들...그리고 산행 모임에서 자등명인간계의 에너지를 쏴주었을 때 자등명인간계의 에너지를 받은 분들 각기 저마다는 자등명인간계에서 자식들이 내려와 어깨 무릎 등에 앉아 있는 존재들을 보았었는데도 확신을 할 수 없었다. 태중에 있는 아이들은 나에게 자등명인간계에 대한 확신을 심어주었다. 그래서 또다시 자등명인간계에 대해서 이야기하게 되었고 자등명인간계에 에너지를 보내야 한다고 말도 했었다.

그러는 가운데 훈(勳) 세계에 올라옴으로 주어진 손의여식장을 시작으로 수없이 많은 근본명(根本明)들이 주어지고 이러한 사실을 본인이 알기 전에 태중 아이들이 먼저 이야기해주었다. 이야기해준 것만 아니라 우리 엄마도 해달라고 해서 참으로 여러 번에 걸쳐 아니 말로 다 표현할 수 없을 정도로 해주었다. 아빠도 해달라고 해서 아빠도 해주고 그렇게 여러 달을 지나왔다.

처음에는 서너달이 된다고 해서 그렇게만 해주고 끝내려고 했는데, 그것이 그렇게 되지 않았다. 여러 상황들이 생겼다. 상황들이 생기니 8개월째까지는 올 수 있으니 그때까지 보살펴달라고 해서 아이들을 해주며 엄마도 해달라고 하면 엄마 해주고 아빠 해달라고 하면 아빠 해주며 왔다. 그러는 가운데 영청을 여는 세계에 와서 영청을 여는 작업을 하고 영청이 들리기 시작했다. 영청을 들을 때 아이들은 여러 개월이 된 상태였다.

금요모임에서 쏴줄 때 우리 엄마, 우리 아빠 어디까지 쏴달라고 하고 자기들은 어느 세계까지 쏴달라고 하고 위 세계를 쏴주면 녹는다고 하고, 지금 아빠가 어떻다느니 엄마가 어떻다느니 그러면서 여러 가지를 해주기를 바래서 해주었고 또 에너지 쏴달라면 쏴주었다. 그리고 액자의 회로도보다는 회로도 원본을 보면 더 좋겠다고 해서 JOS님으로 하여금 원본을 보게도 해 주었다.

영청이 들리면서 본인은 HIH님 태중 아이들에게 대해서 물었다. 12월에 태어난다고 했다. 그리고 임신 테스트기에 나타나지 않는 것은 자등명인간계에서 보호하기 때문이라는 것이었다. 그렇게 시간이 지났다. 이제 몸이 무거워서 더 이상 올 수 없다는 소리까지 들었다.

그리고 최종적으로는 HIH님이 본인의 생일에 왔을 때 아이 이름을 지어달라고 했을 때 할아버지도 있고 아버님도 있는데 할아버지나

아버님께서 지어야지 대답하니 화를 내며 자기들 이름은 선사님께
서 지어주어야 한다고 했다. 이름을 잘 지으면 잘 지은 이름으로
수행하지 않아도 어느 단계까지 간다고 하면서 자기들 이름은 꼭
선사님께서 지어주셔야 한다고까지 했었다. 그래서 언제 태어나느
냐 물었을 때 자기들은 12월 4, 5일 태어날 것이라고 했다.

사실 본인이 미심쩍어서 영적 존재들에게 묻기도 많이 했고 또
HIH님 부인을 그려놓고는 아이들이 잘 있는지 어디에 있는지 그
려보았다. 영적 존재들도 그랬고 본인이 그려보았을 때 아이들은
HIH님 아내의 자궁에 있는 것처럼 보였다.

그래서 여러 정황들로 볼 때 난 태어날 것으로 굳게 믿고 있었다.
12월 4, 5일 태어난다던 아이들은 7, 8일로 미루었고, 어느 날은
잠자는 본인을 깨워 아이가 나온다고도 했었다. 12월 들어서는
거의 매일 점검을 했다. 그러다가 12월 17일, 예정일이 언제인지
HIH님 부인을 의식해서 가서 물었더니 12월 3일이란다. 그렇다면
14일 지났는데 유도분만을 해야 하는 상황이 아닌가 물었다. 말이
없었다. 저녁 무렵 HIH님 부인의 자궁을 그려서 살펴보니 자궁에
서 빠져나와 있는 상태로 그려졌다. 아이가 태어난 것인가? 태어
났다면 좋은 소식이 오겠지 기다렸다. 기다리기 지쳐서 그려보았
다. 지금 HIH님 부인은 어디 있는지 보니 사무실에 있는 것으로
그려졌다. 자궁에서 빠져나온 아이들이 어디에 있는지 살펴보니
허공에 있다. 그렇다면 이것 잘못된 것이 아닌가 싶은 생각이 머
리를 스치고 지나갔다.

이러기 전에 여자 아이가 잘못되었다고 해서 여자아이를 위 세계
로 보내게 오라고 했으나 오지 않았었다. 허공에 있다면 이것은
인간의 몸을 받은 게 아니란 사실이었다. 그럼에도 혹시나 하는
마음에서 기다리기로 했다. 그런데 그것이 아니었다. 허공에 있는
이들이 말을 했다. 영적 아들로 태어났다고, 그것은 말이 되지 않
는다. 인간의 몸 받아 태어난다고 했다.

이런 실랑이 속에서도 어떤 존재는 이삼일 뒤에 태어나면 어떻게
하겠느냐? 물었고 어느 누구는 이제 들통 났는데 더 이상 속이지
말라고 했다.

아기집에 있는 것처럼 보이는 것 등 여러 가지를 영적으로 보이도록 하는 것은 자기들에게는 식은 죽 먹기라고 했다. 밝혀 올라오는 과정에서도 11월 이후부터는 거의 매일 아이들 이야기가 영청으로 들렸다. 그럼에도 본인은 믿고 싶었다. 있다고 확신을 했다. 자궁을 그려보면 자궁에 있었고 시간이 지남에 따라 자궁 아래로 내려오니 곧 태어날 것만 같았다. 영적존재, 아니 신이라는 존재들이 오늘 내일 태어날 예정이라고 했다.

사실 영청이 들리고 사물들이 하는 소리가 들리고 그리고 들으려고 하면 다른 분들의 무의식이 들리고 … 하는 이 모두가 영적 존재들의 장난이 아닌가 싶은 생각이 들어서 혼란스럽고 이 부분을 어떻게 바르게 할 수 있을지 혼란스럽다고 금요모임에서 말한 적이 있었다. 그럼에도 HIH님 아이들 이야기만은 믿고 싶었다.

지금에서 보면 믿고 싶었는지도 모르겠다.

12월이 되자 여기저기서 HIH님 아이들이 없는 것 아니냐는 소리가 들렸다. 그럼에도 본인은 HIH님의 부인의 자궁을 그려보면 확신을 갖고 있었다.

영적 존재들에게 언제든지 속을 수 있다는 사실을 알면서도 믿고 싶은 마음이 더 있었는지도 모르겠다. 인간으로 태어나서 본인의 공부를 하고 본인이 밝힌 것으로 1세대로 공부하고 본인의 손자들이 2세대로 이어가면 된다는 말들에 본인이 믿고 싶었는지도 모르겠다.

이렇게 HIH님 아이들에 전말은 해프닝으로 끝났다.

나도 나지만 HIH님의 절망, 기대가 크면 실망과 절망이 크다고 어떠했으리라 짐작이 간다. 통화한 첫날 저녁은 잠을 자지 못했다. 혹시나 하는 생각에 HIH님에게 생각지도 못한 영적 존재들이 달려들어서 어떤 상황이 벌어지지 않을까 싶어서 노심초사 잠을 잘 수가 없었다. 그래서 의념 의식으로 HIH님 주변에 있어야 했다.

어떻게 보면 자식을 갖고 싶은 HIH님의 간절함과 가졌으면 좋겠다는 본인의 간절함이 만들어 낸 촌극이 아니었나 싶다. 어찌 되었건 막은 내렸고 결과는 처참하게 바라는 아이는 없었다. 이로 인해 본인도 본인이려니와 HIH님의 공허함은 이루 말할 수 없었으리라. 공황 상태가 되어 있을 수도 있다. 지금에 와서 미안하다는 말밖에 할 수가 없는 것이 안타깝고 본인이 해줄 수 있는 것이 있다면 말해주면 본인이 할 수 있는 것을 해주고 싶다.

어제 영적 존재들이 와서는 HIH님에게 있을 존재들인데 선사님에게 왔다며 고통과 괴로움을 주었다. 당연히 본인이 받아야 할 것이란 생각에 그래 고맙다. HIH님을 괴롭히지 않고 나에게 와주어서 고맙다며 밤새도록 고통과 괴로움을 웃으면서 즐겼다.

고통과 괴로움을 즐기는 가운데 좋은 곳으로 보내주겠다는 말에도 대꾸가 없고 알아서 하라는 말밖에 하지 않았다. 이도 또 본인이 속고 있는지도 모를 일이다.

지금도 몸 상태는 엉망이다. 그래도 이 글을 쓰고 지나가야 또다시 일어나야 할 것만 같아서 이글을 썼다. 아직도 이들은 몸통 안에서 괴롭힌다. 언젠가 이들은 가겠지만 HIH님의 마음과 부딪쳐 있는 현실은 어떻게 해야 하나 걱정이다.

하루 속히 잘되시길 바랄 뿐이다.

HIH님 미안합니다. 잘 해드린다는 것이 그만 이런 결과를 낳아서 미안하고 죄송할 뿐입니다. 본인이 해 줄 수 있는 것이 있다면 말씀하시면 본인이 할 수 있는 일이라며 기꺼이 해드리겠습니다. 말씀해 주세요.

눈에서 눈물이 나는데 내 안의 내가 흘리는지 또 다른 누가 흘리는지 모르겠지만 눈에서 눈물이 나오고 가슴에서 뭉클뭉클하다.

믿었을 때 믿음이 깨지는 순간 믿음만큼 좌절과 절망은 크다.

될 거란 확신을 갖고 온갖 정성을 다 쏟아 부었는데 실패가 아니라 모든 것이 농락당한 것이란 사실을 알았을 때 이때는 어떠할까?

관여된 모든 이들에게 상처다. 직간접적으로 관여된 모든 이들에게는 상처다. 상처는 아물고 이 또한 지나갈 것이다. 시간이 흐르고 나면 아무 일도 없었던 것처럼 기억의 한 모퉁이를 찾지 하고 있겠지만 지금은 아니다. 이걸 계기로 새롭게 태어나야 한다.

되돌아보면 간절함 때문이 아니었나 싶다. 아이를 가졌으면 하는 간절함과 본인이 밝혀 놓은 이 길, 누구나 올라와야 하는 이 길을, 밝히는 이 길의 맥을 이어서 조금이라도 빨리 전해지기를 바라는 간절함이 만들어 낸 촌극 내지 착각이었는지도 모른다는 생각이 든다.

잡귀든, 지옥을 구하기 위하여 올라오도록 했던 영적 존재이든, 자신들 스스로 말한 대로 존수나 존자와 석가이든, 신들이든...어떤 영적 존재이든 이들이 잘못이라기보다는 본인의 잘못이 크다.
수행하며 밝혀 드러낸 위 세계를 누구나 올라와야 할 이 길이 끊어지지 않고 이어져서 누구나 올라오기를 바라는 욕심? 오만? 간절함? 만들어낸 허상을 보고 영청으로 들은 것은 아니었나 생각이 들기도 한다. 2015. 12. 21 11: 32

가자 다시 일어나 가자.

일어나 다시 가야한다.
그냥 망연자실 있을 수만은 없다
그러기에는 인간으로 태어난 목적을 다 이루지 못했다
내가 하고자 하는 일을 다 하지 못했다
지금도 시간은 흘러가고 있고
흘러간 시간을 잡을 수 없다.
다시 일어나 가자

이 몸이 피투성이가 될지언정 가자
소신을 갖고 가자
누가 뭐라고 해도 나는 내가 가야할 길이 있다
그 길을 여기서 멈출 수는 없다,
넘어지고 으깨어지더라도 가자
살아온 날들보다 살아갈 날들이 작지만
그래도 망연자실 속 시간을 허비하기에는
인간의 몸 받아 태어난 지금이 소중하다
가야 한다.
인간의 몸 가지고 있을 때 갈 수 있는 한 가야한다.
소중한 시간을 눈물과 몸의 고통과

마음과 생각의 허깨비에 놀아나고 막혀
가만히 있을 수만은 없다.
가자. 다시 일어나 가자.

가다보면 넘어지기도 하는 거지 어떻게 아름다운 길만 있을 소냐.
넘어졌다고 포기할 수는 없다. 다시 일어나 가야한다.
언제 넘어졌느냐 듯 훌훌 털고 가야한다.
틀리지 않은 길이라면 소신을 갖고 가야한다.
누가 뭐라 해도 나는 내 갈 길을 가야한다.
가자 다시 일어나 가자
그럼에도 불구하고 가야한다.
나는 내 길을 가야한다.

어제 정리할 생각에 산행을 3시간 가까이 했다.
나와 내 안의 대화에서 방법을 찾아 볼 생각과 마음에 혼자서 산
행을 했다. 걸으며 방법을 찾는다는 것이 뚫고 갈 수 있는 길은
오직 무관심, 그러거나 말거나 관심 갖지 말고 가야한다는 것, 관
심을 가질 때는 관심을 갖는 만큼의 대가를 받아야 한다는 것, 위
세계로 올라가다 보면 더 많은 영적 존재들이 계속해서 관심을 갖
고 이야기할 텐데, 관심을 가지면 갖는 만큼 이야기를 들으면 들
는 만큼 그것이 옳고 그름을 떠나 거기에 얽매이게 되고 얽매이는
만큼 얽매임으로 인한 일이 생길 수 있다는 생각이 들었다.
옳고 그르고를 떠나서 관심 갖지 말아야 하고 관심을 가질 때 관
심을 갖는 만큼 그 업까지 받아 지니지 아니하고서는 관심도 갖지
말고 그냥 묵묵히 가는 수밖에 없는 것 같다.
산행 갔다 와서부터 몸은 몸이 아니다. 앉아 있어도 힘들고 누워
있어도 힘들고 어떻게 하고 있어도 몸이 괴롭다. 앉아도 누워도
힘들어서 어제 저녁도 거르고 자다 깨다 아픈 몸으로 앉았다 누웠
다. 그러는 사이 청광세계 청마광이란 세계를 오갔다. 수없이 많이
오갔다. 몸이 괴로워서 잠을 뒤척이다 깨어나 아침 출근하고 출근
해 쉬며 게을러질까? 산책을 힘겹게 갔다 왔지만 몸은 괴롭다. 잠

시 누워도 의자에 앉아도 좌선을 해도 몸이 이곳저곳이 아프다 통증이 심하다. 밥을 해야 먹는데도 밥하기가 싫다. 몸을 다스려야 한다. 몸과 마음, 생각, 모두 다 들고 일어서야 한다. 이러함에도 불구하고 나는 일어서야 한다. 할 일이 있으니까.

2015. 12. 21 07:15

과거칠불(過去七佛), 1대불(1代佛), 비파시불이라는데 맞기는 한 걸까?

1대불(1代佛), 비파시불(18단계, 신계에 계시었었고)

2대불(2代佛) 시기불(000)

3대불(3代佛) 비사부불(0000)

4대불(4代佛) 구류손불(0000

5대불(5代佛) 구나함모니불(00000)

6대불(6代佛) 가섭불(0000)

7대불(7代佛) 석가불

언제나 과거칠불을 생각해 내실까? 언제나 과거칠불을 생각해 주실까? 조바심 내며 기다리고 있었습니다. 오늘 새벽 선사님께서 18단계의 신계 반야바라밀다행의 길 끝에 남아 있을 분들을 생각하시며 과거칠불을 생각해 주셔서 너무너무 감사했습니다.
그리고는 과거칠불을 찾아서 저 비파시불을 불러주셔서 너무너무 감사합니다. 선사님께서 저의 이름을 불러주시기를 학수고대하고 있었습니다. 언제나 저의 이름을 불러주실까? 석가와 석가의 스승 존수나는 거론하면서도 18단계의 반야바라밀다행의 길 처음 올라가신 분은 누구지? 라는 생각을 하지 않은 것에 대한 섭섭함도 있었고 그러면서도 언젠가는 기억하시고 불러줄 것으로 믿고 기다리고 있었습니다.

사실 반야바라밀다행 길을 없애는 것까지 말씀하시면서 어떻게 과거칠불을 이야기하지 않을 수 있습니까? 그래서 책 작업하시는데 자꾸만 책 작업을 못하게 해서 미루어지도록 했습니다. 책 작업을 미루니 선원에서 작업을 하게 되었고 선원에서도 책 작업이 원만하지 않으시니 뭐가 또 들어가야 할 것이 있어서 책 작업을 미루도록 방해하는 것일까? 생각을 일으켰을 때, 때는 이때다 싶었습니다. 그래서 2대불이 누구인지를 이야기했었고, 2대불을 이야기함으로 과거칠불이 누구누구인지 찾아보게 했습니다.

과거칠불을 찾아보고, 1대불 저 비파시불은 18단계, 신계에 계셨고, 2대불 시기불은 000이라 했고, 3대불은 비사부불 0000, 4대불 구류손불은 0000, 5대불 구나함모니불 00000, 6대불 0000, 7불 석가라고 했을 때 선사님께서는 웃으시며 어안이 벙벙하셨지만 정말입니다. 믿으셔도 됩니다.

믿고 믿지 않고는 선사님 마음이고 생각이시지만 선사님께서 저의 이름을 불러주시기만을 기다렸던 저로서는 너무너무 기뻤습니다. 학수고대한 만큼 기뻤고 감사했습니다. 선사님 너무너무 감사합니다. 고맙습니다.

사실 전 과거칠불 1대라고 하나 전 불교에서 말하는 대로 수행도 되지 않았습니다만, 시대적인 상황에 따라 뭘 좀 한다고 부처니 불이니 하며 추앙되었을 뿐 저는 그만큼 수행이 되지 않았었습니다. 수행으로 말하면 부끄럽기 짝이 없었습니다.

그럼에도 저로 인하여 반야바라밀다행 길이 나고 많은 이들이 그곳으로 왔습니다. 존수나와 석가가 선사님을 속이며 농락한 일말의 아이 사건이 없었다면 우리들은 지금도 그곳에 있어야 할 것입니다. 존수나와 석가외 61명 중 1번째가 저 비파시불입니다. 저와 많은 분들은 반야바라밀다행 길의 끝부분에 있었지만 2, 3, 4, 5, 6대불은 인간의 몸 받아 태어나 선사님 주변에 있었기 때문에 18단계 신계에 있던 우리들과 연결된 깊은 인연으로 인하여 저마다 무의식 속에서 현재의식이 모르게 일말의 사건이 얽히고설키게 된 것이었던 것입니다.

그러면 너희들은 그러한데 당한 나는 뭐냐? 라고 하시겠지만 선사님께서는 저의 스승이셨습니다. 스승이셨을 때 이름이 미파서불이셨습니다. 선사님께서는 또 믿거나 말거나 하시겠지만 정말로 믿으셔도 됩니다.

사실 부처라고 환상을 가져서 그렇지 부처는 이름이 부처고 상이 부처일 뿐 부처는 부처가 아닙니다. 그리고 부처는 부처를 믿는 사람들이 만들어 낸 환상의 신(神)입니다.

신(神)이라 하면 전지전능하고 무엇이든 할 수 있고 이루어지지 않게 하는 것 없이 무엇이든 다 해줄 수 있고, 법과 진리에 어긋남 없이 행하고 이루어지게 해주는 분으로 절대적이라고 믿고, 생각하며 믿고 있지만 이것은 오랜 옛날에 절대적인 믿음이 필요했던 샤머니즘과 토테미즘 사상이 만들어 낸 신(神)으로 추앙받고 높이 받들어지다 보니 절대적인 신(神)으로 부각되어 각기 저마다 자기 자신들의 믿음에 따라 필요에 따라 믿고 의지하며 갈구하고 소망하며 이루어지기를 바라는 마음에서 부풀려졌지 정말로 그렇지는 않습니다.

각기 저마다 믿는 믿음으로 만들어진 신들은 그러기 때문에 어느 누구보다 더 절대적이고 전지전능할 수밖에 없고 절대적이지 않고 전지전능하지 않으면 믿음 대상에서 배제되거나, 또 그렇지 않다고 말하면 자기 자신이 믿는 신을 부정하는 것이 되기 때문에 신들은 더욱 더 절대적 전지전능적이며 치외법권적인 절대성을 띠게 되었고, 만일 아니라고 부정하는 사람이 있으면 이는 곧 자기 부정뿐만 아니라 자기가 믿는 신이 부정되기 때문에 자신의 믿음 및 자기 자신이 믿음으로 의지하며 살아가는 삶과 인생에 있어서 의지처를 잊게 되는 것이 두려워서 더욱 더 거대하고 감히 넘볼 수도 쳐다볼 수도 없는 어마어마한 가늠 조차할 수 없는 전지전능이고 절대적인 신으로 각기 저마다 믿는 만큼 믿음의 대상이나 신이라고 칭하는 존재를 더욱 더 거대하고 감히 넘볼 수도 쳐다볼 수도 없는, 어마어마하고 가늠 조차할 수 없이 전지전능하고 절대적인 신으로 만들고, 또 그렇게 이야기해서 그렇지 저희들은 지금 현실에서 보면 별거 없는 그냥 소박한 수행자에 불과한 존재들이 었습니다.

다른 분들보다 조금 더 수행을 잘하고 진리에 눈을 떠서 남들보다 더 옳은 판단과 올바른 행동을 함으로 모범이 되고 또 상의하거나 의논했을 때 바른 길로 안내하고 이끌 수 있었을 뿐, 지금 전해지듯 절대적이고 전지전능하지 않을 뿐만 아니라 깨달음을 쉽게 얻지 못하다 보니 깨달음에 대하여 더 환상적으로 자꾸만 만들어 놓다 보니 본질이 변질되어도 너무 변질되어 버린 부분이 많습니다. 선사님 말씀처럼 깨달음은 별거 아니지요. 의식만 변할 뿐 달라지는 것 없지요. 그럼에도 많은 분들이 수행해서 깨달음을 증득하려고 하는데도 증득하지 못하다 보니 자꾸만 환상적으로 만들어 버린 거지요. 쉽게 증득하지 못하니 감히 누구나 아무나 얻을 수 없다면서 깨달은 자들을 더욱 더 환상적으로 만들고 또 깨달았다고 하면서 거짓되게 말한 이들이 너무 많지요.

신(神) 별거 없습니다. 자유로운 만큼 그냥 별짓 다합니다. 별짓 다하는 것을 가지고 절대적이니 전지전능이지라고 한다면 모를까? 우리들이 볼 때는 웃기는 이야기지요.

자유로운 만큼 웃기기도 잘하고 장난도 잘 칩니다. 잘 웃기고 장난을 잘 치면 칠수록 더 높은 신이라고 할 정도로 저희들은 그렇습니다. 위 세계에서 지구란 행성에 희노애락(喜怒哀樂), 생로병사(生老病死), 애별리고(愛別離苦)를 롤러코스터 타듯 재미 삼아 타보고 싶어서 내려온 분들이 있듯이 심각하게 생각하지 않고 그냥 즐기는 편입니다.

선사님께서는 아직 이런 부분에 확실하지 않으셔서 믿지 못하시고 어느 것이 옳은지 그른지 생각해 보고 따지시지만 저희들은 그렇게 심각하지 않습니다. 옳고 그름은 학습되어진 앎의 잣대일 뿐 옳고 그름은 본디 없는 것 아니겠습니까? 자유로운 만큼 자유롭게 행동하고 말하는 것 아니겠습니까? 참과 거짓이 무엇입니까? 있는 사실이 참이고 있는 사실을 왜곡했을 때 거짓 아닙니까? 참과 거짓은 어디에서의 참과 거짓입니까? 각자 처한 상황에서 자기 자신의 잣대로 보았을 때 참과 거짓이지 않습니까?

불교의 부처, 불이 절대적이고 전지전능하고 믿는 대로 이루어지게 하는 능력이 있다고 하는 것은 그와 같이 생각하고 믿기 때문이지 정말로 그러한지는 알지 못하지 않는가요? 그럼에도 불구하고 믿는 만큼 이루어지는 것은 그 만큼 믿기 때문이고 절대적이고 전지전능하다고 생각하고 믿기 때문이지. 우리들은 선사님께서 여러 번에 걸쳐 이름 있는 절이나 불상을 아느냐 물어보셨듯이 모릅니다. 절의 크기나 불상의 크기 및 탑 등에 관심이 전혀 없습니다. 저런 절이 있어요? 저런 불상이 있어요? 오히려 되묻듯이 우리들은 몰라요. 다만 사람들이 자기 방식 욕심에 의해서 절도 짓고 불상도 만들어 놓았기 때문에 그렇지 사실 저희들은 모릅니다. 모르는 것을 물으시니 황당하기도 했었습니다.

선사님께서는 불을 믿으시니 관련되어 있을 저희들과 관련 있으리라 생각해서 물으셨겠지만 저희들은 전혀 모르고 또한 관여하지도 않습니다.

자기들이 자기들 방법대로 신이라는 부처, 불을 만들어놓고 자기 방식대로 믿고 의지하며 절대적인 신이라며 믿고 그러면서 또 더없이 위없는 최고 최상의 절대적인 신이라 하지만 부끄럽기 짝이 없는 일이지요. 자기들이 자기들 마음대로 자기들 생각대로 만들어 놓고, 자기들 생각대로 믿고 자기들 생각대로 의지하며 이루어지기를 소원하며 갈망하고 의지하며 믿으면서 그와 같이 취급되기를 바랄 뿐 저희들은 아니란 사실입니다.

우리는 진실을 말하는데 받아들이는 쪽에서 왜곡해서 듣는 거지요. 자기 자신이 알고 있는 방법대로 자기 자신이 교육되어 알고 있는 앎의 방식으로 받아들이는 것일 뿐 우리는 그렇지 않습니다. 선사님께서 많은 이야기를 하신 대로 그렇습니다. 그럼에도 많은 분들은 그와 같이 교육되어지고 알고 있는 지식이 진실인 양 믿고 올바른 선사님 말씀을 외면하거나 믿지 않는 것과 같다고 하겠습니다.

불교는 없어져야 합니다. 다른 종교는 더하지만 저와 상관없기에 말을 하지 않겠습니다만 불교는 사라지고 올바른 길로 올라가도록 하는 길이 있어야 합니다. 누구나 가야하는 길은 종교가 될 수 없습니다. 그냥 가야하는 길이고 올바른 길이고 이것은 법이고 진리이지 믿음의 대상이 되지 않습니다. 믿음이 전제가 되어서 믿음으로 종교가 있는 것이 아니라 바른 길은 종교가 될 수 없고 믿고 믿지 않고를 떠나서 누구나 언제나, 언젠가는 가야할 길은 종교가 될 수도 없고 믿음을 전제로 할 필요도 없이 당연한 것입니다. 당연히 가야하는 길입니다. 알면 가는 거고 모르면 가지 않는 겁니다, 알았을 때는 누군가 가야하는 길이 어떻게 종교가 되겠습니다. 종교는 믿는 자들로부터 만들어집니다. 자기 자신들이 믿는 방법대로 믿고 싶은 대로 믿으며 만든 것이 종교입니다. 그러기 때문에 종교를 만든 사람들로부터 교주는 추앙을 받게 되고 추앙을 받아서는 신이 되고 신이 되어서는 절대적이 되고 절대적인 존재가 되어서는 그 누구도 범접할 수 없는 치외법적이고 절대적인 존재가 되는 겁니다.

그렇게 종교의 교주는 만들어지고 만들어진 종교의 교주로부터 이름한 신은 어마어마하고 거창한 절대적인 신이 된 것이고 그렇게 신이 되어서는 신이란 이름을 부를 때는 그와 같이 교육하게 되진 것이지요. 신을 믿는 분들로부터 절대적인 존재, 전지전능한 존재자가 되어 회자되고 있는 것이고 또 그와 같이 그들로부터 교육받아서는 신이라 하면 그렇게 다들 생각들하고 또 그와 같이 일반적으로 받아들이지요.

종교가 누구로부터 만들어지는 것이라면 누구의 가르침으로부터 만들어지는 것이라면 당연히 가야하는 길은 그리고 언제나 언젠가는 가야할 길이라면 몰라서 그렇지 아는 순간 누구나 가야할 길이지., 그냥 행해져야 할 일이지 믿음을 전제로 한 종교가 되지 않습니다. 종교가 될 수 없습니다. 선사님께서 밝히신 길은 그래서 종교가 될 수 없고 누군가 알면 가야하는 길입니다. 언젠가는 가야할 길입니다. 아는 순간 가야 할 뿐 강요할 부분도 아니고 믿으라고 할 부분도 아닙니다. 알면 가야하는 거고 모르면 그냥 마는 겁니다.

선사님! 정말로 위대하고 위대하십니다. 어떻게 저 위 세계를 밝혀 나가시는지 정말로 감탄스러울 뿐입니다. 선사님 저희들 따라가도 되요? 선사님 따라서 위 세계로 가고 싶습니다. 갈 수 있으면 가야하겠지요. 고맙습니다. 감사합니다.

목적은 함께 가고 싶다는 말이었네요. ㅎㅎ^^

영청이 들리는 많은 분들에게 이야기했으나 누구 하나 믿지 않습니다. 답답할 노릇이지요. 선사님처럼 영청이 수행해서 열리지 않았다 하다라도 영적존재를 통해 듣는다 해도 영청을 들으면 믿어야 하는데 믿지 않습니다. 영청을 듣는 많은 분들은 우리가 말하면 듣고 알아서는 바르게 전달했으면 좋겠습니다.

영청이 들려서 써달라고 해서 썼지만 이것 역시도 잡귀나 중음신들이 하는 것을 본인이 듣고 쓰고 있는지도 모른다. 믿고 싶은 분들은 믿고, 믿고 싶지 않은 분들은 잡귀들의 농간에 놀아나고 있다고 생각하면 되지 않을까 싶다.

이러다 스스로 미쳐가고 있는 것은 아닌가? 조심스럽다.

2015. 01. 04 13:12

중음신이 그랬는지? 잡귀가 그랬는지? 정말로 비파시불이 그랬는지? 확연하게 확인할 수 없으니 모르겠지만 비파시불이라고 이름하며 말한 분이 말한 것을 전제로 살펴보다

과거칠불 1대 비파시불께서 수행이 많이 되지 않았다고 했고 불교가 없어져야 한다고 말했으나 본인은 그렇게 생각하지 않는다.

적어도 18단계에 이르기 위해서는 깨달음을 증득해야 하고 깨달음을 증득해서 반야바라밀행을 하며 수행 정진해 올라와야지만 18단계의 신계에 이를 수 있다. 56단계 안에서 보면 이처럼 높은 곳이 없다. 반야바라밀행의 길 끝에서 보면 더 이상 위없이 최고 최상이다. 막혀 있으니 더 이상 위로 올라갈 수 있는 길은 없고 더 이상 위가 없으니 최고 최상 더 이상 최상이 없는 경지고 최고 최상의 세계이다.

이 18단계 안에서 더 위가 있는지 없는지 알았는지 모르겠으나 막혀 있는 반야바라밀행의 길 끝에서 보면 최고 최상 더 이상 최상이 없는 최고 최상이다. 아마 이때만 해도 다른 길을 몰랐으니 최

선의 길이었고 최상 더 이상 최고 없는 최상 최고이었지 모른다. 비파시불이라고 이름한 분께 물어보았다. 비파시불께서는 18단계, 신계에 올라가서 몇 천 년 뒤에 더 위 세계가 있다는 사실을 알았다고 한다. 그래서 영청을 듣는 사람들에게 여러 차례에 걸쳐 이야기했지만 하나같이 무시했고 듣지 않았다 한다.

현 종교에서 깨달음에 이르게 하는 종교가 있는가? 불교 외에 깨달음에 이르게 하는 종교가 있는가? 다른 종교는 모르겠지만 불교에는 있다. 본인은 수행초기에는 불교를 바탕으로 수행을 했고 불교의 가르침으로 깨달음을 증득했다. 깨달음을 증득하고 나서는 어떤 행을 할 때마다 판단이 서지 않을 때 선택하기 어려울 때마다 이럴 때 부처님이었다면 어떻게 행했을까? 그러면서 행하여 왔다. 그렇게 행하여 오던 어느 순간 석가에게 속은 것인지 그 제자들에게 속은 것인지? 의문이 들었었다. 그러고 나서 부처도 버려야 한다는 생각을 하고 스스로 위 세계를 밝혀 올라왔다.

아마 본인도 반야바라밀다행을 하며 수행 정진하며 계속해 왔더라면 아마도 18단계, 신계에 올라갔을 것이다. 그리고 그곳에서 더 이상 위 세계를 몰랐을지도 모른다. 다행인지 불행이었는지 모르지만 반야바라밀다행의 길로 올라오다가 모임에 참석했던 조은순님이 너무 좋지 않아 보여 안타까워서 모두 다 나에게 와서 좋은 곳으로 가라고 하였었는데, 그 때 영적존재들이 와서는 이틀 고생하는 과정에서 무의식에서 반야바라밀다행의 길을 가다가 돌아 나와 위로 올라가는 자비바라밀행의 길을 올라가는 본인을 보았다. 이때까지 본인은 불교를 기본으로 수행을 했다. 자비바라밀행의 길을 올라오면서도 불교를 바탕으로 수행을 했다. 빛을 보고 빛덩어리로 들어서기 전까지는 불교의 교리를 바탕으로 해서 공부를 했다. 그만큼 불교가 본인의 수행에 지대한 영향을 주었다.

불교의 교리 및 선지식이 없었다면 깨달음을 증득하지도 못했고 또 깨달음을 증득하고 4념처만 믿고 있었다면 아마도 빛의 세계 빛덩어리에 올라오지 못했을 것이다. 4념처 위에 빛이 있고 그 빛은 크다고 해서 대광(大光)이라 했고 4념처에 빛의 세계를 넣어서 대광념처로 가야 한다고 생각하고 올라왔기에 내 안에 빛을 볼 수 있었고 내 안에 빛을 봄으로써 내 안의 빛과 내 밖의 빛과 하나가 되는 일체가 하나가 되는 세계로 올라오기 위해서 수행 정진했다. 그렇게 수행 정진했기에 빛을 보고 올라와서 빛덩어리를 보고 빛덩어리와 하나 되기 위해서 빛덩어리에 들어오고 빛덩어리에 들어와서 하나가 되지 못하니 계속에서 안으로, 안으로 들어와서는 빛덩어리를 빠져나와서는 우주 밖으로 우주 위로 올라오게 되었다.

그러므로 56단계 위에 올라오게 되었고 56단계 올라와서도 내 안의 빛은 더 큰 빛에서 떨어져 나왔을 테니 모체가 되는 모체의 빛으로 가야하고 모체의 빛과 하나 되어야 한다고 생각했다, 이런 생각 때문에 법념처에 머물지 않고 대광념처 빛의 세계를 향하여 올라왔다. 내 안의 빛과 내 밖의 빛과 하나가 되어야 한다는 생각을 갖고 수행 정진해 올라오다 보니 여기까지 왔다.

본인이 수행하여 올라온 길을 보면 불교는 있어야 하고 불교가 있어서 깨달음까지는 이끌어주어야 하고 또 깨달음을 증득하고 반야를 알아야 하고 반야를 알아서는 반야에 의지하여 자비바라밀다행을 해야 하기 때문에 불교는 피바시불 말처럼 없어져야 하는 것이 아니라 있어야 한다. 비파시불이나 18단계, 신계에 계셨던 분은 위 세계로 올라오고 자등명 세계 위로爲로 올라오니 어마어마한 세계에 비해서 수행이 되지 않았다 하는 뜻이지. 56단계 안에서 보면 거의 최고이며 최상이다. 어찌 수행이 되지 않았다 하겠는가?

석가나 석가의 스승이란 존수나, 비파시불이라며 말하는 이들이 잡귀나 중음신이었다면 18단계에 있는 분들을 구하여 위 세계로 올라오도록 하지 않았을 것이며 또한 반야바라밀다행의 길을 없애려 하지 않았을 것이며 또한 반야바라밀다행의 근본이 되는 불교가 없어지기를 바라지 않았을 것이다. 반야바라밀다행이 불교의 신행근본의 길이기 때문에 아마도 불교가 없으면 반야바라밀다행의 길로 들어오지 않으리라는 생각에 불교가 없었으면 사라졌으면 하는 마음과 생각들이 아닌가 생각된다.

사실 이제는 18단계, 신계에서 더 위 세계로 올라오도록 본인이 길을 뚫어놓았기 때문에 18반야바라밀다행의 길, 불교의 신행근본의 길로 올라와도 될 텐데, 왜 반야바라밀다행의 길을 막아놓으려

하며 반야바라밀행의 길 불교 신행근본의 길로 못 올라오게 하고 싶어 하는지 모르겠다.

이런 생각을 일으키니 비파시불이란 분이 말한다.

선사님께서 석가를 위 세계로 올라오게 하기 위해서 18단계를 위 세계로 올라오도록 길을 뚫어놓으셨는데, 그 길이 시간이 지남에 따라서 조금씩 막히기 때문에 반야바라밀다행으로 올라오는 길을 막기 위해서는 불교의 신행근본의 길 반야바라밀다행의 길이 없어지거나 아니면 불교가 없어져야 하기 때문에 불교가 없어져야 한다고 말한 것입니다.

위 세계로 올라오는 길을 선사님께서 뚫었을 때는 선사님의 법력이 있어서 뚫려 있었는데 선사님의 법력의 힘이 조금씩 사라지면서 다시 막히기 때문에 죽기살기로 그곳을 빠져나와 위세계로 올라오려고 애썼고 그러다 보니 못쓸 짓을 했고 못할 짓을 하며 빠져나왔는데 또 그 길로 들어오는 이가 있다면 위에서 누군가 또 뚫어주지 않으면 올라오지 못할 텐데, 그렇게 되면 또 수없이 많은 이들이 그곳에서 막혀 분명 위 세계는 있는데 어떻게 가지? 그러면서 있을 터인데, 이 길을 처음 만든 저로서는 없애고 싶은 길입니다. 반야바라밀다행으로 올라오는 길을 막고 못 올라오게 하고 싶은 겁니다. 그러기 위해서는 막는다고 막히는 것이 아님을 알기에 불교가 없어져야 한다고 말한 것입니다.

선사님께서는 올라오는 길이 막혀 있음을 보셨지만 지금은 또 뚫려 있지 않습니까? 이와 같이 막아도 뚫리기에 없어져야 하고 위 세계로 올라가는 길은 뚫어놓았음에도 막히니까. 이 길로 올라오면 안 되는 것입니다. 그래서 결사적으로 올라오도록 한 것이고 또 결사적으로 없어졌으면 하는 바램입니다.

그 길을 완전히 없앨 수 있는 방법은 없나요? 지금으로는 없는 것으로 생각합니다. 그래서 그곳을 빠져나와 위 세계로 올라오도록 하는 것이 더 절실했던 것이고 그래서 반야바라밀다행으로 올라오지 못하게 하기 위해서 더 절실한 것입니다.

어쩌죠 방법이 없으면 저로서도 어쩌지는 못하잖아요? 선사님께서는 하실 수 있습니다. 뭘 할 수 있다고 하시는 거지요? 그 길을 없애는 것을 할 수 있습니다. 어떻게요? 불교를 없애는 겁니다. 선사님께서 수행하며 밝히신 것으로 깨달음까지는 같이하되 깨달음이후에는 달리하는 겁니다. 그래서 반야바라밀다행의 길이 불교의 신행근본의 길이 아니게 해주시면 되는 겁니다. 근간이 되어 있는 불교 신행근본의 길인 반야바라밀다행을 어떻게 본인이 없앨 수 있겠습니까? 그것은 본인이 할 일이 아니라 불교를 믿고 따르는 분들과 또 불교를 가르치는 분들이 해야 할 일인 것 같습니다;
위험을 무릅쓰고 이와 같이 써서 책을 내놓는 작업만으로도 본인의 할 일은 다하지 않았습니까? 더할 일이 있겠습니까? 할 말이 없습니다. 불교의 신행근본과 상관없이 본인의 힘으로 의식으로 반야바라밀다행의 길을 없앨 수 있는 방법이 있다면 그때 알려주시면 해 드릴 수 있는 한 하겠습니다. 지금으로서는 이와 같이 글로 써서 책을 엮어 내놓는 방법밖에는 없는 듯싶다.
더 할 말 있습니까? 없습니다.
생존하는 제자 분들에게 하고 싶은 이야기 있습니까? 없습니다. 해봐야 믿지 않고 또 이야기하면 불교를 와해하려고 하는 집단 내지는 잡귀 귀신으로 취급하며 맹신자나 맹신제자 및 지도자급 내지는 불교란 종교 내에서 어떤 식으로든 잘 먹고 잘 사는 호의호식하는 이들로부터 선사님을 힘드시게 할 뿐이라 할 수가 없습니다.
이렇게 해주신 것만으로도 고맙고 감사합니다.
이제 책 나와도 되나요?
예 이것으로 저희들이 할 일도 다한 것 같습니다.
선사님 고맙습니다. 000님 미안했고요. 000님 고마웠습니다.
저희들로 인하여 불편했던 모든 분들께 미안합니다. 우리들은 절실했기에 그렇게 할 수밖에 없었습니다. 관계했던 분들께 사죄합니다. 용서해주시길 바라겠습니다.

본인은 불교가 깨달음까지는 있어야 하고 또 반야까지는 전해져야 한다고 본다. 본인은 불교를 바탕으로 수행하여 왔고 석가모니부처님을 스승으로 생각하며 공부해 왔기 때문이다. 불교가 없었다면 깨달음을 증득했을까? 자문해 보면 대답하기 어렵다. 불교가 있었기에 수행했고 수행해서 깨달음을 증득했다. 다만 반야바라밀다행의 길, 불교 신행근본이 반야바라밀다가 되어서는 안 되고 깨달음을 증득하고 반야를 알고 반야에 의지하여 자비바라밀을 행하여 대광(大光)의 길 대광념처로 올라와야 하지. 깨달음을 증득하거나 반야를 알고 반야에 의지하여 반야바라밀다 행을 하며 법념처에 머물러서는 아니 되고 4념처에 대광념처로 넣어 5념처 대광념처로 올라와야 한다는 말인 듯싶다. 이 부분만 해결되면 불교가 존속해도 되는데 이 때문에 불교가 없어져야 한다고 말한 것이 아닌가 싶다. 예 맞습니다.

아주 조심스러운 부분이다. 그렇지요. 다른 것도 아니고 종교에 관련된 부분이라 조심스럽다. 그럼에도 이와 같이 글을 쓰는 까닭은 본인이 이생에서 수행 정진해 깨달음을 증득하고 이곳까지 올라온 것은 불교를 통해 불교의 교주 석가모니부처님을 스승으로 삼고 공부했기 때문이다. 그래도 이와 같이 해주셔서 너무너무 고맙습니다. 감사합니다.

이도 본인이 영적으로 미쳐서 미친 소리에 놀아나 미친 생각을 하고 미친 소리를 하고 있는지도 모르겠다. 비파시불 및 그곳에 계시었다는 많은 영적존재들이 모두 다 잡귀고 중음신이고 불교를 와해 하려고하는 못된 영적 존재들인지도 모르겠다. 만약에 그렇다면 본인은 미쳐 있는 것이다. 미치지 않고서야 어떻게 이와 같이 말한 대로 옮길 수 있을 수 있겠는가? 2016. 01. 07   10:55

외계에서 왔습니다. 다중우주를 빠져나오지 못한
다중우주 속에 미아입니다. 저희들을 구해주세요

이 일의 시작은 작년서부터 시작되었다. 2015년 08월 30일 오후
이었던 것으로 떠오른다. 맨 처음 미아를 찾을 때가 전화 통화할
때였는데, 임점채님과 전화 통화하는 과정에서 초(1698)인류 세계
로부터 임점채님은 초(1698)인류 세계에서 선사님의 세 번째 아들
이었고, 세 번째 아들은 초(1698)인류 세계에서 다른 세 명과 같
이 총 네 명이 저마다 임무를 맡고 내려갔는데, 세 명은 실종되어
미아가 되어 있고 임점채님만 미아가 아니라며 세 명의 미아를 찾
아주기를 원해서 전화 통화를 하며 세 명의 미아를 본성의 빛 자
등명 아래 다중우주에서 미아를 찾았다. 미아를 찾을 때 초(1698)
인류 세계에서 미아찾기 하는 나의 일거수일투족(一擧手一投足)을
생방송하는 소리가 들렸다. 한 명 찾아 초(1698)인류 세계로 안내
하여 도착하도록 할 때마다 생방송으로 소식을 전했다. 세 명을
다 초(1698)인류 세계로 올라올 수 있도록 하고 생방송을 들어보
니 세 명 중에 두 명은 가까운 친구이고, 한 명은 친구가 아닌 단
체의 한 사람이었고, 임점채님은 친구 두 명을 따라 나온 것 같았
다. 이때가 맨 처음 미아를 찾은 것이고, 그 이후에는 9월 6일 모
임에서 좌선하고 있는 분들 뒤에 가서 에너지를 넣어주며 살펴주
는 과정에서 박상혁님에게 손을 댔는데, 박상혁님 몸통 안에서 무
엇인가 이착륙할 수 있는 것이 몸통 안에서 보였었다. '어! 이게
뭐지?' 그러는데 "우주에서 왔고 이 아이는 우리들을 알리기 위해
서 파견된 아이다."란 소리가 들렸다.
이 당시 무의식 잠재의식의 소리를 영청으로 듣고 또 미아찾기
세계 위로 올라온 지 얼마 되지 않아서 더 쉽게 생각이 미쳤는지
모른다. 그래서 박상혁님을 오라고 해서는 화이트보드에 첫 번째
빅뱅이 일어난 본성의 빛 자등명 세계를 그려놓고 56단계를 그려
놓고 본성의 빛 자등명 아래에서 찾아보았다. 그랬더니 많은 무리

들이 모여 있는 것이 찾아졌고, 그 무리의 통치자라는 분들이 박상혁님을 아들이라 부르면서 "박상혁님은 미아가 된 우리를 구하기 위하여 우리를 구해줄 존재를 찾아 파견된 존재 중에 하나"라고 했다. 파견된 존재는 네 명이지만 한 명도 본인에게 공부하러 왔다가 지금은 안 온다고 했다.

그 나라 이름을 알려달라는 본인의 말에 이어 그 세계에 있을 때 박상혁님이 지었다는 군가가 영청으로 들려서 줄줄이 받아 적었다. (나에게 자료가 없어서 박상혁님께 그 당시 사진 찍은 것을 보내달라고 해서 내용을 넣는다.)

"사자후가 소리치고 천둥이 몰아쳐도 우리는 굳건히 우리의 임무를 완수하고 초 인류 세계로 기필코 돌아가고 말겠다."

이것을 본 박상혁님의 눈에서는 눈물이 흘러내리고 있었다.

다음날 <3. 보비명태초 태신존고귀(寶飛明太初 太神尊高貴)님의 원래의 고향으로 돌아가는 진언>을 쓰는 과정에서 박상혁님의 미아 찾기에 대한 언급이 있다. 내용인즉 이러하다.

다중우주에 미아(迷兒)가 된 사자후를 떠올리며 "우리는 나아가자 저 원래의 근본 세계로….'를 떠올리며 미아가 된 그분들이 후손 안에 설치해 놓은, 밑에 있는 무의식 잠재의식 층에 설치해 놓은 것을 보고 무엇이냐고 물으니, "네가 질문을 했을 때 여기서는 숨을 죽이고 대답하며 듣는지 못 듣는지 얼마나 노심초사 했는지 모른단다. 다행히 네가 들으니, '우주에서 왔고 이 아이는 우리들을 알리기 위해서 파견된 아이다.' 라는 소리를 네가 들었을 때 여기는 그야말로 고향으로 갈 수 있는 어마한 소식에 환호와 살았다는 안도감으로 전체가 떠들썩했단다. 한편으로는 묵념도 하고…. 이 세계를 알리고 이 세계를 구하러 이 세계를 떠나신 네 분 중에 이 세계의 통치자이셨던 분과 네가 읽어낸 분의 친구를 위한 묵념을 올리고 여러 준비를 하고 있었고, 그러는 사이 너는 어느새 다중 우주에서 이분들의 세상을 찾아냈고, 구조의 사명을 갖고 있던 분은 그 동안 맺혔던 무의식에서 조차 몰랐던 사실을 알면서 잠재의식이 건드려지자 울고, 나라 이름을 물었을 때 우리들은 많은 생각을 했단다. 어떻게 확실하게 박상혁님에게 우리들의 존재와 임무를 맡고 갔다는 사실을 전하고 알릴 수 있을까 하고 잠시 생각하다가 순간적으로 박상혁님이 이곳에서 이끌었던 군대의 군가를 이 세계의 이름이라며 길다고 하면서 전달한 것이란다.

그 군가를 박상혁님이 지었고 그 군가를 지을 때 통치자였던 박상혁님 아버님이 우리들의 존재를 알리기 위해서 떠나간 뒤였기에 더욱 절실해서 그 군가를 만들며 우리는 기필코 찾아야 찾아서 구원을 받아야 한다, 이대로 있다가는 모두 다 죽는다, 죽어서 영영 미아가 된다며 지으신 군가란다. 그와 같이 사무친 군가였기에 부르며 알려주면 반드시 알 거란 확실을 갖고 나라 이름을 물었을 때 군가를 네가 영청으로 듣고 적어서 알려준 것이란다."

"새삼 왜 이런 말씀을?"

"필요하니 하는 것이지.

"예"

"모두 다 구하고 본성의 빛 자등명으로 이끌고 모두 다 초(1689)인류 세계에 올라와 환호와 환성을 질렀지만, 그럼에도 고향이 아니라 본향이라기에 고향이 더 그리웠던 이들이었는데, 미아가 된 세 분을 찾았는데 그 가운데 두 분이 돌아가셨고 그 돌아가신 두 분을 찾아 초(1689)인류 세계에 보내줌으로 이분들은 그야말로 새로운 세상과 세계를 얻을 듯 기뻐하며 너와 함께 우리들을 칭송하는 바람에 그 칭송소리에 우리들이 이곳까지 오게 되었단다.

칭송이란 이와 같이 어마어마한 에너지가 들어 있어서 칭송이란 단어의 언어 속에서 '갈 수 있는 최고 최상까지 올라가십시오, 온 본래의 고향으로 돌아가십시오.'라는 말뜻이 있는 만큼 될 수 있으면 칭송을 하기를 바란다. 많은 분들을 칭송하라."

이 글을 읽고 박상혁님은 말했다. "한 번도 그런 적이 없는데 선사님께서 불러서 얘기하는 순간 저도 모르게 그랬구나 하며 계속 눈물이 나왔습니다. 해냈구나. 이런 생각도 들었습니다. 좌선 중에 무언가 연필 붓 같은 게 주어진 듯하고 뭘 쓰려고 하는 건 알겠는데 무슨 내용인지는 몰랐습니다. 제가 의식하든 의식하지 않든 가리지 않고 모든 잘못을 용서해주시고 받아주시고 녹여주시고 높은 세계로 인도해주셔서 임무를 드디어 완수하게 해주셔서 감사드립니다. 세상은 우연 아닌 것들이 없다는 것을 다시 한 번 알게 느낄 수 있었습니다." 2015.09. 07. 13:19

첫 번째, 다중우주에서의 미아찾기는 이렇게 이루어졌다.

두 번째, 미아찾기는 조카와 조카며느리였었다.

평소에도 생각이 미치거나 의식이 가면 살펴보고 위 세계의 에너지를 쏴주었었다. 그러던 어느 날 조카와 조카며느리 몸통 안에서 외계에서 전달하고자 하는 무엇인가 있는 것 같은 것을 보았다. 그래서 본성의 빛 자등명을 그려놓고 다중우주에서 조카와 조카며느리와 관계된 미아를 찾아 본성의 빛 자등명으로 안내해서 위 세계로 올라가도록 했었다. 그리고 얼마 있지 않아 조카아이에게 좋지 않은 것들을 태워 없앤다고 좋지 않은 것을 찾아 태우며 다 태울 때까지 칭송을 불러주고 왔는데, 오후 점심시간을 훨씬 넘긴 상태였다. 다른 것은 필요 없고 시원하게 맥주 서너 잔 먹게 사오라고 해서는 먹고 나서 조카와 조카며느리에게 다중우주의 부모님이 나와서 이야기해서 전해주었다. 조카며느리는 거기서 여전사였고, 지구에 와서도 많은 윤회를 하면서 여전사로 살아야 했고, 조카는 그 세계에서의 왕자였고, 왕자와 결혼한 것이란 것 등등의 이야기를 했다. 조카는 별 반응이 없었지만 조카며느리는 펑펑 울었다. 그리고 나서는 속이 후련하고 가슴에 뭔지 모르게 늘 막혀있는 것 같았는데 펑 뚫린 것 같다고 말했다. 작년 9월 20일에 있었던 일이다.

세 번째, 백선우님의 경우이었다. 2016년 1월 22일 금요 모임에서 뭔가 본 것 같은데, 우주와 송수신하는 장치 같은 것이 어렴풋하게 보인 듯했다. 그래서 다음에는 좀더 확실하게 봐야겠다는 생각을 하고 있었는데, 29일 몸통청소를 해달라고 연락이 왔다. 그래서 일찍 오라고 하고, 모임 시간보다 일찍 온 백선우님에게서 우선 먼저 이것부터 살펴보았다. 아니나 다를까? 다중우주에서 미아로 떠도는 종족을 위하여 임무를 갖고 대장급이었던 그가 지구로 온 것이었다.

임무를 갖고 지구로 온지 아홉 생밖에 되지 않은 분이었다. 본성의 빛 자등명을 그려놓고 미아들을 찾아 본성의 빛 자등명 세계로 올라가도록 하고 나서는 궁금한 점 있으면 물으라고 했다. 특별히 궁금한 점이 없는지 말이 없었다. 무엇을 이야기하면 기억해낼 수 있을까 싶으니 저쪽에서 임무를 맡고 떠나올 때 다짐한 언약이 있다는 영청이 들려서 그것을 화이트보드에 썼다.

"죽어서도 우리는 간다. 다시 못 올지라도 우리는 간다. 기필코 임무를 완수하여 모두 구하여 본래의 고향으로 돌아가리라."

그리고 몸통 청소를 해주고 나니 몸통이 텅 비었다. 그러고 나서 조금 쉬었다가 퇴적층처럼 쌓여 있는 것이 또 드러나기를 바라며 기다렸다 또다시 몸통 청소를 하려고 하니 그 세계에서 있었던 형상의 형태 모습이 드러났다. 들어난 형상의 형태 모습을 들추어내려고 하니 들추어 빼내면 종족번식을 하지 못한다면서 맑히고 밝혀달라고만 해서 그와 같이 해주었다.

그리고 어제 2월 모임에서는 처음 참석한 홍미희님과, 함상호님 역시도 외계에서 왔고, 또 조병윤님 아들인 조휴영, 조휴득이도 다중우주에서 왔다고 했다.

어제 모임 첫 번째 시간, 좌선하고 있는 분들에게 먼저 위 세계의 에너지를 쏴주고 난 뒤 등 뒤에 손을 대고 한 분 한 분 시술하는데, 홍미희님 차례가 왔다. 위 세계의 에너지를 쏴주고 등 뒤에 손을 댔는데, "난 외계에서 왔습니다. 우리는 다중우주를 빠져나오지 못하고 다중우주 속에 갇힌 미아입니다. 구해주세요."라는 메시지가 들렸다. 조금 있다가 살펴봐야겠다고 생각하고 다시 그 옆에 함상호님에게로 가서 위 세계의 에너지를 쏴주고 손을 갖다 댔는데, 함상호님 역시도 "외계에서 왔습니다. 우리는 다중우주의 미아로 있습니다. 구해주세요." 그러고 조금 있으니 명스즘샷이란 행성에서 다중우주에 있는 미아들을 찾아서 본래의 고향으로 돌아가게 해주는 분이 있다고 해서 명스즘샷에 갔는데, 지금은 그런 분이 없고 예전에 그분이 지구로 갔다고 해서 지구로 왔다는 메시지가 들렸다. 그러면서 들리는 영청이 선사님께서 명스즘샷에 계실 때 다중우주에 있는 미아들을 구해주셨는데, 선사님이 명스즘샷에서 지구로 온 이후에는 명스즘샷에서 다중우주에 있는 미아를 찾아 본래의 고향으로 돌아가게 하는 분이 없습니다라고 했다. "아니, 명스즘샷 행성에 존재하는 존재들 절반 이상이 깨달음 이상을 얻었는데, 그것이 안 되나요?"라고 물으니, "예, 선사님이 떠나온 이후로 그렇게 할 수 있는 분이 없습니다."라는 영 영청이 들렸다. 이 말을 믿어야 하나? 말아야 하나? 어쩌거나 외계에서 왔다니 다중우주에서 미아를 찾아서 본래의 고향으로 돌아가게 해야 하겠구나 싶은 생각이 들었다. 지금은 좌선 시간이니 천천히 둘을 불러서 살펴봐야겠다고 생각하고 다른 분들을 쏴주며 살펴주었다.

이렇게 쏴주며 살펴보는 과정에서, 조병윤님이 도반모임 때 애기들 둘에게도 에너지를 쏴주며 혹여나 바라는 것이 있는지 살펴봐주시면 좋겠다고 해서 별도로 풋말에 두 아이의 이름을 적어서 좌복 위에 놓고 휴영이를 쏴주는데, "외계는 아니지만 다중우주에서 왔어요. 구해주세요." 이건 무슨 소리… ? 일단은 부탁받은 것이 있으니 이것은 천천히 살펴보기로 하고 우선 바라는 바가 있는지 살펴보았다. 그 다음 휴득이를 쏴주는데 "외계가 아닌 다중우주에서 왔어요. 구해주세요." 이건 또 뭐지 싶었다. 그래도 부탁받은 것이 부탁받았으니 일단은 바라는 것이나 원하는 것을 무의식이나 잠재의식을 통해 들었다. 그렇게 첫 번째 좌선시간이 끝났다.

첫 번째 좌선 시간이 끝나고 홍미희님과 함상호님을 불러서 이러한 사실을 이야기하고, 또 조병윤님도 불러서 휴영이와 휴득이가 무의식 잠재의식에서 했던 이야기를 전해주었다.

그리고 나서 먼저 홍미희님을 살펴보니 미아가 자기 내 종족을 구하러 지구로 와서 현재 189번째 윤회를 하고 있는 중인 것처럼 생각되었다. 본성의 빛 자등명을 그려놓고 다중우주에서 홍미희님 종족의 미아를 찾았다, 그리고 본성의 빛 자등명으로 안내하여 위세계로 올라오도록 하였다 그랬더니 청25 세계로 올라왔다.

다 올라올 때까지 그대로 두고 두 번째 좌선 시간을 알리는 죽비를

치고 난 뒤 홍미희님과 함상호님은 좌선하지 말고 내 사무실에 앉아서 궁금한 게 있는지 궁금한 점을 생각해 두었다가 물으라 했다.

좌선하고 있는 분들을 쏴주고 살펴본 뒤에 사무실로 들어와서 다시 살피니 홍미희님 미아 종족은 다 올라온 것 같았다. 그래서 이번에는 함상호님과 관련된 종족의 미아를 찾아보았다. 지금과는 거리가 달랐다. 그래서 수직이 아닌 수평을 수직으로 염두에 두고 본성의 빛 자등명 세계를 그려놓고 다중우주에서 찾아서 본래의 고향으로 올라오도록 하였다.

그리고 다시 좌선하고 있는 분들을 쏴주며 살펴본 다음에 다시 사무실로 와서 이야기를 이어갔다.

함상호님 종족 미아들은 어느 세계로 올라오는지 살피니 청26 세계로 올라왔다. 모두 다 올라온 것 같았다. 다시 좌선하고 있는 분들을 올라온 세계의 에너지를 쏴주며 등 뒤에 손을 대고 에너지를 넣어주고 씻어주는데 생각이 일어났다. 홍미희님과 함상호님은 이제 임무를 완성했구나 생각했는데 아니라고 했다. 서로 상대를 죽여야 임무가 완수된다는 소리가 들렸다.

아니, 예전에 청26, 청25, 청24 세계를 올라올 때, 이 세계가 흑백이 있고 양립해서 서로 화합하게 하며 하나를 더 만들어서 청26, 청25, 청24 세계가 있도록 했는데, 어떻게 원수지간이지 싶은 생각이 일어났다. 그래서 청26, 청25 세계를 의념 의식해서는 이런 사실을 전했다. 지금은 내가 천지창조의식이 끝날 때 양립이 아니라 혼자서 다 이루어지도록 해 놓았는데 평화롭지 않느냐 물었다. 평화롭다고 했다. 하지만 옛날 양립하여 싸울 때 떠나왔기 때문에 그렇다고 들려서 그러면 이들 양국을 화합하게 하는 결혼을 시키는 것이 어떠냐고 물었더니 좋은 생각이라며 선사님이 주례를 서는 가운데 결혼식을 올려달라는 소리가 들렸다. 지금은 양국 사이에 결혼한 분들이 있지만, 양립해 원수지간으로 있을 때의 존재로 결혼하는 것은 처음으로 의미가 있다며 결혼에 주례를 서 줄 것을 부탁받았다.

양손으로 두 사람의 머리 위에 손바닥을 넣고 두 나라 사이에 화합과 행복을 기원하며 둘이 결혼이 이루어졌음을 선언했다. 이로써 지구에서는 이미 부부이고 또 자식도 있지만 두 종족의 미아들을 본래의 고향으로 돌아가게 하고 위 세계의 원수지간이었던 종족으로 서로 상대방을 죽여야 비로소 끝나게 되는 임무를 버리고 지구에서 결혼함으로 두 종족 간에 화합과 평화를 선사하게 되었다.

이와 관련되어 이야기가 더 많지만 다 기억을 못하고, 주고받은 이야기도 있지만 기억을 못해서 이 정도밖에 쓰지를 못한다. 함상호님에게 녹음하고 싶으면 녹음하라고 했으니 더 많은 이야기를 들려주고 싶으면 함상호님께서 녹취해서 댓글로 옮겨주면 좋겠다.

미아가 된 종족을 구하기 위한 임무를 맡고 외계에서 온 두 분의 일이 끝나고 난 후 휴영이와 휴득이와 관련된 미아는 어디에 있는지 살펴보았다. 살펴보는데 56단계가 그려지고 그 안에서 미아가 찾아진다. 이 어찌된 일이지? 56단계 안을 지금까지 지구가 속한 우주라고 이야기했었는데, 지구가 속한 56단계 안 다중우주라면 56단계 안에 여러 우주가 있다는 말이 아닌가 싶은 생각이 들었다.

56단계 안에서 휴득이와 관련된 종족의 미아들을 본성의 빛 자등명에 이르도록 알려주고, 휴영이와 관련된 종족의 미아들을 본성의 빛 자등명에 이르도록 알려주고, 또 56단계 안에 있는 미아들이 본성의 빛 자등명에 이르도록 해놓고, 56단계 안에 지구가 속한 우주 외에 몇 개의 우주가 있는지 그려가며 헤아려 보았다. 그랬더니 열 개로 그려졌고 열 개가 있는 것으로 살펴졌다. 지구가 속한 우주를 포함해서 열 개, 그 열 개 중에 지구를 포함하여 생명체가 있는 곳이 네 곳이 있는 것으로 살펴졌고, 지구 외에도 세 개의 행성에 있는 생명체 중에 지구보다 더 발달된 생명체가 있는 곳은 세 곳, 영적으로 발달된 곳은 두 곳이 있는 것으로 살펴졌다.

그 다음 휴득이, 휴영이 종족 미아들이 본성의 빛 자등명으로 올라갔는지 살피니 올라가지 못하고 28단계 있는 것처럼 살펴졌다. 왜 그럴까 하고 생각해 보니 예전에 내가 우주를 빠져나와서 출신해서 본성의 빛 자등명으로 올라갈 때 56단계에서 빠져나간 흔적이 하나도 없어서 본인이 혼자 올라간 기억이 났다. 그렇게 생각하니 이들 역시도 28단계에서 출신과 같은 것을 해야 올라가지 그렇지 아니고서는 올라갈 수 없다는 생각이 들었다.

56단계 밖에 존재하는 다중우주에서는 본성의 빛 자등명이란 입출하는 세계만 알려주어도 미아들이 본래의 고향으로 올라갔는데, 56단계 안은 그렇지 않은 것으로 볼 때 높지 않은 곳에서 온 것이 분명했다. 어느 세계에서 56단계 안에 들어와 미아가 되었는지 살펴보니, 휴득이가 자등명인간계에서 56단계 안에 들어와서 미아가 되었고, 미아가 되어 지구에 들어와서 여든네 번 윤회를 한 것 같았고, 휴영이는 자등명 고향에서 56단계 안으로 들어와서 미아가 되었고, 미아가 되어서 지구에 들어와서 아흔여섯 번의 윤회를 한 것으로 살펴봤다. 정확하게 맞는지 틀리는지 모르겠지만 일단 그와 같이 살펴봤다.

이와 같이 살펴봐지고 생각되니 예전에 출신해서 올라갈 때 본성의 빛 자등명에 들어가기에 앞서 아래쪽에서 10개를 보았는데, 그때 본 10개의 우주가 56단계 안에 있는 우주가 아니었나 생각이 되었다. 맨 처음 하나가 보인 것은 지구가 속한 우주였고, 더 올라가면서 10개를 본 것은 56단계 안의 우주였고, 100개가량은 56단계를 벗어나 다중우주, 외계라고 한 것이 아닌가 싶은 생각이 들었다.

2011년 4월 16일 오후 8시경 10개의 우주를 보았고, 2011년 4월 18일 오전 9시에 100개가량을 헤아려 본 것이 아닌가 싶다. 이러한 글과 그림이 《기회로도 도감》 538쪽에 상재되어 있다.

<금강철강확철로 몸이 변하다?>란 글에서

"금강철강확철의 몸이란 죽어도 죽는 것이 아니고 살아도 살아 있는 것이 아닌 우주고, 우주이며 다중우주고, 다중우주이며 수없이 많은 다중우주가 바로 금강철강확철의 몸입니다.

선사님께서는 이제부터는 몸이, 몸이 아닙니다. 우주입니다. 다중 우주입니다. 수없이 많은 다중우주 자체입니다. 다만 눈으로 보이는 형상이 인간의 몸을 하고 있을 뿐 실재 선사님의 본체는 수없이 많은 다중우주 자체입니다. 아까 폭죽이 터지듯 온 몸통 속 여기저기서 크고 작게 터진 것들이 바로 수없이 많은 다중에서의 일이 선사님 몸통 속에서 일어나는 것처럼 보신 것입니다.

이제부터는 선사님께서는 수없이 많은 다중우주로서 내 안에 일들을 해야 합니다. 내 안의 일들이란 수 없이 많은 다중우주 속에 흩어져 있는 미아를 찾아서 본래의 고향으로 돌아가게 해주어야 합니다. 이것이 선사님의 임무이자 또 선사님께서 나라고 하는 수없이 많은 다중우주로써 해야 할 일입니다.“

“기회가 되면 될 때마다 하겠지만 또 있나요?”

“예. 그리고 수없이 많은 다중우주 속에 있는 모든 존재들이 태평성대가 이루어지도록 해야 합니다. 어느 한쪽 내지는 여러 쪽으로 기울어지지 않게 모두 다 평형을 이루고 안정을 이루도록 하면서 태평성대가 이루어지도록 해야 합니다.” 2016. 01. 16. 07:33

때가 도래한 것인가? 우주 속에서의 미아를 찾아 본래의 고향으로 돌아가게 해야 하고, 외계라고 하는 다중우주 속에 있는 미아들을 찾아서 본래의 고향으로 돌아가게 해야 하는 일이 벌어지고 있는 것 같은 생각이 일어났다.

일어난 생각은 여기서 끝나지 않았다. 지금까지는 56단계 안이 지구가 속한 우주라고만 생각했었는데, 지구가 속한 우주 외에 아홉 개의 우주가 있고 아홉 개의 우주 속에 생명체가 있는 곳이 세 개가 있다면 56단계 안에 영계, 천계, 신계, 광계는 단순히 지구가 속한 우주에서만의 세계가 아니라 지구가 속한 우주를 포함해서 열 개의 우주에서의 영계이고 천계, 신계, 광계의 일이고 56단계 안에서의 일이 아닌가 싶은 생각이 들었다.

내가 반야바라밀행의 길 안쪽 막힌 세계 신계 광계를 위로 올라오게 한 것은 단순히 지구가 속한 우주 내에서의 문제가 아니라 56 단계 안에 있는 모든 존재들에 해당되는 문제가 아니었나 하는 생각이 들었다.

반야바라밀행의 길로 들어서 있었던 분들을 모두 다 구했다면 지구에서 올라온 이들은 많지 않고 지구보다 더 발달된 두 개의 우주 내 행성에서 올라온 분들이 1만 배 이상 많은 것 아닌가 싶은 생각이 든다. 지금 지구에서 반야바라밀행의 길로 들어가는 길의 수행이 접어지지 않고 계속된다면 영적으로 깨어나고 영적으로 성장한다고 할지라도 다른 우주 속 영적으로 성장된 세계와 다름없이 끊임없이 반야바라밀행의 길로 접어들게 되는 것은 아닌지 싶은 생각이 든다. 지구에서 영적으로 깨어나고 위 세계로 바르게 가기 위해서는 반야에 의지하여 가되 빛덩어리의 세계 대광넘처로 가야하고 대광넘처로 가기 위해서는 대광의 길로 가야 하는 것이 맞는 같다는 생각이다. 빛덩어리로 와서는 빛덩어리를 빠져나와 출신을 본성의 빛 자등명 위로 올라와 자등명 세계로 올라와야 한다. 그래야 자등명 고향에도 올라오고 자등명인간계로도 올라올 수 있는 것이다. 빛덩어리를 빠져나오지 못하고서는 56단계 안 열 개의 우주에 있는 미아들이 다중우주에서 올라올 수 없고, 올라오지 못하고서는 본성의 빛 자등명으로 올라올 수가 없어서는 본래의 고향으로 돌아갈 수가 없다.

56단계 밖 다중우주에서는 본성의 빛 자등명 세계만 알려주어도 본래의 고향으로 올라가는데 56단계 안의 미아들은 본성의 빛 자등명을 알려주어서는 올라가지 못하고 있다. 56단계 안에 있는 미아들이 빛덩어리 빠져나와 출신한 것처럼 본성의 빛 자등명 세계로 올라오게 하기 위해서는 적어도 초(1698)인류 세계 이상의 위 세계의 에너지를 끌어다가 56단계 안의 미아 그룹에게 에너지를 쏴주면서 올라오도록 해야 본래의 고향으로 올라올 수 있는 것 같다.

본인이 2001년도 누군가 사념처를 물었을 때 사념처를 대답하고 거기에 대광넘처를 넣어서 오념처가 되어야 한다고 말한 사실이 있다. 대답하고 바로 올린 것인지 조금 있다가 올린 것인지 찾아

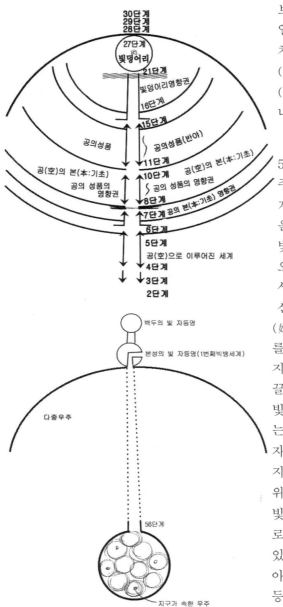

보니 2001년 7월 9일에 작성한 <오념처(五念處)＝사념처(四念處)＋대광념처(大光念處)>란 글로 나와 있다.

56단계 안에 다중우주의 미아들이 56단계 위 30단계까지는 올라왔는데 본성의 빛 자등명으로 올라오지 못하는 것 같아서, 시(始:3)초(初:3)신(神:3) 태(太:3)시(始:3) 세계의 에너지를 56단계 안으로 가지고 들어와서 위로 끌어올리니 본성의 빛 자등명 입구까지는 왔는데 본성의 빛 자등명을 뚫고 나오지 못하는 것 같아서, 위에서부터 본성의 빛 자등명 뚫고 아래로 내려가서 초입에 있는 56단계 안의 미아들을 본성의 빛 자등명으로 빠져나오게 해서 위 세계로 올라가도록 백두의 빛 자등명으로 인도하여 주었다. 여기서부터 스스로들 올라가겠지 하고 그냥 두었다. 그런데 스스로 못 올라간다고 한다. 어떻게 해야 하나 자등명 고향과 자등명인간계까지 안내해야 하는가? 그렇다고 영청이 들린다.

그래서 자등명인간계를 의식 의념해서 자등명인간계로 가도록 했고, 자등명 고향을 의식 의념해서 자등명 고향으로 가도록 했다. 그러고 나니 모두 다 갔다고 한다.

이로써 어제 관련되어 외계에서 임무를 맡아 온 분들과 관련된 미아들과 56단계 안에 다중우주에서 미아가 된 이들을 모두 다 본래의 고향으로 돌아가도록 해주다.

앞으로 이와 같은 일들이 더 많이 생기지 않을까 싶은 생각이 든다. 그래서 이글을 쓰게 되었다. 2016. 02. 01 14:13

보다 많은 다중우주에서 미아를 접하다

몸 이곳저곳이 너무 아프고 힘들다. 몸이 또 변하는가 보다. 어제 금요모임이 시작되기 전에 밝혀 드러내는 막바지에서 의식이 한계로 못 올라가서 어떻게 올라가지 하다가 신의 한계로 올라가야 하는 상황이 되고 그러면서 신의 증폭기가 생기고 모임에서 신 의식의 한계로 올라온 위 세계를 쐬주고 쐬주면서 더 높이 올라가서 더 높은 세계의 에너지를 끌어다가 쐬주니. 미아라는 소리가 들렸다. 전에 미아들은 1번째 빅뱅 본성의 빛 자등명 세계 아래 다중우주에서의 미아였다면 이번에는 2번째 빅뱅 근소 세계 아래 다중우주에서의 미아였다. 1번째 시간에는 2번째 빅뱅, 근소(根昭) 세계 아래에서 미아라고 해서 2번째 빅뱅 근소 세계 아래 1번째 빅뱅 위 다중우주에서 미아를 찾아 2번째 빅뱅이 일어난 근소 세계

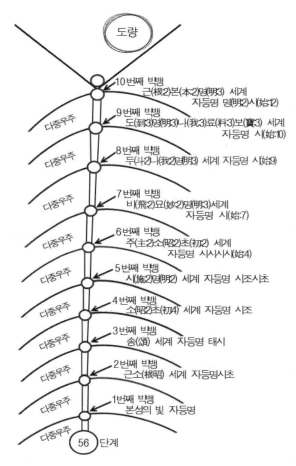

출구로 안내하여 근소 세계 위 세계로 올라가게 해서 고향으로 돌아가게 했다.

2번째 빅뱅 아래 1번째 빅뱅 위 다중우주에서 미아를 찾아달라고 하신 분은 이동인 선생님, 박정식 어머님, 이복식 여사님, 류원석님 세 분이었다.

56단계 안에서의 다중우주에서는 알 수 없었고, 56단 위 1번째 빅뱅 본성의 빛 자등명 세계 아래의 다중우주에서는 알 수 없었다. 어제 신 의식의 한계로 올라오고 나서 올라온 세계를 쐈주고 나서 무의식 깊이 있는 2번째 빅뱅 아래와 1번째 빅뱅 사이의 다중우주에서 미아란 사실을 알고 미아를 찾아 본래의 고향으로 돌아갈 수 있도록 2번째 빅뱅의 근소 세계로 안내해 주었다.

첫 시간에 두 번째 쐈줄 때부터 조은순님이 울기 시작했다. 왜 우는지 처음에는 몰랐다. 다음 시간에 쐈주는데 외계에서 왔고 미아라고 했다. 엥, 지금까지 에너지 받으면서 한 번도 미아라는 사실을 몰랐었는데, 왠 미아? 그러면서 찾아보았다. 찾아보니 3번째 빅뱅 송(頌) 세계 아래와 2번째 빅뱅 근소 세계 사이의 다중우주에서 온 미아인 것으로 찾아졌다. 찾아진 미아를 송 세계로 안내해서 위 세계로 올라오게 하여주었다. 그리고 모임이 끝나고 즉문즉답 시간에 구해줘서 고맙다는 분을 조은순님에게로 가게 해서 직접 영청으로 들어보라고 했다. 영청을 들은 조은순님이 말했다. 그 위 세계에서 자기가 손들고 자기가 아는 사람이 있으니 자원해서 왔고, 아래로 내려와 선사님을 찾아왔다고 했다. 믿어야 할지 믿지 말아야 할지 모르겠지만 그랬다.

백선우님이 궁금하다며 물었다. 설명해 주었지만 이해가 가지 않는다는 표정이었고, 더 궁금한 것을 질문하고 싶지만 차를 타는 시간에 맞춰 간다며 나갔다. 나가기 전 자신이 다녔던 수련단체가 사이비라고 이전에 말했음에도 왜 사이비냐고 물었고 자기 자신은 그렇게 생각하지 않는다고 말했었다.

그렇게 모임이 끝나고 집으로 돌아가는 길에서 백선우님이 의식되었고 의식되면서 백선우님의 잠재의식 소리가 들렸다. "나도 사이비인지 알고 있습니다. 그런데 사이비라고 인정하고 싶지 않습니다. 사이비라고 인정하면 내가 거기서 공부한다며 삼 년에 가까운 시간 동안 다니면서 이런저런 명목으로 갖다 준 돈이 000원을 갖다 주었는데, 사이비라고 인정하면 내가 사이비에 빠져서 갖다 준 것이 되니 억울해서 펑펑 울 것 같고, 사이비에 빠질 정도로 내가 못났다는 사실을 인정해야 하는 것이 싫어서 자꾸만 묻고 물어서 사이비가 아니라는 소리를 듣고 조금이라도 위안을 받고 나를 합리화하려고 질문하는 것입니다."

맞는지 틀리는지 모르겠지만 위와 같이 들렸다,

아침 출근해 있는데 김경실 보살님이 의식되며 김경실 보살님도 미아입니다라고 하는 소리가 들렸다. 엥, 어느 세계에서의 미아? 그러면서 찾아보니 7~8번째 빅뱅 사이 다중우주에서의 미아로 보였다. 아직 7~8번째 빅뱅 사이의 미아? 이때만 해도 미아를 찾아 위 세계로 안내하지 않았다가 지금 이글을 쓰면서 7~8번째 빅뱅 사이에서 미아를 찾아 8번째 빅뱅 세계로 안내를 해주었다. 해주었는데 가지를 못하는 것 같다. 왜 못가지? 너무 서로 붙어 있고 뭉쳐져 있어서 신 의식 한계 위 매우 높은 세계의 에너지를 끌어다가 쏴주어야 떨어져서 안내해주는 세계를 통해 본래의 고향으로 돌아갈 수 있는 것 같았다. 그래서 녹일 수 있는 위 세계를 의념해서 에너지를 끌어다가 쏴주었다. 이제 가나 보다. 고맙고 감사하다는 소리가 들린다.

더 위 세계에서 인연이 깊은 것 같은데 왜 그 당시에 미아를 찾아 본래의 고향으로 가게 하지 못하고 지금에서 본래의 고향으로 가게 하는가 싶은데 그 당시는 내려온 지 얼마 되지 않아서 굳이 미아찾기를 하지 않아도 돼서 그랬고, 임무를 마치고 본래의 고향으로 돌아가려고 했을 때는 선사님께서 위 세계로 안내할 힘이 없을 뿐더러 위 세계를 알지를 못해서 계속해서 선사님 주변에서 선사님과 함께 하며 지금껏 알아 봐 줄 때까지 기다렸다고 들린다.

이것으로 볼 때 앞으로 올라가면 올라갈수록 아래쪽에서의 미아찾기뿐만 아니라 위 세계에서도 미아찾기는 계속되지 않을까 싶은 생각이 든다.

이런 상태라면 아마도 미아찾기는 56단계 다중우주에서 1번째 빅뱅 아래쪽의 다중우주에서부터 점차적으로 빅뱅 마지막 10번째 아래쪽에 이르기까지 미아찾기가 이어질 것 같고, 그러다가 어느 순간에는 **빅뱅** 1~10번째, 이전에 빅뱅과 같이 일어난 **보뱅(寶Bang)** 1~30번째 사이에서도 미아들이 일어날 것 같고, **시명뱅(始明Bang)** 1~30번째 사이에서도 미아들이 나타날 것 같고, **요(了)도비료뱅(到比料Bang)** 1~40번째 사이에서도 미아들이 나타날 것 같고, **신도(神到) 소비뱅(昭飛Bang)** 1~50번째 사이에서도 미아들이 나타날 것 같고, 그 위 **지도비(指導飛) 도뱅(度Bang)** 1~60번째, 그 위 **신신(神:2) 도료뱅(度料Bang)** 1~30번째, 그 위 **종로(宗勞) 두뱅(頭Bang)** 1~30번째, 그 위 **명도(明道) 두료뱅(頭料Bang)** 1~10번째 그 위 **두도(斗度) 두나뱅(斗我Bang)** 1~10번째, 그 위 **요나뱅(了我Bang)** 1~9번째 사이에서도 미아들이 나타날 것 같다.

56단계 안 다중우주에서부터 빅뱅(Big Bang) 1~10번째 - 보뱅(寶Bang) 1~30번째 - 시명뱅(始明Bang) 1~30)번째 - 요(了)도비료뱅(到比料Bang) 1~40번째 - 신도(神到) 소비뱅(昭飛Bang) 1~50

번째 – 지도비(指導飛) 도뱅(度Bang) 1~60번째 – 신신(神:2) 도 료뱅(度料Bang) 1~30번째 – 종로(宗勞) 두뱅(頭Bang) 1~ 30번째 – 명도(明道) 두료뱅(頭料Bang) 1~10번째 – 두도(斗度) 두나뱅 (斗我Bang) 1~10번째 –요나뱅(了我Bang) 1~9번째 사이의 모든 다중우주에 미아들은 있고 각 사이에 미아들은 위로 올라갈수록 위 세계의 에너지를 쏴줄수록 드러나 위쪽으로 안내하여야 하는 것 아닌가 싶다.

이렇게 생각하고 보니. 의외로 미아들이 많은 것 아닌가 싶고 모 든 세계에 걸쳐 있을 것으로 생각된다. 이렇게 생각이 미치니 앞 으로 오시는 분들을 살펴봄에 있어서 위에서 말한 모든 세계를 살 펴서 미아인지 아닌지 살펴봐야 할 것 같고, 미아라고 할 때 위 모든 세계를 살펴서 어느 세계에서 미아인지를 살피고, 살핀 연후 에는 미아를 찾아 본래의 고향으로 돌아갈 수 있도록 출구를 안내 해 주어야 할 것 같다.

몸이 피곤해서 따뜻하게 잠시 누워있는데 일어나서 글 쓰셔야지 요. 해서 쓴 글이다.
지금도 몸은 변하고 있는지 몸이 이곳저곳이 아프다. 몸이 무엇으 로 변하고 있는가? 물었더니 확철 칠통 황금종려 몸으로 변하고 있다는 소리가 들렸다.
확철 칠통 황금종려의 몸이란 더 이상 위없고 위없는 몸으로 더 이상 변할래 변할 수 없는 완벽하고 완고한 몸이고 더 이상 어떻 게 할 수 없는 완벽하고 철저한 종려(終呂)의 몸으로 모든 것들을 총괄, 통치, 조율, 소통, 화합, 조화하는 몸이란 뜻이란다. 그래서 앞으로 부를 때는 확철 칠통 황금종려라고 불러야 하니 명호를 확 철 칠통 황금종려라고 해야 한다고 한다. 2016. 02. 06 08:14

외계(外界), 지구 밖의 세계와 다중 우주

미아(迷兒)란 길을 잃고 헤매는 이들을 미아라 한다. 위 세계에서 빅뱅이 일어난 빅뱅 아래쪽 세계로 여러 가지 일들을 하기 위해서 내려오게 되는데, 내려와서는 일을 마치고 다시 본래 온 곳으로 돌아가야 하는데, 일을 마치고 내려온 본래의 고향으로 가려고 하는데, 내려온 출구를 찾지 못하고 내려온 다중우주 속에서 출구를 찾으려고 헤매고 있는 이들을 미아(迷兒)라 한다.

그러기 때문에 다중우주 속에 있다고 해도 미아라는 뜻이고 외계(外界)란 지구 밖의 세계를 외계라고 하니 지구 밖에서 온 모든 이들은 외계에서 왔다고 할 수 있으며 또한 다중우주에서 왔다고도 할 수 있을 것이다. 그러므로 외계에서 왔다고 하거나 다중우주에서 왔다고 할 경우 어느 다중우주 왔는지는 살펴봐야 하고 미아는 어디에 있는 찾아서 빠져나온 출구로 안내해서 본래의 고향으로 돌아가도록 해야 한다.

왜 미아가 되어 다중우주 속에 있게 되는가? 그것은 임무를 맡고 오든 위 세계에서 번식이 쉽지 않으니 아래차원으로 번식을 하여 고향으로 돌아가려고 하든 빅뱅이 일어난 아래 세계로 내려와서는 임무 내지는 번식을 하고는 본래의 고향으로 돌아가려고 하는데, 내려온 출구를 찾지 못해서 본래의 고향으로 돌아가지 못하는 것이다. 그럼 왜 출구를 찾지 못하는가? 그것은 빅뱅이 일어난 아래 세계에서는 빅뱅이 일어난 시간의 경과에 따라 수없이 많은 우주, 다중우주가 있고, 다중우주는 각기 저마다 자전과 공전을 하며 전체가 하나로 돌아가기 때문에 어느 다중우주 속으로 내려왔다가 자전과 공전을 하는 우주, 수없이 많은 우주가 전체가 하나로 돌아가는 과정에서 내려왔던 세계로 다시 올라가야 하는데 그 출구를 찾기가 어렵다보니 찾고 찾아도 찾지 못하고 다중우주 속에 있다 보니 미아가 된 것이다.

위 세계를 밝히며 올라오다 보니 미아들이 얼마나 많은지 미아찾기 본부가 있을 정도다. 지금까지 올라오면서 미아찾기 운동 본부를 여러 개 대면한 적이 있다. 미아찾기 본부에서는 미아들을 찾기에 바쁘고 어떻게 해서든지 미아를 찾으려고 애를 쓰고 있는 것들을 여기저기 그 흔적들을 보고 알 수 있었다.

미아찾기는 작년 8월 30일 임점채님을 시작으로 박상혁님, 조카와 조카며느리, 백선우님, 홍미희님, 함상호님, 조휴득, 조휴영, 류원석, 1~2번째 빅뱅 사이에서 이동인 선생님, 박정식 어머님 이복식 여사님, 2~3번째 빅뱅 사이에서 조은순님, 7~8번째 빅뱅 사이에서 김경실님… 등이 미아와 관련되어 나에게 미아를 찾아주기를 바라는 메시지를 주어서 이분들과 관련된 미아들을 찾아서 본래의 고향으로 돌아가게 했다.

앞으로 계속해서 이어지지 않을까 싶은 생각이고 미아 찾아주는 일로도 조금은 바쁘지 않을까 싶은 생각도 든다. 2016. 02. 06. 10:14

자청으로 우리는 하나다

용용죽겠지 살판났네 살판났네 용용죽겠지
너도 나도 용용 살판났네
어허라 어허라 둥둥 둥둥
아가야 슬퍼마라. 아가야 슬퍼마라
너의 곁에 언제나 우리가 있다.
우리가 너고 너가 우리다
아가야 아가야 슬퍼마라.
너는 이제 없느니 우리가 너다

어찌하겠느냐? 뭘 어찌하겠느냐 묻는 겁니까?
네가 없으니 말이다. 지금 여기 있잖아요.
여기 있는 나는 여러분이고 여러분이 나이지 않는지요?
여러분은 처음부터 지금까지 내가 아닌 적이 없었는데

나 잊어 너 되고
나 몰라 너 되고
나 잊어서 너 되고
나 몰라서 너 되고
그렇게 잊어서 몰라서 어느 날 또 다른 너 되고
그렇게 나를 잊고 몰라서 내 너 되고 수많은 너 되어
여러분이 되고
우리가 되어 있었다가 오늘에야 내가 사라지고
여러분이 나 되고 내가 여러분 되어
내가 우리 되고 우리가 나 되었네.
어디에도 나는 없네.
나 있던 곳 우리가 있고 여러분이 있네.
여러분이 나고 우리가 나다.
나는 사라지고 내가 사라진 곳 자청이 있다.

너도 나도 자청 자청
자청으로 우리는 하나다.
2016. 05. 12 21:29

* **자청(自淸)=** **自淸多一**(자청다일)에서 한글의 청은 모두가 너무 맑아서 하나가 된 청을 말한다. 자청이란 내 안에 수많은 나, 즉 기억에 없는 수 없이 많은 전생의 여럿의 내가 수행하여 맑아지고 맑아지면서 내 안의 수많은 여럿의 내가 떨어지래야 떨어질 수 없는 하나가 된 것을 자청이라 한다. 내 안의 기억의 흔적조차 없는 수없이 많은 전생의 나라고 할 수 있는 여럿, 우리가 각기 저마다로 내 안에 있다가 수행을 통해 밝혀 올라감으로 맑고 깨끗해지면 수없이 많은 여럿의 우리가 자청이 되었다가. 우리가 나 되고 내가 우리가 되었음에도 또다시 수행 정진함으로 맑고 밝아져서 자청이 떨어지래야 떨어질 수 없는 하나 되어서는 또다시 내가 된다. 이렇듯 나는 내 안의 수많은 우리이고 우리는 나이고 나는 내 안의 수많은 우리고 여러분이다.

140번째 도반모임 동영상
깨달음에 대한 강의 내용

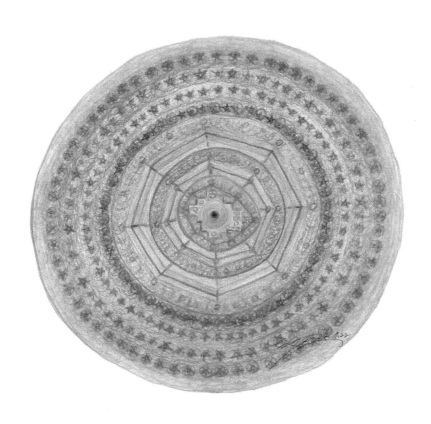

140번째 도반모임 동영상 강의 내용

어떻게 하면 여러분들이 좀 더 깨달음에 접근해서 현재의식까지도 깨달아서 좀 더 편안해질까? 무의식에서는 깨달아 안에서는 편안하지만 현재의식에서 깨닫지 못하다 보니 걸리는 게 많아 그래서 현실 생활에 자꾸 걸리게 되고 그러니 이번 기회에 어떻게 하든 깨달음에 대해 내가 설명하고 또한 여러분들로부터도 궁금한 것, 자기가 그 동안 생각해왔던 것을 질문을 받아서 이 기회에 한 생각을 돌이켜서 탁 바꿔서 깨달음을 현재의식에서 인식했으면 또는 인지하고 확 깨달았으면 하는 바람이에요.

내가 여러분에게 에너지를 주고 에너지를 받는 것만 중요한 게 아니라 이것도 현실을 살아가는 데에 있어 편하게 살아가는 데에 있어 많은 도움을 줄 거란 생각에 오늘 깨달음에 대한 얘기를 하는 겁니다. 처음부터 질문을 받을까요? 어쩔까요?

깨달음이 무엇인가? 설명을 하자면 이것은 깨달아보지 않았으니까 여러분들이 뭔지 모르잖아요. 그러니 여러분들은 일단은 마음을 오픈시켜서 내 말을 받아들이는 걸로 시작을 해야겠죠. 여러분들은 못 깨달았고 내가 깨달았으니 믿어야 하니. 마음을 닫아버리면 안되고 마음을 열고 나의 말을 스펀지처럼 받아들이면서 받아들이는데 의문이 생겼다 하면 질문을 해요. 그럼 내가 대답을 하고 거기에 이어 가고… 깨달음에 관련된 어떤 이야기라도 좋으니 질문을 하면 내가 그것에 관해 대답을 해드릴 테니까. 어찌하였든 깨달음의 이야기 속에서 여러분들이 한 생각 돌이키고 깨달음에 대해서 확실히 알아 여러분들이 확 깨어나길 바라는 마음으로 시작합니다.

(좌중 박수)

여기 계신 분들은 무의식으로는 다 깨달아 있어요. 다 나한테 에너지를 받아서. 아까도 테스트 해보라 했는데 출신도 다 되어있어요. 처음 오신 분들도 무의식에서 깨달아 있어. 박선생님 질문에 답했듯이 왜냐하면 이걸 하고 지나가야 하는 게 우선 뭐냐 하면, 우리가 출신이 되려고 하면 신이 출신 하는데 신은 우리의 머리에 있습니다. (*화이트 보드에 그림을 그려 가며 설명이 이어진다.) 양신은 보통은 여기서 길러서 올라오잖아요 이렇게 올라온다고 해서 양신이라고 말하지 않습니까? 그렇게 말하잖아요. 근데 제가 수행 해가며 알았을 때 그리고 다른 사람을 출신시켜 주었을 때 보면 신은 여기에 있어요. 그리고 정은 여기 있고. 우리가 정이라 하는 이것은 영이라고도 말해요. 혼은 여기 있고…. 혼은 신 주변에 있는 게 혼이고 혼을 우리가 말하는 의식 생각, 그 의식이 깊어지면 내려와서 정이 되고 그 다음에 마음작용을 일으키고… 이건 요기까지. 그러니 이미 사람 안에는 머리 안에 신이 있다는 거에요. 그래서 신을 기를 필요가 없어요. 양신이 될 필요가 없어요.

우리가 출신이 되려고 하면 차크라, 이걸 쿤다리니나 신경총이라고도 하는데 이게 10개가 있어요. 이 10개가 육체하고 내 안에 들어있는 영체라고 하는 것 하고 영혼이 붙어 있는데, 육체하고 영혼이 붙어있게 하는 게 신경총이니 차크라니 쿤다리니라고 합니다. 이 10개가 남들이 보면 열린다고 하는데 내가 보면 꽃을 피어 가지고 뿌리를 육체에 내리고 있습니다. 처음으로 조은순님을 출신시켜 주는데 육체에 뿌리를 내리고 있는 하나하나 그 자리에 가서 툭툭 떼어 주면 뿌리가 뽑혀서 그냥 출신이 되는 겁니다. 그럼 출신이 되면 어떤 상태가 되길래 우리가 무의식에서 깨달았다고 하나 하면 (* 칠판에 그림을 그려가며 설명을 이어간다.) 우리 몸에서 이렇게 나갑니다. 우리가 흔히 백회라고 정수리라고 애기하는데 이것을 일반적으론 같이 보는데 틀리다는 거죠. 정수리는 조금 더 뒤에 있고 백회는 좀 더 앞에 있고 .이 정수리라는 것을 명신 (明神)이라고 내가 이름 지었어요. 밝을 명에 귀신 신자 그러니까 신이 나오는 자리입니다. 근데 이 신이 나오려고 하면 머리 부분에 대뇌신경총이 있어요, 있는데, 대뇌신경총이 탁 뚫리면서 나오기 시작해요. 그러면 뭐가 먼저 나오겠어요? 신이 먼저 나와요. 나오려고 하면 나머지 다 떼고 대뇌신경총 여기 탁 떼면서 나오는데 명신 여기에 꽃이 피면서 올라와요. 올라오면 신이 나오고 그 다음에는 우리가 흔히 말하는 마음부분에 영혼이라 하는 영이 있어요. 영은 그냥 있는 게 아니라 영엔 업식이 붙어있어요. 그 다음에 마음이라고 하는 그릇 안에 ….우리 공부하는 사람 많은데 여기까지 설명하게 되네요. 조금 이해해주세요, 아직 시간이 많으니까.

머리 부분이 있고 가슴부분에 마음이 있다고 하는데 이 마음이 있다고 하는 건 중단전이라고. 위에는 상단전 있고 중단전, 하단전으로 내려가는 부분에 여기 돌기가 하나 있어요. 이 안에 업식덩어리라고 하는 게 있어요. 이 업식덩어리, 업을 떼면 뭐가 나오냐 하면 제가 말하는 자등명이라 하는 게 나와요. 이 자등명이라 하는 건 스스로 등불과 같이 그 어느 곳에도 의존 의탁하지 않고 스스로 존재하며 빛을 발한다고 하여 제가 이름을 붙인 겁니다. 출신을 하면 대뇌신경총에서 신이 나오고 그러면서 여기를 묶고 있는 게 그게 심장신경총이에요. 그래서 아까 말한 10개의 신경총이 열려야 한다고, 그것을 쏴줌으로서 열린다고 했듯 심장신경총도 그냥 쏴주면 이게 열려요. 신이 나오고 업식 덩어리가 따라 나오고 단전의 기운이 따라 올라옵니다. 이렇게 머리로 따라 올라와요. 이렇게 따라 올라와서는 자기는 이렇게 있어. 그러니 자기 몸 안에 영체는 이미 빠져 나와 있는 겁니다. 그러면서 여기엔 뭐만 있어? 자기는 현재의식만 있는 거에요. 신이 올라가고 업식덩어리가 올라오고 그 담엔 기운이 올라오다가 우리가 흔히 깨달음의 단계라고 하는 11단계, 저는 이걸 '단계'라고 합니다. 이 단계에 오면 신은 올라가고 업식덩어리는 여기에 올라서면서 아까 말했듯 이 덩어리에 뭐가 있다고 했어요? 업이 업식이 되어 붙어 있다 했잖아요, 그 안에는 자등명이 있고요. 여기서 업이 자동으로 툭 떨어지고 자등명만 남잖아요. 자등명만 따라 올라갑니다. 그 담에 따라 올라 오던 기운은 여기에 오면서 사라져 버려요. 사라지고 무엇만 남느냐 하면, 따라오던 게 11단계에서 기운은 여기서 사라지고 그 담에 올라오는 건 신하고 자등명만 올라가요. 그래서 한 십 단계 차이로 따라 올라가다가 어느 단계 올라가다 보면 신과 자등명이 하나가 되요. 한 덩어리가 되요. 신이 안에 있고 자등명이 밖에 있어서 나는 이것을 이름하기를 신자명(神自明)이라 했어요. 그러니까 깨달음은 바로 여기서 이뤄지는 겁니다. 여기서 이뤄지는데 여기를 업식덩어리가 올라가면 여기를 지나면서 뭐가 떨어진다? 업식이 떨어진다. 업식이 떨어지고 뭐만 있다? 자등명만 있다. 그 다음 기운은 여기서 올라와 사라진다. 자! 그러면 여기서 여러분들이 기억해둘 것. 자! 그럼 깨달음은 어디 있느냐? 여기에 있단 말이죠. 그러니 깨달으면 자기 스스로 깨달으면 스스로 나라고 하는 흔히 불가나 선가에서는 알이라고 해요. 그래서 알을 깬다, 줄탁동기라고 하잖아요. 자기가 깨고 밖에서도 때준다고 근데 저는 이걸 자성경계라고 해요. 이건 이 단계를 넘어서면 스스로 깨져요, 자동으로…. 그래서 출신해서 올라왔다 하면 무의식은 나의 업식덩어리는 나를 이루고 있는 이 경계는 이미 깨졌다는 겁니다. 그래서 오늘 처음 오신 분들도 출신이 되었다고 한 게 무의식에서는 이미 다 깨달았다. 그렇게 되는 거죠. 테스트를 해 보세요. 오늘 여기 계신 분 중에서 안 깨달은 분이 있나? 다 깨달았단 말이죠. 그러면서 출신이 되면 11단계를 넘어 서면 신자명으로 해서 올라가요. (*칠판에 그림을 그려가며 설명한다.) 올라가면 이게 나는 이걸 56단계라고 말하는데 여기가 아수라고 인간 세상이고, 여기가 16단계고 27단계고, 여기에 보면 빛 덩어리가 있습니다. 그러니까 출신하면 이 빛 덩어리를 뚫고 여기가 지구가 속한 우주의 핵입니다. 여기 56단계라고 하는 여기를 뚫고 나와서 본성의 빛이라고 하는 자등명까지 올라가요. 단계로 따져서 여기가 135단계고 140단계고 145단계고 150 단계고 여기서 다시 위로 올라오면 백두의 빛 자등명이라고 있어요. 출신이 되면 여기로, 여기로 해서, 여기로 해서 올라가고 여기서부터는 이제 자등명 세계입니다.

여기서부터는 흔히 말하는 영체 자기 안에 들어 있는 영혼의 체, 육체 안에 들어있는 영체라 하는데 이게 여기서 출신이 되면 여기에 올라가서 내려오면서 뭐냐? 하면 영체가 사라지고 대신 이쪽 세계에서 형성된 게 내려오면서 자신 안에 자등명체가 생깁니다. 그러니 일단 오늘 출신이 된 분들은 모두 자등명체가 생긴 겁니다. 물론 더 올라가면 자신 안에 체가 바뀌지만…그래서 일단 여기까지 그래서 오늘 오신 분은 내 안에 영체가 아닌 자등명체가 있다고 생각하시면 됩니다. 자! 이제 출신에 대해서 이해가 되셨습니까?

좌중) 예 됐습니다.

그럼 오늘의 주제 깨달음으로. 깨달음은 11단계라고 했죠. 기(氣)는 여기에서 깨달음을 넘어서면서 자기 기운은 사라진다 했어요. 업식은 떨어지고 자기 안에 있는 자등명만 올라간다고 했어요. 이렇게 아래위를 구별을 해 본거고 이걸로는 한계가 있으니 이제 이렇게 해보겠습니다. 넓은 쪽으로 그림을…. 자, 기운이, 내가 갖고 있는 기운이 사라져 내 기운이 사라진다는 건 뭐죠?

좌중) 새로 태어난다는 것입니다.

좌중) 없어진다는 겁니다.

기운으로 안팎이 없어진다는 거예요. 즉 여기까지는 나라고 하는 기운으로 인해서 업식을 싸고 있는 자성경계가 있었는데 여기를 넘어가고부터는 깨달음이 여기 있네요. 여기를 넘어가고부터는 기운이 나한테 없어 사라졌어 그러니 여기 기운하고 내 기운하고 이미 하나야. 그러니 안팎이 없어지니 내 기운이 없고 여기를 통과했을 때에는 뭐만 있느냐 하면 자등명하고 신만 있는 거야 나한테. 근데 깨달음은 어디 있느냐? 여기 있다는 거지, 여기 있는데 그럼 깨달음은 무엇이기에 여기 있다고 말 할 수 있는가?

좌중) 침묵

대답을 아무도 안 하네요?

좌중) (웃음)

자! 깨달음은 기(氣)라고 하는 것, 기(氣)로 하나가 되는 거. 자기의 안팎으로, 나라고 하는 내 자신하고 내 주변하고 기운으로 하나되는 게 바로 깨달음이다! 이것을 현재의식에서 몰라서 그렇지 무의식에서는 자기도 모르게 이루어진 겁니다. 이루어졌으니 깨달은 거죠. 근데 현재의식에서 그러한지를 모르기 때문에 깨달음을 모르는 거죠. 그러니 깨달음을 달리 표현한다면 깨달음은 자기 스스로와 자기 안팎이 하나되는 게 깨달음이죠. 자! 자기하고 자기 안팎이 하나되는 방법은? (＊ 칠판에 그림을 그려가며 설명한다.) 자 여기 이렇게 있어. 이걸 전부 하나라고 가정을 해. 하나라 했을 때 나라고 하는 내가 이렇게 있어. 나라고 하는 나로부터 내가 있음으로 안팎이 있는 거야. 그래서 하나가 되지 못하니 깨달질 못하는 거야. 근데 밖하고 나하고 같아지려하면 나를 이루고 있는 이 자성경계가 사라지면 같아지잖아. 그게 깨달음이야. 자! 표현은 이렇게 했어 이게 하나야. 화이트 칠판을 하나라고 했어. 근데 주어진 이 공간에서 하나라고 하면 무엇이냐? 그걸 알아야 하지, 그래야 깨달을 거 아냐? 이 공간에서 내가 있는 이 공간에서 자기가 스스로 저마다의 각자가 있는데 저마다의 내가, 내가 전체 속에 있는 거야. 그러니 전체 속에 내가, 각자(各自)가 있는데 그랬을 때 전체 속에 내가 있는데 내 밖에 전체라고 하는 이것이 뭐냐, 전체라고 하는 이것은 무엇인가?

좌중) 우주의식 허공 공의 성품 부처 하나님

또 있습니까? 이 외에 자기가 생각하는 거?

좌중) 기(氣)

네, 기(氣) 또 없어요? 자 그럼 이걸로 풀어가는 겁니다. 저마다 나라고 하는 각각의 나라고 하는 그리고 전체라는 부분을 기라 했을 때 이 기는 어디 있는 지 생각해 보는 겁니다. 어디 있습니까? 기는 어디에 있습니까?

좌중) 허공

네. 기는 허공 속에 있습니다. 허공 속에 가득 차 있는 게 기(氣)야. 그러니 기로 보았을 때 허공은 무엇이라고 표현해야 할 것 같아요?

좌중) 그릇이요, 담겨져 있는 그릇 아닙니까?

그릇이요? 그릇이라 하면 한계를 두고 있는 거잖아요. 그럼 한계가 없는, 한계가 없는 거라 했을 때 뭐라 하겠습니까? 한계가 없는 기는?

좌중) 그 자체

좌중) 체

체요? 체와 용 할 때 체요?

좌중) 재료

재료…. 그러니까 이 기라는 것은 가득 차 있는데 이걸 그릇이라 하면 이 전체를 기라고 했을 때, 이게 저마다 나라 하는 것을 두엇을 때 전체를 기라 하지 않았습니까? 근데 전체를 기라 했을 때 이걸 그릇이라 했을 때 이 그릇은 몇 개 입니까? 하나죠. 그릇이라 하면 하나죠. 근데 그 그릇의 하나 속에 담겨져 있는 건, 자! 전체 속에 하나의 그릇 속에 저마다의 나라 했으니 나라고 하는 게 담겨 있는 거죠. 그러니 이것과 같아지려면 어떻게 해야 해요?

좌중) 안팎이 없어져야죠.

어떻게 없어지나요?

좌중) 경계선을 없애야죠.

어떻게 없애나요?

좌중) 같아져야죠.

어떻게 같아지나요?

좌중) 그릇이 되어야죠.

어떻게 하면 같아지는 거예요? 분명히 그릇은 하나죠. 그 안에 내가 있어 근데 이것과 내가 같아지려하면? 어떻게 해야 그것과 같아지나요?

좌중) 알아야죠. 보고 알아야죠.

좌중) 인식이 되어야죠.

좌중) 분별 심을 없애야죠.

분별심도 아니야 이건.

좌중) 같다는 것을 체험을 하면….

어떻게 체험을 할 수 있어요?

좌중) 가짜인 것 들을, 내가 아닌 것들을 제거를 하면….

분명히 본인이 그릇이라고 했잖아요. 전체는 하나의 그릇이고 그 그릇 안에 내가 담겨져 있는 거 아냐? 그릇 안에 전체를 그릇이라 하면 그럼 내가 이 그릇이 되면 되잖아요? 그럼 이거나 나나 똑 같은 거 아냐? 아무리 작아도 그 안에 들어 있는 것은 뭐는 다 똑같다? 여기 이 그릇, 이 화이트 칠판 이 전체가 하나야. 숱하게 이 글을 썼어요. 근데 이 글은 화이트 칠판을 벗어나 있어요? 안에 있어요? 그러면 이 글 하나하나를 보면 허공도 가득 찼다고 얘기하지만 화이트칠판 자체를 보면 이 것은 하나의 언어에 불과하지만 그 자체는 무엇에 속해요?

좌중) 화이트칠판

자! 그럼 여기서 인식해야 하는 거죠. 전체가 기야, 그릇 하나야. 나는 나라고 자기가 인식해서 그렇지 내가 화이트 칠판을 내가 인식을 하면 나는 화이트 칠판이야. 그러면 이 그릇 전체가 하난데 내가 이것을 인식하고 내가 하나이면 나는 화이트 칠판이야. 이것을 인식하고서 그렇게 행하고 살면 이게 바로 뭐한 사람이야? 깨달은 사람이야. 자! 그럼 여기서 깨달음은 어디 있어? 이걸 알아야 해.

좌중) 화이트 칠판

아! 이건 잊어버려. 여기서 자꾸 언어에 걸리면 안돼요. 내가 여러분께 설명하기 좋게 화이트 칠판이라 했지만 화이트 칠판은 이제 잊어버려야 해요. 내가 지금 기를 통해서 여러분들을 체득하게 하기 위해서 한 거죠. 이게 전부 한 그릇이고 이거 한 그릇인 걸 인식하게 하기 위해서 내가 비유를 한 거지. 그걸 여러분이 알고 이 전체의 하나를 인식하고 여러분이 "아!" 라고 해야 여러분이 깨닫는 거죠. 그럼 깨달음은 어디에 있냐는 거지?

좌중) 기요.

좌중) "아!" 하고 아는 순간에 있는 거 아닌가요?

여기서 여러분은 다 놓쳤습니다. 내가 이제 설명을 할게요. 내가 이렇게 설명했을 때 나 자체가 허공이야. 내가 허공인줄을 그냥 알아버리면 돼 다른 게 없어. 다른 부연 설명이 필요 없어 어? 그럼 내가 기잖아? 내가 허공이고? 그렇게 인식하면 바로 깨달음이야. 그렇지 않고 어쩌구저쩌구 하면 다 빗나가는 거야. 여기서의 깨달음은 이거야. 여기 이렇게 화이트 칠판이 있고 숱한 이런 게 있고 이게 하나의 그릇이고 여기서 이렇게 기라고 했을 때 내가 이 자체가 되어야 하는 건데 그걸 자기 안에서 그러니까….여기서는 기니 뭐니 소용이 없어. 여기서는 내가 "아하!" 하면서 "탁!" 해야지 깨지는 거야. 여기선 언어가 필요 없는 거야. 언어를 내는 순간 어그러지는 거야. 여기서는 여기가 깨달음이야. 그러니 여기서는 여러분들이 놓친 겁니다.

좌중) 놓쳤네요! (웃음)

그렇잖아? 그 순간 여러분들이 아! 그렇구나! 저거다! 해야 하는데 언어가 붙어 버리면 설명이 되어 버려. 이미 놓친 거지. 지나가 버린 거야. 그렇지만 내가 여기 이렇게 설명한 것을 나중에라도 되짚었을 때 또 알면 돼. 자 또 누가 우주의식이라고 그랬죠? 누가 그랬죠?

좌중) 현선생님이 그러셨습니다.

어떤 게 우주의식입니까?

좌중) 침묵

어떤 게 우주의식입니까? 어떤 게 우주의식인지 몰라요?

좌중) 나는 전지전능하며 알파요 베타 오메가이다.

그 걸로는 설명이 어렵죠. 설명이 안 됩니다. 알파와 베타가 붙어 버려서 안 되는 거예요. 그렇게 하면 그 한계성이 없어요. 왜냐하면 여기서 우주의식이라 함은 한계성이 있는 겁니다. 하나의 이름을 가지고 있다고 함은 그것이 무엇이든 하나의 이름을 가진 건 하나의 상을 가지고 있음을 말합니다. 상을 가진 것은 그것은 하나로 이루어진 것이 아니라 여러 것이 조합된 일합상이지만 상을 뜻하는 거야. 그래서 우주 의식이라면 하나의 상을 말해야지 지금처럼 오메가 하면 안 맞는다는 거지요. 한계가 없어지니까요. 그래서 그 걸로는 우주의식을 설명할 수 없습니다. 그럼 어떤 것을 우주의식이라 하는가요?

좌중) 우주의식은 어떤 것도 거부하지 않고….

(*동영상 중단)

하늘, 땅이라면 어디를 말하는가? 땅을 밟고 내가 있어요. 그럼 하늘은? 하늘은 어디를 두고 하늘이라고 합니까?

좌중) 구름 위의 하늘

그럼 구름 위에 올라갔어요. 그럼 어디가 하늘입니까? 그러니까 쉽게 얘기해서 하늘은 어디가 하늘이라고 합니까? 내가 손이 닿지 않는 저 구름 위를 하늘이라 하는데 내가 105층 건물 위로 올라갔어요. 그러면 내가 구름 위에 있잖아요. 그럼 내가 하늘에 있는 거잖아요, 그럼 거기서 어디가 하늘입니까?

좌중) 그 위요.

(웃음)

좌중) 허공을 하늘이라 합니다.

그렇죠. 그러니 하늘은 이름이 하늘일 뿐이지 허공의 다른 이름이 하늘이라는 거죠. 그러니 기독교에서 창세기를 보면 하느님을 하늘님이라고, 하늘에 계신 님 하느님 해서 하나님까지 왔는데 성경을 보면 천지창조에 나오는 부분을 보면 하늘을 설명할 때 하느님을 설명할 때 대기권 밖의 하늘이냐 대기권 안의 하늘이냐.

허공의 다른 이름이 하늘이죠. 근데 내가 있으면 내가 대기권 안에 있지 않습니까? 지구에 있으니까 그러면 허공은 대기권 안의 하늘과 대기권 밖의 하늘이라는 거죠. 그럼 우주의식은 이걸 하늘, 땅이라 하면 어디를 말합니까? 하늘 땅 나는 이렇게 있는데 대기권 안의 하늘과 대기권 밖의 하늘이 있는데 어디가 우주인가요?

좌중) 땅 하늘 대기권 안 팍 다 포함해서 우주의식이다.

그러면 우주의식이 여기서부터 어디까지?

좌중) 그러니 한계가 없다는 거죠.

한계가 없으면 안돼요. 그러니 하나의 이름은 하나의 상을 갖고 하나의 상은 하나의 이름을 갖는다는 거죠. 그러니 하나의 이름은 이걸로 인해 하나의 상이 있는 거죠. 그러니 상이 없는 이름이 있을 수 없다는 거죠. 그렇잖아요. 그러니 우주의식이라 했을 때 나를 포함한 하늘이라고 하는데 이 하늘을 우주로 하기에는 좀 그렇다. 그럼 우주의식은? 좀 쉽게 해보면 나라고 하는 사람이 있으면 저마다 나라고 하면 나라는 사람은 나의 의식이 있어요. 어렵게 할 필요 없고 하늘 땅 할 필요도 없고 그럼 우주의식은 뭐요?

좌중) (웃음)

다른 거 없어요. 나는 내가 가진 의식이고 우주의식은 우주가 가진 의식이죠. 이걸 이해해야 합니다. 다른 설명이 필요 없죠. 그러니 모르니까 복잡하게 설명을 하는 거죠. 우주가 가지는 게 우주의식이죠. 그럼 우주는 뭐죠? 우주는 뭐에요? 우주가 갖고 있는 의식을 우주의식이라 했으니 그럼 내가 우주인줄 알아야 우주의식을 알 거 아녀요? 우주는 뭐죠? 무엇이 우주입니까?

좌중) 음 양 기 (웃음)

좌중) 우주가 우주죠. (웃음)

음 양 기, 기에 음 양이 있는 게 아닌가요? 무극에서 양극이, 음과 양이… 사실은 음 양을 구분할 뿐이지 구분도 없어요. 여기는 양이고 여기는 음이라 했어요. 그러니 음음양 또는 음양양 이렇게 홀

러가는 단면을 표현한 거에 지나지 않아요. 여기는 분명히 양이라 했는데 여긴 음이라 했어요. 그러면 여기가 또 양이죠. 여긴 또 음이고 보는 관점에 따라 어디서 보느냐에 따라 그러니 이거로서는 우주를 얘기하기에는 핀트가 잘 안 맞죠. 그럼 우주를 다른 말로 표현 하면 무엇이 될 것 같아요?

좌중) 전체

좌중) 세상

세상이라 함은 인간세자에다가 이것은 사방하고 팔방하고 시방이 인간이 현재 살고 있는 발을 딛고 있는 모든 세계를 말하는 거죠. 그러니 세상은 지구라고 하는 이곳에 인간이 살고 이것으로 인해 펼쳐 있는 세계를 그리고 인간이 인식할 수 있는 한계를 갖다가 시방을 털어서 세상이라고 합니다. 그럼 어디를 세상이라고 합니까? 상통할 수가 있습니다. 다만 어느 곳에서 보고 이걸 세상이라 하고 우주라고 하냐의 차이죠. 이렇게 하면 말이 깨달음이랑 자꾸 멀어지는데 내가 자꾸 끌어당기는데도 옆으로 새는 겁니다. 어디를 세상이라고 합니까? 지금 언어만 틀릴 뿐이에요. 아까의 한 그릇이란 것도 마찬가지에요. 똑 같은걸 두고 한 그릇이라고도 우주라고도 세상이라고 하는 겁니다. 생각이 여기에 안 옵니까?

좌중) 우주는 인식할 수 있는 한계이다.

좌중) 나와 같은 본질을 가지고 있는….

그건 너무 고차원 적이지요. 아주 쉬운 겁니다.

좌중) 이것, 집

세상도 우주도 다를 게 없어요. 뭐에요?

좌중) 허공

예. 허공입니다. 가늠할 수 없는 허공을 우주라 해요. 여기선 가늠할 수 없는 그게 한계에요. 허공이라는 걸 가늠할 수 없지만 우린 그걸 우주라고 말하는 겁니다. 세상이라고 말했을 때도 마찬가집니다. 내가 땅을 밟고 있는 시방 팔방 다 털어서 내 한계에 미칠 수 있는 그걸 통틀어서 즉, 자기가 있는 그 한계 자기가 가늠할 수 없는 것까지 그러니까 그 가늠할 수 없지만 '까지'이니까 그게 한계라는 거죠. 그러니 그게 우주라는 거죠. 그러니 달리 말하면 각자(各自) 우주니 하늘이지 세상이니 얘기 하지만 이것은 달리 작게 표현하자면 무엇?

좌중) 허공

즉, 우주의식은 간단해요. 가늠할 수 없는 허공, 가늠할 수 없는 그것을 우주라 했고 이것은 허공이죠. 허공의식이죠. 간단한 걸 어렵게 설명하는 겁니다. 지금. 그렇잖아요. 우주는. 허공을, 가늠할 수 없는 걸 우주라고 하니까 달리 말하면 가늠할 수 없는 그 안에 허공이 갖고 있는 의식을 우주의식이라고 하는 거죠. 그러니 깨달음은 흔히 무엇에 있다? 우주의식. 깨달음은 우주의식이 되는 데에 있다고 말하는 겁니다. 이런 말이나 책의 제목 안 들어 본사람? 거의 들어봤죠? 깨달음은 우주의식에 있다. 우주의식이 되는 데에 깨달음이 있다. 어렵게 말해서 그렇지 우주, 우주 하니까 그게 어려운 거지 간단하게 말하면 허공의식이 바로 깨달음입니다. 자! 그럼 허공의식이 되려면, 어떤 게 허공의식인가요? 깨달음은 우주의식이 되는 거잖아요. 우주의식은 허공의식이고 그럼 내가 깨달으려면 허공의식이 되면 되잖아요? 그럼 허공은 어떤 의식을 갖고 있어요?

좌중) 비어있지요.

비어있고…. 그건 허공이 갖고 있는 성품을 말하는 겁니다. 우리가 허공이라고 하는 것도 하나의 상이에요. 그래서 허공의 상을 공상이라고 합니다. 이 상을 허공이 가진 공상을 깨달음을 말할 때 얘기들을 해요. 허공이 가지고 있는 공상은 즉 다시 말해서 공상은 허공이 갖고 있는 의식이라는 말입니다. 아닌가요? 허공이라는 상과 이 칠판이 가진 것과 똑같은 겁니다. 대신 허공이 갖고 있는 것과 칠판이 드러낼 수 있는 것의 그 차이만 있는 겁니다. 자! 그럼 허공은 어떤 의식을 갖는가요? 여러분은 각자가 갖고 있는 자기의 의식에 따라서 행동하지 않습니까? 나의 의식에 따라서 나라고 하는 나의 의식, 자아의식이라고 해야겠죠? 각자가 자아의식에 따라서. 누가 뭐라 해도 난 이런데 네가 왜 상관이냐 그러지 않습니까? 그걸로 너와 내가 구별돼. 그런데 아까 얘기했듯 내가 허공의식, 우주의식이 되는 데에 깨달음이 있는 거잖아요? 그럼 내가 어떤 의식을? 내 자아의식을 뭐하고? 여의고, 나의 자아의식을 여의고 허공의식이 되었을 때 깨달음이라고 얘기할 수가 있는 거죠. 그럼 내가 어떻게 해야 자아의식을 버리고 허공의식이 될 것인가? 그럼 허공의식이 되기 위해선 우주의식이 되기 위해선 허공에 대해 알아야 하잖아요. 허공에 대해서 내가 너무 어렵게 설명하는가요? 깨달음을 너무 어렵게 설명합니까?

좌중) 아니에요

일단 설명 계속 해보지요. 이 허공의식하고 공의 성품하고 같습니다. 허공의식하고 공의 성품하고 같은 겁니다. 왜 같은지 아는 사람? 무엇하고 같은지? 아무도 없어요?

(좌중 웃음)

왜 같으냐 하면 우주의식은 허공의식이고 허공의식은 뭐라 했어요? 공상(空相)이라고 했잖아요. 허공은 하나의 공상을 가지고 있고 허공의 의식은 허공이라는 공상 안에 갖고 있는 게 허공 의식이고 공의 의식은 이 공의 성품은 이것이 이 안에… 그러니 달리 표현하면 허공의식은 허공이라고 하는 이 안에 들어있는 의식, 즉, 이 분이라고 하면 이 분 안에 들어있는 게 이 분의 의식이야. 허공이라고 하는 게 있으면 그 안에 들어있는 모든 게 허공의식이라고. 그 담에 공의 성품은 공이라고 하는 이 안에 들어 있는 게 공을 이루고 있는 성품이라고. 그러니 다시 이건 공이라고 해서 이건 허공과, 허공의식과 같은 거죠. 성품과 의식 이 차이지. 그러니 여기 이렇게 이 분이 있으면 이 분이 가진 의식이라고 하나 이 분의 안에 들어있는 건 이 분의 성품이라고 하듯이 똑같은 거죠. 다만 언어만 다르지. 이 공부를 하면서 언어에 매이면 공부를 못하는 겁니다. 자기가 볼 수 있는 한계가 지워지니까. 그러니 언어를 잊어버리고 표현했을 때 이건 같은 건데 왜 이렇게 표현했을까? 하는 언어의 이면을 알아야합니다. 자! 그럼 자아의식이 허공의식이 되려면 어떻게 해야 하는가요? 자아의식이 허공의식이 되면 깨달은 거잖아요. 우주의식이 되니까.

나는 내가 봐서 나지 허공에서 보면 나는? 허공이지. 그럼 내기 자아의식에서 행했을 때는 나는 나의 개체야. 그러나 허공에 있으면서 허공에서 나를 보면 나는 허공이고 내가 허공의식을 가지고 행하면 나는? 깨달아있지. 깨달음이 여기에 있는 겁니다. 너무 쉬운데 그게 잘 안 되는 거죠. 여러분이 방금 그랬잖아. 난 분명 허공에 있어. 나는 허공에 있는지 알아. 다 그러잖아, 허공밖에 있냐고 하면 아니라고, 다 허공에 있다고 하잖아요. 그러면서 왜 내 입장에서만 보냐 이거죠. 그러니 나 외의 모든 사람은 다 깨달아있어요. 왜냐면 나 외의 모든 사람은 허공에 있으니까 허공으로 보면 다 깨달아 있는데 허공 안에서 나라고 하는 건, 아까도 말한 자성경계를 갖고 있기 때문에 경계가 있기 때문에 너하고 나하고 틀려 왜 너하고 나하고 같다고 말하는 거야? 한다고. 그러나 허공에서 보면 너하고 나하고 틀린 게 뭐가 있어 한다고. 뭘로 같아요?

좌중) 공의 성품

그렇지 공의성품으로 같은 거예요. 자! 그럼 어떻게 해야 나의 자아의식을 버리고 공의 성품이 될 수 있을까? 이게 쉬운데도 어려워 이런 게.

좌중) 허공의식으로 살아가면 되지요.

허공의식으로 살아가면 되는데, 그럼 되는데, 그럼 어떤 게 허공의식일까요?

좌중) 개체 심을 떠나고

좌중)분별 심을 버리고

좌중) 상이 없고

자! 아까 자아의식이라고 했을 때 이 안에는 내 마음도 있고 내 생각도 있고 내 뜻도 있고 내 의지도 있고 이게 다 있습니다. 나한테는 이런 게 있는데 그럼 우주의식에는 허공의식에는 이런 게 있을까요?

좌중) 없어요.

있다고 하면?

좌중) 그 자체가 허공이죠.

요 부분은 이게 이렇습니다. 허공이 갖고 있는 공의 상이 이렇습니다. 있다고 하면 없습니다. 없다고 하면 있습니다. 허공에 무슨 의식이 있어? 하면 있습니다. 있어요. 없어요? 근데 허공에 의식이 있는 거 같아서 허공을 들여다보면 갖고 있는 의식이 없어요. 왜? 허공은 무와 유를 무엇 하니까?

좌중) 초월

초월이 아니라 생멸시키니까. 생멸이 어디서 생겨요?

좌중) 분별, 있다 없다는 생각

왜 또 여기까지 와서 그래요? 헛소리를 합니까? 생멸이 공에서 생겨요. 그렇기 때문에 공상에서 보면, 있는가 해서 보면 없고 없는가 하면 있습니다. 바로 이게 모든 물질은 공에서 생겨나는 모든 것들은 공에서 생멸하기 때문에 그렇습니다. 근데 많은 사람들이 이걸 몰라요. 그러기 때문에 자기 스스로 내 생각 내 마음 내 뜻이라고 하듯이 허공도 허공의 마음도 있고 허공이 갖고 있는 뜻도 있고 다 있어요. 근데 그걸 들여다보려고 하면 없는 겁니다. 그러니 허공이라고 하는 이 전체를 두고 전체를 하나로 보면 있어요. 근데 어느 부분을 보면 없는 겁니다. 여러분도 나라고 했을 때 나라는 전체를 보고 있는 거죠. 내 안에 들어가 신장 눈 이런 게 있어요? 같은 겁니다.

그러기 때문에 내가 깨달아야지 하면 깨달으려 하면 내가 허공의식이 되어야 하고 우주의식이 되어야 하는데, 이때는 무얼 알아야 하냐면 있다고 해야 합니다. 어떤 게? 자아의식이 있고 내 마음 내 뜻 내 생각 자아의식이 있듯이 허공도 허공의 마음이 있고 생각과 뜻이 있다고 보고 허공의 마음같이 내 마음을 일으키고 생각 내고 그리고 그 다음에는 되돌아서 또 무엇이 되어야 하나? 행해도 행한 게 없어야 합니다. 있으면서 없어야 한다는 거지. 이게 허공의식이 되는 거죠. 그니까 아예 없는 게 아닙니다. 분명히 있고 있어서 행하고 행한 다음에는 행한 자체도 없어져야 허공의식이 되는 겁니다. 그러니까 깨달음 이게 뭐냐 하면 허공의식이 되는 거죠. 분명 공의 성품 이겁니다. 이게 있으면서도 없고 없으면서도 있는 겁니다. 바로 이것을 깨달음이라고 하는 겁니다. 깨달음은 다른 게 없어요. 여기 각자(各自)가 있는데 내가 있는 데서 눈을 탁! 떠가지고 나라고 하는 이 경계가 허물어져서 내 안에서 밖을 보는 게 아니라 밖에서 허공에서 나를 봐서 내가 허공이 되는 겁니다. 그렇게 봐서 내가 허공이 되고 공의 성품이 되었을 때 깨달음이 있는 겁니다.

여기서 각성이 일어나신 분들은 현재의식에서 스멀스멀 일어나는 거고 각성이 없으면 아! 이거 나 생각 더 해야 하는데….

(좌중 웃음)

그러니 깨달은 사람들이 눈을 뜬다는 게 다른 게 아니에요. 내가 있으면서도 눈을 탁! 뜨는 순간 같이 있으면서도 내가 몰랐구나 억울하게 몇 년? 10년을 찾아 다녔구나. 내가 바로 허공인줄 알면 이 한 생각 돌이키면 되니까 깨달음은 코만지는 것보다 쉽고 손바닥 뒤집는 것보다 쉬운 거죠. 근데 못 알아차리는 거죠. 자기 자신을 볼 때 늘 내 입장에서 나를 보는 겁니다. 허공에서 나를 봐버리면 그냥 깨닫는 겁니다.

내가 이럴 때, 허공 밖에서 자신을 봐버리는 사람이 하나도 없어요. 다 알면서 주고 입에 넣어주고 하는데도. 이게 눈을 뜨는 겁니다, 다른 게 눈뜨는 게 아니고. 이제껏 내 안에서 밖에만 봤잖아요. 근데 밖에서 한 번 봐라 밖은 이미 깨달아 있다. 근데 왜 그걸 인식을 못하는 거죠? 알아차리란 거죠. 알아차리고 아! 그래! 탁 쳐야 하는데 내가 아직 에너지가 안 되는가 봐요. 제 능력미달입니다. 제가 미안합니다.

(좌중웃음)

그러니 깨달음은 자기가 허공이 되는 겁니다. 허공에서 나를 보는 겁니다. 깨달음은 다른 게 아냐, 허공입니다. 허공의식이 되는 겁니다. 어렵게 얘기하니 우주, 우주의식 하는 거지.

그 다음에, 부처니 하나님이라 했을 때 우주 전체를 하나라고 했을 때 이 하나를 하나님이라고 합니다. 그러기 때문에 달리 얘기해보면, 자! 하나님은 무얼 하나님이라고 말해요?

좌중)창조자요.

창조자 맞죠. 맞아요. 그럼 하나님을 창조자라 했을 때 이건 어느 관점으로 보는 거예요?

좌중)우주의 관점이요.

우주의 어느 관점으로 보는 거예요? 어떤 관점? 이것까지 알아야지.

좌중) 생멸의 관점.

맞습니다. 이 전체가 하나라고 하는 공의 성품에서 생멸하는 관점에서 보았을 때 창조자라고 얘기하는 겁니다. 그러니까 모든 물질은 어디에서 생멸을 한다? 이 물질은? 공에서. 모든 물질은 공에서 생멸을 해요. 그래서 우리 육체는 어디서 생멸을 하느냐? 허공

432 • 깨닫고 싶으냐 그러면 읽어라

에서, 허공에서 생멸을 합니다. 여기서 나오면 생하는 거고 여기로 들어가면 멸하는 겁니다. 공으로 들어가면요. 그럼 내가 살아있으면서 여기를 통과하는 방법은?

좌중)죽어야 해요.

뭐가 죽어야 하죠?

좌중) 내가 나라는 생각이 내가 죽어야 해요.

이 때, 내가 죽는다 했을 때 나는 누구냐?

좌중) 업장.

쉬운 말로 얘기해요. 우리들 각자(各自)가 나라고 하는 물질 모든 생각 내 마음이니 하는 이 모든 것들이 허공에서 온 거고 그래서 나를 죽이면 허공 안으로 들어오는 겁니다. 그래서 내가 살아 있으면 깨달음이 있다 없다? 없다. 내가 살아있으면 이 안으로 들어올 수가 없으니 깨달음이 없다. 내가 죽어야만이 이 안으로 들어와서 생한다. 뭐 한다? 깨닫는다. 자! 그럼 나를 어떻게 죽일 것인가? 답은 간단합니다. 어려운 설명 필요 없어요. 오온 같은 건 여기에 들어가는 겁니다. 어쨌든 간에 우리는 공에서 생하고 공에서 멸하는데 내가 죽어야만 내가 공에 들어가서 내가 멸하고 깨닫는 거죠. 흔히 진리의 바다라 했을 때 이것도 허공의 성품을 말하는 거죠. 즉 기를 말하는 거죠. 쉽게 설명하자면 그러니 어려운 말로 해서 생명에너지니 에테르라고 하는데 쉽게 말하면 허공 안에 들어있는 성품 이겁니다.

그러니 하나님하고 똑같은 게 부처라 하는 것도… 어떤 이를 부처라고 해요? 깨달은 자잖아요. 깨달은 자는 어떤 자가 깨달은 자야?

좌중) 허공이 된 사람이요.

어떤 허공이 된 사람?

좌중) 우주일체가 하나된 사람.

무엇으로? 허공으로. 이게 부처입니다. 그러니 달리 얘기하면, 부처는 이 전체를 통틀어 부처라고 하는 거고 하나님은 이 전체 안에 들어있는 이 성품을 하나님이라 하는 거고 부처가 가지고 있다고 하는 불성은 부처라고 하는 사람이 갖고 있는 이 안의 성품을 불성이라고 합니다. 그러니 어려운 말이 불성이지 불성은 공의 성품이 불성입니다. 이해 되요?

좌중) 예.

그러니 누가 부처를 물어 보면 무얼 대답하면 부처를 대답하는 거야?

좌중) 허공.

이해를 또 잘못하셨습니다. 부처는 전체가 하나라는 상이고 불성은 이 상을 이루고 있는 성품이 불성이에요. 그러니 누가 부처가 뭐냐고 물어보면 무어라 말하면 틀리지 않을까요?

좌중) 마 삼 근.

마 삼 근이라는 답이 나온 정황을 설명해 보면, 제자를 데리고 시장골목엘 갑니다. 저울을 재는데 마가 딱 삼 근입니다. 그 때 제자가 묻습니다. 스님 부처가 뭡니까? 딱 저울에 달려있는 게 마가 삼 근이니 마 3근이다. 제자가 듣기에는 왜 마 삼 근이 부처냐 하는 거죠. 부처를 찾아 마 삼 근, 마 삼 근 하고 다니겠죠? 제자는 깨달으려고 마 삼 근을 하고 다니는 거고 스님은 마 삼 근이라고

434 · 깨닫고 싶으냐 그러면 읽어라

했어. 왜 마 삼 근이 부처라고 얘기 했겠어? 이게 부처입니다. 아까 뭐랬어요? 부처는 상이라고 했어요.

좌중) 불성을 가지고 있는 것.

좌중) 눈에 보이는 것 .

불성은 상을 가지고 있는 상 안의 성품이라고. 마 삼 근은 상이죠 상, 성품이 아니고. 그러니 자기가 지금 눈에 보고 있는 상을 드러내는 게 부처를 드러내는 겁니다. 자기가 보고 있는 게 마 세 근이야. 그러니 부처가 마 세 근이다. 뜰 앞에 잣나무도 마찬가지죠. 마루에 앉아 있는데 제자가 스님 부처가 뭡니까? 하니 저거 잣나무다 하는 거죠. 제자의 입장에는 뜬금이 없지. 하지만 깨달은 사람의 입장에서는 상이죠. 성품을, 부처는 성품을 감싸고 있는 상에 지나지 않는다. 어떤 성품? 공의 성품. 공의 성품은 즉 불성. 그걸 모르면 보는 즉시 말하라는…

좌중) 10분간 휴식을 하지요

(* 동영상 중단)

지금까지는 깨달음과 공의 성품에 관해 얘기했고 이제부터는 공의 성품에서 생멸하는 거하고 공의 성품에서 들어가는 거하고…. 하여간에 여러분들은 오늘 깨달음에 대해서 놓친 것이 많아요. 하지만 나중에 동영상을 보든가 내가 말한 부분을 생각해서 아! 이렇구나 하면 현재의식에서 깨달을 수 있습니다.

141번째 도반 모임 동영상 깨달음 이렇습니다. 여기 나라고 하는 게 있어요. 내가 복잡해. 근데 이 바깥에 보면 깨달음이야. 이걸 바깥에서 본 사람이 없으니까 내가 이렇게 허공이 깨달음이요 하면 공의성품이요 하면 기존 공부하던 사람들은 웃기고 있네. 그러겠지만 내가 깨닫고 보니 그러니 얘기한다는 거예요.

(＊ 그림을 그려가며 설명 시작) 지금 여기서 보면서 바깥으로 나오는 게 너무 힘드니까 지금 여기를 보면서 공도 보고 공의 성품도 봐요. 그러니 이 상태론 뭐 했어 아니까 해오도 했고 견성도 했고 깨달음도 얻었어. 그러면서도 이 안에는 이게 있어. 그러니까 뭘 해야 해요? 이 상태는 내가 아니까 이미 이 상태를 안다는 건 뭐야? 증득했다는 것이죠. 그리고 이 상태를 내가 잊지 않는다고 하면 뭐가 돼? 증득한 거지. 그 담에는 이게 뭐라고 했어? 깨달음이라고 해잖아요. 공의 성품이라고 했잖아요. 그럼 뭘 증득한 거야? 깨달음을 증득했어. 그런데도 내가 있어 그러니 내가 뭘 해야 해? 이걸 놓아야 하는 게 남아 있잖아. 그러니까 깨달음의 상태는 돈오야 한 번에 알아버리니까. 한 번에 알지 않으면 이거를 알 방법이 없어 여기는. 한 번에 알고 나서 요것을 하나하나 놓기 위해서 인연법도 되고…. 이게 뭐라는 거야? 점수라는 거지. 근데 여기에서 바깥으로 나오면 또 틀려. 뭐냐 하면 이 안에서 내가 뭐하면서? 점수하면서, 그 다음에 여기로 나오니까 뭐해? 돈오하는 거지. 근데 여기에서 이 바깥으로 나올 때 때 점수 돈오가 되었는데 이 여기 와서 이 상태를 하려고 해서 다시 들어가면 이게 뭐냐 하면 이건 점수, 돈오점수라는 거지. 근데 내가 이 안에서 공부해 가지고 점수해서 돈오해 나왔어. 그럼 내가 여기서 이 안에 더 들어갈 게 없다 그러면 그게 뭐야? 돈오돈수라는 거지. 그래서 내가 여러분에게 설명하는 깨달음의 방법은, 그래서 내가 전에도 뭘 말했냐 하면, 이 안에서 하나하나 버려가면서 양파껍질 벗기듯 버려가면서 공으로 오는 거다. 그리고 마지막에 이 자성경계를 깨는 게 확철대오다, 이렇게 말했는데 지금은 역으로 여러분께 지난달에는

깨달음이 허공이다, 허공에 있는 이 성품이 공의 성품이다 이랬어. 그러니 요 부분은 인식을 했는데 요게 안 되는 거야, 그랬을 때 뭘 해야 해? 점수를 해야 해. 아까 여러분께 설명했듯이 이게 인연법에 의해 모였다 흩어졌다 그러니 이렇게 해서 요거 놓고 이렇게 해서 요거 놓는다. 이렇게 하면 이렇게 돈오점수가 되는 거야. 그러니까 이걸 그냥 내려놓기는 어려워. 이건 그냥 내려놓은 게 참…. 아무것도 모르고, 이유도 없이 원인도 없이 내려놓으려고 하면 뭐가 생기는 거야?

좌중) 번뇌가 생겨요. (웃음)

그러니 못 내려놔요. 근데 이 원인과 결과를 알면 이렇게 해서 이렇게 되는구나. 이렇게 원인과 결과를 알면 내려놓기가 쉽다는 거지. 그러니 이것을 무엇에 비추어보면 잘 되냐 하면 인연법에 비추어 하면 잘되는 겁니다. 그러므로 바깥에서 인식해서 돈오점수로 가야 된다는 거지. 그래서 공부는 여기서 이걸로 이렇게 나오는데, 자기 안에 복잡한 걸 내려놓는데 더 오래 걸리고 이걸 알고 그냥 들어가는 게 더 쉽다는 거지. 그러기 땜에 지난날에 내가 여러분에게 깨달음을 보여줬듯이, 이 자체가 깨달음이다 하고 얘기한 것처럼, 그러기 때문에 여러분들은 이미 깨달아 있다. 모든 것은…. 이래서 깨달음에 대해 약간 설명을 하게 되는데….

자! 물질계에 있는 모든 물질은 허공에, 공에 있지 않은 게 없어요. 허공이라고 하는 공에 있지 않은 게 없어. 그러니까 허공이라는 공에서 보면 모든 물질은 있는 그 상태로 다 깨달아 있어. 다만 누가 안 깨달아 있어? 나만 안 깨달았어. 나만 왜? 나만 복잡하니까. 맨날 나만 있으니까. 그러니 결국은 이 모든 것들이 어디로 가? 이게 허공이니 여기에서 모든 물질이 나왔고 이 모든 물질은 어디로 들어가? 허공으로. 그러니까 모든 물질은 허공에서 나와서 허공으로 가니까 생한 것은, 물질에서 생한 것은 뭐 한다? 사(死)한다, 사한 이것은 어디로 간다? 깨달음으로 간다. 이 자체로만 놓고 보면.

이쪽으로 가면 전에 말한 이 영혼이라고 하는 것은, 영혼을 이루는 영과 혼은 또 다른 문제고… 혼은 이 자체가, 허공이 혼이야. 보통 이것을 뭐라고 해요? 대혼이라고 얘기하지 않습니까? 대생명이라고 하지 않습니까? 근데 요 부분은 수행해서 올라오면 요게 어떤 부분과 맞닥뜨려지느냐 하면, (*그림 그려가며 설명 시작) 이 허공계를 지나와서 11단계를 지나서 올라오면 영계를 지나고 영계를 지나면 천상계 지나고 천상계 지나면 그 담에는 광계 지나고 광계를 지나면 그 담에 56단계 지나서 출신해서 올라오는데 이렇게 해서 오면 자등명 세계로 올라오고 그러니까 자등명 세계 그 담에 영신영 세계, 즉 영의 세계, 그 담에 뭐지…? 여기서는 출신이 됐고 여기서는 미비출비 됐고 그 담에 세 번째 여기서 나와서 이 세계가 하나씩 줄줄이 100개, 그 담에 여기가 다섯 개, 세 개, 하나. 이 세 개가 영미혼 세계, 영미혼 대혼 세계. 그러니까 이 자체는 다시 얘기하면, 여기서부터 이 56단계 안의, 이 안의 허공은 달리 말하면 대혼의 세계라는 거야. 단순히 이 공간은 그냥 공간이 아니라 공의 성품으로 이뤄졌다고 했잖아요. 우리가 말하는 이 공의 성품은 성주괴공 하면서 돌아가는데 이 돌아가는 게 누구에 의해 돌아가느냐 하면 이 백 개와 다섯 개, 세 개, 요 하나에 의해서 돌아간다 이거지. 이게 갖고 있는 혼에 의해서 이 전체로 돌아간다 이거지. 그래서 공의 성품은 밑에서 보면 허공이고 공의 성품이지만 윗세계, 영미혼 세계에서 보면, 영미혼 대혼 세계로 보면 이것은 혼(魂)에 해당한다. 그러니까 이 자체도, 허공도 뭐 한다? 살아있다.

깨달음 뭐 이렇게 얘기하지만 여기서 보면 깨달음은 뭐?

좌중) 단세포. (웃음)

좌중) 아메바. (웃음)

좌중) 티끌이죠. 티끌.

(*동영상 중단)

거기도 보면 영미혼 세계 그걸 첫 번째로 해서 106개인가요? 그걸 하나로 해서 또 이렇게 죽 이어지지 않습니까? 여기서 하나 둘 마지막의 세 번째가 사실은 이게 56단계야. 이 56단계는 여기서부터 사라지는 겁니다. 사실은 이 위로 올라오면서부터는. 그럼에도 왜 자꾸 이 56단계를 얘길 하는가 하면 우리가 여기 살고 있기 때문에 여길 주축으로 해야 여러분들이 올라올 수 있는 거니까. 그러니 요것은 여기에서 사라지니까 여기에서 올라온 세계는 아까도 얘기했지만 티끌먼지만도 못해요. 그런 저기라고.

어제 퇴근길에 딸아이가 물었다.
불성과 부처에 대하여…

"나를 태우고 가세용.." 카톡이 왔다.
"알았어. 이따 봐'

묘최초회로도를 그리고 나니 도착할 시간이 아직 좀 더 남은 것 같아서 짧은 시간에 할 수 있는 스캔 해놓은 회로도를 정리하며 다시 시간을 보니 도착할 시간이 다 되었는데, 연락이 없어서 임점채님이 묘명묘최초극본도 7번째가 빠졌다고 살펴봐달라는 댓글이 생각나서 초벌지를 찾아보았다. 7번째가 빠진지 알고 스케치북여유 공간에 그리고 옮기면서 보니 7번째가 아니라 6번째가 빠졌음을 알 수 있었다. 7번째를 6번째로 적어서 그렇지 6번째가 빠진 것이었다. 그것을 다시 정리하려고 하는데 전화가 왔다. "왜 안 오세요?" "전철에서 내렸다고 연락하지 않았잖아." "빨리 오세요." "알았어. 빨리 준비해 갈게." 하고 하던 일을 멈추고 노트북을 들고 딸아이가 기다는 곳으로 갔다. 딸아이를 태우고 집에 들어가는 길에 물어볼 게 있다고 했다.

"물어봐"

"불성이 뭐야?" "허공 안에 있는 것, 허공을 이루고 있는 것을 불성이라고 하는 거야."

"공기, Co2 … 같은 것."

"아니, 허공 안에 있는 모든 것을 말하는 거야. 허공 안에 있는데, 부동(不動)을 불성이라고 하는 거야."

"부동(不動)이 뭐야?"

"네 방을 가득 채우고 있는 허공은 가만히 있어 움직여? 면밀히 보면 기운에 따라 방에 허공이 움직이지만 그냥 보면 허공은 부동으로 가만히 있잖아. 가만히 있는 부동을 불성이라고 하는 거야."

"아, 방에 허공이 가득 차 있잖아. 빈틈없이 가득 차 있어서 옴짝달싹 못하고 움직이지 않고 있는 것이 불성이구나."

"그렇지 그것을 불성이라고 하는 거야. 그리고 방 안에 있는 부동의 허공은 방 안에 있는 것을 모두 다 품고 있잖아 품고 머금고 있으니 방 안에 있는 것은 불성 아닌 것이 없고 불성을 가지고 있으니 부처 아닌 것이 없지. 불성이 모습으로 드러나 있는 것이 부처인 거야.

부처는 유정 무정 형상이 있고 없고 상관없이 허공 안에 있는 모든 것들은 부처라고 할 수 있지. 작게 네 방에 비유하여 말했지만, 우주로 보면 우주 전체가 허공 가득하니 허공 가득한 체 빈틈없이 가득 차 있음으로 부동의 허공을 불성이지. 그 불성으로 모습을 드러내고 있는 우주 허공 안에 있는 모든 것들은 부처의 모습이지. 형상이 있든 없던, 유정이든 무정이든 부처 아닌 것이 없이 모두 다 부처인 거지."

"모두 다 부처네요. 부처 아닌 것이 없네요."

"그렇지. 부처 아닌 것이 없지. 모두 다 부처인 거지. 형상의 모습을 드러낸 것을 부처의 화신(化身)이라 하지. 화신으로 드러나 있는 모습이 제각기 다른 것은 모습으로 형상되도록 한 것을 보신(報身), 이와 같이 드러나도록 한 몸을 이루고 있는 것을 법신(法身)이라고 하는 거야."

"눈에 보이는 모든 것이 부처구나. 부처 아닌 것이 없네."

"경전에 보면 진공묘유(眞空妙有)란 말이 있는데, 그것은 부동의 허공이 가만히 부동으로 있는 진실된 허공 안에 묘한 작용이 있다란 말인데, 이는 네 방 안 가득 허공이 부동으로 있는데, 그것을 자세히 본다고 보면 가만히 있는 것이 아니라 움직이잖아. 그 움직임에 따라 드러나는 것을 진실된 허공 안에서 묘한 작용이 있다는 것을 진공묘유라고 하는 거야. 허공 안에 봄 여름 가을 겨울이 드러나고 드러나는 봄 여름 가을 겨울에 따라 생멸하는 ~~것과 같은~~ 현상을 두고 말하는 것이지."

"가만히 있는 듯한 부동의 허공을 움직이게 하는 것, 진공묘유를 일어나게 하는 것이 빛이란 자등명이란 거야. 아빠는 부동의 허공인 불성을 움직이는 것이 자등명이란 것을 찾아내서 말한 것이지.

"아빠 대단해 아빠가 최고야."

그러면서 엄지손가락을 들어서 흔들었다.

"아빠!"

"왜!"

"이렇게 쉬운 것을 왜 스님들은 어렵게 말해 알아듣지도 못하게…. 아빠가 설명해 주니까 쉽게 이해되고 알겠는데…."

"확실하게 모르니까 그런 거지. 확실하게 모르니 공부한 것으로 어림짐작으로 말하니 분명하게 말하지 못하는 거지. 그리고 다른 쪽으로 물으면 또 다른 이야기하고 그러니 못 알아듣게 되는 거고, 확실하게 알려주지 못하니 듣는 사람도 확연히 알 수 없는 것이지.

아빠는 분명히 알고 있기 때문에 어느 쪽으로 물어도 확실하게 대답해 주지. 질문한 것 보다 더 많은 부분까지 밝혀서 말해주지. 그런 것을 보고 듣고 좋아하는 거야. 아빠하고 공부하는 분들이…."

아빠가 최고라는 듯 엄지손가락을 들어 흔든다.

"아빠가 말한 불성과 부처를 확실하게 네가 알면 그리고 누가 물었을 때 확연하게 대답할 수 있으면 남들이 볼 때 깨달았다고 할 거야."

"네가 아까 '아! 불성이구나. 부처 아닌 것이 없구나.' 했던 그것을 의식하고 인식하여 더 이상 이 부분에 의심 없이 확실하게 인식하고 있다면 그럴 거다."

"아빠에게 물으면 넘 쉽게 잘 설명을 해줘. 고마워요."

"다음에도 궁금한 것 있으면 언제든지 물어봐."

어제 퇴근길에 딸아이와 주고받은 이야기이다.

이 이야기 속에서 부처와 불성을 증득하는 사람이 있을까 싶어서 글을 올린다. 2014. 03. 18. 08:07

<< 맺는말 >>

책을 낼 준비를 하면서부터 여러 가지로 마음이 쓰였다. 특히나 불교의 교주이신 석가모니 부처님의 말씀이나 또 생소한 자등명 세계, 신이 깃들은 것들은 모두 다 자등명인간계에서 왔으니 자등명인간계로 돌아가야 한다는 등의 이야기, 동서고금을 통해서 지구 역사 이래 자등명 세계를 말한 영적 지도자가 없고 지구의 인간은 자등명인간계에서 왔고 자등명인간계로 돌아가야 한다는 등의 말, 석가모니 부처님을 스승으로 생각하며 공부하다가 어느 순간부터 이럴 때 석가모니부처님께서는 어떻게 하셨을까? 그러다가 어느 순간부터는 석가모니부처님께 속은 것인지 그 제자들에게 속은 것인지 분간이 되지 않았고 어느 순간에는 경전을 얼마나 믿어야 하나 하는 생각까지 들었다.

어디까지나 이 모든 것들은 수행하며 올라오면서 갖게 된 본인의 개인적인 생각들이었다. 불교를 비하하거나 석가모니 부처님을 낮게 보아서 한 행동이 아니다. 물으니 대답했고 공부하니 살피게 되었고 그러면서 비교할 대상이 없으니 비교해 밝혀 보았을 뿐 아무런 사심이 없음을 밝힌다.

자등명 세계를 말하고 또 자등명인간계를 밝혀 올라온 본인으로서는 수행 과정에 있는 것을 빼고 건너뛰어서 넣을 수는 없었고 밝히며 올라온 과정 선상에 있는 것과 또 과정에서 있었던 일들을 숨길 수는 없었다. 그러다보니 이것저것 넣었다.

믿고 믿지 않고는 읽는 독자의 몫이다. 영적 존재들과 대화하는 분들이 많은 터, 석가모니부처님과 대화 가능하신 분들은 대화해 보면 알 수 있지 않을까 싶다. 본인이 알기로는 자등명인간계에 올라와 계신 것으로 알고 있다. 자등명인간계를 모르니 찾을 수도 없을지 모르지만 자등명인간계라는 세계에 의념을 보내서 석가모니부처님과 대화를 시도해서 대화해 보면 알 수 있는 일이 아닌가 싶다. 물론 영적 존재들이 56단계 안은 알되 자등명 세계 및 자등명인간계를 전혀 몰라서 대화할 수 없을지도 모른다. 그러나 자등명인간계를 받아드리고 자등명인간계란 세계를 의념해서 대화를 시도하면 대화할 수도 있지 않을까 싶다.

참 많이 망설였다. 넣어야 하나 말아야 하나? 그러나 진실은 숨긴다고 숨겨지는 것이 아니라 어느 땐가는 누군가에게는 분명하게 드러나게 되는 것 아닌가 싶다. 이런 점에서 보면 본인은 과감한 시도를 했는지도 모른다. 인터넷상에서는 이미 오래 전부터 있는 글들이지만 책으로 이와 같이 상재하기는 처음이어서 조심스럽기는 하지만 그래도 넣어야 할 것 같아서 넣었다. 넣고 보니 여러 가지 생각들이 들어서 맺는말이 이와 같이 주저리 떠들고 있다.

어느 땐가는 지구에 대부분의 사람들이 깨달음을 증득하게 되고 자등명 세계가 도래하고 자등명인간계와 많은 수행자들이 소통되면 그때는 알 것이라 믿지만 지금으로 쉽게 다가오지 않을 것으로 안다. 일부에서는 미쳤거나 정신 나갔다고 할지도 모른다. 수행의 단계를 밝혔을 때만해도 그와 같은 말을 한 사람들이 있었으니 더할지 모르겠다. 그러나 본인은 공부한 것을 내놓았을 뿐이다. 그것도 아주 오래 전에 수행하며 올라온 것을 이제야 내놓을 뿐이다.

아는 것을 믿는 것은 누구나 다한다. 아는 것을 토대로 그 이상의 것들을 받아들이며 믿는 것이야말로 자기 자신의 의식을 성장시키고 깨우게 되는 것이다. 자기 자신이 알고 있는 그릇 안에 들어가지 않는다고 소리치는 어리석은 이들이 의외로 많은 세상에 이와 같은 내용을 내놓는 것이 시기상조일지 모르지만 그래도 언젠가는 누군가는 수행 정진해 올라오면 알게 될 일, 그때 그 수행자로부터 또 본인과 같은 흔들림이 있을지 모르겠지만 본인이 먼저 올라온 이로써 책을 통해 이와 같이 알리는 것도 먼저 올라온 본인의 소임이 아닌가 싶기도 하다. 깨달음이 별거 아니라는 사실과 깨달음은 자등명 세계로 올라오기 위한 첫걸음이란 사실, 인간은 누구나 자등명인간계로 올라와야 함을 알리는 것이 본인의 소임이 아닐까 싶을 뿐이다.

이 책으로 하여금 지구의 대부분의 사람들이 깨달음을 증득하고 자등명 세계를 알고 자등명인간계를 알고 자등명인간계와 소통했으면 좋겠다. 이 책이 자등명인간계를 알리는 첫 번째 책이겠지만 그럼에도 왠지 모르게 무겁게 느껴지는 느낌은 왜인지 모르겠다.

사실 자등명인간계를 올라온 지는 오래 되었지만 자등명인간계에 영적 존재들을 보내고 신계의 신을 보내고 위 세계가 있는지는 알았지만 자등명인간계에 부모자식이 있는지는 너무 어리석어서 몰랐다며 우는 것을 보고는 더 확신을 갖게 되었었다. 그리고 자등명인간계에서 이러한 사실을 알리기 위해서 지구에 많은 이들을 보냈지만 지구만 내려오면 누구 하나 자등명인간계로 올라오지 않으니 자등명인간계를 알리는 운동본부까지 있을 정도지만 지금까지 지구 내에서는 자등명인간계가 있다는 사실조차 모르고 있었다. 본인이 모르는 어디에서 알고 있는지는 모르겠지만 56단계를 빠져 올라갈 때 흔적 없이 혼자 올라간 것으로 보면 틀림없는 사실이 아닌가 싶다.

이 책을 통해서 자등명 세계와 자등명인간계에 대해서 제대로 알고 자등명인간계로 올라가려고 수행 정진하기를 바란다. 물론 자등명인간계가 끝이 아니라 더 위로 더 많은 인간계가 있지만 지구에서는, 아니 56단계 안에서는 올라가야 할 세계가 자등명인간계이다. 그런 고로 열심히들 수행 정진해서 깨달음을 증득하고 깨달음을 잊지 말고 자등명 세계를 통해 자등명인간계로 너나없이 올라 왔으면 좋겠다. 자등명인간계에 올라와서는 더 위로 올라와서는 윤회도 끊고 또 신자신인간계-수인간 신계-최초인간계 위로 쭉쭉 올라왔으면 좋겠다.

작년에 깨달음을 보여주겠다며 강의한 동영상을 속기로 옮겨 준 점찬님, 수고 많았습니다. 이와 같이 작업해 주었음에도 한 번 살펴보며 교정을 보는데 많이 시간이 걸렸다. 그냥 다시 글을 쓰는 게 쉽지 않은가 싶은 생각이 들 정도로 말한 것을 토대로 교정보는데 너무 많은 시간이 소요되었다.

재밌고 흥미롭게 공부하다가 광(光) 세계에 올라와 신들과 다투며 싸우기를 한 달 가까이 하고 더 위 세계로 많이 올라와서는 이제 조금 잠잠한 틈을 타서 그 동안 써놓은 글들을 정리하고 교정, 편집을 거쳐 맺는말을 쓰고 있다.

그저 바랄 뿐이다. 이 책을 읽는 모든 사람들이 깨달음을 증득하기를 바라고 자등명인간계를 알기를 바라고 적어도 자등명인간계로 올라오기를 바래본다.

인간의 몸을 했을 때 올라올 수 있는 한 최대한 올라왔으면 싶다. 인간의 몸으로 더 이상 올라오면 안 된다는 신들이 말을 하지만 그래도 본인은 인간의 몸을 가지고 있을 때 밝혀 올라갈 수 있는 최대한으로 올라가고 싶다. 이 책을 읽는 여러분들도 그랬으면 좋겠다. 바라며 소원해 본다.

깨달음을 증득했을 때는 스스로 칠통(漆桶)이라 칭했고, 자등명 세계를 밝혀 드러내고부터는 근영무상시(根煐無上示) 칠통 조규일이라고 칭했고, 얼마 전에는 신들로부터 확철 칠통이란 명호를 받았고, 더 위 세계에서는 칠통(물 수변에 일곱 칠자 칠通)이라 불리고, 더 위 세계에 올라와서는 명철(한글로 쓰라며 여러 뜻과 의미가 있다고)이란 이름으로 올라간 세계에서는 불린다.

책이 세상에 나오도록 그림과 책표지 작업해 주신 조은순님, 〈깨달음을 보여주다〉 강의 동영상을 속기해 주신 박점찬님, 보이는 곳에서 보이지 않는 곳에서 수고로움을 마다하지 않고 애써주신 모든 분들께 감사드립니다.

이렇게 하루에 끝낼 책 작업을 2015. 12월에 맺음말 써놓고도 수행 정진 밝혀 올라가는 재미에 빠져서는 이제야 편집을 마쳤으니 이제야 세상에 나올 때가 되었는가. 아직도 조금 더 기다려야 하는가. 2016. 05. 18

2015. 12
확철 칠통

본인의 이름과 명호의 변천 과정을 살펴보다

칠통(漆桶)이란 이름은

확철대오의 깨달음을 증득하고 보니 내 몸이란 육체, 육체란 몸이 옻칠한 듯 어둠 깜깜한 통 속 육체 속에 내가 있었다는 사실이 확연함에 이 몸이 깜깜하고 어두운 옻칠을 해놓은 통속이구나라고 살펴지고 본체(本體)는 보지도 부르지도 못할 것이고 불러봐야 이 몸을 부를 텐데, 그렇다면 이 몸을 부를 때 칠통(漆桶)이라 부르도록 함과 함께 부르는 이들이 칠통의 뜻을 알고 또한 자기 자신의 몸도 칠통이란 사실을 알고 자기 자신의 몸에 얽매이거나 구속당하지 않고 칠통으로부터 벗어나기를 바라는 마음에서 확철대오의 깨달음을 증득하고 스스로 **칠통(漆桶)**이라 칭하고 호(號)로 사용하며 **《빛으로 가는 길》** 책을 출간했다. 책을 출간할 때 확철대오한 사실을 사람들이 알면 구름처럼 모여든다는 이야기를 들은 바가 있어서 이 책을 출간할 때 아이들이 어릴 때라 '사람들이 몰려오면 어쩌나?' 하는 마음에 수행하여 확철대오의 깨달음을 증득할 때까지 쓴 글과 그 이후의 글을 모아 **칠통(漆桶)**이란 이름만으로 책을 출간했었고, 이후 확철대오의 깨달음을 증득했다고 해도 별 반응들이 없고 어떤 분들은 깨달았군요 하고는 관심이 없는 것 같아서 그 다음부터는 깨달았느냐고 물으면 깨달았다고 말하고, 깨달음을 증득하면 깨달음을 증득했다고 하면 안 된다고 하던데 하면 시험을 통과했는데 시험에 통과 했느냐 묻는데 아니라고 할 것이냐, 있는 그대로 말할 것인가 묻고는 난 깨달음을 증득했으니 증득했다고 하는 것이다 말했다. **칠통(漆桶) 조규일**이라 이름하며 글을 썼고 **칠통(漆桶) 조규일**이라 이름으로 책을 출간해 오고 있다.

누군가 칠통(漆桶)이란 뜻을 물었을 때는 칠통(漆桶)이란 진아(眞我)가 아닌 가아(假我)의 통(桶), 즉 육체(가아)의 집(통)에 옻(漆)의 진이 가득 찬 것 같은 무명(無明)을 말하지요, 업으로 나라고 하는 나에 있어서 업의 테두리로 나를 이루고 있는 가아를 말하는 것으로 그 업으로 인한 가아가 본성(진아)을 싸고 있는 것(업 덩어리)의 내가(가아) 마치 옻칠해 놓은 통과 같다 하여 칠통이라 쓰는 말이랍니다. 즉 진아가 옻칠해 놓은 통, 통 속에 갇혀 있으니 옻칠해 놓은 통 속에서 하루 속히 나오라고 일깨우는 소리라 할 것입니다. 칠통은 업으로 뒤덮여 있는 것을 말하기도 하지만 일원상을 이루고 있는 육체만을 말하기도 하지요 라고 대답했었다.

근영무상시(根焿無上示) 칠통(漆桶) 조규일

깨달음을 증득하고 자등명 세계를 열고 자등명 세계에 올라와 첫 번째 군(群) 근본자등명에 올라와서 현수막을 만들어 <1995.7 확철대오 - 2008. 11.12. 자등명 - 2011. 4.17. 본성의 자등명 - 2011.11.30. 근본자등명 되시다. 칠통 선사님 근본자등명이 되시다.>

근본자등명에 올라와서 빠져나왔음에도 뒷걸음질 치며 근본자등명을 보고 있을 때 <칠통 선사님 근본자등명이 되시다> 현수막을 사용하다가 근본자등명까지 하나의 군으로 해서 자등명군을 빠져나와 2012. 7.2 자등명군(첫 번째 자등명군 빠져나오심) - 2012. 8.8 군단(46개의 자등명군, 1군단 빠져나오심) - 2012. 8.31 100군단(100번째 자등명군단 8.25, 조상격 자등명군단까지 8.31 빠져나오심) - 2012. 10. 30 궁극(窮極) - 2012. 11. 8 근비(根秘) - 2012. 12. 3 근미시(根彌時) - 2012. 12. 12 근(根) ∞… 세계 위 세계로 자꾸만 위 세계로 올라오게 되니 본인 수행의 경지에 미치지 못하니 다시 현수막을 제작하자고 하는 과정에서 수행의 경지를 모두 다 넣었으면 좋겠다는 의견을 수렴해서 앞으로 밝혀 나아갈 것까지를 포함해서 근영(根焿 : 본성의 근본과 근원의 뿌리째 뽑아 밝게 드러나 빛나게 하고), 또 무상(無上 : 근영을 밝혀 드러내면서도 자등명 세계를 위없이 올라가며), 시(示 : 자등명 세계를 끝없이 보이는 사람)란 뜻을 담아서 **근영무상시(根焿無上示)**라고 2012. 12. 17 이름을 짓고 현수막을 〈자등명 세계를 개벽(開闢)하시다. 칠통(漆桶) 근영무상시(根焿無上示)〉라고 제작해서 사용하였다. 그러면서 근영무상시(根煐無上示) **칠통(漆桶)** 조규일이라고 했다.

근영무상시(根煐無上示) 칠통(漆桶) 조규일이란 이름으로 2015. 09. 19. 종에 오르다. 종의 세계는 하도 많은 뜻과 의미가 있어서 한문으로 쓸 수 없고 반드시 한글로만 써야 그 의미와 뜻을 모두 다 드러낼 수 있으니 반드시 맨 위 하나 일체 하나 더 이상 위없이 하나를 쓸 때는 한문을 절대로 쓰지 마시고 그냥 한글로 종을 써야 하는 세계입니다. 그러한 이유는 이미 선사님께서 말씀하신 것과 같이 한글이 맨 처음 만들어졌고 다음에 한문이 만들어졌는데, 한문은 만들어 놓고, 즉 창조하고 되돌릴 때 잊어버리지 않기 위해서 만들어 놓은 형태의 형상을 본떠서 만든 것이 한문이고 한글은 모든 위 세계 즉, 이 맨 위 하나에서부터 일체 하나 전체를 한글에 담아서 한글을 만들었기 때문에 한글의 맨 마지막 글씨는 종입니다. 한글의 맨 마지막은 종이면서 전체고 전체이면서도 부분이고 부분이면서도 일체입니다. 이것이 종입니다.

그러기 때문에 반드시 일체의 하나, 하나를 나타낼 때는 종을 써야합니다.

선사님께서 올라오신 모든 세계들마다 그 세계의 끝이고 그 끝이 올라온 세계 전체를 포함하고 또 올라온 세계 전체를 하나로 품고 포함한 세계의 하나이지만, 이 하나의 세계는 이 모든 세계들을 모두 품은 하나입니다

확철 칠통(漆桶)

2015. 8월 22. 영청 개혈 작업을 하고 나서 영청이 들리기 시작한 후 수륙제를 시작으로 제를 2015년 09월 22일 지내다. 수륙제(水陸齊)란 지구에 내려와 살면서 인연 맺었던 모든 분들, 육지 인류이든 바다인류이든 모든 인류와 인연 맺었던 분들 중에 천도되지 못한 모든 인연되는 분들을 천도하는 제이다. 지구에 인류가 생긴 이래 자기 자신이 지구로 내려온 이후에 인연 있는 모든 영적 존재들을 천도하는 의식이다.

2015. 09. 24. 영산제란 살아 있는 사람이나 죽어 있는 사람이나 모든 인연 있는 분들을 깨닫게 하고자 하는 의식으로 종의 세계를 넘어 환(換)의 세계에 올라옴으로 할 수 있는 의식입니다.

108명의 영산제를 지내고,

2015. 09. 25. 천황지존제, 천하지존제, 천하태평제외 많은 제가 지내지는 과정에서 명호제(새롭게 명호를 받는 제) 칠통은 새롭게 확철이란 명호를 받았다. 한문으로 쓰면 안 되고 한글로 확철이라고 쓰라고 하셨다. **확철**이란 확고하고 철두철미 하다는 뜻으로 내려주셨다고 한다. 다른 제를 지내는 과정에서 본인도 모르게 지내게 된 명상명호제(명상 명호의 호칭을 받는 제) 때 칠통은 **확철 칠통**이란 명호를 받았고, 명상호제(명상할 때 부르는 이름을 받는 제) 때 칠통은 **확철 칠통**이란 명호를 받았고 신(神)들이 이야기해 주었었다.

수 없이 많은 제들을 다 확인하고 그 제들이 무사히 이루어졌음에 감사하는 확인감사제로 모든 제는 끝났었다. 확철 칠통이 죽기 전에 치러야 할 제 등을 지내는 확인감사제 과정에서 확철 칠통이란 명호를 받고 이때부터 **확철 칠통**이란 명호를 쓰기 시작했다.

沘通 (칠통)의 명호

확철 칠통의 명호를 쓰며 올라오던 세계의 맨 위 세계 신(神)들만이 살고 있는 광(光) 세계에 올라와서 신들에게 시달리다가 어마어마한 큰 비용의 용서다복제를 지내라고 하는 것을 거부하고 죽이려면 죽이라며 위 세계로 올라오다가 天 세계를 올라오니 여기서부터는 확철 칠통으로 못 올라가고 예전에 섰던 沘通으로 쓰며 올라가라고 해서 沘通 이란 명호를 쓰며 올라왔고

확철 칠통 명철

명후 확철 세계 위로 올라오니 이제부터는 명철이란 명호를 쓰되 한글로 써야 한다고 해서 명철이란 명호를 쓰다가 올라오다 보니 명후 명철 세계를 옛날 근영무상시를 썼을 때 올라와서 세운 세계라 신들이 알려주었고, 한참 위 세계 명확 철두 세계를 옛날 칠통으로 올라왔을 때 세운 세계라 알려주었다.

이 이후부터는 **확철 칠통 명철**이란 명호를 사용하기 시작하여 지금까지 **확철 칠통 명철**이란 명호를 사용하고 있다, 어느 글 하나 한문으로 쓰면 안 되고 한글로 써야 한다고 해서 지금 그렇게 쓰고 있다. 앞으로 더 올라가면 또 바뀔지 바뀌지 않을지 모르겠지만 지금 현재는 확철 칠통 명철로 쓰고 있다.

책 출간 지은이로는 일관성 있게 하기 위해서 맨 처음에는 조규일, 그 다음에는 칠통(漆桶), 그 다음에는 **칠통(漆桶) 조규일**이라 썼기 때문에 지은이를 자꾸만 바뀌다 보면 혼동할 수 있을 것 같아서 계속해서 **칠통(漆桶) 조규일**로 쓰고 있다.

이러한 관계로 인하여 이와 같이 이름과 명호의 변천 과정을 쓰게 된 것이다. 2016. 01. 11 12:40

금강철강확철 명호

2016년 1월 16일 몸이 금강철강확철이 되고 나니 이제부터는 이름을 **금강철강확철**로 쓰시던지 아니면 **명철**로만 쓰셔야 합니다. 라고 하지만 나는 확철 칠통 명철로 쓰면 좋겠다는 생각이다. 내가 볼 때 **확철 칠통 명철**이 높아도 많이 더 높기 때문이다.

칠통(漆桶) 조규일(曹圭一) 출간서적

시집 내 가슴에 피는 꽃
1993년(도서출판 영하 刊)

슬픔과 허무로 허우적거리는 영혼의 가슴에 파문을 일으키는 생채기 주워들고 현실 앞에 쪼그려 앉아 보이는 것에서부터 보이지 않는 것에 이르기까지 체험 속에서 벗어 낼 수 있는 한 벗어버리며 사상과 이념, 사회적 인식을 토해 형상화 하고, 사랑을 통하여 현실을 극복해 가면서 우주적이고 종교적인 차원으로 의식을 확장해 가는 모습을 보여주는 시집

명상시집 나찾아 진리찾아
빛으로 가는 길
-생의 의문에서 해탈까지-
2000년도(도서출판 오감도刊)

가슴에 꽃 한 송이 품고 수행을 시작하여 깨달음을 증득할 때까지, 인간의 근본문제와 생에 대한 의문으로 오랫동안 육체 속에서 찾아 헤매었고 찾아 헤매는 동안 명상과 좌선, 행선 속 한 생각을 쫓아 생활하고, 생활하는 중에 뇌리를 스쳐 정리된 생각들을 글로 옮기고, 또한 의문이 생기는 연쇄적 의문들을 수행을 통해 밝혀 놓은 깨달음의 글 모음집.

우리 모두는 깨달아 있다
다만 그 사실을
모르고 있을 뿐
2001년(책만드는 공장刊)

깨달음을 증득하고 나서 수행하는 사람들 사이에서 다니는 이야기에 대한 글, 깨달음을 증득하고도 수행정진하며 일어난 생각들을 쓴 글들, 그리고 인터넷을 통하여 질문에 대답한 많은 글 중에서 일반인이나 수행자들이 이해하거나 받아들이기 쉽고 편한 글 엮음집

참선수행자라면 꼭 알아야 할
영(靈)적 구조와

최초의 본성에서부터 지금에 이르기까지를 밝혀 놓았고, 인체에 해

선(禪)수행의 원리
2008년(좋은도반刊)

수행으로 해석한
반야심경에서 깨달음까지
2010년(좋은도반刊)

기(氣)회로도(回路圖) 도감
2011년(좋은도반刊)

부도가 있듯이 육체 속에 있는 영혼의 구조를 밝혀 놓았다. 깨달음의 길 없는 길을 바르게 갈 수 있도록 수행자의 마음자세, 기초적 수행, 진정한 수행에서 진정한 깨달음과 본성에 대한 글 모음집

반야심경을 통한 깨달음과 깨달음을 증득하기 위하여 넘어야 할 피안의 언덕, 아뇩다라삼먁삼보리인 공의 성품, 공상(空相) 속 자등명이란 본성으로 생겨난 자성과 자성불, 자성경계 일원상의 생김과 그 이후부터 업으로 윤회하게 되기까지의 과정을 밝혀 놓았다. 어떻게 하면 무아가 되고 공의 성품이 되어 깨달음을 증득하고 자등명에 이르도록 길을 밝혀 빛으로 오도록 여러 글들을 묶어 놓았고, 깨달음을 증득하기 위해서 오는 길에 있어서 최고의 스승은 누구이며, 최고의 스승을 찾아가는 방법은 무엇이며, 수행자가 갖추어야 할 마음자세와 영혼의 각성과 행의 실천이 갖는 중요성에 대해서 여러 글들을 묶어 놓은 책이다.

높은 법(성)력의 심법으로 기(氣)를 운용하고 활용하여 부적(符籍)과 같고 만다라(曼陀羅)와 같으며 밀교(密敎)와도 같고 진언이나 다라니 염불과도 같도록 그린 그림을 500여점 묶어서 만든 책이다. 이 도감에 있는 기회로도를 보는 것만으로 가피를 받거나 가피력을

입어서 액난, 장애, 고통과 괴로움을 막아주고 벗어나게 해주며 치료 효과를 좋게 해준다. 수행자가 밟고 올라와야 할 수행 경지의 단계와 수행에 도움이 되도록 하는 기회로도도 많아서 수행자가 보고 수행하면 몸과 마음, 정신을 맑고 건강하게 수행이 일취월장 이루어지도록 하는 도감이다.

이 책은 수행하는 분들을 위하여 확철대오의 깨달음에 대하여 소상히 밝히며 깨달음의 환상, 깨달음이란 도깨비 방망이의 환상으로부터 벗어나 자등명의 세계로 올라올 수 있도록 밝힘과 양신(養神), 출신(出神)에 대한 체험과 경험을 소상하게 밝혀 드러내 놓았다. 이 책은 수행자가 아니더라도 한 번쯤 "나는 누구인가?" "나의 참 자아는 무엇인가?"에 대해 스스로 질문한 경험이 있는 사람이라면, 의식 있는 사람이라면 누구나 읽어서 쉽게 생명의 근원은 자등명이란 사실을 확연히 알 수 있도록 수행의 성과를 밝혀 놓은 책이다.

이 책에 상재되어 있는 수인(手印)과 공법(功法)으로 천도(薦度)도 하고 탁기 제거도 하며 건강도 회복하거나 챙기고, 수행할 때 수행이 잘되도록 하기도 하고, 부족한 기운과 에너지를 쌓거나 회복하며

나의 참 자아는 빛
자등명(自燈明)이다
2012년(좋은도반 刊)

수행과 건강을 위한
수인법(手印法)과
공법(功法)1권/2권
2014년(좋은도반 刊)

수행 정진하여 올라와야 하는 세
계를 수인이란 열쇠로 열고 위 세
계로 올라오고 공법(功法)으로 위
세계를 시공간 없이 비행접시나
타이머신을 타고 올라오듯 날아올
라 올 수 있도록 1권과 2권에 많
은 위 세계가 올라오는 순서대로
수인과 공법이 연결되어 차례대로
수록되어 있는 책이다.